国有企业竞争中立制度研究

RESEARCH ON COMPETITION NEUTRALITY SYSTEM OF STATE-OWNED ENTERPRISES

白金亚 ○ 著

知识产权出版社

图书在版编目（CIP）数据

国有企业竞争中立制度研究/白金亚著. — 北京：知识产权出版社，2019.4
ISBN 978-7-5130-6106-3

Ⅰ.①国… Ⅱ.①白… Ⅲ.①国有企业－市场竞争－研究－中国 Ⅳ.①F279.241

中国版本图书馆CIP数据核字(2019)第029640号

内容提要

本书以国内外竞争中立制度研究的评述入手，梳理和总结了国内外有关竞争中立的基本理论及逻辑脉搏，分析比较了国外多种版本的竞争中立在理念、制度和规则方面的差异及其背后的逻辑理路。论证了在中国实施竞争中立制度的必要性与可行性，为我国竞争中立制度的实施提供了理论支持，并在此基础上勾画了我国竞争制度的实施路径，明确了我国在竞争中立问题上的基本立场：一要熟悉我国国有企业的市场竞争情况；二要认识到竞争中立理念与我国的经济体制改革目标是一致的；三要明确竞争中立制度在设计时应与一国的经济发展阶段相适应的理念；四要明确竞争中立制度的实施应与一国的法治背景相适应的理念。

责任编辑：李小娟　　　　　　　**责任印制**：孙婷婷

国有企业竞争中立制度研究
GUOYOU QIYE JINGZHENG ZHONGLI ZHIDU YANJIU

白金亚　著

出版发行：	知识产权出版社 有限责任公司	网　　址：	http://www.ipph.cn
电　　话：	010－82004826		http://www.laichushu.com
社　　址：	北京市海淀区气象路50号院	邮　　编：	100081
责编电话：	010－82000860转8531	责编邮箱：	lixiaojuan@cnipr.com
发行电话：	010－82000860转8101	发行传真：	010－82000893
印　　刷：	北京中献拓方科技发展有限公司	经　　销：	各大网上书店、新华书店及相关专业书店
开　　本：	720mm×1000mm　1/16	印　　张：	17.5
版　　次：	2019年4月第1版	印　　次：	2019年4月第1次印刷
字　　数：	308千字	定　　价：	69.00元
ISBN 978-7-5130-6106-3			

出版权专有　侵权必究
如有印装质量问题，本社负责调换。

序 一

经过长期努力，具有中国特色社会主义已经进入新时代。新时代有很多特点，习近平总书记在党的十九大报告中明确指出，在经济领域，我国将贯彻新发展理念，建设现代化经济体系。经济法学作为一门与国家经济发展有密切联系的法学核心学科，在原有发展基础上，理应在新时代对国家经济社会发展有更多助益。建设现代化经济体系需要加快完善社会主义市场经济体制，作为国民经济支撑的国有经济，其地位不会随着国家经济社会的发展而被削弱，其作用更不会随着非公有制经济的发展而被忽视。新时代，国有经济的地位和作用将有更多的提升和发挥空间，这是由我国的社会性质所决定的。法学界关于国有经济法律的研究已经有许多成果，但是似乎还不足以支撑起国有经济发展的需求，应进一步集中力量深入研究国有经济发展中涉及的法律问题，同时应将国有经济法律研究纳入经济法治战略的高度予以考虑，以期更好地推动国有经济高质量发展。国际和国内经济政策和形势的变化对国有经济，尤其是国有企业的发展影响越来越明显，如何发挥法律对国有经济，尤其是国有企业发展的顶层设计作用是我们法学界应该予以重点关注的。新时代，我国将继续深入实施全面深化改革和全面依法治国，围绕着深化国有经济法治这一主题，经济法学界仍有许多工作要做。

随着经济全球化进程的深入和我国社会主义市场经济体制的完善，近几年，有关国有企业竞争中立的问题逐渐为学界所关注并持续深入探讨，已经形成一定的研究成果，但是系统研究国有企业竞争中立制度的著作还很少，该书的研究成果就凸显其独特价值。该书结合国际国内有关情况，尤其是结合中国经济当前发

国有企业竞争中立制度研究

展的阶段性特征，搜集了大量国内外有关文献资料，深入探讨了国有企业竞争中立制度的基本理论；域外澳大利亚、OECD、TPP、欧盟及发展中国家等不同版本的竞争中立制度在理念、制度和规则方面的差异及其背后隐含的逻辑理路；竞争中立制度在我国实施的必要性、可行性及实施路径。全书体系完整、论述充分、引用贴切，是一部系统全面研究竞争中立制度的成果。

尤其值得关注的是作者结合我国经济发展的阶段性特征提出的竞争中立制度在国有企业改革领域的适用路径。国有企业改革的深入需要竞争中立制度的引入。因为竞争中立制度所包含的公司化、核算特定职能的直接成本、合理的商业回报率、合理补贴、税收中立、监管中立、信贷中立，以及政府采购中立等要求无疑是与我国关于社会主义市场经济体制改革的方向相契合的。随着研究成果逐渐增多，有关竞争中立制度在我国实施的共识逐渐凝聚，已经从学界扩大到了政府决策部门。因为关于竞争中立制度的讨论不再仅限于理论探讨，已经开始走向实践，国务院 2017 年 1 月 23 日发布的《"十三五"市场监管规划》中明确提出了要以国家中长期战略规划为导向，充分尊重市场，充分发挥市场的力量，实行竞争中立制度，避免对市场机制的扭曲，影响资源优化配置。这是我国中央政府文件第一次提出要实施竞争中立制度，虽然只有短短的几句话，但竞争中立制度的正式实施已经可期。由此我们可以看到，在国有企业领域适用竞争中立制度是必然趋势，但是对其适用应走法治化的路径，因为国家治理体系和治理能力的现代化最重要的就是法治化，这也是全面深化改革和全面依法治国的要求。目前，国内有关实行竞争中立制度的研究成果很难支撑起竞争中立制度的实施，现在仍需要大量的研究来充实论证和完善其在中国的具体实施路径。可以预见，该书的有关研究成果必将为推动我国实行竞争中立制度发挥积极作用。

该书作者从本科学习期间就对经济法和商法产生了浓厚的研究兴趣，并以国有企业为研究对象在我的指导下研究了多项国家级大学生创新课题，研究成果大多已经发表，其中有两篇文章被人大复印资料全文转载，足见作者勤勉致知的学风及其研究成果的受认可度。考虑到竞争中立的推行在很大程度上与经济发展改革的阶段有关，虽然作者在这一问题的新领域取得了一定的研究成果，但基于我国国有企业改革的复杂程度，我希望作者能够更上一层楼，在今后的研究中，为深化国有企业改革推动经济法治做出新的贡献。我相信,这部专著能够凭借其完备的研究体系、新颖的研究视角、丰富而翔实的文献资料、精练的语言表达等特点受到读者的欢迎,读者也一定会从此书受益。因此,特作此序,并祝该书问世。

2018 年 10 月 6 日于上海

序 二

该书是我的学生白金亚以他的硕士毕业论文为基础修改、扩展而形成的,我作为他的硕士导师应他邀请为此书写序。尽管作者在读本科、研究生期间发表了十多篇学术论文,但该书是作者读研的一个标志性成果。

该书以国内外竞争中立制度研究的评述入手,梳理和总结了国内外有关竞争中立的基本理论及其逻辑脉搏,分析比较了国外多种版本的竞争中立在理念、制度和规则方面的差异及其背后的逻辑理路。论证了在我国实施竞争中立制度的必要性与可行性,为我国竞争中立制度的实施提供了理论支持。并在此基础上勾画了我国竞争制度的实施路径,明确了我国在竞争中立问题上的基本立场:一要熟悉我国国有企业的市场竞争情况;二要认识到竞争中立理念与我国的经济体制改革目标是一致的;三要明确竞争中立制度在设计时与一国的经济发展阶段相适应的理念;四要明确竞争中立制度的实施与一国的法治背景相适应的理念。同时,勾勒出我国竞争中立制度的基本构成。最后提出了我国在国际经贸治理规则制定中的应对策略,理性认识竞争中立制度对我国在国际贸易中的不利影响,倡导回归多边合作体系以防止区域孤立主义的滥用,以及以竞争中立制度在国际经贸治理领域的兴起为契机,推动国有企业深化改革的应对策略。

在国际经济秩序中,无论是多边贸易体系的僵局还是区域主义的相互竞争,都围绕"规则制定"展开。各主要经济体都试图通过在多边或区域平台获得更多的规则制定权,在当今多极化的世界重塑国际经济治理结构,主导国际经济治理。竞争中立就是其中一个可能引发全球经济治理结构重大变化的领域,甚至可以说是一个关键领域。虽然对于大多数国家而言，竞争中立在当前还主要体现为一种公平竞争的理念，但是一旦在国际层面达成以此理念架构的一整套规则，对于拥有大量国有经济的国家，冲击是巨大的。就国内层面而言，竞争中立要求建立对违反竞争中立的行为予以监督和矫正的机制，包括明确竞争中立适用的范围、建立投诉或监督机构、构建正当程序等；在国际层面，很可能还会建立信息分享和争端解决机制。以上措施无疑会对政府主导经济发展的模式形成巨大冲击。中国本质上实施的是以公有制为主体的经济发展方式，国有企业在市场经济中占据主导地位。国有企业不仅是市场主体，而且行使诸多政府职能，这与竞争中立制度是相冲突的。

作为一个发展中国家，政府在推动新兴产业发展、扶持民族产业，以及引导产业分布等方面发挥着重要功能，很可能会出现补贴、信贷支持、担保支持等有违竞争中立要求的情况。如果政府或授权行使政府职能的企业的上述行为都要受到竞争中立制度的约束，那么中国参与国际竞争的能力无疑会受到极大的削弱。事实上根据有关数据表明，竞争中立对于中国国有企业的冲击是很大的。更为重要的是，包括 TPP 在内的国际层面的竞争中立制度是"超 WTO"的机制设计的，如果其成为事实上的国际标准，中国将面临"二次入世"的风险，陷入十分被动的局面。同时，竞争中立制度有几个明显的特征：其以社会整体效益最大化和实现市场公平竞争为目标，核心在于发挥市场在资源配置中的决定性作用；通过规范政府在市场中的特定行为来更好地发挥政府作用，主要规范不当的国有企业竞争优势和私有企业竞争劣势；主要是一种国内经济体制改革措施。这些特征实际上对我国的市场经济、国有企业参与市场竞争都有一定的作用。因此，研究和尝试竞争中立制度是十分必要的。遗憾的是，在竞争中立问题上，中国尚未形成有针对性的应对策略。在中国已经签署的自由贸易协定中，对于竞争中立问题还没有做出回应。

我国改革开放四十年，发展出现了"瓶颈"，尤其是国有企业改革多种尝试结果并不理想，在国有企业改革中引入竞争中立制度，不失为一种有益的尝试。应该看到，国有企业的竞争中立制度将可能成为我国国有企业改革，以及参与全球经济过程中无法回避的议题。如何正确面对竞争中立制度，制定出符合我国国情的竞争中立制度中国化路径并以此进一步推动国有企业改革进程，不仅可以督促国有企业建立更高要求的现代企业制度，还能明晰政府与国有企业的关系，更好地推动其参与市场竞争，提高竞争力，推动我国建立市场起决定性作用和更好发挥政府作用的社会主义市场经济体制。

实际上，在我国竞争中立制度是近几年才为学界所关注，相关研究成果较少，尤其是真正的、高质量的研究成果更少。而像该书这样对竞争中立制度进行系统研究还是比较少见的，作者能理论联系实际将国有企业改革引入竞争中立制度研究，从国际和国内两个方面对国有企业改革中竞争中立制度的法治化路径进行系统研究具有独到的理论价值和现实意义，也是值得肯定的。

国有企业改革是一项复杂的任务。国有企业竞争中立制度作为一个外来物，虽然在理论上有一定研究，但实践中对其认识仍显不足，没有发挥其应有的价值。该书还有许多内容需要补充完善，还有待进一步加强对竞争中立的理论分析。

2018 年 9 月 26 日于上海

前　言

竞争是市场的核心，竞争机制的有效发挥是市场有效配置资源的基础，而有效发挥市场竞争机制需要一个自由公平竞争的市场环境。市场经济本质上是法治经济，一套完整的市场经济法律体系是市场经济健康有效运行的前提，在实现自由公平竞争的市场环境方面，离不开以维护自由公平竞争的市场秩序为主要目标的市场秩序规制，法律制度即竞争法律制度的保障。竞争中立制度作为国际竞争法与竞争政策在推动市场公平竞争方面的最新实践成果，随着我国国有企业改革的深入推进和国际上如火如荼的国际经贸治理规则的新一轮谈判的展开，竞争中立制度越来越需要我们的重视。

本书第一章介绍了国有企业竞争中立制度中国化的研究基础，特别是详细梳理了国内外有关研究现状，并进行了评析。对国有企业竞争中立制度中国化研究的主要背景进行了介绍，即国有企业改革之内忧，国际经贸治理规则之外患。由此引出研究主题，即国有企业竞争中立制度的中国化。

第二章重点梳理和总结了国内外有关竞争中立的基本理论，厘清复杂理论的逻辑脉络，挖掘竞争中立理念及其制度的基本内涵。本章通过分析国际经验和国内现实，明确竞争中立制度的含义，即竞争中立制度是政府为实现市场在资源配置中的决定性作用，更好地发挥政府作用，以社会整体效益最大化和建立公平竞争市场为目标，不为特定市场主体创设不当竞争优势或劣势条件而实施的一系列制度体系。紧接着分析论证了竞争中立制度的特征、一般适用范围、基本构成、非竞争中立的表现形式及竞争中立制度的理论基础。

第三章考察了澳大利亚、OECD、TPP、欧盟及发展中国家等不同版本的竞争中立在理念、制度和规则方面的差异及其背后隐含的逻辑理路，通过总结和分析不同版本之间的共性与个性，凸显不同发展阶段竞争中立理念及其制度选择的差异性，继而提出中国实施竞争中立制度的应有方向。

第四章分析论证了竞争中立制度在我国实施的必要性与可行性。为我国竞争中立制度的实施路径提供理论支持。首先分析了我国竞争中立制度的现状，包括法律实践，政策实践，具体实践及我国参与的自由贸易协定中的竞争中立制度，阐述了我国国有资产监督管理体制的历史演进与发展及全面依法治国中应当如何有效发挥市场与政府的作用；之后在前有分析基础上，结合我国现有政策基础，对竞争中立制度在我国现阶段实施的必要性和可行性进行分析论证；最后以上海为例分析探索竞争中立的必要性与可行性。

第五章在前文论证的基础上提出我国竞争中立制度的实施路径。首先明确了我国在竞争中立问题上的基本立场，之后勾勒出我国竞争中立制度的基本构成，包括基本概念、适用范围、行为规则、实施机制、配套机制及实施步骤。

第六章提出我国在国际经贸治理规则制定中的应对策略，即理性认识竞争中立制度对我国在国际贸易中的不利影响，倡导回归多边合作体系以防止区域孤立主义的滥用，以及以竞争中立制度在国际经贸治理领域的兴起为契机变压力为动力推动国有企业深化改革的应对策略。

目 录

第一章 绪论......1

 第一节 研究背景与意义......1

 第二节 国内外研究现状述评......13

 第三节 研究思路和方法......17

 第四节 创新点与不足......19

 第五节 问题的提出：竞争中立对我国国有企业的机遇与挑战......20

第二章 竞争中立制度的基本理论......23

 第一节 竞争中立制度的含义......24

 第二节 竞争中立制度的特征......28

 第三节 竞争中立制度的适用范围......33

 第四节 竞争中立制度的基本构成......35

 第五节 非竞争中立的表现形式......42

 第六节 竞争中立制度的理论基础......44

第三章 竞争中立制度的国际比较......49

 第一节 澳大利亚：通过国内改革实施竞争中立制度......49

第二节 OECD：作为国际倡导性规则的竞争中立制度 ……………… 55
第三节 TPP：作为国际约束规则的竞争中立制度 ………………… 66
第四节 欧盟的国家援助控制制度：作为地区约束规则的竞争中立制度 …… 74
第五节 发展中国家的竞争中立制度 ………………………………… 79
第六节 总结与启示：竞争中立制度的多元性 ……………………… 80

第四章 竞争中立制度在我国实施的必要性与可行性分析 …………… 89

第一节 我国竞争中立制度的现状 …………………………………… 89
第二节 我国国有资产监督管理体制的历史演进与发展 …………… 105
第三节 全面依法治国中市场与政府作用的发挥 …………………… 146
第四节 竞争中立制度在我国现阶段实施的必要性和可行性分析 …… 154
第五节 探索竞争中立的必要性与可行性分析：以上海为例 ……… 161

第五章 我国竞争中立制度的实施路径 …………………………………… 167

第一节 我国在竞争中立问题上的基本立场 ………………………… 167
第二节 我国竞争中立制度的基本构成 ……………………………… 177
第三节 我国在国际经贸治理规则制定中的应对策略 ……………… 193

第六章 结　　论 …………………………………………………………… 197
附　　录 ……………………………………………………………………… 199
参考文献 ……………………………………………………………………… 247
后　　记 ……………………………………………………………………… 265

第一章

绪 论

第一节 研究背景与意义

一、研究背景

国有企业是社会主义公有制在生产分配环节的主要表现形式,在我国经济发展中具有独特且重要的地位。随着我国经济深入发展和经济结构转型升级的需要,国有企业在部分领域限制竞争、阻碍市场决定性作用发挥的问题,以及国有企业如何分类分层管理的问题日益引起中央决策部门的重视。中国共产党第十八次全国代表大会以来,中央连续出台了多项涉及国有企业的政策文件,在推动国有企业分类、国有企业的现代化改造和国有企业法治方面取得了诸多成效,但离我们建成统一高效、以市场为中心的社会主义市场体系还有一定距离。如何处理国有企业相关政府管理部门与国有企业的关系,以及针对国有企业的特殊优惠政策日益成为问题的症结,即政府在市场竞争中处理与国有企业的关系是中立还是偏袒对待。一般认为,"竞争中立"就是要求国家在市场竞争问题上保持中立,不对特定的企业(特别是国有企业)存在不当优待或偏袒。

除了我国国有企业发展改革需要以外,国际上对竞争中立的实践也越来越丰富,有的国家已经形成较为成熟的竞争中立制度,如澳大利亚;有的国家或地区联盟有较为成熟的处理政府与国有企业关系的竞争中立制度;有的国际组织已经形成有一定参照推广意义的竞争中立制度体系,如经济合作与发展组织(Organization for Economic Co-operation and Development,OECD,简称经合组织);

还有的国家在区域自贸协定中强行推广标准过高的竞争中立规则，如美国在《跨太平洋战略经济伙伴关系协议》（TPP）中所扮演的主导规则制定的角色。竞争中立最开始是作为一种"国内改革措施"出现的，由澳大利亚在20世纪90年代最早提出并付诸实施，目的是在一个主权国家内部化解国有企业因为所有制或国家的特殊对待而享有的不公平的竞争优势。进入21世纪以后，竞争中立日益演变为美国诘难发展中经济体（特别是中国）利用国有资本参与国际竞争从而享受不公平竞争优势的理论立足点，试图通过在国际层面架构一套具有约束力的竞争中立制度，对抗被其称为"国家资本主义"的政府支持的竞争模式。不同于特定领域的市场开放或贸易、投资便利化措施，这样一套竞争中立制度一旦达成，对于中国经济的影响将是全面且深远的，甚至会直接动摇中国参与全球竞争和国际经贸规则治理的基础。

由此可以看出，无论是我国的国有企业改革还是国际经贸规则的制定，竞争中立制度的价值越来越被更多的政策制定者所接受，但同时也存在部分国家把竞争中立作为一种限制部分国家参与国际市场的工具。因此，如何剖解竞争中立制度的内涵与外延，探究我国在国有企业改革及参与国际经贸治理时如何发挥竞争中立制度的应有价值，以及破除竞争中立实施的不利障碍，推动竞争中立制度的实施，已经成为国内理论界和政府部门共同面临的重大课题。

二、理论意义

党的十八大报告提出要毫不动摇鼓励、支持、引导非公有制经济发展，保证各种所有制经济依法平等使用生产要素、公平参与市场竞争、同等受到法律保护。党的十八届三中全会审议通过的《中共中央关于全面深化改革若干重大问题的决定》提出，经济体制改革是全面深化改革的重点，核心问题是处理好政府和市场的关系，使市场在资源配置中起决定性作用和更好发挥政府作用。国有企业要根据不同行业特点实行网运分开、放开竞争性业务，推进公共资源配置市场化。进一步破除各种形式的行政垄断。党的十八届四中全会提出，要加快完善体现权利公平、机会公平、规则公平的法律制度，使市场在资源配置中起决定性作用和更好发挥政府作用，以保护产权、维护契约、统一市场、平等交换、公平竞争、有效监管为基本导向，完善社会主义市场经济法律制度。清理有违公平的法律法规条款。党的十八届五中全会提出，在"十三五"时期要加快形成统一开放、竞争有序的市场体系，建立公平竞争保障机制，打破地域分割和行业垄断。减少政府对价格形成的干预，全面放开竞争性领域商品和服务价格，放开电力、石油、天然气、交通运输、电信等领域竞争性环节价格。全面实行准入前国民待遇加负面清单管理制度，促进内外资企业一视同仁、公平竞争。党的十九大报告提出，要贯彻新发展理念，建设现代化经济体系。要加快完善社会主义市场经济体制，以完善产权制度和要素市场化配置为重点进行经济体制改革，以实现产权有效激励、要素自由流动、价格反应灵活、竞争公平有序、企业优胜劣汰。要完善各类国有资产管理体制，改革国有资本授权经营体制，加快国有经济布局优化、结构调整、战略性重组，促进国有资产保值增值，推动国有资本做强、做优、做大，有效防止国有资产流失。深化国有企业改革，发展混合所有制经济，培育具有全球竞争力的世界一流企业。全面实施市场准入负面清单制度，清理废除妨碍统一市场和公平竞争的各种规定和做法，支持民营企业发展，激发各类市场主体活力。深化商事制度改革，打破行政性垄断，防止市场垄断，加快要素价格市场化改革，放宽服务业准入限制，完善市场监管体制。这些决定内容都涉及如何构建公平竞争有序的市场环境，都属于广义上的竞争政策，但是我国竞争政策领域的理论研究相对滞后，只有若干学者发表了少数的著作或学术论文。我国在当前发展阶段对竞争政策的需求是日益旺盛的，这都对我国竞争政策的理论研究提出了新的要求。竞争中立制度作为竞争政策的主要实施工具，对于其理论研究就更少了，多数还停留在对国外理论的介绍，少有结合我国发展实际需求提出的建设性意见。

具体到国有企业改革领域，自2013年以来，中央和地方相继出台了多个涉及国有企业的重要文件，如《国务院关于改革和完善国有资产管理体制的若干意见》《国务院关于国有企业发展混合所有制经济的意见》，以及《国务院办公厅关于加强和改进企业国有资产监督防止国有资产流失的意见》等，地方上有上海、北京、江苏、重庆、湖北、河南、江西、辽宁、广西、黑龙江、山西等20多个省（区、市）人民政府发布了《关于进一步深化国资国企改革的意见》，并且国务院已经大力推动了政府权力清单制度建设，取得了积极效果，这些内容总体上都是要求释放国有企业活力，减少对国有企业的行政干预，让部分国有企业充分参与市场竞争。

在竞争政策和国有企业领域，近几年的全面深化改革和全面依法治国的有效实施为本书积累了大量研究资料，但关于竞争中立制度的理论研究仍然滞后，亟待研究。市场决定性作用的发挥归根结底表现在市场的充分竞争，市场的充分竞争需要破除竞争性领域国有企业的政策依赖和政府的隐性保护，使其与其他市场主体平等参与市场竞争。面对这一问题，主要作为一种事后的法律规则的反垄断法等法律的适用并不能起到很好的防范作用，在解决国有企业竞争问题方面，竞争中立制度是其中比较重要的制度安排。在当前新一轮国资分层与国有企业分类改革过程中，总的原则就是要释放市场活力、构建更加公平有序竞争的社会主义市场经济，引入竞争中立制度的视角并提出其法治化的路径能更好地帮助国资国企沿着这一方向改革，国内相关的系统研究还比较有限，本书的研究也就显得及时而必要。

三、实践意义

当前，国内的全面深化改革和全面依法治国与国际上国家间或区域范围内的自贸协定的谈判方兴未艾，对我国这样一个国有企业在国家经济体制中占据重要位置的国家来说，国有企业的问题在国内改革与国际上我国参与的自贸协定谈判过程中都是比较引人关注的领域。在国内改革中，国有企业面临的是如何减少对政府在市场准入、采购、税收、补贴等优惠政策的依赖和提高市场竞争能力等问题。这些问题的解决都涉及如何看待政府在国有企业发展中的地位问题；从市场经济的角度讲，政府在国有企业市场活动中应处于中立地位，这就是一般意义上的国有企业竞争中立。当然不能一概而论，因为我们的国有企业正在进行分类改革并且国资管理体制在"十三五"时期将会分为三层，这些改革的目的就是要区分出国有企业哪些是公益性的、哪些是竞争性的，以更好地分类管理，针对不同类型的国有企业适用不同的法律和规则，同时减少对国有企业的行政干预。

在国际上，为防范国有企业扭曲市场和损害竞争公平，1993年澳大利亚在

《国家竞争政策评估》（*National Competition Policy Review*）中提出了"竞争中立"（competitive neutrality）原则，澳大利亚最早在国有企业领域实施了"竞争中立"，取得了良好的成效，并通过竞争中立的实施推进国内经济体制改革。在自贸协定谈判过程中，国有企业参与贸易投资过程中的性质问题是争议的焦点，强调竞争中立制度的适用，以规避政府运用其立法权或者财政权力使国有企业实施的政府商业活动在与私营企业竞争时获得某些优势，消除国有企业与私营企业之间扭曲的资源分配机制，为两者创建一个公平的竞争平台。如中国（上海）自贸区建设、自由贸易协定（Free Trade Agreement，FTA）战略中的中欧投资协定和自贸协定、中国东盟自由贸易协议、中日韩自由贸易协定和中澳自由贸易协定及美国主导的TPP，都不同程度地对国有企业参与市场的地位和规制等提出了竞争中立制度或者类似的要求，尤其是美国主导的 TPP 对国有企业明确提出了近乎严苛的竞争中立制度。其实 TPP 的相关内容主要是以 OECD 的报告为基础的，经合组织是最早研究竞争中立制度的国际组织，并且提出了比较成熟的竞争中立框架。

值得注意的是，国有企业的竞争中立制度将成为我国国有企业改革及参与全球经济过程中一个无法回避的议题。应该正确面对竞争中立制度，制定出符合我国国情的竞争中立制度中国化路径并以此进一步推动国有企业的改革进程。这样不仅可以督促国有企业建立更高要求的现代企业制度，还能明晰政府与国有企业的关系，更好地推动其参与市场竞争，提高竞争力，推动我国建立市场起决定性作用和更好发挥政府作用的社会主义市场经济体制。由此可见，竞争中立制度对国有企业改革发展的重要实践意义。

四、研究国有企业管理模式对经济法治的独特价值

国有经济参与关系是经济法的调整对象之一，国有经济参与法是经济法体系的重要组成部分[①]。国有经济参与法的具体调整对象包括国有资产基础管理关系、国有资产投资经营关系和国有资产监管关系[②]。国有企业的分类与国有资本的分层改革与监管主要涉及国有企业基于功能定位的分类分层改革，以及改革后

---

① 顾功耘.经济法教程[M].3 版.上海：上海人民出版社，2013：20-21.
② 顾功耘.经济法教程[M].3 版.上海：上海人民出版社，2013：506.

的基础管理、投资经营和监管的调整转换等问题。作为经济法体系的一部分，我们需要对国有企业分类与国资分层的理论进行充分的解释论证，法学界特别是经济法学界在该领域的研究是不充分的[①]，如图 1-1～图 1-2 所示。由于中国法学在中国经济理论和实践两个方面的基础比较薄弱，中国的经济改革主要是由经济学家们主张和推动的，法学家们至多只是配角，这也造成国内学界普遍存在的一个认识误区：既然是经济改革，自然是经济学问题。其实这种认识是有潜在风险的，即经济法治化容易滞后。在正常情况下，无论是经济改革还是政治改革，都应是通过法律人才[②]去设计和实施的，这在国际上早已形成共识，在西方各发达国家都是如此[③]。我国有自己的国情，需要放在历史与现实、社会主义与市场经济这样的背景下去考察，而不能全部交给法律方面的专家，需要他们的大力参与并献计献策，但现实情况与此相差较远。

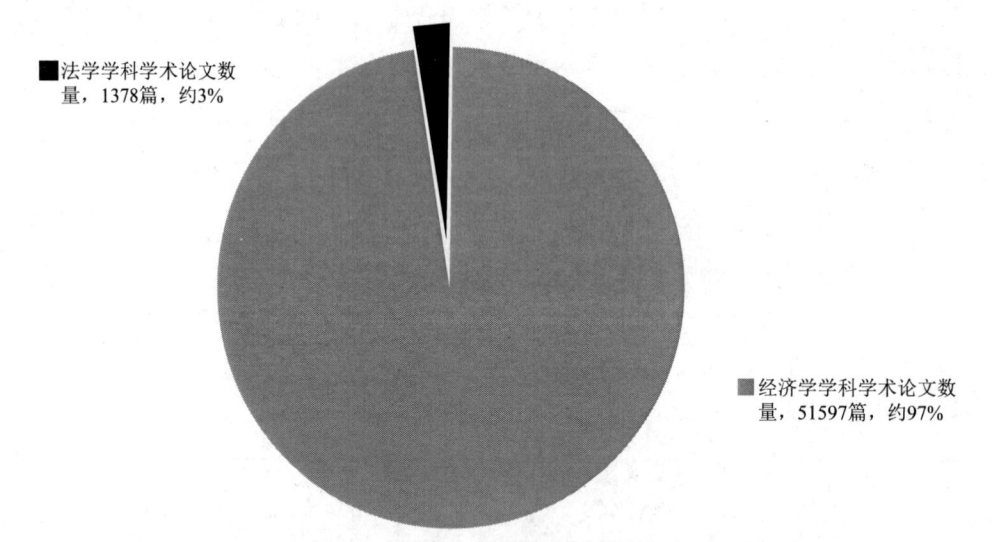

图 1-1　经济学学科与法学学科涉及"国有企业"的学术论文数量对比

资料来源：中国知网，http://www.cnki.net/ 信息采集时间 2018 年 5 月 20 日。

通过"中国知网"以"国有企业"为篇名的文献进行搜索，以数量排名前

---

① 以截至 2018 年 5 月 20 日，中国知网收录的法学学科与经济学学科相关的学术期刊论文以及博、硕士学位论文为例：通过"中国学术期刊检索系统"以"国有企业"为篇名的文献进行搜索，其中法学学科发表"国有企业"的论文有 1378 篇，经济学学科发表"国有企业"的论文有 51597 篇。具体数据以中国知网为准，误差≤2。数据来源：中国知网 www.cnki.net.cn，信息采集时间：2018 年 5 月 20 日。

② 在西方国家，他们的法律人才，精通经济学甚至数学的人比比皆是，但是很少听说过哪一位经济学家或者数学家精通法律。我们国家的人才培养体制与国外差异较大，现实情况不能完全比照西方的标准，但是能说明的是，国家改革离不开法治，经济改革更需要法治护航。

③ 朱锦清.国有企业改革的法律调整[M].北京：清华大学出版社，2013：序言.

40位的学科门类为例，与法学学科有关的学术论文共有1378篇。其中关于经济法的963篇；关于行政法及地方法制的126篇；关于诉讼法与司法制度的83篇；关于法理、法史的83篇；关于刑法的63篇；关于民商法的60篇。与经济学学科有关的学术论文共有51597篇。其中关于企业经济的42582篇；关于宏观经济管理与可持续发展的2007篇；关于审计的1370篇；关于工业经济的1054篇；关于金融的998篇；关于投资的840篇；关于经济体制改革的755篇；关于会计的633篇；关于财政与税收的398篇；关于证券的314篇；关于贸易经济的173篇；关于保险的172篇；关于农业经济的123篇；关于经济理论及经济思想史的96篇；关于交通运输经济的82篇（见图1-3）。

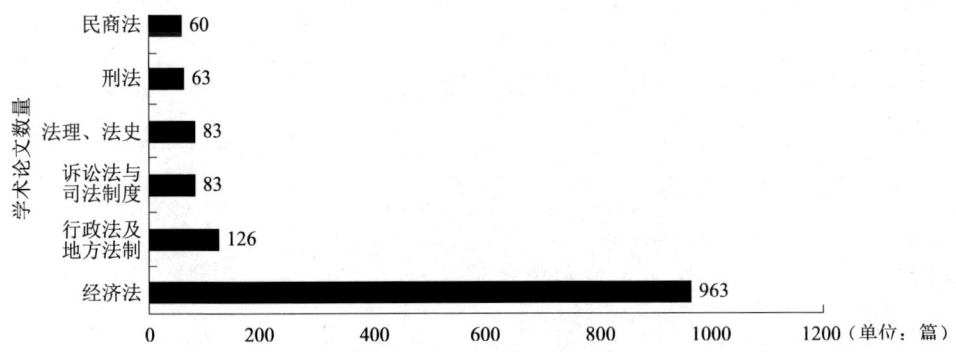

图1-2 截至2018年5月20日法学学科中相关领域涉及"国有企业"的学术论文数量
资料来源：中国知网http://www.cnki.net/，信息采集时间2018年5月20日。

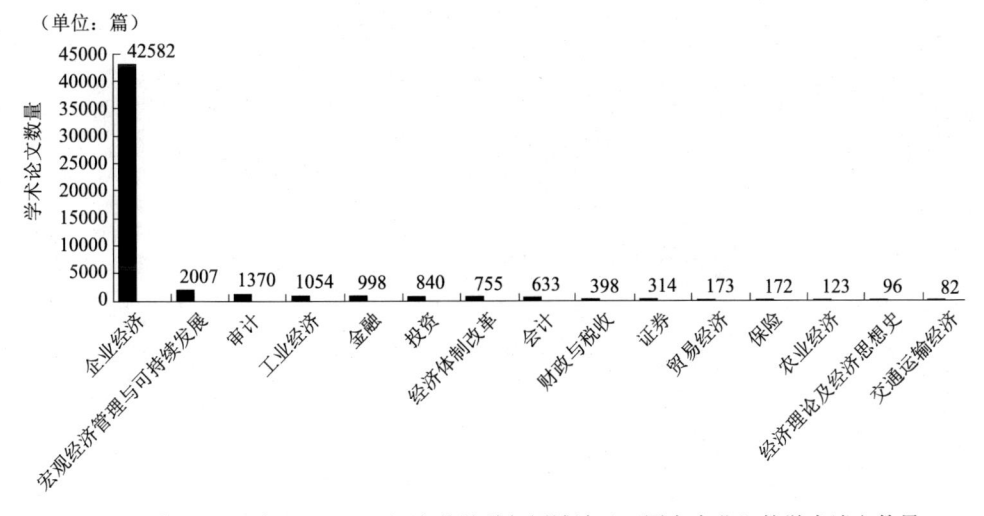

图1-3 截至2018年5月20日经济学学科各领域涉及"国有企业"的学术论文数量
资料来源：中国知网http://www.cnki.net/，信息采集时间：2018年5月20日。

如图 1-4 所示，纵观 2010 年及之后各年的全国"两会"政府工作报告，有法律含义的"法"字的出现频率呈现一定积极变化。2010 年时任总理的温家宝的政府工作报告中有法律含义的"法"字出现的频率：2010 年是 0.001764[①]，2011 年是 0.001867；2012 年是 0.001849；2013 年是 0.001628。2014 年李克强总理的政府工作报告中有法律含义的"法"字出现的频率是 0.002241，相比之前有显著提升，其后的五年都维持在较高水平。李克强总理 2014 年的政府工作报告正文部分在第一句就强调其是依法履职，这是历年政府工作报告中不曾有过的情况，足见本届政府对法治的重视。无独有偶，习近平总书记在中央全面深化改革领导小组第二次会议时强调，要在法治轨道上深化改革，要为深化改革提供法治保障。指出凡属重大改革都要于法有据，在整个改革过程中，都要高度重视运用法治思维和法治方式，发挥法治的引领和推动作用，同时要加强对相关立法工作的协调，确保在法治轨道上推进改革。此外还强调经济体制改革是全面深化改革的重头，对其他领域改革具有牵引作用。[②] 这就说明经济法治问题是一个不可避免并需要给予极高重视的领域。

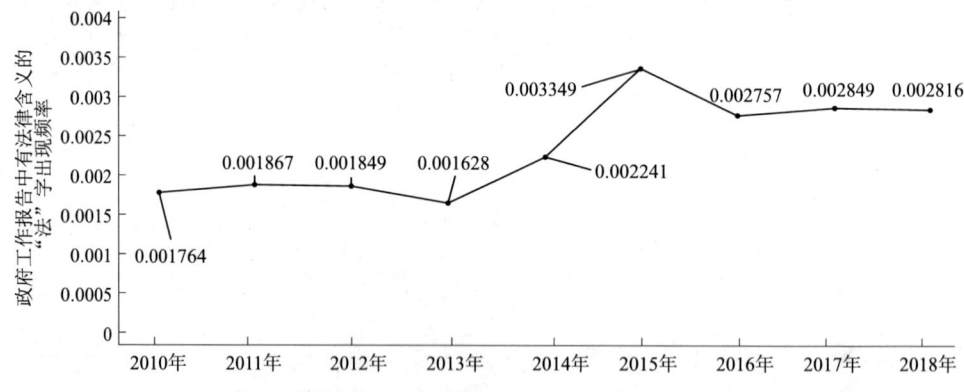

图 1-4　2010－2018 年中华人民共和国政府工作报告中有法律含义的"法"字出现频率图
资料来源：2010－2018 年政府工作报告。

在法治轨道上推进改革，我们需要走出"边抓牌，边定规则"的思维樊篱，确立"定好规则，再抓牌"的法治思维。无论是哪个领域的改革，都必须在法律

---

① 计算方法：当年政府工作报告中有法律含义的"法"字出现的字数／当年政府工作报告正文总字数。
② 习近平主持召开中央全面深化改革领导小组第二次会议 [EB/OL]. (2014-02-28) [2018-05-20]. http://www.gov.cn/xinwen/2014-02/28/content_2625940.htm?gs_ws=tsina_635292603600097654616095561.

的范围内作为，都必须以法治的方式推进。现代市场经济是建立在法治基础之上的市场经济，市场经济的健康发展离不开法治的支持和保护。经济体制改革同样要以法治的方式推进。法学界很少涉及这样的论题，总是羁绊于学科间的沟壑。法治作为国家治理的重要方式，必须要与国家治理体系的各领域加强沟通联系。推进国家治理体系的现代化，法治现代化是其前提基础，更是根本保障。改革需要法治推动，改革的成果当然也要由法来固定和保卫。全面深化改革的重点仍然是经济体制改革，当前经济体制改革的核心问题是处理好政府和市场的关系，使市场在资源配置中起决定性作用同时更好发挥政府作用。① 发挥好市场在资源配置中的决定性作用，国资国企改革是不能忽视的重要一环。长期以来，阻碍市场经济中市场作用正常发挥的还是政企不分造成的市场主体中的国企和民企或其他企业主体间的地位差异。国资国企改革与发挥市场在资源配置中的决定性作用有密切的联系，一定程度上可以说国资国企改革关乎经济体制改革的成败。此外我们还需要注意的是市场的竞争问题。竞争是市场经济的本质要求，也是市场机制发挥作用的核心过程，竞争也是市场资源的配置方法，处理好政府与市场之间的关系，讲到底就是在多大程度上、多宽范围内依赖竞争机制实现资源的配置②。国资分层与国企分类改革的直接结果将会是市场竞争领域的进一步扩大，更多的国企将会在更深领域和更宽的市场范围内参与市场竞争，更多的民资和外资将会进入以前主要是国资所涉及的领域，这些都涉及竞争问题，深层次上来说也是一个竞争政策问题。以往更加注重公共政策的国有企业需要适应新的竞争政策③，竞争政策是涵盖竞争法律在内的一系列有利于市场竞争的政策。我们在这一轮国资国企改革尤其是改革后应注重发挥竞争政策在国资国企和混合所有制发展中的独特作用。这一轮的改革思路要求国资国企改革不能先改革后立法，强调改革需要法治的保障，而这个法必须是适应改革的法，这就需要对现行法律进行修订或者进行新的立法。以上种种已经充分说明经济体制改革必须运用法治思维，并把

---

① 中共中央关于全面深化改革若干重大问题的决定 [N]. 人民日报，2013-11-16(001).
② 徐士英. 竞争政策研究——国际比较与中国选择 [M]. 北京：法律出版社，2013：总序.
③ 徐士英. 竞争政策研究——国际比较与中国选择 [M]. 北京：法律出版社，2013：3-6. 在国际社会，"竞争政策"在三个层面上被加以使用：一为狭义上之竞争政策，专指鼓励竞争、限制垄断的反垄断政策（反垄断法）；二为广义上之竞争政策，涵盖了为维持和发展竞争性市场机制所采取的各种公共措施，乃"促进竞争"之竞争政策；三为最广义之竞争政策，泛指一切与竞争有关的政策措施，涵盖了一切"促进竞争"以及"限制竞争"的政策。竞争政策通过维护竞争、鼓励创新和保护消费者利益，不仅对经济发展具有促进性功能，而且还具有对经济政策的统领性功能和对市场经济运行的"保护伞"功能。

法治作为一种战略来看待。在这种情况下，法学界尤其是经济法学界应该以更加积极的心态投入到全面深化改革当中去，发挥自己应有的作用。而国资国企改革又是经济体制改革的关键点，经济法学界必须加强该领域的研究，经济法学者在这个过程中本就应该发挥其独特的作用。吴志攀和肖江平等经济法学者也提出，在经济法研究的选题上，要抱有更加浓厚的"中国问题意识"，我们的论题不能离开转型中国在经济、社会发展中存在的问题，不能脱离我国现实的国情[1]，这是中国法律人的社会责任和应有的担当。经济法的研究必须关注现实，深入本土资源。[2] 这是经济法的必然要求，也是经济法的魅力所在。

有的观点认为过分关注所谓的社会热点，必然会损害学术的发展与理论的水准。这可能也是部分学者远离实践的重要考虑，因为追求学术的水准与长远的影响力可能是学者更为珍视的品格。[3] 有的学者谈及此问题时指出："我国目前的学术市场中充斥着理论必须为实践服务的务实思考，要求学院内知识接受司法实践的检验，这更为热点问题的形成提供了现实依据。需要注意的是，热点问题虽能在短期内催生法学论著的繁荣与引证文献的增加，但是热点问题未必能真实反映法学研究的理论水准，流行的问题也未必有长久的学术生命力……热点问题的不断转换将带来学术研究的理论深度严重不足的负面结果。"[4] 这些观点固然值得思考，但是忽视现实远离实践的学术态度是绝不可取的。

经济体制改革必须运用法治思维，法治思维又要求法学界对经济现实问题进行研究，国资国企改革作为其中的重要一支，对其运用经济法的视角进行研究是非常必要的。静心于法学理论雕琢的法学家们对此可能会嗤之以鼻，但是社会热点也是一种社会现实实践，不能因其是热点而否定其是一种社会现象的本质，社会现象与法是源与流的关系，法律必定是务实的，对社会热点进行关注和深入研究是法学的生命力所在，也是社会发展变化对法学研究的必然要求。对社会热点的深入研究不等于过分关注，对于现实问题的解决不能浅尝辄止，那样只会一事无成。

---

[1] 吴志攀，肖江平. 和谐社会建设与经济法创新 [J]. 中国法学，2007(1).
[2] 张守文. 经济法研究的"合"与"同" [J]. 政法论坛，2006(3).
[3] 李友根. 经济法学的实证研究方法及其运用 [J]. 重庆大学学报（社会科学版），2008(5).
[4] 刘磊. 我国法学引证研究之省思 [J]. 法商研究，2008(2).

第一章 绪 论

从法学研究与法律研究[1]的关系上看，我们可以看到，尽管以往绝大多数的法学研究"十分优秀"，但常缺乏对细微生活实践的反复调研和思考积淀。研究者自己也承认，这种研究，是从理论到理论的，没有联系现实实践。与此对应，尽管以往绝大多数的法律研究，同样"十分优秀"，但相反，其存在缺乏缜密的学术思索和论辩推演等问题。法学研究与法律研究两者侧重不同，不应拒绝二者的相互结合。[2] 现实生活中，法律的实践是受到限制的，不可能是完美无缺的，必然有一些问题是法学理论研究中未达成共识的。需要注意的是，我们不能因为法学理论没有形成较高的学术水准和长久的影响力而去否定这些研究，显然这些研究正在向正确的方向发展，事物的发展总是有一个过程的，不能用一时研究结果的不完善和不确定性而否定研究本身的意义。

从法学的目的上看，法学首先是为了履行一项实际的任务，此点应无疑义[3]。法学不是为了理论而理论，是要解决对应的实际问题的。法学的认识目标在于拟定说明此时此地（规范意义上）现行有效的法律规范，从这一意义上讲，现行有效的法律规范并非全属"既有的"规定内容，而是应由法律、裁判、行政处分及契约等有关的法素材进一步发展出来的内容。[4]

从法学的应用科学本质上看，萨维尼认为，所有法律之形式，犹如习惯法之形成，先肇始于习惯和通行的信仰，然后由法学淬炼始底于成，因而提倡历史法学，强调罗马法的重要性[5]。其本人虽非一概念法学者，唯已有此倾向。他的学生普赫塔（Georg Friedsich Puchta，1798－1846）更倡之其力[6]。普赫塔试图将罗马法整理成一个体系严谨而层次分明的规范。他将罗马法分为数层次，顶层为法律理念，整个法律秩序均须受这一法律理念的支配，法学者的任务，只能是循着逻辑演绎的方法，分析各层次规范间的关系及各种法律概念间的关系。这种逻辑自足的观念，导致法学者研究法学，只有全部使用逻辑分析的方法才行，这样虽然有利于提高法学的客观性，但未免忽视了法学的实践性，实不足取。需要说

---

[1] 这里指从事实际法律调研性质的研究。
[2] 刘星.法学知识如何实践[M].北京：北京大学出版社，2011：199-200.
[3] 拉伦茨.法学方法论[M].陈爱娥，译.北京：商务印书馆，2003：112.
[4] 拉伦茨.法学方法论[M].陈爱娥，译.北京：商务印书馆，2003：120.
[5] 杨仁寿.阐释法律之方法论[M].台湾：瑞元印刷有限公司，1987：5.
[6] あおみじゅんいち.法と社会－新しい法学入門[M].とうきょう：中央公论新社，1982：17.

11

明的是，我们在使用逻辑分析方法的时候，不能仅凭借纯粹形式的逻辑进行机械的思维操作，仍应注意法学的实践性，才能切合法学的需要。因为法学不是理论科学，而是应用科学；仅凭借理论认识不足以解决事实问题，而应把理论与实践结合起来，通过法律的引用，才能满足我们现实社会的需求，达到社会治理的目的。① 更何况问题的切入点并不完全等同于问题的研究。研究起步阶段应当从实践中发现问题，但对问题的研究就需要立意高远、资料丰富、理论透彻，并在这样的研究之中对实践中的现象进行解释，进而解决问题。

综上，研究社会法律现象解决社会问题是法学的必然要求，抛开社会热点而埋头纸堆实不可取。当前中国经济社会发展及其立法司法实践中所面临的种种事件与问题，是法学理论尤其是经济法学理论产生、发展与创新的最重要资源。13 亿中国人的生活实践、中国改革与发展的社会实践，都应当是而且首先是中国法学研究的主要对象，对于经济法学这样一门研究经济法现象的部门法学而言，由于经济法有着强烈的国别特征和中国经济与社会的转型特征，更应当珍惜利用这一宝贵资源。②

有理无数，莫谈学术。与其他部门法学相比，经济法学界在实证研究方面具有独特的优势，因为经济法学研究的素材资料涵盖大量的社会经济现象与事件，提供了比司法案例更丰富的研究素材，使问题的研究与观点的论证有了更为坚实的实践基础。③ 国有企业分类分层改革与监管中如何分类分层，以及分类分层之后国有资本如何分层的问题都迫切需要实证的研究方法来进行分析论证，因为其与大量的经济现象相联系并有大量的例证储备。运用实证的研究方法来推动国有企业改革中法律的修订和立法的进程，使得立法或修法依据更具有说服力，对法律效用也是一种印证。

关于经济法治的实践研究如浩瀚大海，笔者也只能取其一粟，以国有企业竞争中立制度为研究对象，在充分理论梳理的基础上，运用规范分析方法、文献调查法、历史考察方法及比较的分析方法等进行研究，以期能为国资国企改革提供法治参考。

---

① 杨仁寿.法学方法论[M].2 版.北京：中国政法大学出版社，2013：55-56.
② 李友根.经济法学的实证研究方法及其运用[J].重庆大学学报（社会科学版），2008(5).
③ 李友根.经济法学的实证研究方法及其运用[J].重庆大学学报（社会科学版），2008(5).

第二节 国内外研究现状述评

一、国内研究现状述评

截至 2018 年年初，通过查阅有关著作和学术论文，国内有关竞争中立制度文献比较少。著作方面，专门研究竞争中立制度的著作有 1 本——《"竞争中立"制度的理论和实践》，专门介绍竞争中立制度的译著 3 册——《竞争中立：各国实践》《竞争中立：经合组织建议、指引与最佳实践纲要》《竞争中立：维持国有企业与私有企业公平竞争的环境》，其他主要是包含在专门研究竞争政策的《竞争政策研究——国际比较与中国选择》《法治视角下的竞争政策》及《中国竞争法律与政策研究报告 2010－2016》等书籍中的部分章节。学术论文方面，专门研究竞争中立制度的学术论文有 73 篇，并且全部为 2012 年之后发表，其中 CSSCI 论文 26 篇，北大核心论文 8 篇，普通刊物论文 39 篇。[1]可以说竞争中立制度的相关研究正如火如荼。研究的领域以法学为主，兼有经济学及少量管理学的成果。

（一）竞争中立制度的基本理论

学者们认识到竞争中立制度的"舶来品"性质，即最先由澳大利亚提出并实施，逐渐扩展至主要经济发达国家，并为联合国、经合组织等所关注并推广。关于竞争中立的概念大部分是引用澳大利亚的相关概念，也有取欧盟和美国概念的。

学者认为，竞争中立的一些理念和制度安排，如约束政府直接干预经济的行为，推行规则中立，加强公司治理，提高国有企业透明度等，对我国国有企业改革和产业政策调整具有促进意义。也有学者认为，美国在国际社会宣扬竞争中立，但更倾向于提出美式竞争条款的同时，以竞争中立个别承诺的方式约束别国而非本国。这意味着竞争中立国际规则缺乏国际共识与国际合意，因而至多能够形成国家间契约而非国际造法。对中国而言，中国暂时无须防范竞争中立形成强

---

[1] 此部分数据于 2018 年 5 月 20 日更新。

制性国际法律规则，但在国家间契约形成过程中，应当注意联合其他国家，谨防多边谈判中各自为政。竞争中立制度的发展使中国国有企业"走出去"面临更多障碍，中国参与区域贸易自由化和全球经济治理面临更多挑战。例如，限缩了当前国有经济的"控制力"作用；抑制了国有企业"准政治人"身份的利用；动摇了地方政府扶持地方国有企业发展的"合理性"；制约了国有企业"国际化"战略的实施步骤。

（二）竞争中立制度的实施路径

学者们普遍认为，发挥市场在资源配置中的决定性作用和融入多边区域性自由贸易市场的现实需求决定了我国应当引入竞争中立制度，但这也会因此面临政策定位失误而落入国际贸易保护主义陷阱和经济阶段性波动的潜在风险。对此，我国引入并实施竞争中立制度必须首先定位准确，即其应当围绕政府促进市场公平竞争主旨展开。除了非市场化领域的政府管理、外商投资的国家安全审查与引入竞争的非对称性扶持外，竞争中立制度要求政府在干预市场过程中必须遵守交易机会中立、经营负担中立、投资回报中立三大行为准则。我国应当通过行政执法、体制改革、竞争倡导等路径贯彻竞争中立制度，按照"先行试点、逐步推广、对外输送"模式推进竞争中立制度的实施。有学者专门论述了竞争中立的市场进入中立规则，市场进入中立是竞争中立制度的重要行为准则之一，它要求政府在干预市场过程中应当在经营资质的赋予、业务市场的拓展、商业合同的缔结上保持中立，确保企业能够公平地进入市场从事交易。有学者以中国A股上市公司为研究样本，对政府补贴和"竞争中立"之间的关系进行了理论探讨和定性比较检验。研究结果表明：第一，政府补贴对象并不是完全由企业所有权性质决定，同时具有"扶持强者"和"保护弱者"特点，即大型亏损国有企业、创新骨干企业及经济欠发达地区的出口骨干企业能够获得高政府补贴；第二，非国有企业在获得高政府补贴时将转化为竞争优势，而政府对大型亏损国有企业的高扶持并不能有效提升企业绩效。以上结果显示，中国虽然尚未普及竞争中立理念，但是针对构建公平竞争环境的国有企业改革早已逐步开始。中国政府补贴的选择偏好是多元化的，国有企业并不是因为其所有权特征而得到政府补贴的特别优待

(王菁、徐小琴、孙元欣，2016）。

（三）竞争中立与自由贸易区建设

大部分学者认为，TPP 协定的达成不仅会在短期内对世界经济贸易带来巨大影响，而且其构建的新一代国际贸易投资规则更将影响深远。TPP 中提出的国有企业条款的核心思想来源于"竞争中立"规则。TPP 投入运行后，必然会通过贸易创造效应和贸易转移效应增加成员之间的贸易和投资，也会由于贸易转移效应而对 TPP 非成员国造成一定的负面影响。TPP 国有企业条款的适用对象对中国具有很大的挑战性，可能造成准入阶段的投资壁垒，以及对国有企业已有海外投资造成威胁。中国应该以更加开放的姿态认同竞争中立制度的大方向，加快国内改革步伐，与国际规则接轨。有学者认为，我国国有企业由于其内涵的特殊性，存在着补贴、红利等特殊的法律问题。面临双边投资保护协定的谈判，我国应通过承认公平竞争议题目标基础、完善国内竞争法律法规体系、通盘考虑谈判策略等方式积极应对。也有学者采用国际政治经济学理论框架，以美国在区域贸易投资协定中推动竞争中立原则为例，分析了其推动新一代高标准贸易投资规则的动因和收益，探讨了国际经济规则调整和实现的具体路径，将国际规则形成机制的分析由宏观层面向微观层面拓展。

不少学者针对我国国内的自贸区建设提出了很多建设性意见。例如，竞争中立制度是促进市场经济发展的核心制度和对外贸易谈判的关键议题，但从《中国（上海）自由贸易试验区条例》的规定来看，却是极不完整的。对这一制度的解释必须采取建构性的立场，以整个自贸试验区的法律和政策资源为基础，借鉴各先进司法辖区的制度经验，并结合竞争法理论的最新发展。在研究方法上，学者们重点运用体系解释、法意解释、比较法解释的方法。在逻辑上，依次从竞争中立作为制度目标、制度安排和制度承诺三个维度进行阐释。

（四）竞争中立的其他问题

学者们认为，"竞争中立"已经由最初的一国内部法律规则，向全球贸易投资领域重要的国际规则发展，并逐渐被纳入国际组织的贸易投资协定中，这一过程也是竞争中立原则向国际贸易投资规则发展的重要实现途径。《经济合作与发展组织国有企业公司治理指引》、世界银行、联合国贸易和发展会议（UNCTAD）、世界贸易组织（World Trade Organization，WTO）等国际组织都包含竞争中立和竞争政策的相关规定和应用。也有学者论述了国家安全审查制度与竞争中立的关系，认为国家安全审查制度和竞争中立都是国际制度环境的有机组成部分。成功实施"走出去"战略，国有企业必须在较短时间里，适应上述制度环境巨变。有能力的中国国有企业，应积极效仿受到国际社会尊重的跨国公司和国有公司，改变被动应对制度环境变化的做法，积极主动地融入其中，通过大力发展合规的经营行为，增进自身的组织合法性。

二、国外研究现状述评

因市场固有的地域属性决定了经济领域的系统竞争最早成形于各个国家，所以竞争中立制度的研究最早起源于澳大利亚的国内经济改革（Frederick G. Hilmer 1993）。澳大利亚的竞争中立制度深入贯彻了竞争法治理念，内容较为全面地覆盖了竞争中立制度的目标定位、关联事项、适用领域、规制路径、施行机制、量化方法、分析工具、特定示范文件的格式与内容等（NCP 2004—2010）。伴随着TPP的谈判不断推进，竞争中立制度逐步受到国际社会的广泛关注。国内缺少适用土壤的美国主要联手欧盟借助推广澳大利亚的竞争中立制度改革和TPP之名大肆批评中国的"国家资本主义模式"扭曲了市场竞争，倡导制定新的国际贸易规则。但是发达国家主导的国际组织OECD则对国际贸易背景下的竞争中立制度做了较为深入的研究，2005－2013年发布的《关于国有企业公司治理的指引》《竞争中立：维持公有企业与私有企业之间竞争水平》等十多份相关研究报告对竞争中立制度的目标事项与规制路径，以及国有企业履行公共服务职能的成本核算问题做了论述；但是没有对竞争中立制度的适用除外、发达国家企业"先天"具有很大竞争优势背景下产生的国际贸易保护效应等广大发展中国家普遍关心的其他核心问题做出具体论述，因而相对缺乏系统性和"中立性"，带有较强的国际政治手段色彩。

三、国内外研究现状评价

前述研究做出了巨大贡献，美中不足之处在于：其一，从研究方法看，国内学者方法较为单一，大多学者仅从理论角度介绍有关竞争中立制度与国有企业某一领域的观点，较少做出较为细致、客观的实证研究；其二，从研究内容上看，国内学者对于竞争中立制度的研究多集中于宏观领域，如制度梳理介绍、利弊分析、政府作用等，对国内在全面深化改革、全面依法治国与中外自贸协定谈判背景下，如何研究制定适合中国的竞争中立制度并提出其法治化路径，尚欠缺全面系统的研究。

第三节 研究思路和方法

一、研究思路

（一）提出问题，进行调研并归纳分析

目前国有企业的改革不同于以往历次改革，全面深化改革要求国有企业改革之后关于国有企业的政策及法律要形成制度化，而竞争中立制度这一舶来品已在一部分国家的国有企业改革及国际性文件中被广泛提及，引发我们对国有企业改革与竞争中立制度之间关系的思考。通过在中国（上海）自由贸易试验区管委会政策法规研究室的调研，了解在自贸区内国有企业的活动如何定性，以及在走出去的过程中，遇到政策法律对国有企业这一特殊主体的限制怎么解决等问题，掌握一手资料。

（二）通过文献查阅理清思路

以前一阶段研究成果为基础，归纳提出当前竞争中立制度在国有企业改革中如何适用所存在的问题及原因，通过查阅分析汇总大量文献资料理清竞争中立制度与国有企业之间的关系并形成具体研究思路。

（三）研究对策

在以上研究的基础上，针对竞争中立制度在国有企业改革中的推动作用，以及国有企业参与全球经济必然要面对国际上的竞争中立制度等，研究制定符合我国国情的竞争中立措施并以此进一步推动国有企业的改革进程。

二、研究方法

（一）规范分析方法

竞争中立制度作为较新的研究对象，需要采用规范分析方法来进行研究，赋予竞争中立制度一定的价值判断，提出竞争中立制度的界定标准，通过探讨如何才能符合这些标准，同时引入竞争法与竞争政策的思路对其进行分析研究并提出处理国有企业改革问题和制定我国的竞争中立制度措施。

（二）文献调查法

竞争中立制度及国有企业的有关法律和政策的资料很难通过一般渠道取得，需要文献调查法来帮助获取这方面的信息。笔者根据本书需求建立严密的调查计划，并对要利用的文献进行真实性、可用性检查，保证调查的系统性和可靠性。

（三）历史考查方法

拥有近四十年历史的竞争中立制度和有着百年历史的国有企业在发展过程中有其自身特点，相互之间又是一个相互影响的过程。运用历史考察方法，有助于探寻其发展规律，揭示其发展特点，为竞争中立制度在国有企业改革中的适用提供历史依据和理论根基。

（四）比较的分析方法

无论是竞争中立制度还是国有企业，与西方发达国家相比，在我国都是属于发展历史较短的领域，现实经验较少，尤其是竞争中立制度在我国研究和关注的程度还很不足，需要借鉴其他先进国家的发展和实践经验，并运用比较的分析方法，推动我国竞争中立制度与国有企业之间关系，以及中国的竞争中立制度方面的理论研究和实践运用。

第四节 创新点与不足

一、创新点

（一）对竞争中立制度进行系统研究

竞争中立制度是近几年才被学界所关注，相关研究成果有限。从前文国内外的研究成果介绍中就可知，真正的研究成果较少，高质量的研究成果更少。再加上我国的经济发展现实非常需要，亟待研究。本书结合国际国内有关情况，充分搜集国内外有关文献资料，制订了详细且严密的研究计划，且有具备充分的研究能力和拥有丰富学科背景的指导老师的指导，有能力对竞争中立制度进行系统研究。

（二）提出竞争中立制度在国有企业改革领域的适用路径

国有企业改革需要竞争中立制度的引入，这一论断在国内还是处于比较新的研究阶段，研究逐渐增多，并且在逐渐凝聚共识。在国有企业领域适用竞争中立制度是必然趋势，同时对其适用应走法治化的路径。因为国家治理体系和治理能力的现代化最重要的就是法治化，这也是全面深化改革和全面依法治国的要求。但是，这方面的研究几乎是空白，需要大量的研究来充实论证和完善。

（三）紧密联系实际，研究具有重要现实意义的问题

本书在全面深化改革和全面依法治国背景下，针对全面深化改革的重点，即如何处理好政府与市场之间的关系，特别是国有企业如何改革、如何推动市场充分竞争，破除阻力这些问题，结合全面依法治国提出的完善社会主义市场经济法律制度的要求，为更好解决国有企业改革过程中的问题，落实国家治理体系和治理能力现代化的目标要求，提出了在我国实施竞争中立制度的建议，并从国际

和国内两个方面联系实际对国有企业竞争中立制度的背景、原理、内容框架和实施路径进行系统研究。

二、不足之处

国有企业改革是一项复杂的任务。国有企业竞争中立制度作为一个舶来品，虽然理论有一定研究，但是实践中对其认识仍不足，没有发挥其应有价值。本书虽然花费大量笔墨来阐释竞争中立的相关内容，但也只是沧海一粟，还有许多内容需要进一步补充完善。例如，竞争中立国内外典型案例的分析；竞争中立的相关政策文件，进一步细化对竞争中立制度构成的理论分析等。

第五节 问题的提出：竞争中立对我国国有企业的机遇与挑战

一、竞争中立成为全球经济治理的重要一环

西方主流的国际政治理论认为，正常、有序的国际经济秩序需要一个强大的政治国家来维持。正如在国内市场中，需要由政府来提供包括市场交易规则在内的本国公共产品，在国际市场上，为了防止国与国之间的不公平贸易，也应该由占据主导力量的国家来提供全球公共产品。这一理论是美国对外政策的长期指导思想。第二次世界大战以后建立的国际经济秩序，包括联合国、世界贸易组织、世界银行和国际货币基金组织等，都是在该思想的指引下由美国主导构建的。

但是，随着国际政治格局转变为"一超多强"，国际经济领域金砖国家等发展中经济体的兴起，美国主导全球经济治理的地位正在受到挑战。这种挑战主要体现在两个方面：第一，WTO多边体系正处于十字路口，若不改变滞后的谈判议程和僵硬的一揽子表决方式，建立在"公平"基础上并惠及绝大多数国家的

多边贸易体系面临被边缘化的危险。第二，区域贸易主义的盛行加剧了"规则冲突"。如美国主导的 TPP；美国和欧盟的《跨大西洋贸易与投资伙伴协定》（TTIP）；由东南亚国家联盟（以下简称东盟）发起，邀请中国、日本、韩国、澳大利亚、新西兰、印度共同参加的"区域全面经济伙伴关系协定"（RCEP）；以及中国力推的亚太自由贸易区（FTAAP）等。它们之间在不同层面相互竞争和角逐。

不论是多边贸易体系的僵局还是区域主义的相互竞争，都围绕"规则制定"展开。各主要经济体都试图通过在多边或区域平台获得更多的规则制定权，在当今多极化的世界重塑国际经济治理结构，主导国际经济治理。竞争中立就是其中一个可能引发全球经济治理结构重大变化的领域，甚至可以说是一个关键领域。这与美国试图在多极化的世界格局中重新主导全球经济治理是密不可分的。在美国看来，国家资本是唯一可以和其代表的私人资本相抗衡的力量。为了在全球经济规则转型中稳固美国的主导地位，必须要对所谓的"国家资本主义"加以遏制。竞争中立无疑是最佳的切入点。

二、竞争中立制度给中国带来的挑战

虽然对于绝大多数国家而言，竞争中立在当前还主要体现为一种公平竞争的理念，但是一旦在国际层面达成以此理念架构的一整套规则，对于拥有大量国有经济的国家而言，冲击将是巨大的。在国内层面，竞争中立要求建立对违反竞争中立的行为予以监督和矫正的机制，包括明确竞争中立适用的范围、建立投诉或监督机构、构建正当程序等；在国际层面，很可能还会建立信息分享和争端解决机制。以上措施无疑会对政府主导经济发展的模式形成巨大冲击。

中国本质上实施的是公有制为主体的经济发展方式，国有企业在市场经济中占据主导地位。国有企业不仅是市场主体，而且行使诸多政府职能，这与美国提出的竞争中立制度相冲突。竞争中立对中国国有企业的冲击无疑是最大的。与此同时，我国作为一个发展中经济体，政府在推动新兴产业发展、扶持民族产业以及引导产业布局等方面发挥着重要功能，很可能会出现补贴、信贷支持、担保支持等有违竞争中立要求的情况。如果政府或授权行使政府职能的企业的上述行为都要受到竞争中立制度的约束，那么中国参与国际竞争的能力无疑会受到极大削弱。更为重要的是，包括 TPP 在内的国际层面的竞争中立制度是"超 WTO"的机制设计，如果其成为事实上的国际标准，中国将面临"二次入世"的风险，陷入十分被动的局面。实际上，正如美国前副国务卿罗伯特·霍马茨（Robert D. Hormats）所言，美国倡导的竞争中立制度主要是针对中国，因为在其看来中国是"国家资本主义"的最佳践行者。

问题是，在竞争中立问题上，中国尚未形成有针对性的应对策略。在中国已经签署的自由贸易协定中，对于竞争中立问题都还没有做出回应。有观点认为，中国应该联合新兴市场国家和发展中国家，构建一个新的区域贸易体系，采纳比美欧主导的区域主义更低的标准，形成与美欧对抗的局势。但是，一个"更低"的标准无法指导中国未来经济的发展，中国也不可能依靠低标准构筑与美欧相抗衡的体系。更明智的选择应该是选择更符合中国发展需要的标准，这个标准不一定比欧美提出的竞争中立标准更低，但是应该符合中国国内改革需求。

第二章

竞争中立制度的基本理论

竞争中立制度作为一个新生事物，我国关于其基本理论的探讨还比较有限。本章重点论述国内外有关竞争中立的基本理论，尝试厘清复杂理论的逻辑脉络，挖掘竞争中立理念及其制度的基本内涵。首先通过分析国际经验和国内现实，明确竞争中立制度的含义，即竞争中立制度是政府为实现市场在资源配置中的决定性作用，更好地发挥政府作用，以社会整体效益最大化和建立公平竞争市场为目标，不为特定市场主体创设不当竞争优势或劣势条件而实施的一系列制度体系。紧接着分析论证了竞争中立制度的特征。竞争中立制度的特征是区别于其他制度，特别是区别于其他市场竞争规则的一个重要方面。相关论述还比较有限，笔者尝试从制度的内涵及国外有关实践入手分析竞争中立制度的特征。竞争中立制度究竟应该在哪些主体上适用也是需要讨论的问题，国外的实践告诉我们还没有绝对统一的标准，但是大致可以框定在以国有企业为主、私有企业为辅的范围内。从具体实施的角度来看，我们还是应该框定一个更加合理的适用范围。竞争中立制度的基本构成也就是政府具体应该在哪些议题上中立的问题，主要根据市场主体在市场中因为所有制区别而遭受不公平待遇所涉及的问题来确定政府应该在哪些议题上保持中立。此外，非竞争中立的表现形式也是需要加以明确的，对非竞争中立的表现形式有一个清晰的认识可以更好地为实现市场的竞争中立状态提供帮助，更好地针对存在的问题提出解决措施。最后论述了竞争中立制度的理论基础，包括政府与市场关系理论、公平竞争理论及经济民主理论等。

第一节　竞争中立制度的含义

澳大利亚是开始竞争中立相关实践最早的国家。20 世纪 90 年代中期，澳大利亚对其竞争法和政策进行了广泛的改革，改革的目的是提高经济运行效率，提高生产力和鼓励创新，旨在在全国建立真正的统一市场，并实施更有效的竞争政策框架。改革遵循了对竞争法和竞争政策的全面审查，强调竞争政策除竞争法之外还包括一系列法律和政策。①1993 年，澳大利亚联邦政府成立的独立调查委员会②公布了一份名为"Hilmer Report 1993"的报告，报告详细描述了澳大利亚有效的国家竞争政策（national competition policy）所应该解决的 6 个特别重要的问题，其中一个问题就是竞争中立，即政府企业与私营部门在竞争时应适用竞争中立。③国家竞争政策改革提出了一个全面、系统和国家一致的竞争中立计划④，这使得澳大利亚被认为是唯一一个具有竞争中立"承诺和完全执行机制"的国家。⑤澳大利亚将竞争中立界定为"政府企业在参与市场竞争时不能仅仅因为其政府所有制的背景而比私营企业享有更多优势"⑥。澳大利亚的竞争中立制度作为一项国内改革措施，目的主要是在国家内部化解国有企业享有的不公平竞争优势。欧盟（欧共体）也有类似制度，欧盟主要通过"竞争法"实施竞争中立。《欧盟运行条约》第 106 条⑦明确规定，公共企业（public

---

　　① HEALEY D.Competitive neutrality and its application in selected developing countries[R].UNCTAD Research Partnership Platform Publication Series,Geneva,2014.

　　② 该委员会成立于 1992 年，主要任务是调查确定 1974 年澳大利亚颁布的第一部竞争法《公平贸易法》（*Trade Practices Act* 1974）（2011 年修订为《竞争与消费者法》）（*Competition and Consumer Act* 2011）及国家竞争政策的适用范围。AGPS.Report of independent committee of inquiry into national competition policy[R].Hilmer Report,1993.

　　③ The others were the anti-competitive conduct of firms (and their incomplete coverage under competition law);unjustified regulatory restrictions on competition; inappropriate structures of public monopolies; denial of access to essential facilities and monopolypricing;AGPS. Report of independent committee of inquiry into national competitionpolicy[R].Hilmer Report,1993.

　　④ FREDERICK G H.National competition policy[R].Canberra,Australian Government Publishing Service,1993.

　　⑤ Organization for Economic co-operation and Development.Competitive neutrality:national practices inpartner and accession countries[R].Paris,OECD,2014.

　　⑥ Commonwealth of Australia.Commonwealth competitive neutrality guidelines for managers[R].Printing Division of Can Print Communications Pty Ltd,1998.

　　⑦ 《欧盟运行条约》第 106 条：(1) 在成员国给予特别或排他性权利的公共承诺和承诺的情况下，成员国不得颁布或维持任何违反条约所载规则的措施，特别是第 18 条，第 101～第 109 条中规定的那些规则。(2) 承担一般经济利益服务或具有创收垄断性质的服务的承诺应遵守条约中所载规则，特别是竞争规则，只要适用这些规则不妨碍法律或事实上分配给他们的具体任务的履行。贸易的发展不得影响到违反联盟利益的程度。(3) 委员会应确保本条规定的适用，并在必要时向会员国处理适当的指示或决定。

undertaking）①受竞争规则约束，各成员国不能违反该规定；欧盟委员会依法享有相应的执行权，可要求该企业或政府停止其违反前述竞争规则的行为。此外，条约有关国家援助的规则同样适用于国有企业②，此外，从事具有为普遍经济利益服务（services of genera economic interest，GEIs）意义的活动的企业或者具有产生财政收入之垄断性质的企业，如果条约所包含的规则在法律上或事实上妨碍了这些企业完成指派给他们的任务，这些企业可以不遵守条约包含的规则（包括竞争规则）③。

随着经济全球化的深入推进，国际上国有企业与私有企业之间的公平竞争问题日益引起国家和国际组织的关注。OECD是最早开展竞争中立研究并在该领域最具有影响力的国际组织。OECD认为经济上，产品和服务应由效率最高的一方来提供，政治上，政府必须确保经济主体（国有企业及其他市场参与者）之间的"公平竞争"，同时确保有效履行公共服务义务，当经济市场中任何实体均不存在不当竞争优势或劣势时，就实现了竞争中立状态④。与澳大利亚相比，OECD更加泛化了竞争中立的概念。OECD认为任何经济实体，只要其事实上具备不当竞争优势或劣势的条件都是有违竞争中立的。联合国贸易和发展会议对竞争中立问题的关注稍晚于OECD，其在2011年开始研究竞争中立，目前还处于探索和总结发达国家及发展中国家有关实践的阶段，仍没有提出系统的、能与发展中国家发展相契合的实施竞争中立制度的建议⑤。

在美国主导的TPP和美欧共同协商的TTIP中，进一步扩大了竞争中立的适用范围，将"国有企业"和"指定垄断"都纳入竞争中立的约束范畴。⑥主要观点是在国际贸易中政府应当处于绝对的中立，不仅仅是对国有企业，还包括任何政府授予特定垄断权的私人垄断或政府垄断⑦，其长期目标是在国际贸易中尽可

---

① 欧盟层面的"公共企业"基本等同于"国有企业"，下同。
② Organization for Economic Co-operation and Development.Competitive neutrality:a compendium of OECD recommendations, guidelines and best practices[R].Paris,OECD,2012.
③ Discussion on corporate governance and the principle of competitive neutrality for state-owned enterprises-European commission[R].OECD Working Party No.3 on Co-operation and Enforcement, 2009.
④ Organization for Economic Co-operation and Development.Competitive neutrality:maintaining a level playing field between public and private business[R].Paris,OECD,2012.
⑤ 参见联合国贸发会议竞争政策与消费者保护署网站 http://unctad.org/en/Pages/DITC/CompetitionLaw/Competition-Law-and-Policy.aspx。
⑥ KIMBERLY A.Trans-pacific partnership summary,pros and cons[EB/OL].（2016-03-15）[2018-11-15].https://www.thebalance.com/kimberly-amadeo-3305455. MARK W.The proposed transatlantic trade and investment partnership(TTIP):ISDS provisions, reconciliation, and future trade implications[J].Social science electronic publishing,2015.
⑦ 《跨太平洋伙伴关系协定》第17.2条。

能多的领域禁止国有企业，最终目标是消除国有企业的存在。

由此可见，竞争中立在一定程度上已经从单纯的国内改革措施演变为美国诘难中国利用国有资本参与国际竞争的理论依据，试图在国际经贸领域形成有约束力的竞争中立规则，对抗被他们称为"国家资本主义"的政府支持的竞争模式[①]。虽然美国新任总统唐纳德·特朗普对TPP持否定态度，但是其企图在国际贸易中压制中国的意图没有变，对于国有经济发达的中国来说，竞争中立制度作为一项国际贸易规则的长期趋势不会变，我们不能忽视其对中国发展特别是参与国际贸易活动时所可能产生的影响。构建公平竞争的市场环境是竞争中立制度的核心要义，这从澳大利亚的竞争中立实践就可以理解，我们不能忽视竞争中立制度在推进经济体制改革和其在帮助正确处理政府与市场关系方面的积极作用。很显然，如何理解该制度，对我国的国内经济改革发展，以及国际上的经贸谈判都会产生不能忽视的影响。

有关竞争中立的概念，国际上的讨论与实践已经较为丰富，国内的讨论大多基于国际上的相关讨论结果展开，主要认为政府应当在市场竞争问题上保持中立，不对特定企业形成不当优势或劣势[②]。基于竞争中立的具体功能作用，结合中国当前发展的语境，笔者认为竞争中立制度是政府为实现市场在资源配置中的决定性作用，更好地发挥政府作用，以社会整体效益最大化和建立公平竞争市场为目标，不为特定市场主体创设不当竞争优势或劣势条件而实施的一系列制度体系。我国学者也有用"竞争中立"[③]"竞争中立政策"[④]"竞争中立规则"[⑤]及"竞争

---

① 应品广.竞争中立：多元形式与中国应对[J].国际商务研究，2015(6).

② 胡改蓉.竞争中立对我国国有企业的影响及法制应对[J].法律科学（西北政法大学学报），2014(6)；张占江.《中国（上海）自由贸易试验区条例》竞争中立制度解释[J].上海交通大学学报（哲学社会科学版），2015(2)；赵学清，温寒.欧美竞争中立政策对我国国有企业影响研究[J].河北法学，2013(1)；齐琪.反垄断法视角下的竞争中立法律制度研究[J].国际商法论丛，2013；丁茂中.竞争中立政策走向国际化的美国负面元素[J].政法论丛，2015(4)；应品广.全球经济治理中的竞争中立政策：挑战与对策[J].中国价格监管与反垄断，2016(1)；汤婧."竞争中立"规则：国有企业的新挑战[J].国际经济合作，2014(3)；黄志瑾.国际造法过程中的竞争中立政策——兼论中国的对策[J].国际商务研究，2013(3)；东艳，张琳.美国区域贸易投资协定框架下的竞争中立原则分析[J].当代亚太，2014(6)；白明，史晓丽.论竞争中立政策及其对我国的影响[J].国际贸易，2015(2)；余菁，等.国家安全审查制度与"竞争中立"原则——兼论中国国有企业如何适应国际社会的制度规范[J].中国社会科学院研究生院学报，2014(3).

③ 齐琪.反垄断法视角下的竞争中立法律制度研究[J].国际商法论丛，2013.

④ 丁茂中.竞争中立政策走向国际化的美国负面元素[J].政法论丛，2015(4)；黄志瑾.国际造法过程中的竞争中立政策——兼论中国的对策[J].国际商务研究，2013(3).

⑤ 赵海乐.是国际造法还是国家间契约——"竞争中立"国际规则形成之惑[J].安徽大学学报（哲学社会科学版），2015(1)；李晓玉."竞争中立"规则的新发展及对中国的影响[J].国际问题研究，2014(2).

第二章 竞争中立制度的基本理论

中立原则"[1]等概念来描述竞争中立制度的，大多是基于不同的国外文献进而有不同翻译造成的[2]，还有的是基于自身学科特点如国际贸易方面的学者多用"竞争中立规则"的概念来展开论述。"制度""政策""原则""规则"从语法的角度来说差别很大，同时又相互联系。以《现代汉语词典》为标准，关于以上概念的标准解释如下："制度"是指要求成员共同遵守的规章或准则；"政策"是指政党或一国政府为达到特定的目标而制定出来的某种规则；"原则"是指说话、行事所依据的准则；"规则"是指典式、法则及规律等。从以上标准定义来看，上述四个概念都有准则的意思，也就是行为或道德所遵循的标准，但是适用的范围大小不一。四者之间不是相互替代关系，不能完全混淆。制度和政策是不同层次的决策产物，政策更倾向于是为了实现一定的目标而实施的解决措施；制度作为规则的总称包含了作为操作规则的政策，内涵更广。由于制度主要通过法律来确立，其稳定性要比较多地由政府的某个文件予以确立的政策高。澳大利亚较多地采用政府文件将竞争中立明确为国家政策的方式来推动竞争中立相关改革，但是随着政策实施的深入，形成科学体系的政策必然要向更高层阶的制度迈进，以更好地实施竞争中立。从严格意义上来说，"竞争中立政策"的概念在竞争中立制度的构建初期是可以用的，但政策的实施还是应该以建立科学完整的制度体系为目标，因此，本书不采用"竞争中立政策"的概念。而"原则"显然不足以表达竞争中立丰富的内容，因为竞争中立是有具体内容支撑的，不是一种原则性的概念，但是从原则的角度来看待竞争中立有助于更好地理解其制度内涵，因此"竞争中立原则"的概念也是不科学的。"竞争中立规则"是基于国际贸易中关于规则的常用描述方式，相关的学者基于自身学科特点而形成的观点，有其科学性，但是国际上的规则来源往往是基于某个国家的某项制度所产生的部分准则而形成的，自成体系的规则往往会催生出一种制度，因此，用"竞争中立规则"的概念来描述竞争中立仍显狭隘。综上所述，宜采用"竞争中立制度"的概念来对竞争中立进行阐述。

---

[1] 东艳，张琳. 美国区域贸易投资协定框架下的竞争中立原则分析[J]. 当代亚太，2014(6).

[2] Commonwealth of Australia.Commonwealth competitive neutrality policy statement[R].Canberra,Commonwealth of Australia,1996;Commonwealth of Australia,Commonwealth Competitive Neutrality Guidelines for Managers[R].Printing Division of Can Print Communications Pty Ltd,1998;United States.Discussion on corporate governance and the principle of competitive neutrality for state-owned enterprises[R].Paris,OECD Working Party No.3 on Co-operation and Enforcement, 2009.

第二节　竞争中立制度的特征

竞争中立制度的特征是竞争中立制度区别于其他市场经济制度的一个重要方面。竞争中立制度作为一个舶来品，其特征主要表现在以下几个方面：第一，竞争中立制度以社会整体效益最大化和建立统一市场为目标；第二，竞争中立制度的核心价值主要是其可以帮助市场更有效地调配各方面的资源；第三，竞争中立制度通过规范政府在市场中的特定行为更好地发挥政府作用；第四，竞争中立制度侧重于规范国有企业的不当竞争优势。

一、竞争中立制度以社会整体效益最大化和实现市场公平竞争为目标

竞争中立制度作为经济法在市场经济体系建设领域的一项最新实践成果，其主要目标之一就是帮助实现社会整体效益最大化。中立意味着不偏不倚，不是为了部分利益为目标，而是着眼于以中立的形式实现社会整体效益的最大化。竞争中立制度要求政府通过法律和政策的形式实现社会整体效益最大化。市场经济的基础是交换经济，交换存在着价值实现的问题。如果产业结构安排不合理，资源宏观配置出现偏差，生产就会出现结构失衡，或过剩，或不足[1]。而一旦价值实现的链条断裂，整个社会扩大再生产就会遭到破坏，会对生产目的的最终实现与社会再生产的良性循环产生重大影响，进而影响到社会整体效益最大化的实现[2]。政府通过实施竞争中立制度，可以推动企业在市场中充分有效地竞争，减少企业在市场中遇到的障碍，使价值在不同生产主体之间更有效地交换。应当注意的是竞争中立制度所说的社会整体效益的最大化不是过分强调效益，也不是过分强调效益的最大化，实践中主要是通过"成本—收益分析"[3]的方式来实现最大化，政策或法律经过"成本—收益分析"后，如果实施的收益高于实施对市场

---

[1] 顾功耘.论重启改革背景下的经济法治战略[J].法学，2014(3).
[2] 顾功耘.经济法教程[M].3版.上海：上海人民出版社，2013：36.
[3] 成本—收益分析：主要是从竞争中立制度实施机构在实施竞争中立某项规则的成本是否大于实施的收益，当成本小于收益时应予以实施，成本大于收益时应不予实施。

造成的破坏就应当实施，反之就应修改或者不予实施。这里所说的"效益最大化"是有科学依据的，不是盲目地去寻求社会整体效益最大化。

不公平竞争是市场经济持续发展中的主要障碍之一，不公平竞争主要表现在地区之间、行业之间、企业之间及不同企业性质之间或政府政策优势造成的不公平。对于地区之间、行业之间和企业之间的不公平竞争问题，我国有《反垄断法》《反不正当竞争法》等法律法规或政策予以调整改善，但是对由于不同企业性质或者政府政策造成的不公平市场竞争问题还未形成有效的解决途径。虽然现在的国有企业改革目标隐含有消除不同所有制企业之间不公平竞争这一市场障碍的内容，但是缺乏可信赖的制度保障，很难说在没有充分制度保障的基础上会实现这一改革目标。而竞争中立制度则主要是解决企业在市场竞争中由于企业性质的不同或基于政府政策优势而造成的不公平现象的一种市场经济制度，实现市场公平竞争需要竞争中立制度的保障。公平竞争的市场要求市场主体在竞争中至少应享有形式平等地位，而现实是国有企业或者受政府指定享有优势地位的私有企业往往在市场竞争中不当地享有优势条件，不利于社会生产以最有效的方式进行。实现市场公平竞争同样是竞争中立制度的目标。竞争中立制度所涵盖的一系列制度工具可以推动实现市场公平竞争。

二、竞争中立制度的核心在于发挥市场在资源配置中的决定性作用

竞争是市场的应有状态，市场经济的健康发展离不开市场主体的充分竞争。有了竞争机制，不意味着市场就可以发挥资源配置的决定性作用。因为竞争的结果往往导致消除和限制竞争的因素和力量，从而影响竞争机制的有效运转。竞争中立制度作为澳大利亚国内经济体制改革的一种重要工具发挥了不可替代的作用，2005年澳大利亚生产力委员会计算得出这样的结果，澳大利亚国家竞争政策改革将澳大利亚的国内生产总值提高了2.5%。[1] 这其中肯定有竞争中立制度所做出的贡献，因为它是澳大利亚国家竞争政策的主要组成部分。现实中，澳大

---

[1] Productivity Commission.Review of national competition policy:inquiry report No.33[R].2005.

利亚关于竞争中立制度问题的实际投诉数量很少,①没有多少企业认为自己在与政府企业竞争时处于不利地位。②相应地,澳大利亚的市场机制在其实施竞争中立制度时得到了更有效的发挥,进一步地可以认为竞争中立制度可以有效地推动市场在资源配置中发挥决定性作用。正如 OECD 在《竞争中立:维持国有企业与私有企业公平竞争的环境》报告中所说,当市场经济中任何实体均不存在不当竞争优势或劣势时,就实现了竞争中立状态。③那么,竞争中立这一状态就意味着市场机制可以充分发挥其对资源配置的决定性作用,因为在竞争中立状态下,没有其他主体会对市场的资源配置作用进行不合理干预。

三、竞争中立制度通过规范政府在市场中的特定行为更好地发挥政府作用

竞争中立制度的内涵在于政府如何防止国有企业或者基于政府政策从事特定行为的私有企业在市场竞争中享有不当竞争优势或劣势。政府做到以上所提的要求就能更好地在市场中发挥作用。竞争中立制度所涵盖的内容主要包括,精简国有企业的运作形式,确定特殊职责的直接成本,获得商业回报率,履行公共服务义务,税收中立,债务中立和直接补贴及公共采购。这些内容表面上是规范国有企业,其实质是界定了政府在市场中的活动范围和行为标准。以履行公共服务义务为例,如果国有企业(或其他承担公共服务义务的实体)在参与市场竞争的同时,也被要求因公共利益而从事非商业活动,则竞争中立将受到挑战,应通过公共财政对这类企业进行充分而透明的补贴,避免市场扭曲。如果履行公共服务义务的国有企业补贴不足或过度的话,竞争环境会向不公平的市场倾斜。④很显然政府在对履行公共服务义务的国有企业进行补贴时应当公开公平,而不是没有衡量的标准,应及时足额地补足履行公共服务义务的国有企业因为履行公共服务

---

① Victorian Competition and Efficiency Commission.Competitive neutrality inter-jurisdictional comparison[R]. Melbourne,VCEC,2013.
② Deborah Healey.Competitive neutrality and its application in selected developing countries[R].Geneva,UNCTAD Research Partnership Platform Publication Series,2014.
③ OECD.Competitive neutrality:maintaining a level playing field between public and private business[R].2012.
④ Organization for Economic Co-operation and Development.Competitive neutrality:a compendium of OECD recommendations, guidelines and best practices[R].Paris,OECD,2012.

而遭受的实际损失。政府的补贴行为相应地受到规范，才能更好地发挥其应有作用。再以监管中立为例，如果国有企业能够更快地从政府那里获得规划信息和建设许可，并且政府对国有金融企业活动的监管比较宽松，那么政府在这一监管过程中很显然是不竞争中立。政府没有在市场中更好地发挥自身作用，而是破坏了市场机制的正常运转。在对企业进行监管时，为了实现市场对资源的有效配置，更好地发挥政府作用，政府应维护竞争中立，尽量使国有企业与私有企业在同样的监管环境中经营。

通过翻阅国内外有关资料，无论是澳大利亚的实践还是TPP的有关章节，人们很难不认可这样的观点，即竞争中立制度是主要规制国有企业的一套制度规范。进一步分析可以发现，竞争中立制度实质上是在规范政府在市场中的行为，主要是防止政府向其所有的企业提供一些对市场公平竞争不利的不当的竞争优势。但现实也不完全是这样，政府也存在向一部分私有企业提供政策福利的行为，有些也可能是非竞争中立的行为。我们不能被一些带有感情色彩的观点所蒙蔽，应该理性认识到竞争中立制度不是限制国有企业发展的制度，更不是一种把消除国有企业作为目的的制度，其主要是通过规范政府在市场中的行为，最终为实现市场公平竞争有效发挥市场机制的一套制度体系。

四、竞争中立制度主要规范不当的国有企业竞争优势

竞争中立制度是以"混合市场"的存在为前提的。"混合市场"是指国有企业与私有企业同时存在，或在规章制度正常发挥效力的情况下两类可能同时存在的市场环境。除此之外，竞争中立还可以引申为生产同类公共产品的不同经济实体都不应该享有不当竞争优势或劣势，包括国有企业之间以及私有企业之间，而不仅仅是国有企业与私有企业之间。当然，如果政府利用权力决定某种商品和服务只能由某一国有经济实体提供，那么竞争中立就不是一个值得担忧的话题。因为，在这种情况下，该商品或服务的提供是由政府决定的，而非混合市场决定的。只要政府决策足够透明，决策所依据的公众利益足够确切，也不会被定义为背离竞争中立。也就是说假如某产品只有一家国有企业提供，那么关于该产品一般也就不认为存在竞争中立的问题。值得注意的是，我们这里所说的竞争优势或

劣势主要是指"不当"竞争优势或劣势，而不是一旦国有企业与私有企业之间存在竞争优势或劣势就应当被纠正。要通过"成本—收益分析"等方法来判断这一竞争优势或劣势的正当性。竞争中立可能受到所有制、机构组织形式或某些经济主体特定目标的影响，如政府可能赋予其直接控制的商业活动以某种优势或劣势；在某些国家，非营利组织既是活跃的市场主体，又享有税收及其他优势。受政府影响的私有企业也可能产生竞争中立问题（如特许经营者、历史遗留权利、刚刚私有化的企业、国家领军企业或国家参股企业等）[1]。相应地，一旦这些企业享有不当优势，在市场中与这些企业存在竞争关系的私有企业就很可能会遭受不当劣势，可能造成商品生产不能由效率最高的生产主体来承担，进而也影响市场机制的正常发挥。因此，竞争中立制度侧重于规范国有企业的不当竞争优势。

五、竞争中立制度主要是一种国内经济体制改革措施

竞争中立制度主要是一种国内经济体制改革措施，这从澳大利亚有关实践就可以知道。到了 21 世纪，在美国主导推动下，竞争中立被逐渐推广到区域和国际层面，主要表现是美国在 TPP 和 TTIP 中引入包括竞争中立在内的高标准贸易规则，试图将其从一种国内改革措施演变为国际通行规则。[2] 从国内外有关国家和地区的实践看，竞争中立的实施主要有两种路径：一是国内改革措施；二是国际经贸规则。很显然，不同的路径有着不同的实施效果和目的。澳大利亚和欧盟把竞争中立制度作为一项在国家或区域经济体范围内且仅限于该区域范围内的规范市场的一项制度措施。美国的不同在于其试图将竞争中立作为一项在国际贸易中广泛使用的贸易规则，以达到其限制其他国有经济发达的国家参与国际贸易，最终实现美国在国际贸易中利益最大化的目的。竞争中立制度在作为国内改革措施时，较少地引起世界范围内的关注，国际上的广泛关注始于美国在 TPP 中的大力推广。我们可能更多地把竞争中立制度作为一项会带来负面效应的国际经贸治理规则来看待，而容易忽视竞争中立制度对一国国内经济改革所带来的好处。在认识竞争中立制度时，应秉持客观理性的态度予以审视，因为竞争中立本

---

[1] Organization for Economic Co-operation and Development.Competitive neutrality:maintaining a level playing field between public and private business[R].Paris,OECD,2012.

[2] 应品广. 全球经济治理中的竞争中立规则：挑战与对策 [J]. 中国价格监管与反垄断，2016(1).

身并不是为了为某一国家制造困扰而专门提出的某一国际规则,其自身有较长的发展历史且主要是一种国内经济体制改革措施,应把重点放在其对经济体制改革的推动功能上。

第三节 竞争中立制度的适用范围

不同国家和地区的竞争中立制度的适用范围存在差异。根据适用范围的大小不同,可以分为以下四种情况:第一,适用于所有企业,凡产生不公平竞争的企业都应适用竞争中立制度的有关规定;第二,适用于尚未公司化的公共企业、资金用途受限的公共企业、国有企业、国有或其他公共机构,以及刚刚完成私有化但仍握有先入地位优势的公司;第三,适用于国有企业和指定垄断企业,指定垄断企业是指任何政府授予垄断权的私人垄断或政府垄断形式;第四,仅适用于国有企业,具体何种情况的国有企业应予以适用,这涉及国有企业概念如何界定。

澳大利亚所实施的竞争中立制度主要适用于本国国有企业;TPP中规定的竞争中立制度不仅适用于国有企业,还适用于指定垄断企业;欧盟通过立法确立的国家援助控制制度几乎涵盖了所有企业(尽管主要还是针对国有企业或被授予了特别或专有权利的企业);OECD所倡导的竞争中立制度适用于尚未公司化的公共企业、资金用途受限的公共企业、国有企业、国有或其他公共机构,以及刚刚完成私有化但仍握有先入地位优势的公司。值得注意的是,无论是澳大利亚、经合组织还是欧美之间的贸易协定,竞争中立制度并非都适用于所有国有企业或指定垄断企业,而仅适用于达到一定标准的国有企业或指定垄断企业。

这些标准主要包括以下内容,第一,在企业性质上,必须是主要从事商业活动的国有企业或指定垄断企业,主要从事公益服务的国有企业或指定垄断企业不属于竞争中立的适用范围,商业活动是指在市场上不构成公共政策职责的活动。第二,在企业规模上,必须达到一定规模。例如,TPP中的竞争中立制度仅适用于在前三个连续的财务年度中的任何一年的年收入超过2亿特别提款权

（SDRs）的国有企业或指定垄断企业[①]。第三，需要确认存在实际的或潜在的竞争者。如果不可能存在实际的或潜在的竞争者，也不能适用。第四，根据澳大利亚的实践和 OECD 的建议，竞争中立制度的相关规则只有在实施的收益大于成本的情况下才值得实施，但是 TPP 中并没有这一要求。

　　竞争中立制度的适用范围毫无疑问主要是规范国有企业的，政府通过设定一套完整的行为规则规范自身行为和国有企业行为，防止国有企业在市场中享有不当竞争优势。具体的适用范围除了从主体来考量，更应关注行为本身，尤其政府的有关行为，因为政府不仅可以为国有企业在市场中设定不当竞争优势，也可以给其他任何企业在市场中设定不当竞争优势，如果仅从某一市场经济实体是否应适用竞争中立制度的角度去分析，往往难以穷尽列举哪些市场经济实体应适用竞争中立制度，应该从该制度的本源出发，从市场经济实体在市场中因为政府行为而享有哪些不当竞争优势或劣势出发，从竞争中立制度所规制的具体行为的角度去探求竞争中立制度的适用范围。以 OECD 所倡导的竞争中立制度的适用范围来看，OECD 认为竞争中立制度应适用于尚未公司化的公共企业、资金用途受限的公共企业、国有企业、国有或其他公共机构，以及刚刚完成私有化但仍握有先入地位优势的公司等。OECD 列举了很多，都有适用竞争中立制度的必要，而这个必要性就是这些企业所可能享有的政府所给予的不当竞争优势，当然有适用的必要。但是很显然，即便是列举了这么多，依然有列举外的情况，如政府给予部分私有企业一些不当的竞争优势时是否还应该适用呢？刚刚完成私有化但仍握有先入地位优势的公司的地位优势又如何认定呢？这些问题的回答可能比界定竞争中立制度的适用范围更复杂，无疑增加了制度实施的成本。笔者认为，竞争中立制度的适用范围应主要从政府涉及市场经济实体的行为入手，一旦某个或某些市场经济实体基于政府的行为享有不当的竞争优势时，有权主体（可能是个人、私有企业或者国有企业等）便可启动竞争中立制度的程序机制请求有关部门予以审查，违反竞争中立制度则予以规制，反之则驳回。

[①] 《跨太平洋伙伴关系协定》附件 17-A。

第四节 竞争中立制度的基本构成

竞争中立制度作为一项制度从内容上来说必然包括行为规则与实施机制，相应地也就是竞争中立的行为规则及实施机制。竞争中立制度的构建其实主要是政府采取何种措施来兑现其维持竞争中立的承诺。OECD认为政府应采取三种措施才能兑现其维持竞争中立的承诺。第一，政府需要考虑采取什么样的经营模式进行商业活动，才能最大限度地营造公平竞争环境。第二，竞争中立政策要得到切实执行，应将商业活动信息向监管者进行充分披露（特别是进行完全成本认定），如果不存在保密问题，上述信息还应对公众公开。第三，在确认了诸多潜在非中立行为的动机之后，既需要对每个动机进行单独考虑，也要进行综合考虑[①]。OECD认为竞争中立制度的构建应该围绕以上措施展开。具体包括，精简政府企业的运作形式、核算特定职能的直接成本、合理的商业回报率、合理补贴、税收中立、监管中立、信贷中立、政府采购中立及配套的实施机制。

一、竞争中立制度的行为规则

竞争中立制度作为一项规范政府行为以达到防止国有企业享有不当竞争优势的制度，其行为规则主要围绕着政府需要考虑采取什么样的经营模式进行商业活动才能最大限度地营造公平竞争环境的展开，主要包括以下内容。第一，公司化；第二，核算特定职能的直接成本；第三，合理的商业回报率；第四，合理补贴；第五，税收中立；第六，监管中立；第七，信贷中立；第八，政府采购中立等。

（一）公司化

公司化主要是指对国有企业进行公司化改造，使其建立现代公司制度，有完整的公司管理框架。国有企业的运作实践和法律形式会对竞争中立造成潜在影响。只要竞争性活动是由一个独立的实体完成，并且该实体与政府机构保持着适

---

① Organization for Economic Co-operation and Development.Competitive neutrality:maintaining a level playing field between public and private business[R].Paris,OECD,2012.

当距离，那么竞争中立将更容易实现。对国有企业进行公司化改造是实现竞争中立的重要开始，同时还能十分有效地应对可能阻碍竞争中立的特殊政治干预。国有企业业务活动的结构性拆分是一个既独立又相关的问题。在其他条件不变的情况下，政府总想把涉及市场竞争的活动与非竞争活动彻底分开，但这一做法并不总是切实可行的，即使操作上没问题，效率上也会大打折扣[①]。这里的公司化主要是针对国有企业，现实中很多国有企业之所以享有不当竞争优势的便利就在于政企不分，企业管理与政府机关联系紧密，企业缺乏现代公司所具有的独立的经营管理职能，企业管理人员不是对企业负责而是对政府负责甚至对管理该国有企业的公务人员负责，这很容易造成管理的混乱和无效率。

（二）核算特定职能的直接成本

核算特定职能的直接成本，主要是指对国有企业或者其他承担特定职能的企业在履行特定职能（主要是公共服务职能）时所需要的成本进行核算。如果商业活动由非公司实体进行，则主要的挑战是这些实体经常与其他政府部门共享资产，特别是资产成本属于联合成本时。那么很显然，设置合理的成本分摊机制将是确保竞争中立的关键。如果监管部门不去解决这种失衡，至少也应该公开披露，确保潜在的或实际的竞争对手掌握充足的信息，以决定是否可以进入该市场。同时，在公司制国有企业中必须坚持高标准的问责制与透明度，一个主要原因是要确保公共服务义务不会成为企业对其竞争性业务进行交叉补贴的渠道。核算特定职能的直接成本是对履行公共服务等特定职能的国有企业进行补贴的主要依据，补贴额的多少要有可信赖的依据并及时公开，确保履行特定职能的国有企业不因此而享有不当的竞争优势。

（三）合理的商业回报率

合理的商业回报率，主要是指政府应当为国有企业设定合理的商业回报率。政府与私有企业组织生产的根本差异在于目标不同。政府组织产品和服务的生产通常取决于公共政策目标，而私有企业则通常受利润最大化所驱动。非公司化政

---

① Organization for Economic Co-operation and Development.Competitive neutrality:national practices in partner and accession countries[R].Paris,OECD,2014.

府企业提供的产品和服务，旨在惠及全体人民或整个社会，价格并非单纯由收入目标决定，还要有公平和社会福利两方面的考虑。公共部门进行商业活动时，多元关注点的存在会造成目标界定不清。政府商业活动具有以下特点：政府根据提供服务收取费用；活动本身具有商业性质；对利润没有设限；存在实际或潜在的竞争[1]。要实现竞争中立，国有企业就应该以其用于从事相关活动的资产为基础，获得与市场水平一致的回报率。所谓与市场水平一致是指与同一行业中的大多数公司所获得的回报率相当。如果国有企业没有被要求获得商业回报率，那么它们可能通过压缩利润空间的方式定价，从而削弱竞争。一些政府服务是有偿提供的（为了收回成本），但并不是基于商业考虑，那么这类服务就不存在违背竞争中立的概念。因此，解决竞争中立问题的一个关键因素就是要求政府企业对其资本占用获得合理的商业回报，并设定恰当的股利分配目标。应当注意的是，竞争中立并不要求政府企业的每笔交易甚至是每项预算都获得既定的回报率。回报率要求并不阻止国有企业像私有企业一样调控或改变利润率，其主要目的是防止出现来自政府资助业务的交叉补贴。[2]这样做将会改变政府企业的激励结构，并且最终减少因国有企业低效导致的公共资源浪费。

（四）合理补贴

合理补贴，主要是指政府应当对承担公共服务义务的国有企业或其他政府指定的企业给予合理的财政补贴或其他与补贴相当的补偿。如果国有企业在竞争环境中经营的同时，也被要求为了公共利益从事非商业性活动，则必定产生在竞争中立领域一项最具挑战性的问题。在其他条件相同的情况下，这种额外职责将国有企业置于与私有竞争对手相比明显劣势的地位。为了使商业和非商业活动平衡发展，公共服务提供商有权以其提供的公共服务获得一定的补偿，特别是当履行该公共服务义务造成亏损的情况下。合理的补贴要求公共财政对这类企业进行充分而透明的补贴。如果对履行公共服务义务的国有企业过度补贴，则显然竞争

---

[1] OECD.Guidelines on corporate governance of state-owned enterprises[R].Paris,2005.
[2] OECD.Competitive neutrality and state-owned enterprises:challenges and policy options[R].OECD Corporate Governance Working Papers, 2011; DAVID E M S,GREGORY S J.Competition law for state-owned enterprises[J].Antitrust law journal,2003,71(2):479-523.

的天平会向相反的方向倾斜。现实中如何界定国有企业的某些活动是否构成履行公共服务义务并非易事。这类模糊不清的概念提高了保护国有企业免于竞争现象的合理性。在某些情况下，政府认为继续通过完全控制的实体来提供公共服务更为便利。而在另一些情况下，惯常的做法是，允许国有企业对特定业务保持垄断利润，然后利用这些利润为它们履行公共服务义务的活动提供补偿。然而，当这类活动面对实际或潜在的竞争时，就违背了竞争中立的原则。潜在的或实际的私有竞争对手经常抱怨，持续的国家所有权容易导致市场扭曲。如果对公共服务提供了过度补偿（包括对某些活动垄断利润的特许），可能会造成交叉补贴，如在某些"利润丰厚"的领域收取超额费用以资助其他公共服务等。这不仅不利于实现公平竞争，其透明度也与社会公众的期待不符。不管市场机制是什么样的，都应当对国有企业的公共服务义务加以清楚的界定，公共服务的提供也必须遵循事先定义好的目标。公共服务的核算和补偿应该公平、合理、充分和透明。

（五）税收中立

税收中立，主要是指国有企业应与其私有竞争对手的税收负担水平相当。国有企业是否以公司形式组建，其经营行为是否脱离于政府机构，是会对税收中立原则的实施产生明显影响的两个问题[①]。实际上，一个国有企业，不管是股份公司还是法定公司，都与其他所有制企业一样，作为一个公司，它们都面临相同的直接税与间接税负担。但是，如果该国有企业没有以公司形式组建并且其经营行为没有脱离政府机构，那么其经营行为几乎可以被看作政府活动，而一般的政府活动往往无须缴纳间接税，同时在许多国家，也不可能通过法律手段对政府机构的收入征收企业所得税。由此而造成税收待遇上的差异，导致私有企业常常抱怨国有企业拥有不公平竞争优势，因为税收优惠实际上等同于财政补贴。某些税收的减免可能会影响定价[②]，也可能影响政府的支出和投资决策。例如，如果公共服务也需要缴纳增值税，那么政府可能不太愿意外包给第三方或以公司制的方

---

① Organization for Economic Co-operation and Development.Competitive neutrality:maintaining a level playing field between public and private business[R].Paris,OECD,2012.

② United States.Discussion on corporate governance and the principle of competitive neutrality for state-owned enterprises[R].Paris,OECD Working Party No.3 on Co-operation and Enforcement,2009.

式提供公共服务，而是以内部供应等免税方式提供[①]。政府为了确保竞争市场的公平性，国有企业必须与同类私有企业承担相当的赋税水平。考虑到减免税收的条款往往比较隐蔽和间接，政府应采取以下方法应对税收问题：对公司化的企业坚决执行非歧视原则；对于非公司制商业活动，用补贴费代替缴税；及时调整政府服务价格，反映税负成本的增加。

（六）监管中立

监管中立，主要是指政府应当在实施监管的过程中平等地看待国有企业和私有企业，不能不当地加强或放松对不同所有制企业的监管。监管质量对提高公共部门效率、纠正市场失灵，以及为各类企业创造公平竞争环境（特别是中小企业）至关重要。为维持竞争中立，应尽最大可能使国有企业与私有企业在同一个监管环境中经营。现实中，国有企业往往因为监管的不中立而享有如提前获知计划或获得建设许可，有的对政府控制的金融行业采取略微宽松的监管方式等。政府可以通过实施一视同仁的非歧视政策来实现监管中立，若政策上不可行，则应对政府企业凭借优势地位获得的财务福利做出评估，要求企业进行补偿支付。尤其值得注意的是，在对国有企业监管时还可以进一步考虑将竞争法或者反垄断条款应用到国有企业及其他政府商业活动中，以实现监管中立。对于未能实现市场化管理的国有企业高级管理人员的国家，可能还会存在"旋转门"现象，如果按照政府管理公务员的模式管理国有企业高级管理人员，那两者之间在一定条件下会存在互换关系，更多的时候是存在监督隶属关系的政府部门公务员与在其监督之下的国有企业的高级管理人员之间的互换，在对政府公务员监督不足的情况下很容易造成国有企业与监管部门间的利益输送，很显然，对这种情况下的监督效率就不能有太高期望了，这种情况也是违背监管中立的行为。

（七）信贷中立

信贷中立，主要是指国有企业及其他享有政府提供的优势的企业应与私有

[①] European Commission.Towards a simpler,more robust and efficient VAT system[R].Brussels,Green Paper on the Future of VAT,EC,2010.GENDRON P.Value-added tax treatment of public sector bodies and non-profit organizations:a developing country perspective[J].International tax program papers,2005,59:514-526.

企业一样，对同等条件下的负债义务承担相同的利率。国有企业及其他享有政府提供的优势的企业与一般私有企业相比往往享有更为便利的信贷条件，而一般私有企业只能靠自身力量来融资，并且只能向市场融资而不能向政府融资。即便是在同时向市场融资时，有政府信誉提供担保支持的国有企业也更容易融资，因为国有企业及其他享有政府提供的优势的企业的商业活动往往在事实上或被认定为有较低的违约风险，相比私有企业更易获得融资。此外，为了与国有企业有一个长期的合作，这些借贷机构也乐意提供较低的贷款利率给这些国有企业。为了防止以上种种非竞争中立行为，政府应明确保证，国有企业不能从政府提供的信贷补贴中受益。向效率低的企业提供过高的信贷补贴支持，会使其面对与无信贷补贴企业相比更软的预算约束，从而扭曲企业行为。在纯粹的商业条件下，提供低于市场利率的政府贷款、抵押担保或证券化是难以接受的，因为这无异于直接拨款，因此也可能产生同样的扭曲后果[1]。信贷中立要求政府采取诸如以市场化融资利率水平给国有企业，提供更多融资渠道给私有企业等措施来消除国有企业享有的不当竞争优势。

（八）政府采购中立

政府采购中立，主要是指政府应当为国有企业及其他享有政府提供的优势的企业，以及私有企业除一些特殊项目（应由法律文件予以确认）的采购外应当提供一样的竞标条件和环境。符合竞争中立的政府采购行为应具备以下特征：一是采购行为应具有竞争性和非歧视性；二是所有参与竞标的企业应符合公司化、有明确核算特定职能的直接成本、有合理的商业回报率；有合理的补贴、税收中立、监管中立及信贷中立的要求进行运作。即便是这样，一些历史悠久的国有企业可能利用其市场先入地位的巨大优势有效阻碍竞争者参与竞标，具体包括，凭借在竞标领域已有的业绩记录获得预审或竞标的优势地位；关于服务水平及成本的信息优势；不用承担潜在市场新进者在启动和过渡阶段的成本，特别是针对有固定期限的合同。在某种程度上，这种优势可能被归类为传统的规模经济，理论上与竞争中立无太大关联，但如果政府下定决心打造真正的竞争环境，就应该考

---

[1] OECD.Competition, state aids and subsidies[R].Competition Committee Policy Round table,2010.

虑这些因素。政府采购中立要求政府在采购政策及程序、预先明确选择标准方面保持高度透明，在供应商选择上应确保公平地对待各方，努力消除任何不平等的壁垒，确保遴选程序的公平性和非歧视性。

二、竞争中立制度的实施保障机制

为了实现以上要求，竞争中立通常还需要构建一系列实施和保障机制。从世界范围内已有的实践来看，竞争中立的实现机制主要包括：第一，建立专门的实施机构；第二，明确实施的基本原则；第三，构建有效的实施规则。

（一）建立专门的实施机构

专门的实施机构是保证竞争中立制度有效实施的基础。其作为一项制度，有必要整合现有行政资源或者建立一个新的行政机构予以持续有效地执行。国际上也往往是由专门的机构来保障实施竞争中立制度，如澳大利亚建有专门的机构负责接受竞争中立的投诉、开展相关调查并向有关部门提出建议，即澳大利亚政府竞争中立投诉办公室；欧盟建有专门的竞争委员会竞争总司，负责实施欧盟竞争法和国家援助控制规则；在TPP中，也建立了专门的国有企业和指定垄断委员会，负责与竞争中立有关规则的实施。

（二）明确实施的基本原则

竞争中立制度的实施原则是在竞争中立实施过程中没有具体规则参照时的决策依据，是为了更好地实施竞争中立制度而提出的。竞争中立制度实施的基本原则包括要求国有企业和指定垄断"基于商业考虑"行为和贯彻"非歧视原则"，要求政府贯彻"国民待遇原则""最惠国待遇原则""正当程序原则"等，这些原则应在竞争中立制度相关的法律法规文件中予以体现，为竞争中立实施机构提供充分的法律法规依据。

（三）构建有效的实施规则

竞争中立制度实施的基本规则包括投诉规则、申报和审查规则、透明度规则、争端解决规则及对违法违规行为的执法规则等。国际上关于竞争中立制度实施的经验可以借鉴,如澳大利亚主要通过"投诉机制"实施竞争中立。由于在接受投诉并开展调查后,澳大利亚政府竞争中立投诉办公室本身并无决定权和执行权,只享有"建议权",澳大利亚的竞争中立制度在一定程度上是"没有牙齿"的制度,不利于竞争中立制度的有效实施。相比之下,欧盟的竞争中立制度是"有牙齿"的制度。欧盟委员会不仅能够接受举报,还具有自主调查权、决定权和执行权。而且,欧盟构建了包括事先申报、事中调查、事后救济、司法审查在内的一整套的国家援助控制制度,能够对政府实施的排除限制竞争行为予以全方位的监督。

第五节 非竞争中立的表现形式

国际上一般认为,竞争中立的实施有助于市场整体资源配置效率的提升。当某些经济主体(无论国有或私有)被置于一种不恰当的劣势地位时,商品与服务不再由效率最高的生产者提供,这将导致实际收入的下降及稀有资源无法得到最优使用[①]。国际上非竞争中立的表现形式根据不同主体的不同行为来划分,主要有以下三类。

一、政府或国有企业主动违背竞争中立

即使政府对竞争中立所带来的经济效益十分清楚,但是出于相关公共政策职责的考虑,也可能主动做出采取非中立措施的决定。之所以做出这些非竞争中立的行为主要包括为了实现公共服务义务,实施产业政策,保证财政收入及实现某些政治目的等政策目标。其实完全可以通过竞争中立的方式实现国有企业上述政策目标。以公共服务义务的实现为例。这一理由是保护国有企业免受其他具有

---

① Organization for Economic Co-operation and Development.Competitive neutrality:maintaining a level playing field between public and private business[R].Paris,OECD,2012.

竞争关系的私有企业"过度"竞争的最常见理由,一般与国有企业的公共服务义务紧密相关,如在偏远地区保持优点服务、在可负担费率范围内提供关键的公共设施等。从严格的经济意义上来讲,没有必要在公共部门保留这些企业,因为相同的目标可以通过定向补贴实现。然而,这个世界充满不确定性和不完善的合同,决策者们可能会认为,要更好地履行公共服务义务、纠正市场失灵,就应该维持对该服务提供机构的控制权。

二、政府从事商业经营活动中无意中违背竞争中立

当政府以非公司形态在市场中运作时,理论与实践往往存在一定差距。虽然政府要维持公平竞争环境的政治承诺可能很坚定,但是与国有企业的商业主体性质不同,在市场上出售服务的政府部门可能会在无意中破坏竞争环境。无意中违背竞争中立的行为恰恰反映出政府官员由于历史沿革而希望维持现状的心态,他们试图通过增加额外收入或减少政府采购的方法来弥补稀缺的预算资源。

三、为追求非商业目标而被迫违背竞争中立

无论从经济角度还是政治角度,对非商业活动做出定义都是一件十分重要的事情。毫无疑问,要使竞争中立制度符合实际,就必须进行一定程度的价值判断。首先,对于"商业"与"非商业"活动的定义,尚无普遍认可的说法。通过将商业活动与非商业活动分别归于不同经济实体,来解决竞争中立与公共服务义务无法兼顾的问题,看似是一个非常可行的方案。根据这一逻辑,归类为"商业"性质的实体将完全按照竞争原则向市场提供商品与服务,而"非商业"实体应依据相关政府部门制定的标准为公共利益服务。然而,由于种种原因,这种做法在经济上并非总是有效率或可行的。事实上,这正是一家企业商业活动与非商业活动的重叠之处,如公共服务的提供是市场化的或可能通过市场化实现,并且两类活动是高度融合的,那很显然会形成重叠[1]。国际上,公共服务并非全部由国家提供,越来越多的第三方经营者受委托承担公共职责,有时还以市场化的方式提

---

① Organization for Economic Co-operation and Development.Competitive neutrality:a compendium of OECD recommendations, guidelines and best practices[R].Paris,OECD,2012.

供公共服务。良好的公共服务政策制定通常要求公共服务"物有所值",即同时考虑效率与公共利益目标。如果政府默许私有企业提供质量劣于国有企业的公共服务,这就违背了竞争中立,形成有利于私有企业的局面。无论选择何种政策,公共服务的性质及服务的提供是否按照商业化方式进行会对竞争环境带来实质性影响。

第六节　竞争中立制度的理论基础

　　竞争中立制度的形成有着充分的理论基础,竞争中立制度是政府与市场关系理论、公平竞争理论及经济民主理论的集中体现。相应地,竞争中立制度对推动建立相互协调的政府与市场关系,构建公平竞争的市场环境及实现经济民主同样发挥着不可替代的作用。

一、政府与市场关系理论

　　从市场经济的发展进程看,作为资本运作机制的市场经济和作为权利运作的政府行为之间总是存在冲突。从早期自由放任的市场经济严重排斥政府权力的介入,到有管制的市场经济有限度地容忍政府权力对交易行为的规范和约束,都体现了资本对权力的抵制[①]。然而,因资本天生的逐利动机会产生公共利益和消费者利益受损的后果,政府权力对资本运作的渗透逐渐强化,规范和约束资本运作的法律制度成为现代市场经济有序运行不可或缺的前提和条件。当政府以资本逐利性导致的"市场失灵"为理由干预资本运作时,也存在政府权力不当行使甚至权力滥用的可能,因此在授权政府规范市场主体的营利性行为的同时,也需要通过法律手段,规范政府的规制行为。发展经济,市场和政府都不是万能的,两者之间要协调发挥作用,在资源配置中,市场应发挥决定性作用,当市场出现障碍、调节机制被动或滞后时,政府应恰当地发挥其作用,采取措施去消除市场缺

---

① 李玉虎.经济法律制度与中国经济发展关系研究[M].北京:法律出版社,2015:21.

陷。市场缺陷大部分是市场本身造成的，一般都有相应解决办法，但是如果市场缺陷是因为政府的一些行为造成的就缺少相应的解决办法了。为了更好地处理政府与市场的关系，竞争中立制度就应运而生了。国有企业作为政府开办的企业，在实现政治目的的同时也发挥着弥补市场缺陷的作用，但是随着市场经济的深入发展，国有企业在一些领域越来越多的形成一些市场障碍，尤其是存在同类的私有竞争者时，国有企业往往给予既定的政策优势在市场中占据优势地位，直接导致同类的私有经营者不能正常发展壮大，同时也阻碍了该领域生产效率的提高，即使存在生产效率高于国有企业的私有竞争者，也往往因为自身所处的不当市场竞争劣势地位而丧失竞争机会。因此，在处理国有企业参与市场竞争时，应按照政府与市场关系理论的要求去完善国有企业参与市场竞争的规则。

二、公平竞争理论

公平是法律的永恒价值，它反映了人们的相互需要、承认和依赖。市场经济中的公平主要表现在各市场主体在实质平等的市场环境中遵循同等适用的市场行为规则参与市场竞争。具体表现在：首先，市场主体所在的市场应当是处于公平竞争状态中的市场环境。管理市场的一方主体，一般都是政府，应该努力创造公平竞争的条件，不单独为某一市场主体创设破坏市场竞争机制的优势竞争条件，至少应该先为各市场主体提供形式上的平等环境，进而寻求更高层次的公平。其次，市场主体之间的地位应当平等。不能因为市场主体之间所有者、经济体量、人员及地域等条件的差异而去区别看待本应平等看待的市场主体。无论是在享有权利还是履行义务的过程中都应该被平等看待。最后，市场主体参与市场竞争的结果应当公平。即在相同或相当的条件下，每一个市场主体在获得劳动分配时应当是公平的，投入和产出应该具有相似性，尤其是不能因其是非政府所有企业就少分配，是政府所有企业就多分配，这是严重违背价值规律正常发挥调节作用的行为，长此以往会严重损害因不合理分配制度而少分配的市场主体参与市场竞争的积极性，进而不利于整体经济的发展提高。[1]

市场经济活动中的公平有形式公平和实质公平之分。从形式上看，只要法

---

[1] 李昌麒.经济法[M].3版.北京：法律出版社，2016：178.

律赋予每个市场主体相同的权利，并使其承担相同的义务，就能达到公平的目标。这种形式上的公平是商品经济取代封建特权经济的结果，在法律制度中，此种意义上的公平体现为"意思自治""契约自由""身份平等""私权神圣"等原则，这些原则，成为自由资本主义时期保障公平的重要手段，从而也作为维护形式公平的制度保障而被极度张扬。但是，市场经济发展到现阶段，形式上的公平在一些领域已经成为导致不公平的主要原因，更别说可以实现实质公平了。因为把公平的愿望全部寄托在这种形式之上后，反而容易造成甚至加剧事实上的诸多不公平。例如，一家在某一市场中占据 90% 以上市场份额的 A 企业要求为其提供原料的上游 B 企业必须以市场均价购买其低于市场平均质量水平的某类产品，这些上游 B 企业基于 A 企业在该市场中的优势地位，大多只能选择同意 A 企业的这一附加条件。从形式上来说，B 企业完全可以选择不向 A 企业出售其产品，更不用接受这一明显不公平的条件，而向剩下的 10% 市场份额的企业销售其产品，但是其产品的销售量就要受影响了，长期这样的话，B 企业扩大再生产的基础也可能会丧失。这个时候"意思自治"已经不能调节市场中出现的问题，市场机制不能正常发挥作用了，这就需要从维护公平竞争的角度来寻求新的解决办法。在国有企业与私有企业的市场竞争中类似问题更多，国有企业往往基于自身与政府的密切关系，以及政策优惠在市场竞争中比私有企业享有更多的市场竞争优势，造成市场上的形式和实质的不平等，事实上剥夺了其他市场主体的公平竞争权，进而阻碍市场机制的运行。竞争中立制度除了形式公平的要求之外主要是以实质公平为目标，限制某些特殊市场主体的特殊行为，使市场主体在实质上处于相同的地位，有助于展开有效的市场交易和竞争。市场活动中的实质公平着眼于市场主体实际权利义务的配置及其结果，而非限于形式上的规定。[①]主要涉及两方面内容：一是对具备优势地位和能力的市场主体的行为进行一定的限制，增加其义务或制止其权利的滥用，以促使其尊重弱势市场主体的公平竞争和公平交易权；二是对可能遭受经济特权侵害的弱势市场主体进行特别保护，以提升其地位，从而使其能够与强势市场主体相抗衡，最终为其实现公平竞争和公平交易权

---

① 杨思斌，吕世伦. 和谐社会实现公平原则的法律机制 [J]. 法学家，2007(3).

提供保障[1]。

三、经济民主理论

经济民主的内涵是给予经济主体更多的经济自由和尽可能多的经济平等[2]。经济自由就是经济主体在市场机制有效运作的领域，自由参与、退出市场，享有不受国家行政权力随意干预的权利。经济平等作为一种抽象的概念，只有和经济自由相联系才具有比较实在的意义，有了经济自由才有追求经济平等的可能。当经济自由产生了明显的结果不平等时，平等理念便作为矫正措施，制约着自由。平等是经济民主的逻辑出发点，而经济平等包括劳动与资本之间的平等、资本与资本之间的平等及劳动者阶层内部的平等[3]。自由竞争是市场经济的动力来源，市场经济鼓励市场主体采用正当的竞争手段自由地参与竞争。但自由竞争不是毫无限度的，必须是不损害其他竞争者利益、不损害整个经济秩序的正当竞争，反之就应当受到规制。民主之所以能够进入经济领域，是因为民主内含有促进经济增长的积极因素，即民主是一种有效的社会组织方式，是一种能发掘人的潜力的最好手段，其价值观具有鼓动自由和充分的交流，通过达成共识以解决冲突，尊重人的需求和个性等内容。[4]市场经济社会中，市场机制在资源配置中起主导作用，宏观经济总量平衡、经济结构合理，首先依靠价值规律这一市场运行机制的核心发挥作用，其作用的发挥建立在没有特权的基础上，这一前提要求市场主体必须拥有一个超然独立于政府之外的活动领域，自由参与市场，自主决定行为选择，在价值规律的支配下实现资源的初步配置。当市场失效时，政府应当采取措施履行经济管理职能，促进经济结构优化，为市场主体创造参与经济活动的同等经济环境，践行平等民主理念的客观要求[5]。可以说经济民主同样发挥出了催生竞争中立制度的力量。竞争中立作为经济民主为实现经济平等中资本与资本之间的平等所形成的理念，为实现经济民主也提供了智力支持，竞争中立制度则为经

---

[1] 徐以祥，曹泮天.论现代经济法的三个理念[J].经济法论坛，2004.
[2] 顾功耘.经济法教程[M].3版.上海：上海人民出版社，2013:68.
[3] 宋磊.中国式经济民主之争中的"主义"与"问题"[J].二十一世纪，2013(4).
[4] 弗兰克.产业民主与趋同对经济的影响：主要工业国家的比较分析[M]//公司治理结构：中国的实践与美国的经验.北京：中国人民大学出版社，2000：63-64.
[5] 顾功耘.经济法教程[M].3版.上海：上海人民出版社，2013: 69.

济民主的实现提供了系统的制度支持。有的学者认为，经济民主还包含着企业通过完善自身公司治理结构提高民主程度的一层意思[①]，完善的公司治理结构也是竞争中立所要求的一个条件。某种程度上来说，经济民主是从内外两方面来推动竞争中立的实现的。

---

① 宋磊. 在理念与能力之间：关于国企改革方向的第三种思路[J]. 经济学家，2014(8).

第三章

竞争中立制度的国际比较

竞争中立制度作为一个舶来品，对其国际上的实践进行考察非常必要。本章分析了通过国内改革实施竞争中立制度的澳大利亚版本竞争中立制度；作为国际倡导性规则的 OECD 版本的竞争中立制度；作为国际约束规则的 TPP 版本竞争中立制度；作为地区约束规则的竞争中立制度——欧盟的国家援助控制制度和发展中国家的竞争中立制度，最后得出竞争中立制度的多元性的初步结论。在分析这些竞争中立制度国际实践时，重点考察了不同版本竞争中立在理念、制度和规则方面的差异及其背后隐含的逻辑理路，通过总结和分析不同版本之间的共性与个性，在此基础上提出中国实施竞争中立制度的特殊性及实施方向。

第一节　澳大利亚：通过国内改革实施竞争中立制度

澳大利亚是世界上最早提出竞争中立理念并付诸实施的国家。竞争中立制度是澳大利亚于 1995 年发起的"国家竞争政策"（national competition policy）的一部分。"国家竞争政策"包括了五大举措：①全面适用《1974 年贸易行为法》（现《公平竞争与消费者保护法》）中的竞争行为准则；②对限制竞争的法律法规进行审查和修订；③引入竞争中立政策；④要求必须设备所有者向竞争者开放使用权；⑤建立价格监管制度。[①] 根据该政策，澳大利亚联邦政府与六个州和两个

[①] The Council of Australian Governments.Competition principles agreement[R],Canberra,The Council of Australian Governments,1995.

领地签署了三项政府间协议：《竞争原则协议》《行为规范协议》和《执行全国竞争政策和相关改革协议》。根据这三项协议，各地方政府必须实施包括税收中立、信贷中立、监管中立等在内的竞争中立制度，即国有企业不得在税收、信贷和政府监管等各方面享受政府给予的优惠，联邦政府则通过财政转移支付的方式对实施效果好的地方政府进行奖励。[①]澳大利亚的竞争中立制度体系可以概括为适用范围、实施机构和实施机制等方面。

一、澳大利亚竞争中立制度的适用范围

在澳大利亚，竞争中立制度仅适用于所有"重要的政府商业活动"(significant government business activities)，且只有在实施的收益大于成本的情况下才能够实施。此外，还规定了一些门槛，即该活动必须被判定为是在开展"业务"且该业务应被定义为"重要"。

（一）属于政府商业行为

经营者首先需要判断，其是否符合澳大利亚竞争中立制度的商业行为标准。如果政府享有所有权的实体符合以下条件，则相关行为会被界定为政府商业行为：①必须对商品或服务收费（不一定是向最终消费者）；②必须存在实际的或潜在的竞争者（不论是在私营还是公共部门），即法律或政策没有限制购买者选择其他替代性的供给；③该行为的管理者对商品、服务的生产或提供以及定价拥有一定程度的独立性。如果对于以上问题的回答都是肯定的，则相关行为构成竞争中立制度所指的商业行为[②]。

（二）属于"重要的"（significant）政府商业行为

在澳大利亚，可以实施政府商业行为的实体主要被分为两大类：一是在法律上独立于政府的组织，主要包括：①政府商业企业（Government Business Enterprises，GBES），其主要功能是为了获取商业回报而在市场上出售商品或

---

① 应品广. 中国需要什么样的竞争中立（上）——不同立场之比较及启示[J]. 中国价格监管与反垄断，2015(2).

② Organization for Economic Co-operation and Development.Competitive neutrality:national practices in partner and accession countries[R].Paris,OECD,2014.

服务。所有的政府商业企业要么是公司，要么是被确认为政府商业企业的其他机构。它们是联邦部门中最商业化的独立机构，可以在开放竞争的市场中运营。②非政府商业企业的公司和机构（Non-GBE companies and authorities），其主要参与公共利益业务，并通常获得政府补贴，用于弥补运营赤字。二是在法律上不独立于政府的组织，也主要包括两类：①商业单位（Business Units），其主要基于行政安排设立，但是其中的特定机构或部门基于获取商业回报的目的而开展交易。②其他参与商业活动的政府组织。[①]

根据规定，以下实体实施的行为被自动视为"重要的"政府商业行为：①所有政府商业企业及其子公司。②所有联邦公司（Commonwealth Companies），联邦公司为依法成立的公司。它们同时受单独的法律授权及《联邦政府和公司法案1997（CAC）》约束。《联邦政府和公司法案1997（CAC）》要求此类公司的董事会须进行报告及审计。③所有事业单位，通过行政安排成立的事业单位，其中可辨识的部分或部门的主要目标是以盈利为目的，在市场上交易商品和服务。同时，该部分或部门的管理及财务结构独立于整个组织的其他部门。④基于市场测试目的进行的基准成本核算活动（baseline costing for activities undertaken for market testing purposes）。⑤超过1000万澳元的公共采购。⑥联邦机构或部门实施的其他年商业营业额超过1000万澳元的商业行为（非政府商业企业行为）。[②]不在以上列举范围的，则由澳大利亚政府竞争中立投诉办公室负责评估是否属于重要的政府商业行为。相关企业也可以主动和澳大利亚政府竞争中立投诉办公室联系，以确认其行为是否属于重要的政府商业行为。

（三）实施竞争中立制度的收益必须大于成本

虽然实施竞争中立制度的效果很多时候很难用货币衡量，但是其好处还是显而易见的。通过实施竞争中立制度，可以改进国有企业的商业实践、优化资源配置效率、改进企业透明度和问责制、提高企业竞争力及消除交叉补贴等。实施竞争中立制度的成本则主要表现为行政成本，包括改变会计系统、资产估值、行

---

① Commonwealth of Australia.Commonwealth competitive neutrality policy statement[R].Canberra,Commonwealth of Australia,1996.

② Commonwealth of Australia.Commonwealth of Australia government competitive neutrality-guidelines for managers[R].Canberra,Commonwealth of Australia,2004.

为评估和日程管理等方面的成本。

澳大利亚政府竞争中立投诉办公室认为，实施竞争中立制度的成本并非如想象中那样显著，完全可以基于已有的成本核算系统予以评估管理。[①] 如果有企业想要证明实施竞争中立制度的成本超过收益，则其需要考虑这些成本是否主要来自实施竞争中立制度本身。证明实施竞争中立的成本大于收益的举证责任由主张不适用竞争中立制度的一方承担。即，如想排除适用竞争中立制度，需向澳大利亚政府竞争中立投诉办公室提供成本收益分析的证据及相关文件。

二、澳大利亚竞争中立的实施机构与实施机制

（一）澳大利亚竞争中立的实施机构

澳大利亚有权实施竞争中立的部门主要有三个，金融与行政部（Department of Finance and Administration）、财政部（the Treasury）和澳大利亚政府竞争中立投诉办公室（Australian Government Competitive Neutrality Complaints Office，AGCNCO）。

（1）金融与行政部。金融与行政部主要是负责确保维持一个有效的竞争中立支付系统，并享有实施相关竞争中立制度安排的建议权。澳大利亚国有企业的实际控制人（相关政府机构）必须每年通过调查报告的形式向金融与行政部报告其实施竞争中立的情况，金融与行政部搜集这些信息后将其提供给财政部，财政部使用这些信息来准备《澳大利亚政府国家竞争政策年度报告》。

（2）财政部。财政部主要负责编制《澳大利亚政府国家竞争政策年度报告》，其中也包括竞争中立的内容。同时，财政部也负责向财政官员提供有关竞争中立制度的建议，履行财政部有关竞争政策事项的职责。

（3）澳大利亚政府竞争中立投诉办公室。澳大利亚政府竞争中立投诉办公室根据《1998年生产力委员会法》设立，是隶属于生产力委员会(Productivity Commission）的一个自治单位。其主要职责包括受理竞争中立投诉、开展竞争中立调查，以及向财政部提供针对澳大利亚政府商业行为适用竞争中立制度的独立

---

① Commonwealth Competitive Neutrality Complaints Office.Australian institute of sport swim school[R]. Canberra,CCNCO,1999.

建议。此外，澳大利亚各个州和领地也建立了独立于政府部门的竞争中立投诉机构，或者直接由财政部门负责处理竞争中立投诉。

（二）澳大利亚竞争中立的实施机制

澳大利亚竞争中立制度的实施机制主要体现为投诉机制，即任何个人、企业、政府或非政府组织机构均可以借助"投诉机制"，对享有不合理竞争优势的"重要的政府商业行为"向澳大利亚政府竞争中立投诉办公室（或地方投诉机构）提出违反竞争中立制度的投诉。同时，根据《1998年生产力委员会法》的规定，澳大利亚的政府机构也可以基于受到政府政策影响而在与私人企业竞争时处于劣势的理由向投诉机构提起投诉。投诉书应以书面形式阐述被投诉对象所享有的不当竞争优势，以及投诉者因此遭受的损失。澳大利亚政府竞争中立投诉办公室可以提供投诉书模板，并由相关工作人员提供投诉帮助。

澳大利亚政府竞争中立投诉办公室（及地方投诉机构）的主要作用是接收投诉并进行调查，最终向相关部门及其主管人员提供政策建议。在联邦层面，收到投诉后，澳大利亚政府竞争中立投诉办公室首先会对投诉申请进行初步调查。若其认为被投诉主体没有违反竞争中立义务，则驳回；反之则可建议被投诉主体及相关政府部门履行竞争中立义务，采取行动消除违反竞争中立的行为；如果以上行为人不足以解决存在的问题，则可请求财政部部长批准进行相关公开调查。进入公开调查程序的案件，在调查以后，澳大利亚政府竞争中立投诉办公室向财政部部长出具一份调查报告并提出建议，财政部部长应在收到报告的90天内做出是否接受建议的决定。[①]如接受，则应采取相关救济措施。为了保证调查的公开透明，所有的调查过程和结果都向社会公开，具体流程如表3-1所示。

表3-1 澳大利亚政府竞争中立投诉办公室投诉受理、调查和补救程序

步　骤	条　件
第一步：对投诉性质进行分类，说明指控中扭曲了具体哪条竞争中立	主要包括： 1. 税收中立； 2. 信贷中立； 3. 监管中立； 4. 合理的商业回报率； 5. 价格真实反映成本

---

① 应品广.竞争中立与国有企业改革：最新进展与中国应对：全面深化改革与现代国家治理——上海市社会科学界联合会第十二届学术年会论文集[C].上海：上海人民出版社，2014.

续表

步　骤	条　件
第二步：确认 AGCNCO 是处理该投诉的合适机构（尤其是当投诉与政府所有的国有企业相关时）	并且需要满足： 1. 涉及重大问题，而不是无关紧要的琐事或无理取闹； 2. 与竞争中立问题相关； 3. 与政府正在审查的竞争中立案件无关
第三步：确认国有企业参与了显著的商业活动	"商业"必须具备以下三个条件： 1. 向产品和服务的用户收取费用； 2. 该市场存在一个实际或潜在的竞争者（无论国有或私有）； 3. 管理者在生产供应产品和服务及定价方面拥有一定程度的独立性
第四步：确认投诉的事项与公有制造成的竞争优势有关（即竞争中立）	并且需要满足不是因下列因素造成的： 1. 国有企业一方未能执行竞争中立相关要求； 2. 国有企业适用竞争中立的方法不正确，不能有效消除相关竞争优势； 3. 相关政府活动本应该但实际上没有遵守竞争中立的相关要求
第五步：系统性分析是否存在违反竞争中立制度相关规则的情况，同时计算执行竞争中立的相关规则的收益是否大于相关成本	AGCNCO 涉及具体问题的操作指南文件，用来指导该分析的进行，如关于回报的计算率、成本分摊及定价

在 AGCNCO 接收投诉进行审查的过程中，一旦该投诉不符合相关条件，就会被驳回，符合要求的，经过以上五个步骤形成调查报告，根据调查报告的结果，AGCNCO 必要时会向政府提出建议，对涉案政府企业适用竞争中立的相关规则

若建议被接受，则通常需要调整"重要的政府商业行为"的成本结构。这可以通过分离商业和非商业活动（无论是会计上的还是法律上的），以及其他必要的竞争中立调整措施（如缴纳竞争中立调整费）来实现。通常涉及的调整领域主要包括以下方面，税收中立调整、债务中立调整、监管中立调整和商业回报率调整等。例如，在税收中立调整方面，享受税收优惠的企业需要向联邦政府（涉及联邦税时）或州或领地政府（涉及州或领地税时）缴纳税收中立调整费，使其与没有享受税收优惠的竞争者处于同等纳税水平。在债务中立调整方面，享受贷款或担保等借贷优惠的企业需要向政府缴纳债务中立调整费。在监管中立调整方面，享受规制优势的政府商业行为需要缴纳监管中立调整费，或者将其体现在成本结构中，最终反映在产品或服务的价格中。在商业回报率调整方面，经营者需要确保其产品或服务的价格足以在一段合理的期间内获得合理的商业回报率（至少相当于长期（10 年）联邦债券的回报率）。如果一个政府商业企业长期达不到商业回报率要求，则显然没有实现竞争中立义务，相关的政府部门有义务采取行动。

一般来说，所有的竞争中立调整费都必须在所涉财政年度的6月1日之前向联邦政府在联邦储备银行的公开存款账户（Official Public Account，OPA）缴付。缴付的步骤如下：①计算所有竞争中立调整费；②在相关财政年度的6月1日前直接将款项支付给OPA；③通知金融与行政部，告知其所支付了以下哪类竞争中立调整费，联邦税收平衡调整费、州税收平衡调整费、债务中立调整费、监管中立调整费、其他调整费；④保存所有相关支付信息的档案。

第二节 OECD：作为国际倡导性规则的竞争中立制度

OECD是最早开展竞争中立研究并在该领域最具有国际影响力的国际组织。早在2005年，OECD就发布了《OECD国有企业公司治理指引》，提出了开展国有企业公司化改革及其治理的一整套框架。从2009年起，OECD启动了竞争中立的研究，并且进展迅速。[①]在此之前，"国有企业"和"竞争"分别属于OECD公司治理委员会和竞争委员会两个研究方向。[②]目前，OECD已经陆续发布了有关竞争中立的一系列研究报告[③]（见表3-2）。这些报告总结了国有企业在世界范围内存在的"竞争优势"及OECD成员（特别是澳大利亚）在竞争中立问题上的态度和实践，提出了实现竞争中立面临的困难、需要解决的主要问题及相关建议方案，呼吁国际社会全面采纳2015年版《OECD国有企业公司治理指引》，并积极引入竞争中立理念和制度。

---

① 据2009年的一项不完全调查统计表明，OECD国家拥有2057家国有企业，国有企业总产值接近1.9万亿美元。从国有企业总产值占GDP的比重来看，OECD国家国有企业总产值占GDP的比重为15%，OECD国有企业就业总人数超过600万人。黄志瑾.国际造法过程中的竞争中立规则——兼论中国的对策[J].国际商务研究，2013(5).

② 余菁，等.国家安全审查制度与"竞争中立"原则——兼论中国国有企业如何适应国际社会的制度规范[J].中国社会科学院研究生院学报，2014(3).

③ OECD有关竞争中立的一系列报告，参见OECD网页http://www.oecd.org/competition/，访问日期：2016年10月12日。

表 3-2 OECD 有关竞争中立的报告或指南

时间	报告或指南名称	内 容 简 介
2015 年	《OECD 国有企业公司治理指引》	本指引是经合组织向各国政府提出的如何确保国有企业以高效、透明和负责任的方式运作的建议。它们是政府如何行使国家所有权职能以避免被动所有制和过度国家干预的陷阱的国际商定标准。该指引最初于 2005 年制定,作为对经合组织"公司治理原则"的补充于 2015 年更新,以反映十年的执行经验,并解决国内和国际上国有企业出现的新问题。 《指引》认为,大多数工业化经济体的特点是牢固扎根于法治的具有开放和竞争性市场,私营企业是主要的经济行为者。然而,在一些其他国家,包括许多新兴经济体,国有企业在国内生产总值、就业和市场资本化中占据重要部分。即使国有企业在经济中只起次要作用的国家,它们也常常在公用事业和基础设施行业中占据主要地位,如能源、交通、电信及在某些情况下还包括金融等领域。因此,国有企业的良好治理对于确保其对经济效率和竞争力的积极贡献至关重要。经验表明,市场主导的发展是有效分配资源的最有效的模式。一些国家正在改革组织和管理国有企业的方式,并且在许多情况下采取国际最佳做法。该指南旨在:(1)明确国家作为所有者的作用;(2)使国有企业以与私有企业良好做法类似的效率、透明度和问责制运作;(3)确保国有企业和私营企业之间的竞争是在公平竞争的环境下进行的。该指南并未涉及某些活动是否适合公共或私人所有。然而,如果政府决定剥离国有企业,良好的公司治理是经济有效的私有化的重要先决条件,有助于提高国有企业估值,从而加强私有化进程的财政收益
2013 年	《国有企业:贸易效应与政策影响》	报告认为随着通过贸易和投资的日益一体化,传统上面向国内市场的国有企业越来越多地与全球市场中的私营企业竞争。国际贸易视角出现了三个主要问题:(1)国家所有权在全球经济中的重要性;(2)政府赋予国有企业的什么类型的优势(或它们所带来的不利因素)不符合非歧视性贸易体系的关键原则;(3)什么政策和做法支持所有市场参与者之间的有效竞争?通过世界上最大的公司及其海外子公司的案例表明,国有企业在各国和经济部门的存在程度是显著的。此外,国有企业份额最高的国家和国有企业强劲的经济部门都有大量交易。因此,如果一些国有企业受益于政府给予他们的不公平优势,那么经济扭曲的可能性很大,这是政治和商业界常常提出的指控。关于这些优势的现有信息通常是很难获取的。报告提出了潜在国有企业优势如何产生跨境效应的框架性讨论。报告还描述了几个国有企业的行为,尽管取得了不同程度的成功,据称由政府授予他们的优势受到争议,与国家或国际法规不一致。这可能部分地解释了这样一个事实,即规范国有企业某些形式的反竞争行为的现有监管框架已经设计成考虑到国内目标,或者在国家部门主要面向国内市场的时候设想。本报告中提出的对国家、双边和多边层面现有规则的调查是确定是否需要填补任何差距和寻求最有建设性的方法需要做的第一步
2012 年	《竞争中立:经合组织建议、指南与最佳实践纲要》	本报告总结了实现竞争中立需要国家主管部门优先解决的八大问题:(1)精简政府企业的运作形式;(2)确定企业特殊职责的直接成本;(3)确定政府适当的商业回报率;(4)履行公共服务的义务;(5)税收中立;(6)监管中立;(7)债务中立和直接补贴;(8)公共采购
2012 年	《竞争中立:维持国有企业与私有企业公平竞争的环境》	本报告主要有两个目的:一是理清私有和国有的市场参与者之间实现竞争中立所面临的主要挑战,包括:精简政府企业的运作形式;确定企业特殊职责的直接成本;确定政府适当的商业回报率;履行公共服务的义务;税收中立;监管中立;债务中立和直接补贴及公共采购八项内容。二是根据经合组织现有建议及各国处理竞争中立问题的相关经验,确立解决前述挑战的措施。本报告对 2005 年版推出的《OECD 国有企业公司治理指引》进行了补充,将讨论范围扩展公共部门的全部商业活动,无论这些商业活动属于哪一级政府,也无论它们是否已经完成了公司制改造

续表

时间	报告或指南名称	内容简介
2012 年	《竞争中立:各国实践》	本报告是一份关于各国竞争中立实践情况的调查问卷汇总报告。报告比较分析了不同 OECD 国家的竞争中立框架,总结了在这些国家实现竞争中立的主要因素:(1)政府商业活动的经营方式;(2)识别成本;(3)商业回报率;(4)考量公共服务义务;(5)税收中立;(6)监管中立;(7)债务融资中立与直接补贴;(8)公共采购
2011 年	《竞争中立和国有企业——挑战和政策选择》	报告总结了竞争中立在 OECD 国家和欧盟的实施情况,指出全面适用《OECD 国有企业公司治理指引》仍然任重道远。建议尚未开展国有企业公司化改革的国家尽早开展改革,已经开展公司化改革的国家全面引入《OECD 国有企业公司治理指引》
2011 年	《澳大利亚的竞争中立和国有企业:实践回顾及对其他国家的启示》	全面介绍了澳大利亚联邦和各州的竞争中立制度框架。报告认为,澳大利亚的竞争中立制度是极其成功的,但是要移植到其他国家并非易事,除非其他国家也愿意开展澳大利亚那样深刻的改革
2010 年	《问责和透明度:国家所有权指南》	指南认为国有企业在所有权和全球市场中发挥着重要作用。这些国有企业的管理水平对其绩效和价值及公共财政、经济增长和竞争力有重大影响。透明度和问责制是投资、增长和竞争力的关键。透明和负责任的国有企业更应该遵纪守法,包括尊重股东和利益相关者的权利。因为他们享有更高水平的公共信任,并以更低的成本获得更好的资本。该指南有助于在透明度和问责制领域切实执行经合组织"国有企业公司治理准则"。它使用具体例子表明,改进在政治上是可行的,考虑到政府必须面对的复杂挑战,提供一份可行的政策选择目录;一个分步路线图指出典型的困难、风险和障碍;良好做法的具体例子;帮助政府、其所有权实体和其他利益相关者评估现有做法和支持改革
2009 年	《国有企业与竞争中立原则》	主要探讨了两个问题:(1)竞争法如何适用于国有企业;(2)公司治理和竞争中立原则之间的关系
2005 年	《经合组织:国有企业公司治理指南》	提供了针对国有企业公司治理的一整套方案,主要内容包括:(1)确保针对国有企业的有效的法律和监管框架;(2)国家如何作为国有企业的所有者;(3)公平对待不同股东;(4)利益相关者之间的关系;(5)透明度和信息披露;(6)国有企业董事会的职责

一、OECD 建议的竞争中立适用范围[①]

OECD 认为,确立竞争中立的适用范围时,应该主要考虑以下因素。

---

① Organization for Economic Co-operation and Development.Guidelines on corporate governance of state-owned enterprises[R].Paris,OECD,2014.

（一）竞争中立主要适用于"国有企业"

OECD 并没有对国有企业做出明确的界定。OECD 指出，目前尚没有国际协议界定何为国有企业，因此 OECD 也无法提供明确的界定。[①]OECD 也指出，世界银行曾经这样界定国有企业，国有企业是"政府所有或政府控制的经济实体，其收入来自于销售商品和服务"[②]。在国家层面上，则有许多国有企业的定义。这些定义大多出于行政管理或国家预算的需要，往往在外延上要小于国际社会认定的国有企业的范围。

尽管没有普遍性的协议给出国有企业的定义，但是 OECD 认为，国际社会对于区别国有企业和民营企业的关键因素还是具有普遍共识：①由于政府资金注入的可能性及隐含的政府担保，国有企业通常面临"预算软约束"。②国有企业通常被要求履行一些非商业性的目的。[③]③即便国有企业没有被政府要求追求公共政策目标，也通常不存在被收购的风险，且相比于其他公司具有更低的商业化程度。

据此，OECD 认为，国有企业主要有三种形式：①法定公司（Statutory Corporations），该类公司作为政府部门的一部分或类似于政府部门而运作；②国家控制的完全公司化的企业；③少数股份在证券市场上市的国有企业。其中，后者越来越成为普遍做法，且由于其同时受公司法、证券法和竞争法等法律的约束，从公平竞争的角度看更不易出现问题。

总之，OECD 一般性地认为国有企业是指"政府能够有效控制的企业"，这种控制既可以通过持有多数表决权股份的形式体现，也可以通过其他行使同样水平的控制权的方式体现。例如，法律或公司章程的规定确保了拥有少数股权的政府能够对企业或其董事会进行持续控制。当然，有些情况下是否适用仍然需要依靠个案分析。例如，"黄金股"（golden share）本身是否构成"控制"取决于其赋予政府的权力的程度。如果公司治理结构或市场结构赋予了政府对企业的非一般的影响力，政府拥有的少数所有权也可能构成对企业的控制。

---

① Organization for Economic Co-operation and Development.State owned enterprises and the principle of competitive[R].Paris,OECD,2010.

② World Bank.Bureaucrats in business:the economics and politics of government ownership[R].Washington D.C.,World Bank,1995.

③ Organization for Economic Co-operation and Development.Report on non-commercial service obligations and liberalisation[R].Paris,OECD,2003.

（二）竞争中立主要适用于参与经济活动（economic activities）或从事商业活动（commercial activities）的国有企业

所谓经济活动，是指在市场上提供商品或服务的活动，且该活动从原则上看可以由私人经营者开展并盈利。市场结构本身（竞争市场、寡头市场还是垄断市场）不是决定一项活动是否是经济活动的决定性因素。OECD 认为，竞争中立框架下的国有企业的活动必须是商业性的，即需要遵从商业原则和商业特性。其中，最重要的是区分营利性的活动和非营利性的活动。出于社会目标的考虑，国有企业提供的一些服务可能毫无利润，甚至会亏损。此类非营利的服务应该豁免于竞争中立。

（三）需要考虑适用的国有企业的级别

OECD 认为，各国需要考虑是否将竞争中立适用于各级政府（包括国家的、区域的和地方的）的国有企业。毫无疑问，国家层面的国有企业对竞争中立的威胁最大，但是地方政府对于竞争的影响程度也越来越高。现实中，地方政府经常与私人部门之间在娱乐活动、儿童保育、教育、医疗保健、住房和交通等方面存在竞争。因此，如果竞争中立制度不涵盖地方政府，则实施的效果将大打折扣。

（四）需要确认存在实际的或潜在的竞争者

竞争中立制度有效的前提是在市场上存在竞争者，即不应该有任何的立法禁止在该市场上的竞争。然而不一定需要存在"实际的"竞争者，因为国有企业现有的优势可能阻碍了潜在竞争者进入该市场。

（五）需要开展成本—收益分析

竞争中立制度的实施只有在实施的收益大于实施的成本时才是有效的。因此，有必要对每一个国有企业进行成本—收益分析。虽然，从理论上看，竞争中立制度可适用于所有国有企业，然而在实践中，对所有国有企业适用竞争中立制度可能带来很大成本。例如，对小型国有企业适用竞争中立制度可能带来极高的行政成本，但是其竞争收益并不大。

二、OECD 建议的竞争中立行为规则[①]

OECD 将"竞争中立"界定为一种适用于所有企业的法律制度环境，在具有这种特质的市场体系中，国有企业和私有企业受到同样的制度规范约束，不存在任何不当竞争优势或劣势。[②] 例如，在 2012 年的研究报告《竞争中立：维持国有企业和私有企业公平竞争的环境》中 OECD 将"竞争中立"与"公平竞争环境"同等看待。这份报告还强调其研究对象范围已经从狭义的国有企业拓展到了各种带有政府色彩的商业活动。针对政府商业活动可能在市场上获得的竞争优势，并综合多国在处理竞争中立问题时的不同侧重点和已有做法，OECD 总结了以下有关"竞争中立"的八个方面的行为规则。[③]

（一）精简政府企业的运作形式

OECD 认为，通常企业与政府的关系越疏远，越有利于保持市场的竞争中立，所以要求推进政府商业活动的公司化、私有化改革进程。但私有化并不是必需的，竞争中立的目标不是消除所有政府商业活动，而是要求这些企业采取更为规范的经营模式，避免政府背景所带来的过度竞争优势。竞争中立的这一目标就是要推进所有政府商业活动的公司化进程。[④]

（二）确定特殊职责的直接成本

制定适当的成本分摊机制对确保竞争中立非常关键。与私有企业相比，公有机构的成本结构可能会使其处于优势或劣势，如其员工成本可能较高，而资本成本可能较低。这类成本优势与劣势应当清楚识别、加以量化并做出合理说明。为了确保竞争中立，政府商业活动的成本结构应当考虑以下几点：一是源于公共

---

① 经济合作与发展组织. 竞争中立：各国实践 [M]. 赵立新，蒋星辉，高琳，译. 北京：经济科学出版社，2015；经济合作与发展组织. 竞争中立：维持国有企业与私有企业公平竞争的环境 [M]. 谢晖，译. 北京：经济科学出版社，2015；经济合作与发展组织. 竞争中立：经合组织建议、指引与最佳实践纲要 [M]. 谢晖，译. 北京：经济科学出版社，2015.

② Organization for Economic Co-operation and Development.State owned enterprises and the principle of competitive[R].Paris,OECD,2010.

③ Organization for Economic Co-operation and Development.Competitive neutrality:a compendium of OECD recommendations, guidelines and best practices[R].Paris,OECD,2012.

④ 唐宜红，姚曦. 竞争中立：国际市场新规则 [J]. 国际贸易，2013(3).

服务义务的额外成本；二是融资、税收及相关监管影响导致的预估优势；三是在计算公共服务义务成本和融资、监管优势的基础上，预估国际预算在这些实体投资的补偿性收入。此外，提高企业的公开透明度和会计要求在确定特殊职责的直接成本上也是需要的。

（三）获得商业回报率

如果国有企业在商业化的竞争性环境中运营，在一段合理的时期内，没有获得与市场水平一致的回报率，则在其他条件相同的情况下，来自私有企业的市场竞争会受到削弱。如果国有企业采取激进的定价策略，这个问题会更加严重。不仅如此，为每个商业性业务板块设定合理的回报率，还可以有效避免国有企业的交叉补贴行为。OECD认为，国有企业应赚得与私有企业水平相当的回报率；评价业绩时，应当与同行业类似企业进行对比。除利润最大化外，国有企业或其他类型政府企业可能还有其他经营目标，OECD认为应使此类目标公开透明，切不可以该目标为由削弱实际或潜在的竞争。OECD认为尽管传统竞争法律在避免反竞争行为（如成本掠夺测试）方面发挥了重要作用，但如果国有企业不追求利润最大化或被允许维持较低回报率，则有必要采用其他手段（如合理的成本会计体系及跨行业业绩比较等）。

（四）履行公共服务义务

如果已进入市场运作的国有企业还要执行公共政策优先事项，总是会引发人们对竞争中立的关注。市场化程度取决于各国国情和谁真正代表公共利益。竞争中立要求对基于商业基础提供的服务进行准确的成本核算、价格确定和有效监管。这意味着要取消国有企业或先入企业都拥有的特权，并充分补偿各个公司。OECD认为，对公共预算用于履行公共服务义务的补偿时，要保证高度透明和信息公开。应该对公共资源的使用进行预算监督和监测。在平衡商业和非商业目标时，OECD建议，国有企业应就其被要求履行的公共政策目标获得足够的补偿，应以一种可单独记账的方式划拨和使用补偿款。制定可靠的成本计算方法可以尽可能避免交叉补贴，因为如果国有企业或者先入企业在从事正常商业活动的同时，还要提供重要的公共产品的话，就会产生与竞争中立有关的问题。

（五）税收中立

国有企业和私有企业的平等税收待遇对竞争中立非常重要。政府不应为了避税而购买自产自供的商品和服务。OECD认为，在国际贸易中，同类企业从事相类似交易时，应当缴纳相同水平的增值税，如果必须存在对外国企业的特殊管理要求，则应以一种不会导致不成比例或不恰当合规成本的方式管理增值税。在不能同等适用税收规则的情况下，OECD建议对免税情况保持高度透明，以确定和纠正与其相关的潜在优势。政府知道，为了确保竞争市场的公平性，他们的企业必须与同类私有企业面对相似的价格讯号。因此，大多数公司制国有企业，都普遍与其他企业承担相似的直接或间接税收要求。相反，政府直接运作的非公司商业活动通常不需要缴纳间接税。在某些情况下，政府服务也由无须缴纳公司税的非营利组织提供。在大多数国家，对政府单位征收公司税，在法律上是不可能的，在实践中也是不可行的。考虑到政府对国有企业税收减免条款往往比较隐蔽和间接，应采取以下措施来应对税收不中立问题：一是对公司制企业坚决执行非歧视原则；二是对于政府非公司制商业活动，用补偿费代替缴税；三是调整政府服务价格，反映税负成本的增加。要在实践中实现税收中立。可以采取前述方法的组合，而具体使用什么方法取决于每种方法的可行性。这些方法的成效取决于采取措施的成本、企业规模及会计和检测体系的复杂性。

（六）监管中立

监管中立并非针对一般的商业环境，也涉及市场监管。就一般的商业环境而言，在大多数OECD国家内，公司制的国有企业会面临与私有企业相同或类似的监管待遇。如果国有企业根据公司章程或法定授权创建，或其商业活动与政府机构行为混在一起，那么法律可能会赋予不符合竞争中立的某些监管豁免。OECD认为，如果因为国有企业的法律形式导致监管豁免，则应按公司法组建国有企业，使其接受与私有企业相同的监管待遇。如果该方法不现实，则应使监管法规的适用范围延伸到国有企业，或让国有企业以自愿的方式接受监管。此外，还应定期评估政府参与受监管市场的情况，特别是当国有企业或先入企业具有某些垄断权利时。就金融监管而言，此类监管须在不同所有制、体制、行业及市场间保持一致中立。必要时监管和非监管手段应同时使用，来抵消所有制属性带来的优势或劣势，竞争、贸易和投资主管部门均应在实施竞争中立上发挥作用。

（七）债务中立和直接补贴

由于大多数政策制定者已经认识到国有企业遵循金融市场约束的重要性，所以避免国有企业获得优惠融资是大家普遍接受的观点。欧盟及许多其他国家的竞争部门和监管机构，通过实施竞争法律来控制直接补贴和国家补助，并使国有企业按照市场条件获得资金。尽管取得了一定进步，但要想彻底实现公平竞争，债务中立仍然是亟待解决的重要领域。由于具有被认为存在的政府支持，很多国有企业仍在从市场获取信贷上享有优待，并因此受益。OECD建议，国有企业与私有企业在同等条件下融资，同时借鉴澳大利亚和欧盟成员国的实践经验，融入债务中立调整机制。

（八）公共采购

公共采购政策及程序实现竞争中立的基本标准是确保竞争性和非歧视，确保高标准的透明度，确保参与竞标的所有实体得到平等对待。然而，还可能出现其他问题，如长期存在的国有企业或内部供应商，其先入优势将严重妨碍竞争者进入市场。在某种程度上，这种优势可能被归类为传统的规模经济，理论上与竞争中立无太大关联，但如政府下定决心打造真正的竞争环境，就应该考虑这些因素。OECD建议，普通的采购规则应对国有企业和其他公司一视同仁。国有企业作为采购方时，在采购政策及程序、预先明确选择标准应保持高度透明，在供应商选择上应确保公正平等地对待各方。建议消除任何不平等的壁垒，确保遴选程序的公平性和非歧视性。如果确实存在差别对待的现象，应在选择标准中公开披露并提前与潜在竞标人充分沟通。此外，OECD还建议，应按照对待外部投标的方式对待内部投标，并且应在私营和公共供应商之间保持中立。

三、OECD 总结的实现竞争中立的途径

OECD 的报告在总结了各国的经验后，指出实现竞争中立主要包括竞争推进、竞争立法及综合立法三种途径。

（一）竞争推进

竞争推进是指一国的竞争主管机构为在经济运行中营造竞争环境，提升竞争水准而采取的执法之外的各种措施。作为竞争执法以外的措施，"竞争推进"旨在全面建设竞争法治环境，主要包含两大内容：一是通过与政府经济管理部门的沟通实现经济政策与竞争政策的相互连接；二是通过教育宣传提高公众对"竞争有益经济"观念的理解与支持。[①] 前者由于直接针对政府管理部门，因而效果更加显著。竞争主管机关或通过评估政府出台的经济政策促使其更加完善；或通过影响经济主管部门令其主动出台符合市场竞争的政策。后者则是从文化建设的角度进一步把竞争政策提升为一国主流文化的组成部分。

（二）竞争立法

立法机构可以事先制定详尽的竞争立法以确保竞争中立。例如，欧盟以立法的方式明确了竞争中立原则。《欧盟运行条约》第 106 条规定，公共企业（Public Company）受竞争法调整，且任何成员国都不能违反该条；此外，公共企业还受欧盟竞争法和国家援助规则的调整。同时，《欧盟运行条约》赋予欧盟委员会要求公共企业停止限制竞争行为的权力；如果该限制竞争行为是由于成员国的法律政策所致，则欧盟委员会还可以发布指令或决定要求该成员国停止此项立法或政策。在国家援助规则方面，成员国必须向欧盟委员会事先申报其准备采取的国家援助的立法和措施，由欧盟委员会决定是否颁布。另外，欧盟委员会还可以要求公共企业提供其商业活动和非商业活动的预算比例。例如，公共交通的运营商必须将其提供的公共交通账户和其他经营活动账户分别开立。

---

① International Competition Network.Advocacy and competition policy[R].Washington D.C.,ICN,2002.

（三）综合立法

澳大利亚采取的是综合立法途径。澳大利亚并没有专门对竞争中立加以立法，而是通过政府各个部门之间的协调、合作来实现竞争中立的目标。在机构设置上，与欧盟委员会专司竞争中立不同，澳大利亚的竞争机构——澳大利亚竞争与消费者委员会（Australian Competition and Consumer Commission，ACCC）——并非执行竞争中立制度的主要机构。恰如前述，澳大利亚财政部负责竞争中立制度的制定，澳大利亚政府竞争中立投诉办公室负责竞争中立案件的投诉处理及调查。综合立法途径的优点在于不存在"无法可依"的法律真空，政府内部的协调合作可以从各个层面和角度打击限制竞争行为，较之竞争立法途径更加全面和灵活。①

四、OECD 建议的竞争中立的实施机制②

OECD 认为，竞争中立的实施主要依靠两大机制——监督机制和执行机制。

（一）监督机制

监督机制应该涉及一系列改革议程，并根据监督的情况修改可能需要调整的领域，以确保改革的持续有效性。监督可以通过以下方式进行：第一，设立专门的监督机构，赋予其开展调查和发布监督报告的权力。第二，赋予相关政府部门及其负责人监督权，在其负责范围内报告并公布改革的进展。第三，通过国有企业本身，要求其向相关部门及社会公布改革进展情况。第四，通过发布定期报告，如委托专家进行评估、审查改革的执行情况及其绩效。

（二）执行机制

执行机制是指要求政府及国有企业实施竞争中立的相关改革机制。虽然不同国际可能会建立不同的执行机制，但是基本要素应该是共通的。第一，立法机

---

① 黄志谨. 国际造法过程中的竞争中立政策——兼论中国的对策[J]. 国际商务研究，2013(3).
② CAPOBIANCO A, CHRISTIANSEN H. Competitive neutrality and state-owned enterprises: challenges and policy options[R]. Paris, OECD Corporate Governance Working Papers, 2011.

制。通过立法具体说明国有企业在和私营企业竞争时应该如何开展活动。第二，行政机制。要求国有企业履行竞争中立义务。第三，正式的投诉机制。建立正式投诉机构，在接受投诉的同时，负责调查被投诉的国有企业是否违反竞争中立义务，并有权采取救济措施。第四，充分利用各个国家已有的相应机制。很多国家已经建立要求政府部门及其所属企业遵从国家政策的合规机制，这些机制可以作为实施竞争中立制度的基础。

第三节　TPP：作为国际约束规则的竞争中立制度

近些年，随着区域自贸安排的回归，各国转向通过区域自贸协定发展竞争规则，这使得竞争政策成为区域自贸谈判中的重要议题。在涉及竞争政策的自贸协定中，涉及国有企业或竞争中立的并不多，主要体现在美国参与的区域或自由贸易协定中。[1]其中，最受关注的无疑是TPP[2]。2015年10月5日，TPP最终达成。由于TPP第17章专章规定了"国有企业和指定垄断"，使其成为目前在竞争中立问题上标准最高、影响最广的国际协定。虽然美国总统唐纳德·特朗普已经签署命令退出了TPP[3]，但是其中涉及国有企业的国际贸易规则仍有极大的研究价值，这些规则对我国今后可能参加的贸易谈判有不能忽视的参考价值。以下主要从适用范围和实施机制两个方面，对TPP中的竞争中立制度予以介绍分析。

---

[1] 应品广.竞争中立与国有企业改革：最新进展与中国应对：全面深化改革与现代国家治理——上海市社会科学界联合会第十二届学术年会论文集[C].上海：上海人民出版社，2014.

[2] 金中夏.中国面对TPP的战略选择[EB/OL].(2016-10-12)[2018-11-12]http://www.govinfo.so/news_info.php?id=21293.TPP的前身是"太平洋战略经济伙伴关系协议"（也被称为"P4协议"），最初由新加坡、智利、文莱和新西兰四国于2005年6月发起。2009年11月，美国正式宣布加入TPP，澳大利亚、秘鲁、越南紧随美国之后加入，2010年10月马来西亚加入，2012年，加拿大和墨西哥加入，2013年7月，日本加入，这使得TPP在全球经济金融中的影响力进一步增强，TPP成员的GDP总和达到27万亿美元，占全球GDP总量近40%，货物贸易占全球总量1/3左右。

[3] The White House Office of the Press Secretary.Presidential memorandum regarding withdrawal of the United States from the trans-pacific partnership negotiations and agreement[R].Washington D.C.,The White House Office of the Press Secretary,2017.

一、TPP 竞争中立制度的适用范围

TPP 竞争中立制度不仅约束传统意义上的"国有企业",也约束"指定垄断",即任何政府授予特定垄断权的私人垄断或政府垄断也受其约束。TPP 国有企业和指定垄断适用于所有缔约方的国有企业和指定垄断在自由贸易区内对缔约方间的贸易和投资产生影响的活动,也适用于一缔约方的国有企业对一非缔约方的市场造成 TPP 第 17.7 条规定的不利影响的活动。[①]

根据 TPP 的规定,[②] 以下企业将被界定为国有企业,主要从事商业活动,[③] 且一缔约方在其中满足至少一项以下所列举的条件,①直接拥有 50% 以上的股份资本;②通过所有者权益控制 50% 以上投票权的行使;③拥有任命大多数董事会或其他同等管理机构成员的权利。

TPP 还对竞争中立制度的适用做出了两类例外规定:一类是针对所有成员的一般例外;另一类是针对特定成员的特殊例外。凡属于以下例外规定的,TPP 竞争中立制度不适用。

(一)一般例外(针对所有成员)

第一,不适用于没有达到适用门槛的国有企业和指定垄断。TPP 竞争中立制度并非对所有国有企业或指定垄断适用,而是仅适用于在前 3 个连续的财务年度中的任何一年的年收入超过 2 亿特别提款权的国有企业或指定垄断。[④]

第二,不适用于履行公共服务义务的国有企业,即不适用于一缔约方的国有企业以履行该缔约方政府职能为目的,专门向该缔约方供货物或服务。

第三,TPP 竞争中立制度不妨碍缔约方的相关机构行使国家政策或监管职能,具体包括,①不妨碍缔约方的中央银行或货币主管机关开展监管或监督活动或执行货币和相关信贷政策及汇率政策;②不妨碍缔约方的金融监管机构,包括非政

[①] 参见《跨太平洋伙伴关系协定》第 17.2 条。
[②] 参见《跨太平洋伙伴关系协定》第 17.1 条。
[③] "商业活动"是指企业从事的以营利为导向,生产货物或提供服务、并以由企业决定的数量和价格在相关市场上向消费者销售的活动。非营利性经营或成本回收性经营的企业所从事的活动是不以营利为导向的活动。在相关市场上普遍适用的措施不得被解释为一缔约方对企业价格、生产或供应决策的决定。参见《跨太平洋伙伴关系协定》(TPP)第 17.1 条。
[④] 根据规定,该门槛金额将每三年调整一次。参见《跨太平洋伙伴关系协定》附件 17-A。

府机构，如证券或期货交易所或市场、清算机构，或其他组织或协会，对金融服务提供者行使监管或监督权；③不妨碍缔约方或其国有企业或国有企业为解散破产中或已经破产的金融机构，或破产中或已经破产的其他主要提供金融服务的企业所从事的活动。

第四，不适用于缔约方的主权财富基金[①]，但下列情况除外：①第17.6条（非商业援助条款）第1款和第3款适用于缔约方通过主权财富基金间接提供非商业援助；②第17.6条（非商业援助条款）第2款适用于主权财富基金提供非商业援助。

第五，不适用于缔约方的独立养老基金[②]，或缔约方的独立养老基金拥有或控制的企业，但下列情况除外：①第17.6条（非商业援助条款）第1款和第3款应适用于缔约方直接或间接向独立养老基金拥有或控制的企业提供非商业援助；②第17.6条（非商业援助条款）第1款和第3款适用于缔约方通过独立养老基金拥有或控制的企业间接提供非商业援助。

第六，不适用于政府采购。

第七，不适用于投资者——东道国争端解决机制。

第八，特定条款不适用于在行使政府职权时提供的任何服务。例如，第17.4条（非歧视待遇和商业考虑）、第17.6条（非商业援助）和第17.10条（透明度）不适用于在行使政府职权时提供的任何服务。

第九，特定条款不适用于与不符措施相关的购买和销售货物或服务。例如，第17.4条第1款（b）项、第17.4条第1款（c）项、第17.4条第2款（b）项和第17.4条第2款（c）项（非歧视待遇和商业考虑）在缔约方的国有企业或指定垄断根据下列规定购买和销售货物或服务时不适用：①该缔约方依照第9.11条第1款（不符措施）、第10.7条第1款（不符措施）或第11.10条第1款（不

[①] 主权财富基金是指由一缔约方拥有或通过拥有者权益控制的下列企业：(1) 使用一缔约方的金融资产，仅作为专用投资基金或安排用于资产管理、投资及相关活动；以及 (2) 属主权财富基金国际论坛的成员或接受由主权财务基金国际工作组于2008年10月发布的《公认原则与实践》（"圣地亚哥原则"）或其他可能由缔约方同意的原则与实践；以及包括该企业全资拥有或该缔约方全资拥有但由该企业管理、仅为从事 (1) 款所述活动而设立的任何特殊目的的工具。参见《跨太平洋伙伴关系协定》第17.1条。

[②] 独立养老基金是指由一缔约方拥有或通过拥有者权益控制的企业：(1) 专门从事下列活动，①对养老金、退休、社会保障、残疾、死亡或职工福利，或其中的任何组合进行管理或供计划，且仅为作为该计划出资人的自然人及其受益人的利益；②投资此类计划的资产；(2) 对 (1) 款所指自然人负有受信责任；(3) 不受缔约方政府投资指示的制约。参见《跨太平洋伙伴关系协定》第17.1条。

符措施），维持、继续更新或修正其附件1减让表或附件3减让表A节所规定的任何不符措施。②该缔约方依照第9.11条第2款(不符措施)、第10.7条第2款(不符措施)或第11.10条第2款（不符措施），采取或维持其附件2减让表或附件3减让表B节所规定的有关部门、分部门或活动的任何不符措施。

第十，特定条款不适用于经济危机或根据政府授权提供特定金融服务的情况。具体包括：①第17.4条（非歧视待遇和商业考虑）和第17.6条（非商业援助），不得解释为：(a)妨碍任何缔约方采取或实施措施，以临时应对全国或全球经济紧急状况；(b)适用于缔约方为应对全国或全球经济紧急状况而在紧急状况期间对其临时采取或实施措施的国有企业。②第17.4条第1款（非歧视待遇和商业考虑）不适用于国有企业根据政府授权提供金融服务，如其所提供的金融服务：(a)支持出口或进口，如该服务（i）无意取代商业金融，(ii)提供条件不优于从商业市场上获得的类似金融服务；(b)支持该缔约方领土之外的私人投资，如该服务（i）无意取代商业金融，(ii)提供的条件不优于自商业市场上获得类似金融服务；(c)如在安排的范围之内，以与安排相一致的条件提供。③如金融服务提供所在的缔约方要求建立本地存在以提供此类服务，国有企业根据政府授权提供金融服务应视为不造成第17.6条第1款(b)项和第17.6条第2款(b)项（非商业援助）、第17.6条第1款(c)项或第17.6条第2款(c)项（非商业援助）下的不利影响，如该金融服务的提供（a）支持出口和进口，如该服务（i）无意取代商业金融，(ii)提供的条件不优于自商业市场上获得类似金融服务；(b)支持该缔约方领土之外的私人投资，如该服务（i）无意取代商业金融，(ii)提供的条件不优于自商业市场上获得类似金融服务；(c)如在安排的范围之内，以与安排相一致的条件提供。④第17.6条（非商业援助）不适用于因其丧失抵押品赎回权或与债务违约有关的类似行为，或与第2款和第3款所指金融服务提供相联系的保险索赔支付，而由一缔约方的国有企业临时取得其拥有权的一位于该缔约方领土之外的企业，如该缔约方及其国有企业或国有企业在临时拥有权期间向该企业提供的任何支持均是为收回该国有企业根据重组或清算计划而进行的投资，而该计划将导致该企业股权的最终过户。⑤第17.4条（非歧视待遇和商业考虑）、第17.6条（非商业援助）、第17.10条（透明度）和第17.12条（国有企业和指定垄断委员会）不适用于在前个连续的财务年度中的任何一年，自商业活动获得的年度收入低于依照附件 17-A 计算的门槛金额的国有企业或指定垄断。

最后，竞争中立不得解释为妨碍缔约方：①设立或维持一国有企业或国有企业；②指定一垄断者。

（二）特殊例外（针对特定的 TPP 成员）

第一，对"次中央政府"（sub-central governments）[①]国有企业和指定垄断的适用做出了例外规定。[②]根据第 17.9 条 2 款（缔约方特定附件），附件 17-D 列出了特定成员不适用特定义务的情况。值得注意的是，根据该附件，美国几乎排除了自己的州和地方政府国有企业和指定垄断适用 TPP 竞争中立制度的可能性。

第二，针对特定成员（如新加坡和马来西亚），专门制定了附件。[③]例如，根据附件 17-E 的规定，第 17.4 条第 1 款（非歧视待遇和商业考虑）不适用于新加坡的主权财富基金拥有或控制的国有企业；除特殊情况外，第 17.6 条第 2 款（非商业援助）不适用于新加坡的主权财富基金拥有或控制的国有企业；关于新加坡的主权财富基金拥有或控制的国有企业，新加坡将被视为符合第 17.10 条第 1 款（透明度）的规定。又如，根据附件 17-F 的规定，TPP 竞争中立章的义务不适用于马来西亚国民投资公司或马来西亚国民投资公司拥有或控制的企业，以及朝圣基金局或该局拥有或控制的企业。

第三，成员对不符措施的安排。根据附件 4 的规定，缔约方在该附件下的减让表根据第 17.9 条第 1 款（缔约方特定附件）列出下列部分或全部义务对其不适用的国有企业或指定垄断的不符活动：①第 17.4 条（非政视待遇和商业考虑）；②第 17.6 条（非商业援助）。

第四，特殊附件中的其他灵活性，如淡马锡（Temasek）、新加坡政府投资公司（GIC）、马来西亚国民投资公司（Permodalan Nasional Berhad）、马来西亚国库控股公司（Khazanah Nasional Berhad）等享受为期两年的有关争端解决条款的优惠。

---

① "次中央政府"指缔约方的地区和地方层级的政府。
② 参见《跨太平洋伙伴关系协定》附件 17-D。
③ 针对新加坡的附件参见 TPP 附件 17-E；针对马来西亚的附件参见《跨太平洋伙伴关系协定》附件 17-F。

二、TPP 竞争中立制度的实施机制

TPP 竞争中立实施机制可以概括为以下几个方面。

（一）行为规则

第一，确保国有企业和指定垄断在购买或出售垄断商品或服务时，完全基于"商业考虑"①和"非歧视原则"开展行为（包括价格、质量、运输及购买或出售的其他条款和条件）。②

第二，以国家对国有企业和指定垄断的"非商业援助"③为主要规制对象，确保任何缔约方不向国有企业和指定垄断提供非商业援助，并对其他缔约方造成不利影响和损害。

第 17.6 条（非商业援助）、第 17.7 条（不利影响）和第 17.8 条（损害）可以说是 TPP 竞争中立章的核心条款，是竞争中立制度在国际层面的落实。TPP 禁止缔约方向国有企业和指定垄断提供非商业援助而造成对其他缔约方的不利影响。

首先，政府和国有企业均可以成为提供非商业援助的主体。

其次，不利影响是指：①获得非商业援助的一缔约方的国有企业或指定垄断的货物生产和销售取代或阻碍该缔约方市场从另一缔约方进口同类货物，或作为该缔约方领土内涵盖投资的企业所生产的同类货物的销售。②获得非商业援助的一缔约方的国有企业或指定垄断的货物生产和销售取代或阻碍：(i) 作为另一缔约方领土内涵盖投资的企业生产的同类货物在该另一缔约方市场的销售，或对另一缔约方同类货物的进口；(ii) 一非缔约方市场从另一缔约方进口同类货物。③获得非商业援助的一缔约方的国有企业生产的货物和销售的货物价格大幅削减。④获得非商业援助的一缔约方的国有企业提供的服务取代或阻碍另一缔约方

---

① 商业考虑指价格、质量、可获性、适销性、运输和其他购买或销售的条款和条件；或相关商业或行业的私营企业在商业决策中通常考虑的其他因素。参见《跨太平洋伙伴关系协定》第 17.1 条。

② 参见《跨太平洋伙伴关系协定》第 17.4 条。

③ 非商业援助指因政府对国有企业的所有权或控制而给予该国有企业的帮助。非商业援助不包括：(1) 企业集团、包括国有企业的集团内交易（如集团的母公司和子公司之间，或集团的子公司之间），如正常商业管理要求在报告集团财务状况时排除此类交易；(2) 国有企业之间与私营企业公平交易的惯例相一致的其他交易，或 (c) 一缔约方将自出资人处收取的用于养老金、退休、社会保障、残疾、死亡或职工福利计划，或其中的任何组合的资金，转移至一独立的养老基金，以代表出资人及其受益人进行投资。参见《跨太平洋伙伴关系协定》第 17.1 条。

或第三缔约方的服务提供者从该另一缔约方市场上提供的服务。⑤由获得非商业援助的一缔约方的国有企业在另一缔约方市场上提供的服务，相较于该另一缔约方或第三缔约方的服务提供者在相同市场上提供的同类服务，价格大幅削减，或在相同市场上存在显著价格抑制、价格压低或销售损失。

最后，损害的规定与WTO《反倾销协定》中规定的损害如出一辙，都是包括了对一国内产业的实质损害、实质损害威胁，或对一国内产业的建立有实质阻碍[①]。

（二）透明度规则[②]

第一，各缔约方应自本协定对该缔约方生效之日起6个月内，向其他缔约方提供或通过官方网站公布其国有企业名单，且此后应每年更新。

第二，各缔约方应迅速向其他缔约方通报或通过官方网站公布对垄断的指定或对现有指定垄断范围的扩大及其指定条件。

第三，经另一缔约方书面请求，如该请求包括一国有企业和指定垄断的活动可能如何影响各缔约方之间的贸易和投资的解释，则一缔约方应迅速提供关于该实体的股权结构、董事会任职、年收入和总资产及法律方面的免责和豁免等信息。

第四，经另一缔约方书面请求，如该请求包括对政策或项目如何影响或可能影响缔约方之间贸易和投资的解释，一缔约方应迅速书面提供其采取或维持的规定提供非商业援助的政策或项目的信息。且一缔约方进行答复时提供的信息应足够具体，以便请求的缔约方理解政策或项目的运作，并对之及其对缔约方之间贸易和投资的影响或潜在影响开展评估。

第五，当一缔约方根据本条的请求提供书面信息并通知请求的缔约方其认为相关信息涉密，则请求的缔约方未经提供信息的缔约方事先同意，不得披露该信息。

---

① 谢增福.论反倾销措施与保障措施的差异[J].管理世界，2006(10).
② 参见《跨太平洋伙伴关系协定》第17.10条。

（三）专门的机构

专门设立"国有企业和指定垄断委员会"[①]，由每一缔约方的代表组成，其主要职能包括，第一，审议和考虑竞争中立章的实施；第二，应缔约方请求，对竞争中立章下产生的任何事项进行协商；第三，在自由贸易区内促进竞争中立章所体现的原则，并为在两个或更多缔约方参与的其他区域和多边机构制定类似规则做出贡献；第四，开展该委员会同意的其他活动。

除非缔约方另有议定，否则委员会应自本协定生效之日起1年内举行会议，并在此后至少每年举行1次会议。委员会根据缔约方共同决定，可通过面对面、电话会议、视频会议或其他方式召开会议。

此外，TPP还要求各缔约方保证给予其法院对于在其领土内从事的商业活动，针对外国所有或通过所有者权益控制的企业提起的民事诉讼的管辖权。各缔约方还应保证，该缔约方设立或维持的监管国有企业的任何行政机构以公正的方式对其所监管的企业（包括非国有企业）行使监管的自由裁量权。

（四）争端解决机制

TPP分别在第9章投资与第28章争端解决规定了两种争端解决机制，前者是以《解决投资争端国际中心公约》（以下简称《华盛顿公约》）为基础设计的投资者—东道国投资争端解决机制、后者是以WTO争端解决机制为基础设计的缔约国—缔约国争端解决机制。

尽管TPP竞争中立章不适用投资者—东道国争端解决机制，但是却适用于一般性的争端解决机制（缔约国—缔约国争端解决机制），缔约方可以基于非歧视待遇、商业考虑和非商业援助等条款发起诉讼。[②] 例如，TPP第17.15条规定，附件17-B应适用于第28章（争端解决）下关于缔约方与第17.4条（非歧视待遇和商业考虑）和第17.6条（非商业援助）相符性的任何争端。

[①] 参见《跨太平洋伙伴关系协定》第17.12条。
[②] 应品广. 全球经济治理中的竞争中立规则：挑战与对策 [J]. 中国价格监管与反垄断，2016(1).

第四节　欧盟的国家援助控制制度：作为地区约束规则的竞争中立制度

OECD认为，最早以成文法形式采纳竞争中立制度的是欧盟，竞争中立已为《欧共体系约》承认长达50多年。① 由于欧盟是一个"超国家"机构，其立法相当于对欧盟成员国适用的"国际条约"。尽管欧盟的相关立法中并没有出现"竞争中立"的字眼，但是以实现欧盟经济一体化为主要目标的《欧盟运行条约》中的相关规则（特别是竞争规则和国家援助控制规则），在实际上具有竞争中立的内涵和效果。② 此外，在TTIP谈判中，在涉及国有企业和竞争中立条款时，欧盟的主张也基本上是建立在《欧盟运行条约》已有规则的基础之上。因此，可以说欧盟也具有"实质上"的竞争中立制度。

欧盟主要通过"竞争法"实施竞争中立。欧盟推进竞争中立的总体原则是，公平地对待国有和私营企业、在企业所有权方面实现中立，要求公共和私营部门间的责任相同，面临无歧视的平等竞争环境③。《欧盟运行条约》第106条明确规定公共企业（Public Undertaking）④受竞争规则约束，各成员国无权违反这一规定；同时，条约赋予了欧盟委员会相应的执行权，向国有企业或成员国政府发出指令要求其停止违反竞争规则的行为。除此之外，国有企业同样适用条约有关国家援助的规则。也正因如此，OECD认为，欧盟在竞争法中确认竞争中立的做法，形成了通过竞争立法和执法的事后调节机制解决竞争中立问题的"欧盟模式"⑤。

---

① United States.Discussion on corporate governance and the principle of competitive neutrality for state-owned enterprises[R].Paris,OECD Working Party No.3 on Co-operation and Enforcement, 2009.

② 《欧盟运行条约》中体现竞争中立内涵的规定主要是第101条至第109条。其中，第101条和第102条规范垄断协议和滥用市场支配地位行为，第103条至第105条确保在欧盟层面和各成员国层面实施第101条和第102条，第106条是对国有企业及成员国授予特别或专有权利的企业的专门约束，第107条至第109条是对国家援助行为的控制。相关条文参见：European Union.Consolidated versions of the treaty on european union and the treaty establishing the european community[M].Brussels:Office for Official Publications of the European Communities,1997.

③ 张琳，东艳.主要发达经济体推进"竞争中立"原则的实践与比较[J].上海对外经贸大学学报, 2015(4).

④ 欧盟层面的"公共企业"基本等同于"国有企业"，以下在使用这两个词时视为具有同样含义。

⑤ United States.Discussion on corporate governance and the principle of competitive neutrality for state-owned enterprises[R].Paris,OECD Working Party No.3 on Co-operation and Enforcement, 2009.

一、欧盟竞争中立制度的基本构成和适用范围

欧盟建立的竞争中立制度主要由竞争法规则和国家援助控制规则组成。根据《欧盟运行条约》第106条的规定，对于公共企业及成员国授予专有权利（exclusive rights）或特别权利（special rights）的企业，成员国不得指定也不得保留与条约的竞争规则相抵触的任何措施。换句话说，所有的企业（不论是国有企业还是私人企业）都必须遵守欧盟层面的竞争规则，禁止实施垄断协议、滥用市场支配地位行为和具有限制竞争效果的经营者集中行为。在必要的情况下，欧盟委员会还可以通过针对成员国的指令或决定的方式保证该条规定的实施。但是，对于受托从事具有为普遍经济利益服务意义的活动之企业或具有产生财政收入之垄断性质的企业，如果条约所包含的规则在法律上或事实上妨碍了这些企业完成指派给他们的任务，这些企业可以不遵守条约包含的规则（包括竞争规则）。

"公共企业"是指政府当局根据所有权、资金参与或相关立法，能够直接或间接地对施加支配性影响的企业。[1] 如果政府当局与企业之间存在以下直接的或间接的关系，则可以推定为存在"支配性影响"①持有企业注册资本的绝大部分；②根据企业股本控制企业绝大多数投票权；③可以任命企业超过一半以上的董事会、监管层和管理机构人员。[2] "专有权利"是指成员国通过立法、监管或者行政手段授予某个企业的权利，使其在给定的地理范围内保留提供服务或者从事一项活动的权利。"特别权利"是指成员国通过立法、监管或者行政手段授予一定数量的企业在一定地理范围内可以行使的权利。"普遍经济利益服务"与普通服务不同，其必须是在市场中无法赚取足够回报的服务，而该服务又是每个人都必需的，因此政府必须提供。[3]

《欧盟运行条约》第107条第1款对成员国实施的一切国家援助行为做出了禁止性规定："除非两部条约另有规定，否则，由某一成员国提供的或通过无论何种形式的国家资源给予的任何援助，凡通过给予某些企业或某些商品的生产

---

[1] 周牧. 欧盟实践中关于国家援助的判定问题——论"可归因性测试"与"市场投资人测试"的适用[J]. 欧洲研究，2011(6).

[2] European Commission.Questions and answers: proposal on increasing gender equality in the boardroom of listed companies[R].Brussels,European Commission,2012.

[3] 周海涛. 欧盟国家援助控制制度研究[D]. 北京：对外经济贸易大学，2014.

以优惠，从而扭曲或威胁扭曲竞争，只要影响到成员国之间的贸易，均与内部市场相抵触"；第 2 款和第 3 款则是对第 1 款的豁免规定，分别列举了"不与内部市场抵触"和"可视为不与内部市场抵触"的国家援助类型。同时，第 108 条和第 109 条确立了欧盟国家援助的程序框架。此外，《欧盟运行条约》第 42 条、第 346 条、第 106 条、第 93 条、第 14 条及第 26 号议定书对欧盟国家援助做出了适用除外的规定。

二、欧盟竞争中立制度的实施机制

正如 TPP 中对国有企业和指定垄断的约束主要是通过防止"非商业援助"来实现，欧盟的竞争中立制度主要体现在"国家援助控制制度"之中。

（一）将国家援助分为三类

由于国有企业的竞争优势主要来源于政府的各种"援助"或"补贴"，《欧盟运行条约》第 107 条将欧盟层面的国家援助分为了"与共同体市场相抵触的国家援助""可能与共同体市场相抵触的国家援助"和"与共同体市场相协调的国家援助"三大类。对于与共同体市场相抵触的国家援助一律禁止，对于可能与共同体市场相抵触的国家援助则需由欧盟理事会或欧盟委员会来认定是否可以享受豁免，对于与共同体市场相协调的国家援助，则直接予以放行。[1]

（二）专门的实施机构

首先，欧盟委员会竞争总司国家援助部（以下简称"竞争总司"）负责审查国家援助的申报案件，并实施调查和做出处罚决定。竞争总司由三个副司级业务部门构成，分别为合并控制部、反托拉斯部和国家援助部。其中国家援助部由两个处组成，H 处主要负责国家援助的审查和执行；R 处主要负责国家援助的受理、档案管理和技术支持等。

其次，欧盟法院具有司法审查权。欧盟法院包括欧盟综合法院、欧盟法院

---

[1] 应品广. 竞争中立与国有企业改革：最新进展与中国应对：全面深化改革与现代国家治理——上海市社会科学界联合会第十二届学术年会论文集 [C]. 上海：上海人民出版社，2014.

及公共服务机构裁判庭。其中，欧盟综合法院负责初审欧盟国家案件，欧盟法院负责审查综合法院的上诉案件、欧盟机构决定的撤销案件及欧盟委员会不作为、成员国不履行义务的案件。国家援助案件由数名法官组成的合议庭来审理，合议庭一般为3名或5名法官，由其中的一位撰写判决书，由另一名法律总顾问提供审理意见；只有极少数案件由13名法官组成的大法庭审理。两法院不具备执行判决的能力，但是它们的生效判决具有最高法律效力，欧盟及成员国各机构、团体应当依法执行。因此，欧盟法院能够对欧盟委员会的工作进行监督。欧盟法院不仅拥有两部条约的最终解释权，有权判定成员国政府是否违背了条约义务,[①]判断欧盟行政机关是否行政不作为,[②]还可以撤销欧盟任何行政机关做出的一切裁决、规定。[③]

最后，成员国法院的职能。成员国法院在下列情况下可以受理国家援助案件：①受援人认为它获得的优惠不构成国家援助，因此无须通过成员国政府向欧盟委员会申报；②当欧盟委员会做出不予批准援助的决定，实施的援助被判收回时，受援人可以申请不予执行；③受援人的竞争者或利益相关人可以申请援助违法，或针对欧盟委员会批准援助的决定申请无效判决，从而阻止政府实施援助。

（三）国家援助规则的实施程序

第一，事先申报。在欧盟的国家援助控制制度下，任何欧盟成员国给予企业提供新的国家援助或对现有的援助措施进行更改，都必须事先向欧盟委员会进行申报。在欧盟委员会做出最终认定之前，成员国不得实施国家援助行为，否则将被认定为非法行为。

第二，事中审查。在收到申报后，欧盟委员会要对国家援助开展审查。对于已经存在的国家援助，欧盟委员会也可以主动开展调查措施。欧盟委员会进行初步审查的期间大约为20个工作日，但是最长不得超过2个月。初步审查的结果通常有三类：一是认为某项措施不构成援助，则委员会直接做出决定，认定该措施不是国家援助；二是认为某项措施虽构成国家援助，但可以满足国家援助的

---

① 参见《欧盟运行条约》第258条。
② 参见《欧盟运行条约》第265条。
③ 参见《欧盟运行条约》第263条和第264条。

豁免例外情况,则欧盟委员会应当做出通过的决定,但应当指明该措施具体适用《欧盟运行条约》第 107 条中的哪项豁免;三是认为该措施违法,则应启动正式调查程序。① 在进入正式审查程序之后,欧盟委员会应当在 18 个月内做出处理决定,但是在特殊情况下,或者成员国没有及时提供信息的情况下,审查期限可能无限延长,甚至在有些案例中达到了 33 个月之久。②

第三,事后救济。欧盟委员会有权根据《欧盟运行条约》直接处理涉及成员国企业的经济问题。在做出附条件批准援助或者不予批准援助的决定之后,欧盟委员会可以视情况,要求成员国政府修改、停止实施或收回援助,并监督执行。③ 如果成员的国有企业违反了竞争法的相关规定,欧盟委员会可以做出决定要求企业停止相关措施,并且可以对其进行相应罚款。如果该成员的国有企业是在受政府扶持或影响下违反竞争法的规定(如政府要求企业设定倾销性价格),欧盟委员会可以直接对其成员的政府下达停止此类措施的强制性决定。④

第四,司法审查。授予援助的成员国、授予援助的成员国的机构、接受国家援助的受益企业、利益受到国家援助影响的竞争企业及援助所针对的行业协会均可提起诉讼,但是必须在欧盟委员会决议公布之日起两个月之内提起诉讼。成员国是有特权的原告,自然具有诉讼资格。至于其他实体,《欧盟运行条约》第 263 条第 4 款规定:"任何自然人或法人在本条第 1 款和第 2 款的条件下,可以对针对该自然人或法人的或与之有直接和个别关系的行为,或对与之有直接关系且不需要实施细则的规制行为提起诉讼。"⑤

此外,欧盟委员会还通过强化国有企业公司治理的方式确保国有企业的公平竞争。例如,欧盟委员会要求国有企业对其公共项目和商业行为承担独立的责任。对于那些承担了部分非商业活动的国有企业来说,该措施要求设立不同的账

---

① European Commission.Council regulation(EC)No659/1999 of 22 march 1999 laying down detailed rule for the a application of article 93 of the EC treaty[R].Brussels,European Commission,1999.
② 周海涛.欧盟国家援助控制制度研究[D].对外经济贸易大学,2014.
③ JONES A, SUFFIN B. EC competition law[M]. 3nd. Oxford:Oxford University Press,2008.
④ 赵学清,温寒.欧美竞争中立政策对我国国有企业影响研究[J].河北法学,2013(1).
⑤ 原文为:Any natural or legal person may,under the conditions laid down in the first and second paragraphs, institute proceedings against an act addressed to that person or which is of direct and individual concern to them,and against a regulatory act which is of direct concern to them and does not entail implementing measures.

户以说明其预算如何在商业活动与非商业项目进行区分。① 该措施被广泛地适用于欧盟的各项领域，如能源、交通、邮政等。

第五节　发展中国家的竞争中立制度

除了以上发达经济体和国际组织推广的竞争中立，实际上，许多发展中经济体也在开展着竞争中立的实践，只不过这种探索是不完全的、不成体系的，并与这些国家的体制改革相联系。

2014年，在来自澳大利亚、中国、印度、马来西亚和巴拉圭的专家学者的共同努力下，联合国贸易与发展会议发布了第一份完整的关于发展中经济体竞争中立的研究报告。② 报告表明，大多数司法管辖区在其市场发展过程中都体现了竞争中立，然而却是以不同的方式实现它。

相比之下，越南似乎比其他国家进展得更慢一些。事实上，在某些市场上，越南政府机构的竞争优势越来越多了。而中国、印度和马来西亚都采取了一些措施来处理市场改革中的政府问题。例如，中国的社会主义市场经济日益开放和发展，但产业政策依然重要，并且影响着市场的发展，特别是在一些敏感或重要的行业。在这个意义上，中国的发展仍然存在依靠"国家驱功"而非"市场驱动"的情况。马来西亚也没有针对竞争中立的具体政策，据报道，这是因为"政府认为这是一个不可能实现的目标"③。尽管缺乏对竞争中立原则公开的承诺，但是政府通过其采取的很多行为表明了竞争的态度。此外，马来西亚《2010年竞争法》已经于2012年1月开始实施，其适用于所有商业行为（包括政府商业行为），这显然是竞争中立框架的一个重要因素。印度可能是在这几个国家中做得最好的。印度几乎所有的国有企业都已经公司化，并且和私营企业受到相同的法律规制。

---

① MICHAEL B.The commission directive on transparency of financial relations between member states and public undertakings[J].Acm Letters on Programming Languages & Systems, 1981,18:207-217.

② HEALEY D. Competitive neutrality and its application in selected developing countries[R].Geneva,UNCTAD Research Partnership Platform Publication Series,2014.

③ Organization for Economic Co-operation and Development.Competitive neutrality:national practices in partner and accession countries[R].Paris,OECD,2014.

例如，印度《2002年竞争法》适用于所有的主体，不论其是否属于国有。而且，印度一直在考虑建立以广泛的竞争为基础的国家竞争政策。相比之下，在这几个国家中，印度似乎是最容易接受和实施全面的竞争中立制度的国家。

在OECD的最佳实践和指南中，也承认国有企业的公司化改造是实现竞争中立的基础。因此，许多发展中国家的公司化改革和市场化改革本身，实际上可以视为竞争中立制度的一部分。包括我国正在开展的国有企业改革，也与竞争中立的确立和实施密切相关。例如，国有企业分类改革就是竞争中立制度实施的前提。因为，竞争中立不能适用于所有类别的国有企业，其是否参与市场竞争是重要的参考标准之一，如果其参与市场竞争就应适用，反之则应予以豁免。

但是，也要认识到，大多数发展中国家的竞争中立探索是不完整的，或者说仍然处于初期阶段，尚未形成体系。甚至，很多国家尚未认识到竞争中立本身的重要性，对其内涵和体系也没有认识。这是与不同国家所处的经济发展阶段密切相关的。

第六节　总结与启示：竞争中立制度的多元性

一、对澳大利亚竞争中立制度的评价

澳大利亚是世界上最早在一个主权国家内部提出并构建竞争中立制度体系的国家，其相关实践为其他国家提供了广泛的经验。也正因为如此，包括OECD在内的国际组织在推广竞争中立的理念和制度时，基本上都是以澳大利亚的制度为范本。但是，基于笔者的调查研究，发现澳大利亚的竞争中立制度仍然存在以下几方面的问题。

第一，根据澳大利亚的竞争中立制度，竞争中立只有在"收益高于成本"的时候才可以实施。OECD提供的"最佳实践"也延续了这一做法。考虑到国家成立国有企业必然会存在一些"净利益"，成本收益分析的结果很可能导致"不作为"。例如，即便在澳大利亚的竞争中立制度通过17年后，将竞争中立适用于诸

如"国家宽带网络"（the National Broadband Network）这样的大型国有企业仍然艰难。[①]这必然会大大减弱竞争中立实施的有效性。

第二，澳大利亚"赋予每个辖区确定如何、何时及哪些企业应该适用竞争中立的权力"[②]。这样一来，每个州和地方都有可能基于自身的"特殊情况"决定不实施竞争中立制度。而且，在澳大利亚的制度设计中，竞争中立实施机构仅享有"建议权"，并不享有"执行权"，相关建议能否被政府部门接受在不同的地区存在不同的情况。

第三，澳大利亚的竞争中立制度是在市场驱动下自发产生的，主要针对的是财政补贴这一扭曲公平竞争的行为，而并不特别强调如何解决优待国有企业的反竞争监管，因为这对于澳大利亚而言不是突出问题。但是监管中立问题对于其他国家和地区（特别是发展中国家和新兴市场国家）而言却是一个重大问题。因此，澳大利亚的措施并不一定适合其他国家，在目前情况下也很难移植为通行的国际规则。

二、对 OECD 竞争中立制度建议的评价

OECD 的研究报告基本建立在以下前提之上，即国有企业普遍具有开展限制竞争行为的动力和能力，相比于私营企业具有显著的"竞争优势"，这种不正当的竞争优势需要借助于"竞争中立"制度加以约束，以实现不同所有制企业之间的公平竞争。OECD 的报告还普遍认为，大多数国家认为竞争中立是一套合理健全的政策规则，相当一部分国家愿意在其国家政策中考虑竞争中立框架。[③]但是，相比于下面提及的美国推动建立的竞争中立，OECD 的竞争中立显然要更加"温和"。

尽管 OECD 最初开展竞争中立研究主要是受到美国的影响，但是其提出的竞争中立"最佳实践"或"指南"仍主要是基于澳大利亚的经验和架构。例如，

---

① 应品广．竞争中立与国有企业改革：最新进展与中国应对：全面深化改革与现代国家治理——上海市社会科学界联合会第十二届学术年会论文集[C].上海：上海人民出版社，2014.
② Commonwealth of Australia.Commonwealth competitive neutrality policy statement[R].Canberra,Commonwealth of Australia,1996.
③ 唐宜红，姚曦．竞争中立：国际市场新规则[J]．国际贸易，2013(3)．

OECD 仍然建议通过成本收益分析来确定是否实施竞争中立。[①]OECD 也明确提出，应该区分国有企业的商业活动和非商业活动，竞争中立只应对非商业活动予以规制。当然，为了便于在国际上推广，OECD 还是建议对澳大利亚的方案进行适当改造。例如，OECD 特别强调了政府应该分离"市场监管"与"国有企业管理"的职能，确保监管中立。OECD 还建议，由于有些国有企业必须执行公共政策，因此应该得到"适当补偿"。此外，OECD 还承认，国有企业的分类中，"政治考虑有时会在国有企业的分类中起到关键作用"[②]。换言之，竞争中立的实施不可避免地会受到政治因素的制约。

澳大利亚的竞争中立制度是作为国内的一项经济改革措施仅限在其国域内实施的，一项制度从国内到国外的过程必然要经历一些变化，即使是做出一些改进也不一定就可以在更宽领域内实施。因此，很多人认为，OECD 提出的竞争中立实施建议有空洞之嫌，很难想象其可以适用于国际上其他国家。[③]因为各国的政治、经济等发展水平的差异，仅仅有实施的主观意愿是不够的，最主要的还是应该有一套切实可行的实施步骤。很难在大多数国家实施的竞争中立制度，其在国际化的过程中必然是要面临许多波折的，甚至可以说其国际化本身的逻辑基础在现实条件下可能都不充分。

总之，OECD 所提倡的竞争中立制度是在肯定国有企业应当存在的基础上展开的制度构建，只是希望能够建立一套制度对国有企业的不公平竞争行为予以制约。OECD 也认可不同国家和地区根据自身情况设计竞争中立制度的合理性，重点关注的是国有企业的限制竞争"行为"而不是国有企业这个"身份"本身。这是与美国版竞争中立的最本质区别。

三、对 TPP 竞争中立制度的评价

美国产业界和政界的长期呼吁，是美国试图在 TPP 中纳入竞争中立的诱因

---

① Organization for Economic Co-operation and Development.Competitive neutrality:maintaining a level playing field between public and private business[R].Paris,OECD,2012.

② Organization for Economic Co-operation and Development.Competitive neutrality:a compendium of OECD recommendations, guidelines and best practices[R].Paris,OECD,2012.

③ DEREK S. Why the trans-pacific partnership must enhance competitive neutrality[EB/OL].（2016-03-15）[2018-06-06].https://www.heritage.org/trade/report/why-the-trans-pacific-partnership-must-enhance-competitive-neutrality.

第三章 竞争中立制度的国际比较

之一。美国曾一度提出了相比于澳大利亚和OECD建议的标准都更高的竞争中立制度。例如，在国有企业的界定方面，美国服务业联合协会和美国商会发布的报告称，只要一个企业或者企业的附属企业或关联企业的多数股份被政府所持有，或在法律上或者事实上被控制，或被政府授予排他性的权利，或被赋予特殊的法律或监管优势，或受国家政策影响而从事特定行为的，都应被视为国有企业。[①] 在TPP的第12轮谈判中，美国更是提出，国有企业控股达到20%的企业，也适用国有企业竞争中立条款，同时要承担比私营企业更高的信息披露责任。[②] 美国试图将所有与政府相关或受政府影响的企业都纳入竞争中立调整范围，而非仅仅针对传统意义上政府享有控制权的企业。

在竞争中立制度的实施机制方面，美国也提出了相比于澳大利亚和OECD更加激进的主张。这在TPP中已经做到了，TPP竞争中立制度的实施并没有要求进行成本—收益分析，即只要国有企业或指定垄断存在违反竞争中立制度的情况就可以通过竞争中立机制予以消除，不会因为实施竞争中立可能产生的收益小于实施本身的成本就放弃实施竞争中立。

可见，在美国看来，澳大利亚版竞争中立和OECD版竞争中立都属于"旧版"竞争中立，美国意欲建立的是能够对所有政府支持的垄断形式予以全面打击的"新版"竞争中立。[③] 新版竞争中立的短期目标是建立一套竞争中立体系约束政府支持下的垄断企业的竞争行为，长期目标则是在尽可能多的领域禁止国有企业，并最终消除国有企业的存在。

TPP涉及国家的经济发展水平的差异不可谓不大，基于经济发展水平的差异，TPP竞争中立的相关内容设计也受到限制，美国虽然占据主导地位，但是要想最后达成统一，国家之间无论大小还是要做出一定妥协。新加坡、马来西亚、智利和越南等国在TPP谈判的过程中都对竞争中立制度发表过不同于美国的观点，甚至有的还直接表达过反对。[④] 正因为如此，我们发现最终达成的协议在竞

[①] Coalition of Service Industries and U.S. Chamber of Commerce's Global Regulatory Cooperation Project. State-owned Enterprises:Correcting A 21st Century Market Distortion[R].Washington D.C.,Coalition of Service Industries and U.S. Chamber of Commerce's Global Regulatory Cooperation Project,2011.
[②] 毛志远.美国TPP国企条款提案对投资国民待遇的减损[J].国际经贸探索，2014(1).
[③] DEREK S. Why the Trans-Pacific Partnership Must Enhance Competitive Neutrality[R], 2013.
[④] U.S. SOE Proposal Raises Ire of Singapore State-Owned Investment Firm[EB/OL]. (2012-05-13)[2018-10-30]. http://insidetrade.com/201205132398790/WTO-Daily-News/Daily-News/us-soe-proposal-raises-ire-of-singapore-state-owned-investment-firm/menu-id-948.html;William Krist.Negotiations for a Trans-Pacific Partnership Agreement[R].Wilson Center Program on America and the Global Economy,2012;Vietnam Rejects U.S.Push on State Firms in Trade Talks[EB/OL]. (2011-10-28)[2018-10-30].http://www.reuters.com/article/2011/10/28/trade-asiapacific-idUSN1E79R1AL20111028.

争中立问题上做出了诸多"例外"规定,在很大程度上削减了TPP有可能对国有经济和国有企业产生的重大影响。值得注意的是,很多例外规定恰恰是针对美国自己的。在美国国内,也并非所有人都认为需要在TPP和TTIP等区域贸易协定中加入竞争中立条款。美国国内也存在国有企业,如美国联邦国民抵押联合会和美国邮政服务等。这些企业由政府所有、管理并参与市场竞争。尽管数量不多,但是却具有较强的影响力,能够影响政府决策。与大多数贸易谈判一样,美国不会全然不顾国内国有企业的利益,在竞争中立的制度设计上,会考虑平衡进攻性利益和防守性利益。[1]

尽管如此,TPP的竞争中立章仍然是目前国际上标准最高、影响范围最广的国际竞争中立制度。而且还要注意到,它是一个"活协议",存在进一步改进的巨大空间。比如,根据规定,TPP生效后5年内,缔约方应举行进一步谈判,以依照附件17-C扩大竞争中立制度的适用。[2] TPP附17-C条款规定,协定生效后5年内,各缔约方应开展进一步谈判以扩大下列各项的适用:

①将竞争中立章的规则扩展至"次中央政府"拥有或控制的国有企业和指定垄断,如此类活动已列入各缔约方的附件17-D减让表中;②扩展第17.6条(非商业援助)和第17.7条(不利影响)的影响范围,以解决通过国有企业提供服务对非缔约方市场产生的影响。又如,根据规定,国有企业和指定垄断的适用门槛金额每3年调整一次。这些都体现出了TPP竞争中立制度的前瞻性。可以预见,TPP竞争中立制度在将来只会更加"严格",而不会降低标准。

四、对欧盟竞争中立制度的评价

欧盟的竞争中立制度及其他竞争政策取得了显著的成效。2009年以来,欧盟积极参与OECD竞争中立制度的推进,并与美国携手推进包括竞争中立,促进高标准贸易投资规则的构建,2012年4月,欧盟和美国发布《欧盟与美国就国际投资共同原则的声明》。声明中规定的7项原则中,包括"创造公平竞争的环境,推动竞争中立"。在双边或多边贸易投资协定,如TTIP等未来协定谈判

---

[1] SOLIS M.Last train for Asia-Pacific integration?:US objectives in the TPP negotiations[R].Tokyo,Waseda University Organisation for Japan-US Studies Working Paper,2011.
[2] 参见《跨太平洋伙伴关系协定》第17.14条。

中，预计欧盟将推行竞争中立，并将推动竞争中立成为未来国际经济领域的共识性规则[①]。欧盟建立竞争中立制度的最初目的是为了在欧盟内部建立市场竞争秩序，随着其相关规则的成熟，欧盟越来越认识到竞争中立制度在国际贸易中的价值，为了提高欧盟国家企业在国际上的竞争力，欧盟开始在国际上推行竞争中立的相关规则。欧盟的竞争中立制度有一个比较明显的特点，那就是竞争中立制度与竞争法之间联系紧密，且法律监管机构相对集中，以欧盟委员会、欧盟法庭为主，各成员国的政策灵活性小。欧盟的竞争中立制度为在欧盟内参与市场竞争的企业提供了平等的竞争环境，这是实施欧盟统一内部市场政策的重要环节。竞争中立制度不仅促进了欧盟内部竞争，也有助于欧洲产业在全球保持竞争力。欧盟的经验主要在于如何在双边、区域甚至全球层面更好地实施推行竞争中立制度[②]。我们在借鉴欧盟的实践经验过程中，需要注意其竞争中立制度实施背后的经济、制度及市场结构条件。欧盟作为高度统一的经济体，各国间具有紧密的经济利益关系、具有欧盟条约的法律保障，以及欧盟委员会的制度保障等，其他一些区域一体化协定还无法达到欧盟的合作程度。

五、对国际上竞争中立制度进行比较后的启示

通过对澳大利亚、欧盟及美国等国家在竞争中立问题上的不同观点，我们可以得出这样的结论，目前还没有适用于所有国家的竞争中立制度，建立竞争中立制度的国家或地区经济联合体都形成了自己特点的竞争中立制度。制度之间有一些共通的特点，这是以追求公平竞争的市场环境为目标的竞争中立制度的特点决定的，但是不能因此就认为在该国适用的规则在其他国家就一定能够很好适用。竞争中立制度及其实施具有个性，有的侧重于政府政策来推动实施，有的侧重于形成相对完整的法律体系来实施，还有的通过国家间的贸易协定来实施自己的竞争中立理念。和其他制度一样，竞争中立制度同样具有多样性，不同的经济体应尝试建立符合自身特点的竞争中立制度，而不能照抄照搬。同样地，在很多国家还未形成成熟的竞争中立制度的前提下，强行在国际上推行竞争中立制度也

---

① 张琳，东艳.主要发达经济体推进"竞争中立"原则的实践与比较[J].上海对外经贸大学学报，2015(4).
② 张琳，东艳.国际贸易投资规则的新变化：竞争中立原则的应用与实践[J].国际贸易，2014(6).

是不可行的。具体到我国，在认识竞争中立制度共性的同时要认识到我国在实施竞争中立时所面临的特殊性，只有坚持普遍性和特殊性相结合的观点才能更科学地制定符合我国现有国情的竞争中立制度体系。尽管各国对于"竞争中立"理念的理解是基本一致的，但是在竞争中立的制度化方面却存在显著差异，即竞争中立制度具有多元性特征。例如，作为国内改革措施的澳大利亚版竞争中立、作为国际倡导性规则的国际组织版竞争中立和作为国际约束规则的美欧版竞争中立之间，在适用范围和实施机制方面都存在明显的差异。可见，竞争中立理念及其制度生成具有不同"土壤"，在移植和引进竞争中立理念和制度的过程中，必然会产生的"异化效应"（与本国的既有理念和制度脱节）。在国内法层面，竞争中立的多元性为不同制度之间的竞争提供了可能；在国际法层面，竞争中立的多元性特征则为追求全球竞争的"实质公平"而非"形式公平"提供了可能性。

我国在借鉴实施国际上竞争中立制度的实践经验时应注意以下几点内容。首先，应该认识到竞争中立理念与我国的经济体制改革的目标一致，两者之间是可以相互协调的。在我国经济发展现阶段实施竞争中立制度可以帮助我国更深入地实施经济体制改革，为经济发展提供一个更加公平有序的市场竞争环境。在推进外部市场环境改革的同时，要加快推进国有企业的相关改革，用公司化的思路推进国有企业改革，实施好现阶段既定的国有企业的分类管理和国有资产的分层管理的改革目标，对涉及国有企业的财政、税收、信贷等措施逐步清理完善，此外还不能忽视国有企业的市场化管理水平，如职业经理人等举措。其次，作为公有制占主体地位的国家，我们要正视国有企业的竞争优势，同时还要理性分析其竞争劣势，合理区分哪些是正当的竞争优势，哪些是不正当的竞争优势，同时还要分析哪些是不当的竞争劣势，分析这些内容的主要目的在于要对自身国有企业的情况有一个真实的了解，没有这些据以参考的信息，无法合理制定出符合我国国情的竞争中立制度。最后，还要认识到竞争中立制度的设计要与一个国家的发展阶段相符合。竞争中立是一个政策工具，其规则和程序必须要为一国的公共利益和社会福利服务。对于发展中国家而言，一方面，通过提高本国产业竞争力，更好地融入"全球价值链"，才能分享全球化的惠益，实现经济的包容性发展和可持续性发展；另一方面，很多国家的实践又表明，全面自由化在发展中国家和转型经济国家的国内市场环境建设中并非最佳做法。在一个全球价值链逐渐分化的国际市场上，发展中国家的定价能力非常薄弱，因而与发达国家难以实现真正意义上的公平竞争。要改善发展中国家国际贸易中的不利地位，就必须开放被区域或双边自由贸易协定限制了的国内政策空间，赋予国家为保护国内产业、提高本国竞争力、对跨国企业在本国市场上力量加以限制而实施产业政策的能力，包括灵活制定和运用竞争中立制度的能力。① 同时，竞争中立制度的实施要与一个国家的法制背景相适应。竞争中立的制度设计及其实施不仅要考虑国际发展趋势，更要正视中国的基本经济社会制度和法律规定。此外，竞争中立更宜作为国内措施而非国际规则来看待。

基于这些国际经验和国内分析，可以初步确定我国关于竞争中立的基本立场。竞争中立的核心是最大限度地确保市场主体的公平竞争。对中国而言，当前的重点仍然是进一步推进国有企业的公司化改革和市场化改革，并通过分类监管在竞争性领域实现国有企业与私营企业的公平竞争。在此基础上，逐步建立竞争中立的配套措施，确保国有企业在竞争性领域的不当竞争受到制度约束。但是，需要明确的是，竞争中立不是要让所有国有和私营企业均站在完全一样的起点（不同的企业因其规模、技术水平、管理能力均会享有相对其他竞争者一定的优势）。竞争中立制度也不是以缩减国有企业规模、出售国有资产和私有化为目标。竞争中立制度更不意味着国有企业无须再承担社会义务或者将社会义务和责任完全交由自由竞争的市场提供。竞争中立并不打击国有企业在自由竞争市场中无法通过其自身能力取胜的机会。② 中国可以以社会公共利益为基本出发点，以"公平竞争"理念为指导，围绕中国经济体制改革（特别是国有企业改革）的方针和实践，构建符合中国特色、满足中国自身需求、与国际接轨的竞争中立制度体系。这个体系也可以不叫"竞争中立"，但是应体现竞争中立的基本内涵。基于上述立场，中国可以从国内、国际两个层面开展竞争中立的探索。

---

① 应品广. 竞争中立：中国的实践与展望 [J]. WTO 经济导刊，2014(6).
② 蒋哲人. 澳大利亚国企竞争中立制度的启示 [J]. 中国经济社会论坛，2015(5).

第四章

竞争中立制度在我国实施的必要性与可行性分析

竞争中立制度作为一项改善市场环境，维持国有企业和私有企业公平竞争的一系列规则体系，对于正在实施全面深化改革的中国来说具有不可忽视的现实意义。我们现有的经济基础、法律环境和政策措施都为实施竞争中立制度提供了诸多便利条件。本章主要目的就是为在我国建立竞争中立制度提供充分的理论基础，无论是现状分析还是其实施的必要性和可行性都是比较充分的，最后以上海为例，分析了竞争中立制度在我国具体实施的必要性和可行性。

第一节 我国竞争中立制度的现状

严格意义来说，竞争中立在我国法律、政策文件中都没有出现过。但是自改革开放以来，我国的经济发展实践与竞争中立制度所倡导的理念有较大的契合度。总体上来说，私有企业在很多领域已经达到了与国有企业适用权利义务基本相当的条件或标准。基于竞争中立制度的内涵与外延，结合我国当前发展的现状，需要对竞争中立的法律、政策及相关具体实践进行梳理分析，这是更深入分析竞争中立制度在我国实施的必要性及可行性的基础。

一、我国竞争中立的法律实践

1992年以来，我国经济立法出现了淡化所有制差别的趋向。[①]但是，我国关于竞争中立的法律实践从字面上看仍是无从寻找，但是从该制度的本源出发，通过对我国法律体系的搜索，与竞争中立理念契合的部分还是有迹可循的。下文主要从《宪法》《反垄断法》《企业国有资产法》等与竞争中立理念关系密切的法律入手展开分析。

（一）《宪法》与竞争中立

《中华人民共和国宪法》（以下简称《宪法》）中与竞争中立有关的主要是涉及我国基本经济制度的相关规定。《宪法》第六条至第十八条集中规定了我国基本经济制度的内容。其中，最重要的有两条：一是第六条[②]，该条明确提出了我国的基本经济制度是"公有制为主体、多种所有制经济共同发展"，并强调了"社会主义经济制度的基础是生产资料的社会主义公有制"，可称为"公有制条款"；二是第十五条[③]，该条明确了我国实行的是"社会主义市场经济"，并强调了经济立法、宏观调控和经济秩序的重要性，可称为"社会主义市场经济条款"。宪法中有关经济制度的其他条款，基本上可以理解为是从两条规定中衍生出来的。

从上述规定来看，可以得出中国的经济体制具有如下特征：第一，中国实行的是市场经济，因此市场在资源配置中具有基础性、决定性作用。第二，中国实行的是社会主义市场经济，因此中国的市场经济与社会主义制度联系在一起。社会主义制度体现在所有制结构层面，表现为"以公有制为主体，多种所有制经济共同发展"；在分配制度层面，表现为"以按劳分配为主体，多种分配方式并存"。社会主义市场经济体制能否有效运行，关键就在于能否真正解决公有制与市场机制有机结合的问题。

[①] 王全兴.经济法基础理论专题研究[M].北京：中国检察出版社，2002：76.

[②] 《宪法》第六条：中华人民共和国的社会主义经济制度的基础是生产资料的社会主义公有制，即全民所有制和劳动群众集体所有制。社会主义公有制消灭人剥削人的制度，实行各尽所能、按劳分配的原则。
国家在社会主义初级阶段，坚持公有制为主体、多种所有制经济共同发展的基本经济制度，坚持按劳分配为主体、多种分配方式并存的分配制度。

[③] 《宪法》第十五条：国家实行社会主义市场经济。国家加强经济立法，完善宏观调控。国家依法禁止任何组织或者个人扰乱社会经济秩序。

对我国《宪法》中"公有制条款"（第六条）和"社会主义市场经济条款"（第十五条）的解释，将直接影响"中国版"竞争中立的制定和实施。如果说《宪法》中的经济制度不仅具有宣示效应，更重要的是确立"国家干预经济"的一般界限，那么，这两个条款对于国家干预经济的界限的理解，显然是不一样的。[①]《宪法》中的"公有制条款"和"国有经济条款"[②]，赋予了国有企业特殊的"垄断地位"。社会主义公有制在经济层面是以国有经济的形式表现出来的，国有经济占主导地位意味着国有企业占据垄断地位。如果《宪法》保障这种"垄断"，那么竞争中立是否还存在有效适用于国有企业的空间？从表面上看，公有制条款含有"基本经济制度"的字眼，明确了"以公有制为主体"是我国经济制度的基本特征，因此应该以公有制条款为主。或者说，可以理解为公有制条款是社会主义市场经济条款的细化和落实。但是，如果严格坚持公有制条款，可能给竞争中立的适用带来巨大挑战，特别是在利用竞争中立指导国有企业改革和将竞争中立适用于国有企业限制竞争行为的时候。比如，国有企业的市场化改革本身及削弱国有企业竞争力（哪怕建立在不公平竞争的基础上）的政策，很可能是与公有制条款相冲突的。而如果坚持社会主义市场经济条款，特别是强调竞争政策维护社会主义市场经济可持续发展的功能，那么将竞争中立适用于国有企业和政府垄断行为就具有宪法依据。

（二）《反垄断法》与竞争中立

竞争中立的本质是促进公平竞争。从这个意义上看，《中华人民共和国反垄断法》（以下简称《反垄断法》）的出台和实施促进了竞争中立理念的传播，并为我国竞争中立制度的制定和实施创造了基础性法律条件。

首先，不管是从立法本身还是实施来看，国有企业都不存在豁免适用《反垄断法》的情况。尽管有人认为，《反垄断法》第七条的规定给国有企业提供了"特殊保护"[③]，实则不然。《反垄断法》仅对"国有经济占控制地位的关系国民经济

---

① 应品广. 竞争政策与宪政的关系解析 [J]. 经济法论坛，2013.
② 《宪法》第七条：国有经济，即社会主义全民所有制经济，是国民经济中的主导力量。国家保障国有经济的巩固和发展。
③ 《反垄断法》第七条："国有经济占控制地位的关系国民经济命脉和国家安全的行业以及依法实行专营专卖的行业，国家对其经营者的合法经营活动予以保护，并对经营者的经营行为及其商品和服务的价格依法实施监管和调控，维护消费者利益，促进技术进步。前款规定行业的经营者应当依法经营，诚实守信，严格自律，接受社会公众的监督，不得利用其控制地位或者专营专卖地位损害消费者利益。"

命脉和国家安全的行业及依法实行专营专卖的行业"[①]的"合法经营活动"进行保护，也就是说，凡上述行业中的企业违反了《反垄断法》就应受到《反垄断法》的规制。因此，关系国家安全和国民经济命脉的行业及关键领域中的企业（包含国有企业和非国有企业）与其他行业、领域的企业一样同等适用《反垄断法》，并不存在排除《反垄断法》对特定行业或者国有企业的管辖适用。[②]

《反垄断法》实施后不久，《中华人民共和国企业国有资产法》（以下简称《企业国有资产法》）于 2008 年 10 月颁布，该法旨在规范对国有资产的管理、运用和保护。《企业国有资产法》第七条[③]的规定可以用来帮助解读《反垄断法》第七条，国家对其合法经营活动给予保护的、关系国家经济命脉和国家安全的重要行业和关键领域是由国有经济占控制地位的，《反垄断法》保护"合法垄断"的国有企业实施的"合法经营活动"。此外，《企业国有资产法》第十七条还强调了"国家出资企业从事经营活动，应当遵守法律、行政法规"，再次明确国有企业并不基于其和国家的关系而豁免适用包含《反垄断法》在内的任何法律、行政法规。

其次，《反垄断法》专章规定了"滥用行政权力排除、限制竞争"，对政府的行政性垄断行为予以了规制。竞争中立本质上要规范的，正是政府滥用其权力设置竞争壁垒，为特定企业提供不公平的竞争优势。因此，《反垄断法》实际上是通过"事后规制"的方式在"间接"地实施竞争中立。

当然，也要注意到，虽然《反垄断法》和《企业国有资产法》的规定表明了国有企业并不基于其和国家的关系而豁免适用《反垄断法》，然而竞争执法机构在实践中仍然面临着某些国有企业享有"特权"的尴尬。[④] 同时，当前我国《反

---

① 该条款中"国有经济应保持绝对控制力的关系国家安全和国民经济命脉的重要行业和关键领域"包括军工、电网电力、石油石化、电信、煤炭、民航、航运七大行业，参见"国资委就《关于推进国有资本调整和国有企业重组的指导意见》答记者问"（2006 年 12 月 18 日）；而该条款中提及的依法实行专营专卖的行业主要有烟草业、食盐业、甘草和麻黄草、化肥、农药、农膜，这些行业生产的往往是与人民群众身体健康和切身利益直接相关。

② Organization for Economic Co-operation and Development.State owned enterprises and the principle of competitive neutrality[R].Paris,OECD,2009.

③ 《企业国有资产法》第七条：国家采取措施，推动国有资本向关系国民经济命脉和国家安全的重要行业和关键领域集中，优化国有经济布局和结构，推进国有企业的改革和发展，提高国有经济的整体素质，增强国有经济的控制力、影响力。

④ 比如，中国联合通信股份有限公司和中国网络通信集团公司在 2008 年 10 月 15 日正式合并，根据《反垄断法》和《国务院关于经营者集中申报标准的规定》，该合并案已经达到了申报标准，应当依法向商务部进行经营者集中申报，但商务部有关官员表示该合并案未依法进行申报。与此同时，国资委研究中心有关人士则提出了不同观点，认为央企重组是由国务院做出决定，不需要通过商务部反垄断审查。根据《反垄断法》第四十八条的规定"经营者违反本法规定实施集中的，除罚款外，还可以责令停止实施集中、限期处分股份或者资产、限期转让营业以及采取其他必要措施恢复到集中前的状态"，但截至目前，商务部未公开做出处罚。

第四章 竞争中立制度在我国实施的必要性与可行性分析

垄断法》有关行政性垄断的规定和实施都受到了"行政法思维"的严重影响,与"反垄断法思维"下有关行政性垄断的认识存在巨大反差,导致对行政性垄断的认识、认定标准和法律责任等方面都存在问题。①例如,行政垄断性行为以滥用行政权力为前提,而很多公共政策的制定并不构成滥用行政权力,但在实际运行中却产生了排除限制竞争效果,对于这种情况,《反垄断法》无能为力。②行政复议和行政诉讼可以规制排除、限制竞争的具体行政行为,但大部分公共政策都属于抽象行政行为,其限制竞争的问题无法通过行政复议和行政诉讼的途径来解决。此外,虽然通过人大监督可以撤销政府的不适当规章、决定和命令,但人大监督关注的重点是不同层阶法律文件之间的衔接问题,而不是市场竞争问题。

因此,尽管《反垄断法》本身具有竞争中立的内涵,但其仍然具有局限性,不足以完全体现竞争中立的制度内涵。需要导入具有事前防范功能、适用范围更广、针对性更强的竞争中立制度,弥补现有规章制度的不足。

(三)《企业国有资产法》与竞争中立

《企业国有资产法》于 2009 年 5 月 1 日起实施,晚于《反垄断法》,应当说在制定通过《企业国有资产法》的过程中注意了与《反垄断法》之间的协调,《企业国有资产法》主要是从法律的角度来规范国有资产的管理,其中一些条款暗合了竞争中立的理念。《企业国有资产监督管理暂行条例》(以下简称《国资条例》)作为行政规章其效力低于《企业国有资产法》,两者内容上有一定重合,在《企业国有资产法》未有规定且不冲突时,方可适用《企业国有资产监督管理暂行条例》。

《企业国有资产法》主要由总则、履行出资人职责的机构、国家出资企业、国家出资企业管理者的选择与考核、关系国有资产出资人权益的重大事项,国有资本经营预算、国有资产监督、法律责任及附则构成,形成了比较完善清晰的管理国有资产的框架。《企业国有资产法》与竞争中立制度所倡导的精简政府企业的运作形式,对国有企业进行公司化改造相契合的条款是总则章的第六条③,该

---

① 张志伟,应品广. 反垄断法思维下的行政性垄断新探[J]. 江西财经大学学报,2013(4).
② 朱凯. 对我国建立公平竞争审查制度的框架性思考[J]. 中国物价,2015(8).
③ 《企业国有资产法》第六条:国务院和地方人民政府应当按照政企分开、社会公共管理职能与国有资产出资人职能分开、不干预企业依法自主经营的原则,依法履行出资人职责。

国有企业竞争中立制度研究

条款规定的政企分开原则、政府的社会公共管理职能与国有资产出资人职能分开原则，以及政府不应干预企业依法自主经营原则等为精简国有企业的运作方式并推动其公司化改造提供了重要原则依据，也是后续相关条款制定的原则；还有履行出资人职责的机构章的第十二条、第十三条和第十四条[①]，这3条对各级政府履行出资人职责时的规则做出规定，都强调要依法履行职责，除依法履行出资人职责外，不得干预企业经营活动；国家出资企业章的第十六至第二十一条[②]，主要是从完善现代企业制度，按照公司化的方向来管理国家出资企业，如其中关于建立和完善法人治理结构、完善的财务制度、依法分配利润、建立监事会及职工代表大会等规定都体现出了按照公司化的方向精简政府企业形式的竞争中立理念。除了以上条款对竞争中立理念有所体现外，还有其他条款亦有体现，如总则章的第八条[③]，该条提出国有资产要保值增值的要求，这与竞争中立制度中对国有企业要求合理的商业回报率是十分契合的。第六章关于国有资本经营预

[①] 《企业国有资产法》第十二条：履行出资人职责的机构代表本级人民政府对国家出资企业依法享有资产收益、参与重大决策和选择管理者等出资人权利。履行出资人职责的机构依照法律、行政法规的规定，制定或者参与制定国家出资企业的章程。履行出资人职责的机构对法律、行政法规和本级人民政府规定须经本级人民政府批准的履行出资人职责的重大事项，应当报请本级人民政府批准。

第十三条：履行出资人职责的机构委派的股东代表参加国有资本控股公司、国有资本参股公司召开的股东会议、股东大会会议，应当按照委派机构的指示提出提案、发表意见、行使表决权，并将其履行职责的情况和结果及时报告委派机构。

第十四条：履行出资人职责的机构应当依照法律、行政法规以及企业章程履行出资人职责，保障出资人权益，防止国有资产损失。履行出资人职责的机构应当维护企业作为市场主体依法享有的权利，除依法履行出资人职责外，不得干预企业经营活动。

[②] 《企业国有资产法》第十六条：国家出资企业对其动产、不动产和其他财产依照法律、行政法规以及企业章程享有占有、使用、收益和处分的权利。国家出资企业依法享有的经营自主权和其他合法权益受法律保护。

第十七条：国家出资企业从事经营活动，应当遵守法律、行政法规，加强经营管理，提高经济效益，接受人民政府及其有关部门、机构依法实施的管理和监督，接受社会公众的监督，承担社会责任，对出资人负责。国家出资企业应当依法建立和完善法人治理结构，建立健全内部监督管理和风险控制制度。

第十八条：国家出资企业应当依照法律、行政法规和国务院财政部门的规定，建立健全财务、会计制度，设置会计账簿，进行会计核算，依照法律、行政法规以及企业章程的规定向出资人提供真实、完整的财务、会计信息。国家出资企业应当依照法律、行政法规以及企业章程的规定，向出资人分配利润。

第十九条：国有独资公司、国有资本控股公司和国有资本参股公司依照《中华人民共和国公司法》的规定设立监事会。国有独资企业由履行出资人职责的机构按照国务院的规定委派监事组成监事会。国家出资企业的监事会依照法律、行政法规以及企业章程的规定，对董事、高级管理人员执行职务的行为进行监督，对企业财务进行监督检查。

第二十条：国家出资企业依照法律规定，通过职工代表大会或者其他形式，实行民主管理。

第二十一条：国家出资企业对其所出资企业依法享有资产收益、参与重大决策和选择管理者等出资人权利。国家出资企业对其所出资企业，应当依照法律、行政法规的规定，通过制定或者参与制定所出资企业的章程，建立权责明确、有效制衡的企业内部监督管理和风险控制制度，维护其出资人权益。

[③] 《企业国有资产法》第八条：国家建立健全与社会主义市场经济发展要求相适应的国有资产管理与监督体制，建立健全国有资产保值增值考核和责任追究制度，落实国有资产保值增值责任。

算^①的规定与竞争中立制度中核算特定职能的直接成本及合理补贴的内容是相呼应的，因为制定科学的预算是计算特定国有企业在履行公共服务特定职能过程中的成本和给予合理补贴的基础。

《企业国有资产法》除了一些体现竞争中立制度的条款，也有一些与竞争中立制度不协调的内容，如第五章关系国有资产出资人权益的重大事项（第三十一条）关于国有企业合并、分立，增加或者减少注册资本，发行债券，分配利润，以及解散、申请破产的有关规定[2]。该条规定，国有独资企业、国有独资公司发生前述事项应由履行出资人职责的机构决定。虽然是国有独资，但这无疑增加了对国有企业的控制，限制了企业的自主经营权。同时如果企业发生上述事项符合《中华人民共和国公司法》（以下简称《公司法》），《中华人民共和国破产法》（以下简称《破产法》）的有关规定，而履行出资人职责的机构不同意，那么难免会有法律适用上的冲突，尤其是地方政府作为履行出质人职责的机构时，这种冲突会更明显。

总之，《企业国有资产法》总体上来说是我国在国有资产管理领域最主要的依据，应给予积极肯定。该法使得我国国有资产的法治化水平明显提升，这对以公有制为主体的我国来说有重大意义，并且其中诸多条款有体现竞争中立的理念，这对以后在我国实施竞争中立制度的相关规则无疑提供了法律上的便利。

二、我国竞争中立的政策实践

（一）经济政策与竞争中立

我国当前的经济政策和经济立法大多是"部门政策"或"部门立法"，因此

---

[1] 《企业国有资产法》第五十八条：国家建立健全国有资本经营预算制度，对取得的国有资本收入及其支出实行预算管理。
第五十九条：国家取得的下列国有资本收入，以及下列收入的支出，应当编制国有资本经营预算：（一）从国家出资企业分得的利润；（二）国有资产转让收入；（三）从国家出资企业取得的清算收入；（四）其他国有资本收入。
第六十条：国有资本经营预算按年度单独编制，纳入本级人民政府预算，报本级人民代表大会批准。国有资本经营预算支出按照当年预算收入规模安排，不列赤字。
第六十一条：国务院和有关地方人民政府财政部门负责国有资本经营预算草案的编制工作，履行出资人职责的机构向财政部门提出由其履行出资人职责的国有资本经营预算建议草案。
第六十二条：国有资本经营预算管理的具体办法和实施步骤，由国务院规定，报全国人民代表大会常务委员会备案。

[2] 《企业国有资产法》第三十一条：国有独资企业、国有独资公司合并、分立，增加或者减少注册资本，发行债券，分配利润，以及解散、申请破产，由履行出资人职责的机构决定。

常常体现的是"部门利益",而非"社会利益"。这突出体现在竞争执法机构和行业监管机构的关系及行业法律法规规制限制竞争行为的现状上。

在我国,除了中华人民共和国国家发展和改革委员会(以下简称国家发改委)、中华人民共和国商务部(以下简称商务部)和国家市场监督管理总局负有相应的竞争执法权外,还有其他国务院组成部门或者国务院授权的事业单位对部分特殊市场行使管理权,如国家电力监督委员会对电力供应市场、中华人民共和国交通运输部对交通运输市场、中华人民共和国工业和信息化部对电信市场、中国民用航空总局对民航市场都依法行使监管权。协调好竞争执法机构与行业监管机构的关系对于维护反垄断法的统一性和权威性十分重要,然而,《反垄断法》对竞争执法机构和行业监管机构交叉执法的工作原则并未予以明确。

虽然相关条款曾在提交第十届人大常委会第二十二次会议审议的《反垄断法(草案)》[①]中出现过,但最终未被正式纳入《反垄断法》。这在一定程度上反映了我国行业监管机构的强势地位,以及在处理产业政策和竞争政策关系时我国尚不能做到准确定位。行业监管部门一方面要保护竞争,另一方面又必须加强监管,甚至可能考虑到部门利益而无法中立地执行竞争政策。在此情况下,对特定行业中的限制竞争行为到底由竞争执法机构进行执法还是由行业监管机构进行执法,成为中国在经济转型过程中面临的一个重要问题。

在针对特定行业制定的法律、行政法规层面,不存在国有企业豁免适用《反垄断法》的规定,也不存在与《反垄断法》相冲突的情形。但是在针对特定行业制定的部门规章层面,虽然没有豁免国有企业适用《反垄断法》的规定,但可能存在着与《反垄断法》目标不一致的规定。以《民用航空企业机场联合重组改组规定》为例,该规定的立法目的虽然包括了"推进建立公平有序竞争的市场秩序",但在规范民用航空企业、机场联合重组改制行为时还必须"防止恶性竞争和保证安全生产与安全飞行",这可能会与《反垄断法》在经营者集中问题上的审查标准发生冲突。

具有限制竞争效果的抽象行政行为大多集中在规范性文件层面。以石油行

---

① 《反垄断法(草案)》第四十四条:对依照有关法律、行政法规规定由有关部门或者监管机构调查处理的垄断行为,由有关部门或者监管机构调查处理,同时要求其将调查处理结果通报国务院反垄断委员会;有关部门或者监管机构对垄断行为未调查处理的,反垄断执法机构可以调查处理,但调查处理时应当征求有关部门或者监管机构的意见。

业为例，出于"规范市场秩序，减少无序竞争，提高资源配置效率，确保国家能源安全"的考虑，国务院办公厅发布了《关于清理整顿小炼油厂和规范原油成品油流通秩序的意见》，[①]由此确定了中国石油天然气集团公司（以下简称中石油）、中国石油化工集团公司（以下简称中石化）在成品油批发市场的垄断地位。之后国家经贸委等五部委根据这个文件又制定了《关于清理整顿成品油流通企业和规范成品油流通秩序的实施意见》[②]，再一次强调了中石油和中石化的地位。

要消除这种情况，除了依靠前文提及的公平竞争审查制度，还有赖于产业法或行业法本身的"竞争法化"。如果能够在行业法律和政策中实现竞争政策的目标，实现行业法的"竞争法化"，[③]即在行业法中减少排除、限制竞争的内容，实现各个行业的有序竞争，那么竞争政策的目标将不仅限于影响竞争法律本身，还将扩展到所有与竞争有关的公共政策。换言之，如果有关国有企业的公共政策能够体现公平竞争的内涵，那么竞争中立的目标也就实现了。

因此，竞争中立制度需要对接产业政策、贸易政策、国资政策等其他经济政策，实现"竞争政策"作为经济政策基础性政策的地位，实现竞争中立与社会公益目标的相互协同。

（二）公平竞争审查制度与竞争中立

2015年3月，中共中央、国务院发布了《关于深化体制机制改革加快实施创新驱动发展战略的若干意见》，提出要"探索实施公平竞争审查制度。"2015年5月，国务院批转国家发展改革委《关于2015年深化经济体制改革重点工作意见的通知》，文件提出要"促进产业政策和竞争政策有效协调，建立和规范产业政策的公平性、竞争性审查机制。"2015年6月，国务院下发《关于大力推进大众创业万众创新若干政策措施的意见》，又一次提出要求，"加快出台公平竞争审查制度"。2016年4月，中央全面深化改革领导小组审议通过了《关于建立公

[①] 《关于清理整顿小炼油厂和规范原油成品油流通秩序的意见》规定："国内各炼油厂生产的成品油要全部交由中石油、中石化的批发企业经营，其他企业不得批发经营，各炼油厂一律不得自销。"

[②] 《关于清理整顿成品油流通企业和规范成品油流通秩序的实施意见》规定："国内各炼油厂生产的汽油煤油、柴油全部由两大集团的批发企业批发经营，其他企业和单位不得批发经营。"

[③] 李胜利，胡承伟. 论产业法"竞争法化"之缘由及发展路径 [J]. 安徽大学学报（哲学社会科学版），2013(6).

平竞争审查制度的意见》。2016年6月1日，国务院正式公布了《关于在市场体系建设中建立公平竞争审查制度的意见》（以下简称《公平竞争审查意见》）。

所谓公平竞争审查制度，是指竞争主管机构或其他机构通过分析、评价拟订中（或现行）的法律可能（或已经）产生的竞争影响，提出不妨碍法律目标实现而对竞争损害最小替代方案的制度。[①] 公平竞争审查制度是竞争政策的重要组成部分，是对作为"事后规制"方式的竞争法律制度的有效补充，同时也为竞争中立的实施提供了制度条件。

第一，公平竞争审查制度的目的是减少法律和政策对竞争的不合理限制。这与竞争中立的目标相同。现阶段，我国仍存在较多不必要的行政干预，一些公共政策涉及指定交易、准入限制、歧视性待遇、违规补贴或税费减免等限制竞争问题，严重破坏了公平竞争的市场秩序，阻碍了全国统一大市场的形成。当上述行为指向国有企业，就与竞争中立的规范对象重合。因此，减少法律和政策对竞争的不合理限制（特别是给予国有企业特殊优待），符合竞争中立的目标。

第二，公平竞争审查制度的实施部门可作为竞争中立制度的实施部门，关于公平竞争审查机构的选择，存在三种不同方案：一是由政策制定机构进行自我审查；二是由竞争主管机构进行审查；三是建立专责的竞争审查机构。三种方案各有利弊。目前来看，《公平竞争审查意见》最终选择了"政策制定机关审查为主，竞争主管部门予以指导"的方案。笔者认为，随着公平竞争审查经验的积累和理念的推广，我国可以逐步建立"以竞争主管部门为主、政策制定机构为辅"的公平竞争审查机制，由竞争主管部门主导公平竞争审查，政策制定部门在制定（修订）法律或政策草案时提交初步的竞争审查报告，配合竞争主管部门的竞争审查工作，以此进一步突出竞争政策在促进经济持续健康发展中的作用。同时，还可进一步落实反垄断委员会在研究、拟定和协调竞争政策方面的法定职能，指导公平竞争审查制度的开展。

第三，公平竞争审查制度可以"嵌入"竞争中立制度之中，成为竞争中立的"事先审查"部分。原则上，公平竞争审查的对象应该包括所有可能排除、限

[①] 张占江. 中国法律竞争评估制度的建构[J]. 法学，2015(4).

制竞争的法律和规则。但审查机构本身不属于立法机构,其审查全国人民代表大会及其常委会、地方人民代表大会及其常委会制定的法律或地方性法规很可能不具有"合法性"。因此,公平竞争审查的对象至少包括国务院及各部门、各级人民政府及其所属部门制定的市场准入、产业发展、招商引资、招标投标、政府采购、经营行为规范等可能影响市场竞争的行政法规、部门规章、地方政府规章、规范性文件和其他政策性文件。特别是地方各级政府部门制定的大量"红头文件"种类多、数量大、针对性强,很可能对市场竞争造成损害,属于重点审查的对象。与此同时,虽然对于立法机关制定的法律或地方性法规无"审查权",但仍可赋予审查机构"建议权",以便最大程度减少不利于公平竞争的法律规则的不利影响。[①] 如能将"是否符合竞争中立"纳入审查范畴,那么将能够从源头上消除违反竞争中立原则的规则的出台。

可以肯定的是,公平竞争审查制度的实施,包括审查的程序、机构设置和配套机制等,都将为将来竞争中立制度的实施提供经验。公平竞争审查制度的完善,也将为竞争中立制度的制定奠定基础。

三、我国竞争中立制度的具体实践

(一)国内自贸区有关竞争中立的既有探索

中国已经在(上海、广东、天津、福建等)自贸区中开展了竞争中立探索。以上海为例,上海自贸区 2014 年出台了涉及反垄断协议、滥用市场支配地位和行政垄断执法的工作办法[②],形成了一套在自贸区领域维护公平竞争的反垄断执法办法。《中国(上海)自由贸易试验区条例》中的若干条款更是直接体现竞争中立的理念,如第四十七条[③],该条规定已经体现出监管中立、税收中立和政府

---

① 朱凯.对我国建立公平竞争审查制度的框架性思考[J].中国物价,2015(8).
② 《中国(上海)自由贸易试验区反垄断协议、滥用市场支配地位和行政垄断执法工作办法》(沪工商公〔2014〕308 号)。
③ 《中国(上海)自由贸易试验区条例》第四十七条:自贸试验区内各类市场主体的平等地位和发展权利受法律保护。区内各类市场主体在监管、税收和政府采购等方面享有公平待遇。

采购中立等理念。此外，该条例第十二条①、第十三条②、第十四条③等均体现了放宽市场准入、促进自由和公平竞争的理念。但是，上述规定在竞争中立的制度构建方面仍然是不完整的。因此，有学者建议从"建构性的立场"对自贸区的竞争中立制度予以解释，并通过竞争评估、竞争倡导和竞争执法等方式兑现竞争中立制度安排。④

（二）国内自贸区有关竞争中立的进一步探索建议

笔者认为，在国内层面，近期可以在国内自贸区尝试建立实践我国有关竞争中立的制度体系。例如，可以有选择性地对总部在自贸区的国有企业进行试点，或者有选择性地选择一部分国有企业按 TPP 目前披露的规则进行压力测试。具体来说，可以开展以下探索。

第一，探索分类管理制度。尽管我国已经明确将国有企业划分为公益类和商业类，上海将国有企业划分为竞争类、功能类和公共服务类，但是具体如何划分目前仍然没有出台指导意见。因此，可以在自贸区内探索国有企业的"分类管理"，并向社会公开分类的依据和结果。

第二，探索信息公开机制。首先是关于国有企业的信息公开机制。区别于自贸区外的有关规定，在自贸区内应建立统一适用的信息公开机制，最大限度地减少国有企业在自贸区外所享有的信息公开豁免政策，最大限度地加大其在自贸区范围内的信息公开力度，为区内企业建立统一、公开、透明的企业信息公开机制。除了基本的公开信息外，对于在区内承担特殊公共服务职能的国有企业或其他私有企业也应及时有效履行其所享有的政策优惠信息，尤其是在区内存在有与其竞争的市场主体时，应保障其知情权，防止不当竞争优势的产生。其次是透明化的外资审查机制。自贸区管委会可以建立跨部门的外商投资国家安全审查机

---

① 《中国（上海）自由贸易试验区条例》第十二条：自贸试验区在金融服务、航运服务、商贸服务、专业服务、文化服务、社会服务和一般制造业等领域扩大开放，暂停、取消或者放宽投资者资质要求、外资股比限制、经营范围限制等准入特别管理措施。

② 《中国（上海）自由贸易试验区条例》第十三条：自贸试验区实行外商投资准入前国民待遇加负面清单管理模式。

③ 《中国（上海）自由贸易试验区条例》第十四条：自贸试验区推进企业注册登记制度便利化，依法实行注册资本认缴登记制。

④ 张占江.《中国（上海）自由贸易试验区条例》竞争中立制度解释 [J]. 上海交通大学学报（哲学社会科学版），2015(2)；张占江.中国（上海）自由贸易试验区竞争中立制度承诺研究 [J]. 复旦学报（社会科学版），2015(1).

构，根据国家军事、经济安全等方面的细则就投资项目进行审查。[①]最后是政府的信息公开机制。政府信息的及时充分有效公开对市场竞争机制的有效发挥也是必不可少的，这样可以减少国有企业基于其与政府的密切关系而提前知晓会对未来其参与市场竞争有影响的信息。对于政府信息公开的内容应在充分讨论的基础上制定信息公开名录，并制定一套高标准的信息公开实施机制。

第三，制定国有资本投资"正面清单"。2015年11月，国务院下发了《关于改革和完善国有资产管理体制的若干意见》，该意见规定根据政策和规定的要求国务院国有资产监督管理委员会（以下简称国务院国资委）可制定国有资本投资的负面清单，推动国资更多向关乎国计民生的领域投资。笔者认为，相比于"负面清单"，国有资本投资更宜建立"正面清单"，在对国有企业基于其与市场关系的亲疏及企业职能对国有企业进行分类管理的前提下，制定不同类别国有企业可以投资的领域的"正面清单"，反之就是不能进入的领域。纳入"正面清单"的行业或领域应当是关系国家安全、国民经济命脉和国计民生的重要行业和关键领域。除此之外的竞争性领域，一般情况下不得再新设国有企业，避免"与民争利"。

第四，探索建立投诉机制。可以赋予自贸区管委会接受投诉的职责，或者建立专门机构（如"公平竞争委员会"）负责处理申诉案件。同时对投诉的条件程序及救济途径等进行完善，制定一套完整的在自贸区范围内可行的实施机制，在制定的过程中不要囿于区外的一些规定，而应本着合理适用并有效回应市场发展需求的角度来制定有关有违公平竞争行为的投诉机制。

第五，开展竞争评估。"竞争评估"指对可能影响竞争的相关政策予以评估，包括对可能影响竞争中立的政策予以评估。竞争评估可以专门机构进行（如"公平竞争委员会"），也可委托给独立的咨询或研究机构，为政府制定和完善相关政策提出有针对性的政策建议。

四、我国参与的自由贸易协定中的竞争中立制度

我国目前已签署自贸协定13个（参见表4-1），涉及21个国家，分别是中国与澳大利亚、韩国、瑞士、冰岛、哥斯达黎加、秘鲁、新加坡、新西兰、智

[①] 赵晓雷，杨晖，严剑峰．中国（上海）自贸试验区实施竞争中立操作方案设计[J]．科学发展，2014(72)．

利、巴基斯坦及东盟的自贸协定，此外还有内地与香港特别行政区、澳门特别行政区更紧密经贸关系安排，以及中国—东盟（"10+1"）升级版的自贸协定。

表 4-1 中国已经签署的自贸协定[①]

序号	国家或地区
1	澳大利亚
2	韩国
3	瑞士
4	冰岛
5	哥斯达黎加
6	秘鲁
7	新加坡
8	新西兰
9	智利
10	巴基斯坦
11	东盟
12	内地与香港、澳门更紧密经贸关系安排
13	中国—东盟（"10+1"）升级

正在谈判的自贸协定 9 个（参见表 4-2），分别是中国与区域全面经济合作伙伴关系协定涉及的国家、海湾合作委员会（以下简称海合会）、日本和韩国、斯里兰卡、巴基斯坦自贸协定第二阶段谈判、马尔代夫、格鲁吉亚、以色列及挪威之间的自贸协定谈判。其中，RCEP 自 2012 年 11 月启动以来取得了重要进展，有望在 2017 年结束谈判。[②] 2014 年 APEC 峰会正式启动 FTAAP 进程。2015 年中国分别同澳大利亚和韩国签署自贸协定，对推动 RCEP 和 FTAAP 进程具有重要意义。

---

① 参见中国自由贸易区服务网，http://fta.mofcom.gov.cn/index.shtml. 访问日期：2016 年 12 月 30 日。
② 李晓喻. 中国商务部：力争 2017 完成 RCEP 谈判 [EB/OL].(2016-12-26) [2016-12-30]http://www.chinanews.com/cj/2016/12-26/8105392.shtml.

第四章 竞争中立制度在我国实施的必要性与可行性分析

表 4-2　中国正在谈判的自贸协定

序号	正在谈判的自贸协定	涉及国家（地区）
1	《区域全面经济合作伙伴关系协定》（RCEP）	东盟10国、日本、韩国、澳大利亚、新西兰、印度
2	中国—海合会*	沙特阿拉伯、阿联酋、科威特、阿曼、卡塔尔和巴林6个成员国
3	中国日本韩国	日本、韩国
4	中国—斯里兰卡	斯里兰卡
5	中国—巴基斯坦自贸协定第二阶段谈判	巴基斯坦
6	中国—马尔代夫	马尔代夫
7	中国—格鲁吉亚	格鲁吉亚
8	中国—以色列	以色列
9	中国—挪威	挪威

*海湾阿拉伯国家合作委员会是海湾地区最主要的政治经济组织，简称海湾合作委员会或海合会。

但是，在已经签署的自由贸易协定中，只在与冰岛、瑞士、韩国和澳大利亚的4个自贸协定中加入了竞争条款，竞争规则单独成章的则只有中国—冰岛、中国—瑞士和中国—韩国3个自贸协定。

其中，中国—冰岛、中国—瑞士两个自贸协定只是原则性地对竞争议题进行表述：①缔约方原则性地认识到，反竞争行为会损害协议所产生的效益。②缔约方适用各自竞争法，不干预各自竞争执法机构的执法独立性。③缔约方竞争执法机构应就与竞争章节相关的事宜开展合作和协商，在符合各自法律以及保密规定的前提下，双方的合作包括信息交流等内容，但并未规定具体的执法合作机制。④竞争章节项下的任何争议应通过缔约方之间协商解决，任何一方均不得诉诸自贸协定项下的争端解决机制。⑤竞争章节适用于缔约方的所有经营者，包括根据法律享有特殊或排他性权利的经营者，但"不应妨碍其履行法定职能"。这是两个协定中唯一与"竞争中立"相关的表述。

中国—澳大利亚自贸协定没有专门的竞争章节，但是在第16章"一般条款与例外"之中，专门有一条（第七条）规定了竞争合作，并对合作的方式做出具体规定，包括：①信息交换；②通报；③在跨境执法事务中进行协调，就双方均进行审查的案件交换意见；④技术合作。并且，还指出上述合作"可通过双方竞争机构之间新的或现有的合作机制进行提升"，并"在不影响双方竞争机构独立性的前提下，双方同意在本条项下根据各自法律、法规和程序，利用其合理可用的资源开展合作"。

相比之下，中国—韩国自贸协定是目前为止中国参与的自贸协定中竞争规则规定得最为详细的一个。上述三个协定针对竞争问题均只有1个条文，而中韩自贸协定不仅专门在第14章规定了"竞争政策"，而且条文多达13条，对竞争政策的目标、竞争法和竞争机构、执法原则、透明度、竞争法的适用、竞争执法的独立性合作及协商机制等做出了具体规定。

相比于上述几个协定，中国—韩国自贸协定在以下几方面取得了突破。

（1）明确了竞争执法时应遵循"透明、非歧视和程序正义原则"，确保"各缔约方给予非本方相对人的待遇应不低于本方相对人在同等条件下享有的待遇"，以及相对人在表达意见、提出证据、依法申请行政复议或提起行政诉讼等方面的权利。

（2）强调了"透明度"的重要性，包括公开有关竞争政策的法律法规、公开决定和命令、以书面形式作出最终行政决定并提供事实和法律依据。

（3）细化了合作的具体形式，包括通报、磋商、信息交换、技术合作等方式。

（4）在重申竞争规则适用于所有经营者的情况下，针对公用企业以及享有特殊权利或排他性权利的企业遵守竞争规则做出特别规定，缔约双方均不应该采取或维持与"透明非歧视和程序正义原则"不一致的措施，且缔约双方应保证上述企业受本国竞争法约束，但"上述原则和竞争法的实施不应在法律上或事实上阻碍上述企业执行指派给该企业的特殊任务"。

前述规定含有确保"公平竞争"的目标，这与竞争中立的理念一致。但是，这些规定仅适用于竞争法的实施，并非专门针对国有企业或指定垄断，因此并非严格意义上的竞争中立制度。

在正在谈判的自贸协定中，引起人们关注最多的当属RCEP。在目前TPP已经确定很难实现的基础上，RCEP更被很多人认为将替代TPP。这种观点有一定道理，但不完全准确。目前国际上能够成文且产生重大影响的区域自贸协定以TPP为代表，其他能够成文的涉及十几个国家的区域自贸协定大多在谈判中，RCEP被寄予厚望。从目前谈判的进度来看，RCEP成员国更多的关注点应该在消除贸易壁垒上，关于竞争的议题不多，相信RCEP成员国也不会纠结于实质的高标准的竞争条款，毕竟RCEP大多数成员国仍是发展中国家，纠结于争议本就很大的议题显然也不利于实现各方想要争取 2017 年年内完成 RCEP 谈判的目标。在竞争议题上，RCEP 很可能只是原则性地对竞争条款进行表述，形成如 TPP 那样系统的竞争规则的可能性不大。我国在国际贸易中的竞争议题上比较倾向于选择开放的合作方式，通过双边或多边协商的方式来解决竞争问题，不愿意被有法律约束力的自由贸易协定制约，这从我国已经签署的 13 个自由贸易协定的文本就可以看出。大概是受我国在主权问题上的敏感性的影响，我国不愿意因为自由贸易协定的一些规则而破坏我国竞争执法机构的独立性。在竞争中立问题上，这个问题就更加敏感，很可能会导致中国整个经济体制的重大变化，危及基本的经济体制和制度。因此，可以预见，短期内在我国参与的自由贸易协定文本中不太可能有涉及竞争中立的有关内容，毕竟我们国内的实践还很匮乏，不打无准备之仗，在我们还不熟悉竞争中立的具体运行机制的前提下是可以理解的。随着我国对竞争中立问题的深入研究和国有企业改革的深入，相信在我国参与的自由贸易协定中会有更多的相关内容来约束各方，毕竟竞争中立本质上是为了创造公平竞争的市场环境，而对市场经济国家来说，公平竞争的市场环境是标配。

第二节　我国国有资产监督管理体制的历史演进与发展[①]

我国已经进行和正在进行的国资国企改革是人类在自身发展的实践活动中独一无二的且具有独特价值的。在具体讨论国有企业竞争中立制度在我国实施的必要性与可行性之前，结合新时代全面深化改革和全面依法治国的背景，总结剖析我国国有资产监督管理体制改革的历史演进是十分必要和迫切的。

党的十八届三中全会审议通过的《中共中央关于全面深化改革若干重大问题的决定》（以下简称《决定》）提出："完善国有资产管理体制，以管资本为主加强国有资产监管，改革国有资本授权经营体制，组建若干国有资本运营公司，支持

[①] 白金亚 . 我国国有资产监管体制的历史演进与发展研究 [J]. 行政与法，2016(7).

有条件的国有企业改组为国有资本投资公司。国有资本投资运营要服务于国家战略目标，更多投向关系国家安全、国民经济命脉的重要行业和关键领域，重点提供公共服务、发展重要前瞻性战略性产业、保护生态环境、支持科技进步、保障国家安全。"[1] 作为市场化整合配置国有资产的平台，建立国有资本运营公司，将更好地优化国有资产配置，提高国有资本的投资使用效率。从国有资产监管的角度上看，有必要进一步理清国有资本运营公司与国资委，以及持股企业之间的关系。这种新的"管资本"的国资监管模式不同于目前以"管国有企业"为主的形成于2003年的国有资产监管体制。2008年10月28日，第十一届全国人民代表大会常务委员会第一次会议审议通过了《企业国有资产法》。该法具有里程碑意义，标志着我国国有资产监管体制在制度化方面取得了重要成果，理论界关于国有资产监管法律问题的研究也多以此为背景，主要对国有资产监管机构的性质、设置、职能及相关制度的合理性等方面进行反思与前瞻。这部法律显然不适应《决定》中涉及国资国企改革的内容，目前国资管理体制的最大问题仍存在于行政监管职能与出资人职能未能分离[2]。为了更好地把握国有资产监管下一步的改革方案和重点，有必要对我国国有资产监管体制的历史演变与发展进行梳理回顾。

一、国有资产、国有资本与国有企业

国有资产监督管理体制的历史演进与三个概念密切相关，那就是国有资产、国有资本与国有企业，在正式行文前有必要对三个概念和关系进行详细剖析。

国有资产在法律意义上是指国家所有的财产，是国家以各种形式对企业投资及收益、接受馈赠形成的，或凭借国家权力取得的，或依据法律认定的各种类型的财产和财产权利。[3] 广义上，国有资产是指所有权归属于国家的一切财产，包括经营性国有资产、行政事业性国有资产及资源性国有资产。狭义的国有资产仅指经营性国有资产，包括企业使用的国有资产、行政事业单位占有和使用的非经营性资产中通过各种形式为获取利润转作经营的资产、国有资源中投入生产经

---

[1] 中国共产党第十八届中央委员会第三次全体会议.中共中央关于全面深化改革若干重大问题的决定[R].北京，2013.
[2] 顾功耘.国资委履行出资人职责模式研究[J].科学发展，2012(9).
[3] 谢次昌.国有资产法[M].北京：法律出版社，1997：3.

第四章 竞争中立制度在我国实施的必要性与可行性分析

营过程的资源。[①]我国2003年5月27日开始实施的《企业国有资产监督管理暂行条例》及2009年5月1日开始实施的《企业国有资产法》都采用的是狭义的国有资产概念。[②]

国有资本是按照一定经济基础的要求，通过不同途径参与资本运动的国有资产。[③]作为资本，国有资本也具有资本的一般属性和特殊属性，其一般属性主要体现为竞争性、增值性、流动性等，其特殊属性主要是指其所有权归属的差异和其所处的特定社会制度的不同要求。一般属性与特殊属性是国有资本对立统一的两个方面。一般属性是国有资本与生俱来的，是其自然属性也即逐利性，作为资本的一种，国有资本具有天然的逐利性；但是国有资本有其独特的所依附社会的社会属性，也即其在逐利的同时还需要兼顾社会目标，更多的时候社会目标是国有资本优先考虑的方向，在我国尤其如此。综上可知，国有资本具有明显的二重性，即国有资本不仅要有经济目标，还要有社会目标。确立我国国有资本目标是制定国有企业改革措施、明确国有企业改革方向的前提和基础，也是选择正确国资监管模式的基本前提。[④]国有企业过去几十年尤其是改革开放以来的发展实践证明，国有资本目标的不明确是造成国有企业改革和国资监管模式的反复、停顿与挫折的主要原因之一，国有资本需要有明晰的目标体系。图4-1所示为国有资本的目标体系。

结合当前具体国情，我国的国有资本需要进行配制改革即分层改革。目标就是强化国资委对国有资本的配置权，而不再主管一个个国有企业[⑤]。具体地说，国资委可设置若干个按一个行业或几个行业划分的国家投资基金公司，把现有的国有股划给其中一个国家投资基金公司持有，作为该国家投资基金公司投入企业的国有资本，并根据该国有企业的股权结构派出董事会成员。如果某个国有企业

[①] 顾功耘. 经济法教程[M]. 3版. 上海：上海人民出版社，2013：509.

[②] 《企业国有资产监督管理暂行条例》第三条：本条例所称企业国有资产，是指国家对企业各种形式的投资和投资所形成的权益，以及依法认定为国家所有的其他权益。第四条：企业国有资产属于国家所有。国家实行由国务院和地方人民政府分别代表国家履行出资人职责，享有所有者权益，权利、义务和责任相统一，管资产和管人、管事相结合的国有资产管理体制。《企业国有资产法》第二条：本法所称企业国有资产（以下称国有资产），是指国家对企业各种形式的出资所形成的权益。第三条：国有资产属于国家所有即全民所有。国务院代表国家行使国有资产所有权。

[③] 顾功耘. 经济法教程[M]. 3版. 上海：上海人民出版社，2013：510.

[④] 张贵平. 我国国有企业监管模式选择及其环境约束研究[D]. 天津：南开大学，2009.

[⑤] 厉以宁. 中国经济双重转型之路[M]. 北京：中国人民大学出版社，2013：56-57.

是由不止一个国有投资主体投资组成的,根据股权结构状况,可由几家国家投资基金公司各自派出董事会成员。此时就形成国资委—国家投资基金公司—国有企业的三层管理体制。①

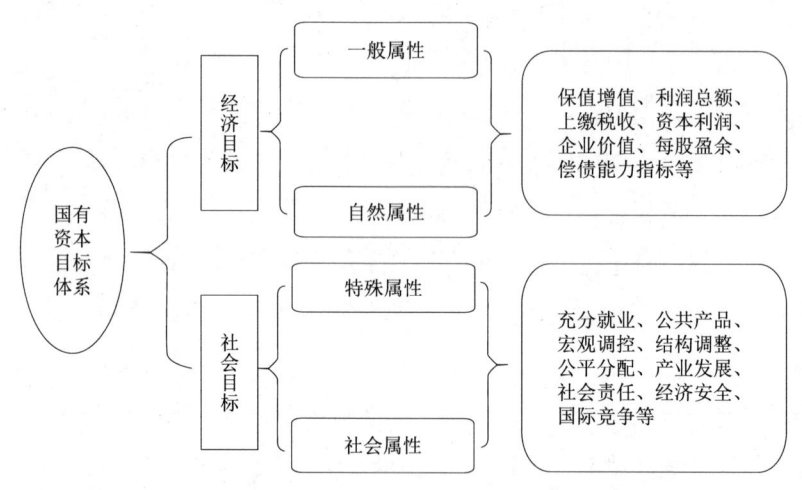

图 4-1 国有资本的目标体系②

在我国法律中,并没有国有企业的准确定义。③一般认为,国有企业是指"国家或者政府可以根据资本联系,对其实施控制或控制性影响的各种企业"④。根据《企业国有资产法》的界定,国有企业即国家出资企业,是指国家出资的国有独资企业或公司,以及国有资本控股公司、国有资本参股公司⑤,亦即有的学者概括的"国有企业是指国家拥有、经营或者控制的生产经营单位"⑥。基于以上概念,可以进一步将国有企业概括为企业资本全部或者部分属于国家所有并为国家所控制的企业⑦。这一界定凸显出国有企业的本质特征,国家对国有企业资本的控制也就是对国有企业本身的控制,在这种情况下国家没有必要再直接"管企

---

① 厉以宁.中国经济双重转型之路 [M].北京:中国人民大学出版社,2013:57.
② 资料来源:国务院国有资产监督管理委员会网站。张贵平.我国国有企业监管模式选择及其环境约束研究 [D].天津:南开大学,2009.
③ 顾功耘.经济法教程 [M].3 版.上海:上海人民出版社,2013:511.
④ 史际春.国有企业法 [M].北京:中国法制出版社,1997:13.
⑤ 《企业国有资产法》第五条:本法所称国家出资企业,是指国家出资的国有独资企业、国有独资公司,以及国有资本控股公司、国有资本参股公司。
⑥ 李华民.国企改革不能脱离国企性质 [J].经济学家,1997(3).
⑦ 顾功耘.经济法教程 [M].3 版.上海:上海人民出版社,2013:511-512.

业",通过"管资本"即可,这也是《决定》中对国有资本进行分层管理的要义。在此之前,我们需要注意的是,国有企业具有公益性和营利性两个特征,其经营目标是"公共目标"与"企业目标"的对立统一。国有投资的目的之一就是为了保证国家除了利用税收收入外,还要有足够的国有资本增值的收益用来履行公共事务[①]。不同国有企业在上述两特征方面有不同的侧重。国有企业作为市场主体,直接与市场对接,为市场其他主体提供产品和服务,产品和服务的种类、特性和具体功能不同,其对市场其他主体的作用也就不同。有的企业经营项目是民间资本不愿意参与但有时与普通公民利益联系密切的;有的是民间资本参与热情高,公益性特征不明显,营利性竞争性特征突出的,但是现有机制阻碍着民间资本进入这些领域;还有的是有特定功能,国家需要进行掌控的。大量的事实告诉我们,直接管这些国有企业不行,完全放任国有企业也不行,这种情况下就有必要对其进行分类改革,然后根据不同类别的不同属性和功能进行分类监管。

从现有的企业实物形态看,国有资产的存在形式是看得见、摸得着的国有企业。从价值形态看,其实质是国有资本,国有资产的存在是国有资本动态和静态的统一。国有企业改革的措施是抓大放小,对国有企业进行分类改革、战略性改组,目标是把传统的国有企业制度建立成投资主体多元的,"产权清晰、权责明确、政企分开、管理科学"的现代企业制度[②]。国有资本管理体制的改革建立在国有企业分类改革的基础上,准确界定不同国有企业的功能对下一步国有资本管理体制改革,廓清监管部门、市场及国有企业的关系,监管好国有企业有重要意义。与此同时,国有企业分类改革对下一步支持有条件的国有企业改组为国有资本投资公司,以及新建若干国有资本运营公司也具有重要意义。因此,国有资产监管体制的改革与国有企业改革及国资改革密不可分,只有把国有企业改革与国资改革有效统筹考虑,才能保证国有资产监管体制的有效进行。

二、我国国有资产监管体制的历史演进

国有资产如何有效监督管理是我国确立社会主义制度以后一直备受关注的

---

① 顾功耘.国有经济法律制度构建的理论思考[J].毛泽东邓小平理论研究,2005(4).
② 顾功耘.国有经济法律制度构建的理论思考[J].毛泽东邓小平理论研究,2005(4).

一个方面,尤其是改革开放以后。改革开放以来的国有资产监管体制大致可以分为几个阶段:改革开放初期的放权让利阶段(1979—1987年),国有资产监管体制初步形成阶段(1988—1997年),国有资产监管权分散行使阶段(1998—2002年),国有资产监管权集中行使阶段(2003—2014年)。党的十八届三中全会以后,我国逐步确立了国有企业分类与国有资本分层的国资监管新阶段。

(一)计划经济体制阶段(1949—1978)

这一时期可以具体分为两个阶段。一个是国有资产全面形成、计划经济体制初步建立的阶段;另一个是计划经济体制阶段。

第一阶段是1949—1956年,是我国国有资产全面形成、计划经济体制初步建立的阶段。这一阶段国有资产主要来源于没收官僚资本主义的财产。没收的"官僚资本"[①]有些直接归政府要员所有,有些则为国民党中央政府、省级政府和县级政府所有,如抗日战争胜利后由国民党政府接收的日本、德国、意大利三国在我国的企业。[②]这些企业成为我国国有经济的基础和主体。[③]国有资产的第二个重要来源是没收帝国主义在华财产,是在朝鲜战争期间完成的。第三个重要来源是对资本主义工商业的社会主义改造,通过"和平赎买"[④]的方式完成的。1956年年底,99%的私营工业企业变成了公私合营。至此,我国国有资产全面形成。1953年我国开始第一个五年计划,国家建立了完整的政府计划体系,负责国家计划的制订、实施和调整。国有企业[⑤]隶属于各级政府,每个企业都有

[①] 在国民党统治下,关键性的经济部门如铁路、银行以及重工业基本上控制在蒋介石、宋子文、孔祥熙、陈立夫四大家族以及以四大家族为首的垄断集团手中。这个集团中的成员担任着政府部门的重要职务,所以他们的企业被称为"官僚资本"。

[②] 中国社会科学院经济研究所.中国资本主义工商业的社会主义改造[M].北京:人民出版社,1978:72.

[③] 朱锦清.国有企业改革的法律调整[M].北京:清华大学出版社,2013:3-4.

[④] 无产阶级夺取政权以后,采取有偿办法把资产阶级的生产资料逐步收归国有的政策。

[⑤] 随着国有财产所有权与经营权的分离,1986年国家出台的《中华人民共和国民法通则》采用了"全民所有制企业"的称谓,在之前我国一直沿用"国营企业"的概念。1993年宪法修正案正是采纳了"国有企业"的称谓。这三个概念相近,但所表达的法律含义却是迥异的,也是符合当时所处的时代要求的。"国营企业"意味着它是国家这个大工厂的一部分,国家对国营企业不仅享有所有权,而且享有企业生产经营的各项权利。"全民所有制企业"则强调国家代表全体人民只对企业享有所有权,经营权视情况处理,反映了国家作为资本所有者职能与作为行政管理者职能的分离。随着经济体制改革的深入,党的十四届三中全会提出以生产资料公有制为主体、多种所有制经济成分共同发展的新的所有制格局。对于"全民所有制企业"国家也由全额出资逐渐转变为国家资本绝对控股或者相对控制。股份制企业的性质就要看控股权在谁手里,控股权在国家手中的就是"国有企业"。

自己的计划办公室，拟订本企业的计划并向主管部门的计划机构提出报告。通过"两下一上"的方式制订计划，即各部委和各省将国务院下达额度与指标任务分配到各自管辖的企业，企业根据自身情况反馈意见提出本企业的计划建议草案再反馈，最后经中华人民共和国全国人民代表大会批准后，再按初次下达计划草案时的方式正式下达任务和指标。计划经济体制下国有企业就是政府的一部分。

第二阶段是1956—1978年，政府开始探索在计划经济体制下如何管理国有企业。这一阶段，国有资产监管体制的主要特点有：①政企不分。国家对国有资产的监管表现在对国有企业的直接管理和计划控制，国有企业是政府的附属，政府对于国有企业来说既是所有者又是监管者。②国有国营。如前所述，这一时期的国有企业被称为"国有企业"，国有企业的所有权与经营权是高度统一的。③分级分业管理。国家根据企业规模的大小、重要性程度和设立时的资金来源，分别由中央和地方政府对自身所属国有企业及企业的国有资产进行管理。[1]此外，按照不同的行业，由行业主管机关对国有资产进行分类管理，但没有统一的监管机构。[2]

传统的国有资产监管体制对我国国民经济的起步、积累和发展起过重要作用。新中国成立之初，这种监管权、所有权和经营权合一，政府直接管理国有资产的方式在当时起到了保证国家财力、物力的集中使用，也体现了社会主义制度能够集中力量办大事的特点，有效地改变了旧中国留下的畸形的产业格局，奠定了国民经济的物质基础，但随着国民经济进一步发展，这种监管体制的弊端也逐渐暴露出来。由于国家（政府）管理方式单一和远离微观经济领域而导致信息传导机制不畅等各种因素的影响，整个社会的资源配置效率极低。没有经营自主权的国有企业缺乏活力。

（二）改革开放初期的放权让利阶段（1979—1987年）

1978年开始的改革开放为国有资产监管体制的改革带来了机遇。1978年10月，四川省决定在四川化工厂、重庆钢铁厂、成都无缝钢管厂、宁江机床厂、南

---

[1] 鲁剑.关于国有资产管理体制改革的几点思考——兼谈未来国有资产监管机构的职能[J].中国经贸导刊，2002(18).

[2] 李昌麒，岳彩申.经济法学[M].北京：法律出版社，2013：596.

充钢厂、新都区氮肥厂 6 家企业进行放权让利的改革试点，打响了全国国有企业改革的第一炮。① 1979 年 5 月，国家经委、外贸部、财政部、国家物资局、中国人民银行、国家劳动总局联合发出《关于在京、津、沪三市的八个企业进行企业管理改革试点的通知》（以下简称《通知》）。《通知》的发布标志着放权让利的企业改革正式启动。② 为了推广和规范国有企业放权让利式改革，1979 年 7 月国务院颁布《关于扩大国有工业与企业经营管理自主权的若干规定》，同时颁布《关于国有企业实行利润留成的规定》《关于开征国有工业企业固定资产税的暂行规定》《关于国有工业企业实行流动资金额信贷的暂行规定》《关于提高国有工业企业固定资产折旧率和改进折旧费使用办法的暂行规定》4 个配套文件，决定将国有企业放权让利式改革在全国范围内推行。③

这一时期改革的主要内容有：①改变国有企业作为政府附属物的地位，确立其作为市场中的经济主体的地位，需要企业自主经营、自负盈亏、自我积累和自我发展。②扩大企业经营自主权。这一时期国家与企业之间的分配关系被调整，沿着简政还权、减税让利的思路进行，强调政企分开，两权分离，扩大企业经营自主权。③探索国有资产的多种经营形式，在国有企业改革中先后实行承包经营责任制、资产经营责任制、租赁经营制度等。④ ④下放企业管理权限，把大量原属中央管理的企业下放给地方管理，主要是把一些中央管理的企业下放给临近的中心城市管理。

这一时期的改革试图使国有企业成为社会主义计划商品经济的生产经营者，在一定程度上提高了国有经济活力。但这些措施并未触及国有资产监管体制的深层次问题，基本上都是围绕国有资产经营即国有企业这一层面展开的。由于国有资产监管体制基本不变，政府实际上仍牢牢控制着国有企业，国有企业名义上享有一些经营自主权，但在实践中常常被政府越俎代庖，难以取得真正独立的市场主体地位。⑤ 国有企业改革的深入发展使得原有国有资产监管体制失去效用，不能有效及时地进行监管，甚至导致对某些问题监管失控，这一时期国有企业承包

---

① 张文魁，袁东明. 中国经济改革 30 年：国有企业卷 [M]. 重庆：重庆大学出版社，2008：8.
② 董辅礽. 中华人民共和国经济史：下卷 [M]. 北京：经济科学出版社，1999：66.
③ 张文魁，袁东明. 中国经济改革 30 年：国有企业卷 [M]. 重庆：重庆大学出版社，2008：8.
④ 郑海航. 中国国有资产管理体制改革三十年的理论与实践 [J]. 经济与管理研究，2008(11).
⑤ 顾功耘. 国有经济法论 [M]. 北京：北京大学出版社，2006：54.

经营中所出现的种种问题即与此有关。

(三) 国有资产监管体制初步形成阶段（1988—1997 年）

为了从体制上建立新的国有资产管理模式，经全国人民代表大会批准国务院于 1988 年 8 月成立了国家国有资产管理局。国家国有资产管理局的职能主要是"行使国家赋予的国有资产所有者的代表权、国有资产监督管理权、国家投资和收益权、资产处置权"。国家国有资产管理局的成立，标志着我国国有资产监督管理体制初步形成，也说明政府国有资产监管职能与社会经济管理职能开始逐渐分离。1993 年宪法修正案中"社会主义市场经济"的建设目标和"国有企业"概念确立。此举说明我们从根本法的角度认可国有资产的所有权与经营权的分离。

这一时期的改革探索取得了明显成就，其主要特点有：①确立国有资产产权意识。先后建立了企业资本金制度和项目资本金制度，提出国有资产保值增值的目标。②建立专门的国有资产管理专门机构。区分政府社会管理者和国有资产所有者的双重身份。③明确国有企业逐步建立现代企业制度的方向。④抓大放小、盘活国有资产存量。提出了对国有经济进行战略性重组的方针，重视国有资产运营，并确立了建立国有资产管理、监督和运营体制或目标。

理论上说，国家国有资产管理局和其他社会经济管理部门对国有资产是专司监管和分工监管的关系。但是，现实是其实际权力与相关文件赋予其的职能相对有限。同时，由于受认识的历史局限性和部门利益惯性的影响，国家国有资产管理局仍然坚持管资产与管企业要统一的思路，认为管理国有资产就必须管理国有企业。国有资产管理部门对国有企业管理权的介入，致使其与工商、交通等行业主管部门和经贸委系统在企业管理方面的冲突日益激烈。[①]

上述的争论与冲突，在某种程度上影响了政企分开的实现，反而加强了对企业的管理。基于此，国务院于 1994 年决定将国家国有资产管理局由国务院直属局调整为财政部管理的国家局，由于国有资产管理局的行政级别低于行业主管部门，在实践中不能很好地发挥国有资产监管的作用，同时与其他部门之间也

---

① 陈冬梅. 国有资产管理体制构建的法律问题研究 [D]. 重庆：西南财经大学，2006.

存在明显的部门利益冲突，1998年在国务院机构改革中将国有资产管理局撤销，将其原承担的职能改组为国有资本金基础管理、财产评估管理和国有资产统计评价三个司并入财政部，财政部直接承担相关职能。

（四）国有资产监管权分散行使阶段（1998—2002年）

鉴于机构设置与社会主义市场经济发展的矛盾日益突出的现实，1998年中央人民政府实施了改革力度最大、涉及面最广的一次政府机构改革。1998年改革的目的是推进社会主义市场经济发展，具体目标是尽快结束专业经济部门直接管理企业的体制。1998年改革历史性的进步是，政府职能转变有了重大进展，其突出体现的是撤销了绝大部分专业经济部门[1]，政企不分的组织基础在很大程度上得到消除。到目前为止我们都还在享受这个成果。[2]

1998年的行政改革对国有资产管理体制的影响主要表现在两个方面：其一，国家国有资产管理局被撤销，原有职能并入财政部；其二，专业经济部门被改组为隶属于国家经贸委的国家局，不再直接管理企业。

这一时期，国有资产管理体制表现出一种不同于以往实践的模式，有以下特征：①国家不再设立专司国有资产管理职能的行政机构。这主要是因为从国有资产管理局10年运作情况看，国有资产管理局在很大程度上仅仅充当了"会计"的角色，在国有企业改革及国有资产管理体制完善方面并没有发挥出资人应有的作用。认为撤销国家国有资产管理局，将其职能并入财政部能更好地行使出资人职责。这说明当时理论界对国资管理体制的改制方向存在较大争议[3]。②机构改革后，国有资产的出资人职责主要由五个部门承担：财政部作为国有企业和国有参股企业中国有资产所有者的代表，对国有资产进行宏观管理，承担国有资本金基础管理职能；国家经贸委对国有企业、国有控股企业的重大生产经营决策进行监管，会同有关部门批准所属国有企业的改制、重组等工作，承担指导国有企业改革和管理的职能；中共中央组织部与中央企业工委任免所属国有企业、国有控

---

[1] 共10个：电力工业部、煤炭工业部、冶金工业部、机械工业部、电子工业部、化学工业部、地质矿产部、林业部、中国轻工业总会、中国纺织总会。

[2] 宋世明．中国政府三十年五次机构改革盘点[EB/OL]．(2008-01-16) [2015-12-07].http://politics.people.com.cn/GB/1026/6807420.html．

[3] 沈志渔，林卫凌．国有资产监管体制的制度变迁及目标模式[J]．新视野，2005(1)．

股企业的领导班子,并管理派驻国有独资企业的监事会主席;国家发展计划委员会管立项;劳动与社会保障部管劳动与工资,形成了所谓的"五龙治水"体制。

这一阶段,国有资产监管职能由财政部、国家经贸委等部门分别行使,其目的在于建立一个相互约束、相互监督的国有资产管理体制,但在实践中却产生了政出多门的现象,使国有资产的使用者和经营者无所适从。企业要受到多个"婆婆"的监管,却没有一个部门真正对国有资产的保值增值负责,因为各部门都只是行使部分权能,根据权责对等的原则,各部门对国有资产监管绩效也只承担部分责任,由于责任事实上无法量化分配到各机构,因此各部门实际上是不承担责任的。责任不明很容易导致监管积极性不高,进而弱化对国有资产经营、使用机构应有的监督和约束。造成国有资产缺乏活力,但又不能有效监控的矛盾,严重影响国有经济健康发展和壮大。国有企业在1998年前后进入最困难时期,全国2/3的国有企业处于亏损状态,利润总额只有213.7亿元;到2003年,国务院国资委系统监管的中央企业只有6家进入《财富》500强,营业收入最多的中石油仅名列第69位,中央企业的改制面也只有30.4%[①]。这一阶段国有资产管理体制既不利于国有资本的集中统一管理,也混淆了社会经济综合管理职能与国有资本所有者职能及公共财政与国有资本的界限,是一个明显的退步[②]。

(五)国有资产监管权集中行使阶段(2003—2014年)

2002年中国共产党第十六次全国代表大会报告明确指出,要"继续调整国有经济的布局和结构,改革国有资产管理体制","国家要制定法律法规,建立中央政府和地方政府分别代表国家履行出资人职责,享有所有者权益,权利、义务和责任相统一,管资产和管人、管事相结合的国有资产管理体制",要在"中央政府和省、市(地)两级政府设立国有资产管理机构"。[③] 2003年3月,作为政府机构改革方案内容之一,经第十届全国人民代表大会批准,国务院决定设立国务院国有资产监督管理委员会(以下简称国务院国资委),将原属财政部的有关

---

① 千里之任,行思行远——国资委成立十年来国有企业改革发展纪实[EB/OL].(2013-05-26)[2015-12-07]. http://vod.sasac.gov.cn/play.jspa?indexid=846&streamid=531.
② 张文驹.国有资本管理体制改革的若干基本原则[J].经济界,2002(4).
③ 江泽民.全面建设小康社会,开创中国特色社会主义事业新局面[R].北京,2002.

国有企业竞争中立制度研究

国有资产管理的部分职责，国家经贸委行使的指导国有企业改革和管理的职责，中央企业工委、劳动与社会保障部拟定中央直属企业经营者收入分配政策、审核中央直属企业的工资总额和主要负责人的工资标准的职责划归国务院国资委的职责范围，授权其代表国家履行出资人职责，监管范围确定为中央所属企业（不含金融类企业）的国有资产[1]。2003年4月6日，国务院国有资产监督管理委员会正式挂牌成立，2003年5月13日，颁布了《企业国有资产监督管理暂行条例》，这标志着我国国有资产监督管理体制进入了一个新的发展时期。国务院国资委作为国有资产的出资人代表，第一次在中央政府层面上做到了政府的公共管理职能与国有资产的出资人职能的分离，为新国有资产管理体制的运行提供了组织保障，为新成立的国有资产监管机构开展工作提供了制度保障。国务院国资委的成立和《企业国有资产监督管理暂行条例》的出台标志着我国国有资产管理体制改革取得重大突破，进入了一个新的发展阶段，即国有资产监管权集中行使阶段。

与以往的监管体制相比，新的国有资产监管体制有着明显的特征：①明确监管主体，实行中央、省、地三级国有资产监管体制。按照中国共产党第十六次全国代表大会（以下简称十六大）和第十届全国人民代表大会一次会议的决定，先后组建了国务院、省、市（地）三级国有资产监管机构，有些地方还探索了县级国有资产监管的有效方式，至此，国有资产监管的组织体系基本建立。截至2004年6月，全国（未包括港澳台地区）31个省（自治区、直辖市）和新疆生产建设兵团国资委全部组建。截至目前，全国共组建地市级国有资产监管机构395个，许多国有资产总量较大的县也明确了国有资产监管责任主体，国资委系统建设进一步加强，国资监管大格局加快推进。[2]国家、省、市（地）三级国资委的成立从机构和组织上保证了国有企业改革的继续深入推进和国资监管工作的相对独立开展，标志着我国国有资产监督管理开始进入全面独立监管的时期。新的国资监管体制有利于克服旧体制下多部门分割行使所有权各项权能的弊端，而代之以国资委全面履行国有资产出资人职责，这在一定程度上解决了长期困扰国

---

[1] 国务院国有资产监督管理委员会主要职能[EB/OL].（2015-12-07）[2018-12-07].http://www.sasac.gov.cn/n2506699/n7738060/n7738079/7738171.html.

[2] 夏丽坤.新形势下云南省属企业监管思路研究[D].昆明：云南财经大学，2013.

资监管的出资人缺位问题[①]。②统一所有，分别代表。"分别代表"能更好发挥各级政府的积极性，更加明确了各级政府之间的产权和事权边界。中央和地方在国有资产管理中的关系不再是原来的分级管理关系，而是分别代表的关系，原来是中央政府总代表，现在是分别代表，这有利于解决代理链条过长、代理成本高、代理效率低的问题，是较原有体制的一个进步。③是管人管事管资产相结合。1994年国家国有资产管理局被撤销后，国家对国有企业的监管是分散的，效率很低，引发很多问题。2003年国务院国资委的成立改变了国资监管的面貌，对国资国企的监管是一个综合的监管，其职能有了清晰的定位。

第一，管人。通过法定程序对所监管企业负责人进行任免、管理和考核并根据其经营业绩及其他标准进行奖励或惩罚，建立符合社会主义市场经济体制和现代企业制度要求的选人、用人机制，完善经营者激励和约束机制。按照有关规定，代表国务院向所监管企业派出监事会，负责监事会的日常管理工作。[②]

第二，管事。指导推进国有企业的改革重组，推进国有企业的现代企业制度建设，完善国有企业的公司治理结构，推动国有经济布局和结构的战略性调整。

第三，管资产。根据国务院授权，依法履行出资人职责，监管中央所属企业（不含金融类企业）的国有资产，加强国有资产的管理工作。负责组织所监管企业上交国有资本收益，参与制定国有资本经营预算有关管理制度和办法，按照有关规定负责国有资本经营预决算编制和执行等工作。[③]

第四，保值增值。承担监督所监管企业国有资产保值增值的责任。

第五，监督。按照出资人职责，负责督促检查所监管企业贯彻落实国家安全生产方针政策及有关法律法规、标准等工作。

第六，推动立法，依法办事。负责企业国有资产基础管理，起草国有资产管理的法律法规草案，制定有关规章、制度，依法对地方国有资产管理工作进行指导和监督。[④]

---

① 张贵平. 中国国有企业监管模式选择及其环境约束研究[D]. 天津：南开大学，2009.
② 陈雄根. 国有资产监管法律制度研究[D]. 长沙：中南大学，2008.
③ 蔡法山. 建立国有资本经营预算制度应当处理好三大基础关系[J]. 中国发展观察，2010(7).
④ 汤奕皓. 权责关系视角下国家出资企业监管模式问题研究——以上海某区国资委为例[D]. 上海：上海交通大学，2014.

国有企业竞争中立制度研究

自 2003 年国务院国资委成立到 2014 年，国务院国资委在 11 年间积极履行出资人的职责，做了大量行之有效的工作。例如，对中央所属国有企业进行清产核资，对企业负责人进行经营业绩考核，规范企业负责人薪酬管理，开展面向全球招聘中央企业负责人试点，加强中央企业监事会工作，规范国有企业改制和国有产权转让，推进国有经济布局和结构的战略性调整等，有力地推进了国有经济的改革和发展，如图 4-2 至图 4-5 所示。

图 4-2 2003—2014 年全国国有企业营业收入分年统计图

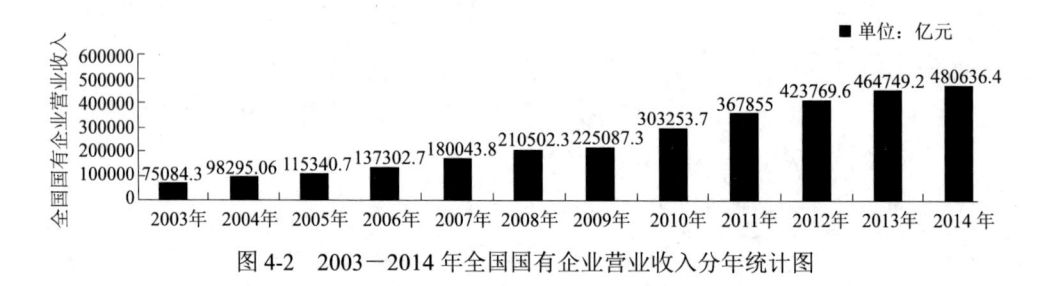

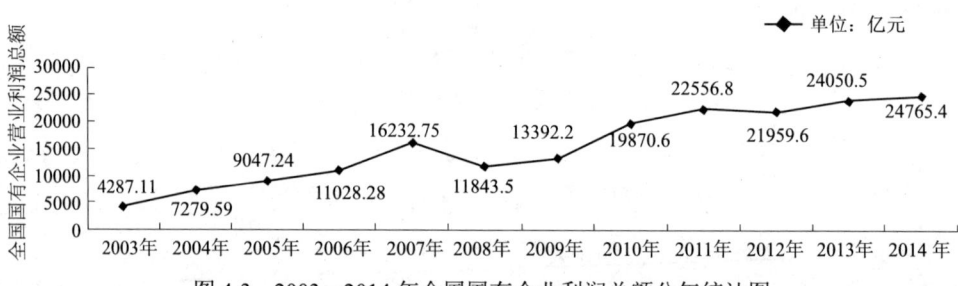

年份	营业收入（亿元）
2003年	75084.3
2004年	98295.06
2005年	115340.7
2006年	137302.7
2007年	180043.8
2008年	210502.3
2009年	225087.3
2010年	303253.7
2011年	367855
2012年	423769.6
2013年	464749.2
2014年	480636.4

图 4-3 2003—2014 年全国国有企业利润总额分年统计图

年份	利润总额（亿元）
2003年	4287.11
2004年	7279.59
2005年	9047.24
2006年	11028.28
2007年	16232.75
2008年	11843.5
2009年	13392.2
2010年	19870.6
2011年	22556.8
2012年	21959.6
2013年	24050.5
2014年	24765.4

数据来源：历年财政数据及信息公开，财政部网站 http://www.mof.gov.cn。财政部公布的数据与国资委公开的数据有差异，国有及国有控股企业主要经济效益指标等的信息发布属于财政部的职责范围，故此处以财政部公布的数据为准。图中所称全国国有及国有控股企业，包括中央企业和 36 个省（自治区、直辖市、计划单列市）国有及国有控股企业。中央企业包括中央部门所属的国有及国有控股企业及中央管理企业，以上均不含国有金融类企业。

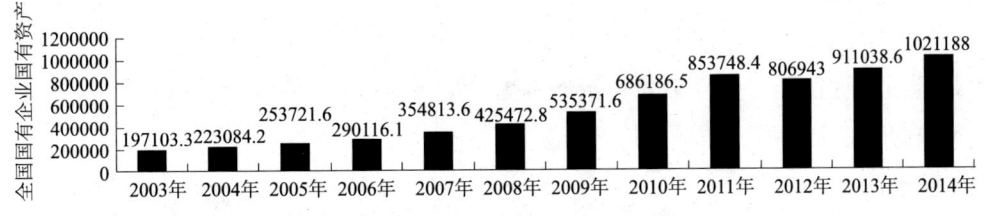

图 4-4　2003—2014 年全国国有企业国有资产分年统计图

数据来源：《2004 中国国有资产监督管理年鉴》《2005 中国国有资产监督管理年鉴》《2006 中国国有资产监督管理年鉴》《2007 中国国有资产监督管理年鉴》《2008 中国国有资产监督管理年鉴》《2009 中国国有资产监督管理年鉴》《2010 中国国有资产监督管理年鉴》《2011 中国国有资产监督管理年鉴》《2012 中国国有资产监督管理年鉴》《2013 中国国有资产监督管理年鉴》《2014 中国国有资产监督管理年鉴》，历年财政数据，财政部网站 http://www.mof.gov.cn，本图所称国有企业是指全国国有及国有控股企业，包括中央企业和 36 个省（自治区、直辖市、计划单列市）国有及国有控股企业。中央企业包括中央部门所属的国有及国有控股企业及中央管理企业，以上均不含国有金融类企业。

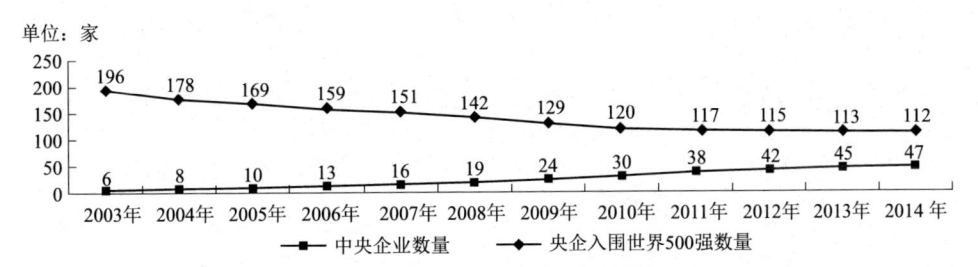

图 4-5　2003—2014 年中央企业数量与入围世界 500 强数量统计图

数据来源：国务院国有资产监督管理委员会网站 http://www.sasac.gov.cn。

三、党的十八届三中全会以来国资监管体制发展新方向：分层分类监管

党的十八届三中全会审议通过的《决定》，对国资国企如何改革，如何监管提出了很多建设性指导意见，如何正确处理市场在资源配置中的决定性作用和政府职能的恰当发挥，如何发展混合所有制，需要国资国企的全面深入改革。国有企业正在进行分类改革，进一步推动国有企业完善现代企业制度。在国资管理体制方面，将对国有资本进行分层管理，也即三级"国有资产授权经营模式"[①]。这种分层更好地实现了"政企分开"，有利于发挥市场在资源配置中的决定性作用，

---

① 三级"国有资产授权经营模式"：在中央政府层面，组建国资委负责全国国有资本的监管，履行国家所有权的政策执行职能；中层成立若干国有资本管理公司或投资基金承担国有资本经营职能，由它们作为所对应企业中的国有资本持股者，在金融市场上实施专业化管理和交易。政府不管企业的具体经营，而是管干部，管政策，管发展环境。

也使政府能够更加有效地发挥作用。国有资产的监管体制基于国资国企改革也将发生深刻变化,国资委也会被赋予新定义。

国有资产监督管理体制的改革应包含两个方面,一是国有企业的分类改革与监管;二是国有资本的分层改革与监管。全面深化改革背景下,经济体制改革是全面深化改革的重点,核心问题是处理好政府和市场的关系,使市场在资源配置中起决定性作用和更好发挥政府作用[①]。国资国企改革是经济体制改革的重点,国资国企改革的成败直接决定着市场能否在资源配置中起决定性作用,对政府作用是否更好发挥也是一种考验。通过对我国国有资产监督管理体制演变历史的梳理,国资国企改革应遵循这样的道路。在国有企业改革方面,应以国有企业不同的功能定位为基础对国有企业进行分类改革与监管;在国有资本改革方面,应以国有资本的不同的分层定位为考量对国有资本进行分层改革与监管。

(一)基于国有企业功能定位的国有企业分类改革与监管

党的十八届三中全会后国有企业改革向纵深推进,解决国有企业分类监管问题被认为"顶层设计"的当务之急[②]。《决定》提出要准确界定国有企业的功能,目的是为了国有企业的分类改革,进而提高国有企业的社会效益和经济效益。国有企业为什么要进行分类监管,分类监管与现行的对国有企业进行不分类的"眉毛胡子一把抓"的监管有巨大不同。对于国有企业的考核,现行的是依据经营业绩对企业进行考核评价,依据考核结果确定经营薪酬,保证国有资产的保值增值。显然这种适用于所有不同国有企业的考核标准是不科学的,因为不同的国有企业具有不同的经营标准和行业特征,"一刀切"的考核方式对企业发展极为不利,甚至会影响国有企业社会功能的发挥。同时,分类不是目的,目的还是为了国资经济效益和社会效益能够更好地实现。如何破解国有企业目前存在的监管效率问题一直为人们所关注,我们认为应突破这种把国有企业看作一个整体进行监管的观念,应引入分类治理的工作思路,确定差异化的国有企业治理思路,针对不同类别的国有企业适用不同的评价监管标准。

---

① 中国共产党第十八届中央委员会第三次全体会议.中共中央关于全面深化改革若干重大问题的决定[R]. 北京,2013.

② 夏金彪.分类监管或给国企改制带来新突破[N].中国经济时报,2013-12-12.

第四章
竞争中立制度在我国实施的必要性与可行性分析

1. 国有企业分类改革与监管的基本思路

国有企业具体如何分类，是国有企业改革方案首先要解决的问题。具体对国有企业如何分类，我国存在"两分法""三分法"的争论。虽然在过去的时间里"两分法"看似盛行，其实主流上已逐渐被"三分法"所代替，理论和实务界在国有企业的基本分类方法上也形成共识[1]，即以国有企业不同的企业功能属性为标准把我国的国有企业分为公共服务类、特定功能类与一般商业类。国务院国资委也提倡这三种分类方式[2]，并且在地方层面，这种分类法已在多个省（区、市）开始实施[3]。应当说明的是，地方国资与国务院国资委管理的国资差异性较大，各地的情况也不同，在这种情况下各地与国务院国资委出台的改革方案可能会有很大不同。这是各地为适应本地具体情况所做的变通，但最终都会是"殊途同归"，在国有企业分类改革，国资分层管理及大力发展混合所有制方面这些指导层面改革意见都将会被落实甚至做得更好。

我们对国有企业分类改革持"三分法"的观点，即将国有企业区分出"公共服务类""特定功能类"和"一般商业类"三种类型。这三种国有企业类型的提法是基于企业功能定位这个基础而进行的。"公共服务类"强调的是该国企产品和服务的公共用途或体现一定的公共政策。"公共服务类"即"公共企业"。在西方国家，人们普遍所说的国有企业其实是公共企业，主要集中在市场失效领域[4]。我们在界定国有企业时，有必要将以提供公共产品的国有企业界定为"公共服务类企业"，并把以后国资的投资重点放在该领域，这是我国社会主义国家性质的独特需要，也是社会主义市场经济发展的必然要求，更是当前全面深化改革对国资国企改革提出的阶段性要求。"特定功能"则强调该国有企业的产品和服务在某一专业领域发挥特殊功能，主要是"公用企业"。最后，"一般商业类"

---

[1] 顾功耘从法学角度提出把国有企业分为"商事企业""公共企业""准公共企业"；黄群慧、余菁从经济学角度把国有企业分为"公共政策性企业""一般商业性企业"和"特定功能性企业"。

[2] 刘中盛，杨倩. 国资改革决心：不破不立 [EB/OL].(2013-12-21)[2016-02-17].http://finance.qq.com/zt2013/focus/gzgg.htm.

[3] 关于进一步深化上海国资改革促进企业发展的意见 [EB/OL].(2013-12-18)[2016-02-17].http://www.shanghai.gov.cn/shanghai/node2314/node2315/node4411/u21ai824191.html. 上海提出把国有企业分为"竞争类企业""功能类企业""公共服务类企业"；国企改革再推进 广东省启动 [EB/OL].(2014-02-24)[2016-02-17].http://news.hexun.com/2014-02-24/162431144.html. 广东提出把国有企业分为"公益性国有企业""特定功能性国有企业""竞争性领域的国有企业"；20省市发力混合所有制改革 国企改革大棋落子 [EB/OL].(2014-03-12)[2016-02-17].http://finance.sina.com.cn/china/20140312/022518478444.shtml. 重庆、云南、广西、湖北、山东、安徽、浙江、江苏、北京等17个地方国资委也明确了国企分类改革的方向。

[4] 叶常林. 公共企业：涵义、特征和功能 [J]. 中国行政管理，2005(10).

的提法而不是常见的"竞争类"的提法,是突出第三类国有企业也是占比居于绝对多数的国有企业的商业特性,强调其体现的是一般商业企业的市场化的商业功能,而不是从行业性质的差异而将之归于"竞争类"。明确了分类思路,对于不同的国有企业实行差异化的治理机制、改革举措和监管法则(如表4-2所示)。

表4-2 国有企业的分类改革与监管

分类特征		国有企业类别		
		公共服务类	特定功能类	一般商业类
分类原则		总的原则是实现国有企业更有效的监督管理和国有企业内部更规范的公司治理。 (1) 国有企业分类要能够推动企业周边地区经济可持续发展; (2) 国有企业分类改革应与国资改革的目标措施协调一致; (3) 国有企业分类要与国资未来发展趋势和投资领域相结合; (4) 国有企业分类与政府规范自身的权力边界相协调		
治理特征	所在领域	(1) 基础产业和公共基础设施,如电网电力、电信、民航、航运、公路交通、供水、邮政、港口、机场等; (2) 国家重大科学技术的理论研究和应用; (3) 社会保障包括生育、工商、退休、医疗卫生、国民卫生保健及保险服务; (4) 公共资源和公共环境的保护和治理及提供	(1) 自然垄断或行政垄断领域,国民经济命脉和重要行业和关键领域; (2) 涉及国家安全的行业、中央矿产资源类及承担国家储备任务的企业,如石油石化、矿产资源开发、军工、粮棉油肉糖储备等行业企业; (3) 战略性新兴产业	处于市场竞争性领域。支柱产业、高新技术产业等行业的重要国有企业,包括装备制造、建筑、汽车、钢铁、电子信息、有色金属加工、勘察设计、科技、化工等行业企业
	法律适用	针对该类国有企业可进行特别立法,如《中华人民共和国公共企业法》,或《中华人民共和国政府投资法》等	由于该领域具有"社会性"和"经济性"的双重特征且二者权重可能无法合理衡量,需专门针对其具体功能或行业进行立法	与一般市场主体一样平等适用《公司法》《反垄断法》等市场经济中的有关法律,不适用特别法
	市场地位(资源配置方式)	具有"社会性""非营利性"特征,一般按照市场规则,以提高资源配置效率和公共服务能力,同时弥补市场缺陷	"社会性"与"经济性"特征均不明显,介于公共服务类国有企业与一般商业类国有企业之间,根据不同企业的特征对市场和国家政策有不同的侧重	这类国有企业是市场经济中完全平等的市场主体,市场在该领域的资源配置中起决定性作用

第四章 竞争中立制度在我国实施的必要性与可行性分析

续表

<table>
<tr><th rowspan="2">分类特征</th><th colspan="3">国有企业类别</th></tr>
<tr><th>公共服务类</th><th>特定功能类</th><th>一般商业类</th></tr>
<tr><td rowspan="4">治理特征</td><td>政企关系</td><td>政企不分。是一种事实上或者法律上独立的、隶属于政府的经济组织，代替政府承担一定社会职能，可以选择国有国营的模式</td><td>两者关系中，具有灵活性。国有资本保持控制力的条件下，通过某种受法律保护的契约关系界定政企之间的责权利关系的模式，可以选择特殊法人①的组织形式</td><td>政企分开。按照混合所有制的要求对企业进行规范化的公司化改造，以市场化为导向，企业的决策、经营和发展完全依赖于市场</td></tr>
<tr><td>企业功能</td><td>(1) 提供公共产品和公共服务，承担改善民生、特殊服务、社会保障、城市运营等职能；
(2) 宏观调控职能；
(3) 推动工业化和信息化建设，发展民族经济；
(4) 组织与实现公共产品的供给，纠正政府失灵；
(5) 弥补私人企业缺陷，维护国家经济主权；
(6) 承担较重社会责任</td><td>(1) 巩固社会主义基本经济制度和发挥国有经济在国民经济中的主导作用；
(2) 保障国家安全与重要资源、保障社会经济稳定、落实国家宏观调控政策作用；
(3) 承担一定社会责任的同时追求经济效益</td><td>(1) 经济效益第一，国资保值增值；
(2) 增强市场活力；
(3) 满足人们不断增长的物质文化需求；
(4) 发挥市场对资源配置的决定性作用</td></tr>
<tr><td>资本构成（股权结构）</td><td colspan="3">不同功能国有企业可以相互转化②，对于三类国有企业可以通过资本构成比例调整的方式来相互转化。</td></tr>
<tr><td></td><td>(1) 国有独资形式：国有股权100%；
(2) 国有绝对控股：国有股权占51%以上</td><td>国有相对控股：国有股权不超过50%，不低于10%，但是在所有股东中占比最大，同时股权有限多元化，在一些特殊领域可以采取金股③或者限制其他股东的投票权④的方式</td><td>该类国有企业要向混合所有制发展，主张股权相对多元化，国有股可采用国有参股形式或者全部退出的方式来运作。具体可吸引集体资本、民营资本加入，参与公司的股东，无论它国有资本、还是民营资本，还是其他什么资本，在法律上一律平等。此外，国有股可以根据该类国有企业不同领域、不同行业发展的情况适时地进行控股、参股或者转股退出</td></tr>
<tr><td></td><td>资产管理</td><td>实行严格的预算管理</td><td>建议进行一般预算管理，采取一种规划建议的方式进行指导，在履行特殊功能条件下适度追求股权投资利益</td><td>不存在政府预算管理，全体股东享受股权投资收益，对于资产的使用由公司董事会决议决定，不受政府限制</td></tr>
</table>

① 特殊法人是一种主要由政府出资，按照特别法律设立，规范和约束具有特殊法律地位和一定经营自主权的国有企业。

② 顾功耘. 国企类型化改革路径 [N]. 上海证券报，2013-12-19.

③ 金股是英国国有企业中的一种独特股权模式，该金股可以行使一票否决权，具体运用上是国家主管部门委派一名高级公务员担任该公司董事，并作为金股的代表行使相关权利。

④ 该制度源于韩国，韩国运用对其他个体股东的表决权限制来对国有企业进行掌控，即通过公司章程来把个体股东的表决权限制在3%（我国可以根据企业自身情况灵活掌握该比例）的方式来达到国家战略目的，而不需要国家采用绝对控股的方式来对国有企业进行控制。

续表

分类特征		国有企业类别		
		公共服务类	特定功能类	一般商业类
治理特征	经营目标	(1) 以实现社会效益为主要目标，当社会效益与经济效益发生冲突时，社会效益优先；(2) 以执行公共政策和公共服务为目的	(1) 以完成政府战略任务或重大专项任务为目标，兼顾经济效益；(2) 以特定功能的有效发挥为主要目标	(1) 以盈利为目的，以企业经济效益最大化为核心目标；(2) 努力成为国际国内同行业中最具活力和影响力的企业
	产品属性	提供公共产品	生产"准共用品"或某些特殊的私用品	提供竞争性产品或服务
	定价机制	由政府核准定价	产品价格与成本有较大的相关性，宜采用政府指导定价的方式	由市场来决定定价
	公司治理模式	(1) 可以采用《公司法》中的治理结构，设立董事会和监事会，由于是国有独资公司，股东会是不必设的；(2) 可设一名执行董事任法定代表人兼总经理，与党委书记分设；(3) 履行出资人职责的机构委派或推荐监事会主席和外派监事，与企业内部监事组成监事会，外派财务总监	(1) 国有多元投资企业原则上董事长为法定代表人，经法定程序，兼任总经理，与党委书记分设；(2) 非多元投资企业可设一名执行董事任法定代表人兼任总经理，与党委书记分设；(3) 权利义务的设置可以更加灵活，经营方式也可以通过合同进行选择；(4) 履行出资人职责的机构委派或推荐监事会主席和外派监事，与企业内部监事组成监事会，外派财务总监	(1) 按照现代企业制度完善公司治理结构加大该类国有企业董事会建设，董事长和总经理分设，符合条件的董事长同时担任党委书记；(2) 加大外部董事委派力度，公司董事会成员中外部董事应多于内部董事；(3) 只管理党委书记、董事长、总经理和监事会主席，党委副书记、纪委书记由国资委管理，经营成员逐步由董事会进行市场化方式的聘任和解聘
	激励约束分配机制	坚持国有企业领导人员收入与企业效益、发展目标、职工收入联动，行业之间和企业内部形成更加合理的分配激励关系。建立健全企业核心骨干绩效激励约束制度、与市场机制相适应的收入分配机制。人力资本密集的高新技术和创新型企业，可实施科技成果入股、专利奖励等激励方案。承担战略性新兴产业项目的投资公司，探索市场化项目收益提成奖励。具体规则由公司章程规定		
		(1) 完成重大任务后，经考核配套实施专项奖励；(2) 对于该类国有企业的主要领导人员可以采取行政奖励的方式，因为该类国有企业主要提供的公共服务与公共利益密切相关，且该类国有企业与政府关系密切，受政府政策影响最大；(3) 对于普通员工可采取与企业效益水平挂钩的方式，提高职工生产积极性的同时保证职工合理诉求	(1) 符合法定条件、发展目标明确、具备再融资能力的国有控股上市公司，可实施股权激励或激励基金计划；(2) 国有创投企业鼓励采用项目团队参股股权投资管理公司的方式，探索建立跟投机制；(3) 国有企业领导人员完成重大任务后，经考核可对其进行配套实施专项奖励；(4) 健全与绩效激励相配套的业绩挂钩、财务审计和信息披露、延期支付和追索扣回等约束机制[①]	(1) 运用市场化的规则对该类国有企业所有在职人员进行激励分配；(2) 对符合条件的国有企业领导人实施股权、现金两种类型的中长期激励

---

① 朱子昂. 混合所有制经济形式下企业预算管理研究 [J]. 国际商务财会，2015(3).

续表

分类特征		国有企业类别		
		公共服务类	特定功能类	一般商业类
治理特征	国资收益上缴比例	较少。即使是收益较大,也应该把这部分增量投入到该类国有企业自身发展上,扩大该类企业产品和服务的范围,提高产品和服务的质量,进而也是提高国民福利的一种有效途径	居中。该类国有企业在国资收益上缴方面以每年具体收益为准,但是对于收益是上缴还是投入企业经营的问题,应该具体问题具体分析,在满足企业经营发展的前提下,根据国家需要来上缴企业收益	较大。该类国有企业的功能就是为了国有资本的保值增值,对于国有股的国资收益上缴比例是比较大的
	未来发展	国家应逐步加大该领域投资,把国资集中到该领域,该领域是国有资本发挥作用和体现价值的重要空间	巩固提高,国家逐步稳定在该领域的投资,在一些领域做大做强	提高国资质量或退出,该类国有企业市场化水平高,国资不应该过多地投入到该领域,应注重提高这部分的国资质量,适时推出一些市场化水平高的领域
监管特征	监管主体	(1) 出资人机构; (2) 涉及公共产品立项和资金来源的政府管理部门	混合监管。出资人代表机构监管为主,政府有关部门政策监管为辅	出资人代表机构按照《公司法》等有关市场经济的法律法规的规定行使股东的监管职权
	监管重点	监管的重点总的来说在政策执行效果,制度规范性与有效性及社会效益评估。 (1) 出资人机构的监管重点是科学导向和评价其所提供的社会公共产品的价值; (2) 政府管理部门的监管是出于公共利益代表的身份,重点是其项目计划实施进度、资金使用情况、项目进度和工期的完成情况等;对于持续提供公共产品的,主要是监管其产品的供应量、产品标准和服务质量、制造成本和价格公允性等	(1) 出资人监管下的第一层出资企业,这些企业大部分是集团公司或控股公司; (2) 应明确在出资企业下设的子公司不再设混合型企业,现有的二级以下子公司要通过合理定位、资产重组和进行调整,明确监管模式和发展方向; (3) 对于偏重于市场型的企业,应以公司治理准则界定监管关系,同时引入多种形式的市场化的监管机制,与其他所有制的市场主体公平竞争[①]	(1) 国有资本的收益权; (2) 出资企业资产的流动性。提高市场型国有企业国有资本的证券化比率,企业如实现国有资产的依法顺畅和有序流动,既是保障企业国有资产增值保值和国有企业充满活力的需要,也是国有资本在竞争性领域中其他市场主体公平竞争,通过"有进有退"不断优化调整国有资本布局结构的最基本保证
	监管目标	社会效益的最大化	经营活动的财务回报加上特定的社会目标	国有资本收益的最大化
	监管方式	(1) 由出资人机构直接任免、管理和考核企业主要负责人,通过组织委派和任命方式,明确企业经营责任和目标,协调政府有关管理部门的监管事宜;	(1) 依托公司治理的体制内监管方法,引入市场化运行的机制提高效率和监管的透明度;	(1) 出资人机构依据委托代理的治理原则,选择国有资本的代理人依法进入公司的董事会和监事会,行使战略决策和日常监督职责;

---

① 上海国有资本运营研究院,等. 国有企业分类监管法则 [J]. 上海国资,2013(4).

续表

分类特征		国有企业类别		
		公共服务类	特定功能类	一般商业类
监管特征	监管方式	（2）政府有关管理部门可推选人选作为出资方代表进入公司决策和监管机构，监管方式由直接转为间接，由公司外部转为治理结构内部，提高监管有效性； （3）通过有效的监管方式控制成本摊销，对企业账目进行严格审计，合理费用摊销，不合理费用剔除，对实现公益目标产生的成本实行认证制度，不断提高经营效率； （4）该类国有企业的账目应向社会公开，这是独资国有企业的必然要求	（2）政府购买公共服务，定期按照市场标准相互建立提供服务产品的合约进行约束和监管； （3）BOT模式。政府通过契约授予非国有企业以一定期限的特许专营权，以增强对同类国有企业的"鲶鱼效应"，促进监管的提升； （4）在自然垄断领域，要加强社会监督和引入独立审计的监管方式，严格控制其营运成本	（2）国有资本的代理人由专家型人才为主，代理人的选择遵循商业化运作的模式，逐步做到市场化、职业化和契约化管理； （3）监管机构和被监管企业之间的治理关系，完全按照《公司法》和治理准则，企业的战略决策和经营管理权力，有健全的治理机制规范运作； （4）对于政府委派的董事与监事，政府应当有专门的产生与任免条件与程序，同时还要制定专门的考核与薪酬制度
考核办法		如何考核该类国有企业，不能片面追求收入、利润，否则，企业会凭借行业地位的特殊性，很容易转嫁成本，导致社会高成本。 （1）对企业主要负责人的评价指标由出资人机构依据项目计划直接考核工程质量、资金使用、费用控制和工期进度等指标，或者是公共产品的供应量、产品和服务质量、制造成本和价格公允性等指标； （2）深化特许经营权改革，建立科学合理的服务评价指标体系，探索市民满意度等社会评价体系	总的考核内容是战略任务或重大转向完成情况，兼顾经济效益。 （1）对于市场化水平较高的国有企业，参照市场化有出资人机构通过治理关系实行监管，在考核指标中适当增加修正系数； （2）对于公益性较强的国有企业的监管，则比照公共服务类国有企业调整治理结构、引导方式和考核指标	总的考核内容是股东价值、主业发展和持续能力，同时引入行业对标机制。 （1）针对该类国有企业的不同行业和不同发展阶段，分别制订有利于发挥资本逐利活力的导向目标和提高企业市场竞争力和绩效指标； （2）发挥资本逐利活力的目标导向原则，出资人机构仅作为股东予以审核或通过； （3）适当参考该类国有企业在国有经济布局结构中合理性、示范和带动效果评估，为该类国有企业下一步定位做准备

第一类是"公共服务类"国有企业，是国家为公共事业福利的提升实现公众利益的一种手段，也是政府公共服务职能的延伸。这类国有企业又被称为"公共企业"，其企业功能主要是宏观调控弥补市场缺陷、提供公共产品和公共服务、改善民生、特殊服务社会、保障城市运营等。这类国有企业在国有企业总数中居于绝对少数，但却是未来国家国资投放的重点。针对该类企业，建议"一企一法"[①]，这样可以更好地发挥这类国有企业的功能。有学者怀疑"一企一法"将影响本轮国资国企改革的效率，但是要看具体适用领域，在"一般商业类"国企

---

① "一企一法"与"一企一策"不同，前者强调不同企业适用相应的不同的法律依据，后者是说企业具体的调整策略；前者是法律制度层面，后者是技术层面。

第四章
竞争中立制度在我国实施的必要性与可行性分析

可能不会运用，在"特定功能类"国有企业可能会少用，在"公共服务类"国有企业就应该提倡运用"一企一法"的办法。这是由"公共服务类"国有企业的适用领域、社会功能、股权构成、政企关系、公司治理结构及监管方面的特征综合决定的，放开或者放松"公共服务类"国有企业的管理都可能造成国民福利的损害。每个企业都需要有相适应的法律依据，仅仅依靠一般法律来调整是不符合这类国有企业设立目的的。

第二类是"特定功能类"国有企业，这类国有企业混合特征性强，既不是典型的公共服务类国有企业，也不是纯粹的一般商业类国有企业。其企业功能主要有巩固社会主义基本经济制度和发挥在国民经济中的主导作用、保障国家安全与重要资源、保障社会经济稳定、落实国家宏观调控政策作用等。这类国有企业数量比公共服务类国有企业多，比一般商业类国有企业少，企业具体情况差异明显。这类国有企业是近期及未来一段时期内国资改革的重点也是难点，其改革要求市场化导向的同时还要强调国家赋予该类国有企业的特定社会功能，比较复杂。它不像公共服务类那样主要依据国家政策，也不如一般商业类国有企业那样强调市场在资源配置中起决定性作用。需要注意的是，该类国有企业有两个动态倾向：一个是向一般商业类国有企业转化；另一个是向公共服务类国有企业转化，即它的功能是动态可调整的。一般商业类与公共服务类国有企业也是动态的，但是特定功能类国有企业的动态幅度比其他两者都要大。一种情况是，随着国家的发展，国家不再需要或者强调该特定功能，那么这类企业就会逐步转变成一般商业类国有企业；另一种情况是，国家赋予该类国有企业新的功能，那就有可能将其转变成公共服务类国有企业。长期来看，这两种倾向都是存在的并且转化为具有国际竞争力的一般商业类国有企业的可能性更大，因为其大多数居于自然垄断地位且实力雄厚。

第三类是"一般商业类"国有企业，也就是有学者称的竞争性国有企业。其企业功能主要有把经济效益放在第一位，追求国资的保值增值、增强市场活力、满足人民不断增长的物质文化需求、发挥市场对资源配置的决定性作用等。这类国有企业在国有企业总数中居于绝对多数，是本轮国资国有企业改革的重中之重。对于这类国有企业，应按照市场化的要求，发挥市场在资源配置中的决定性作用。需要注意的是，市场化并不是把这类国有企业民营化、私有化，而是在这类国有企业中大力发展混合所有制的作用，让各类资本参与进来，共同分享改革的红利，以此提升这类国有企业的管理水平、现代化程度和国资质量，进而缓解国有资产的管控压力，提升国资运营效率，大幅降低昂贵的制度运行成本，同时也能增强市场活力。

参照以上国企分类标准推进分类改革的同时，我们还必须认识到国有企业的复杂性和动态性，其实就是三种分类方法的相对性。因为不同功能的国有企业的成分并不是单一的，有可能含有其他属性的成分，并且还伴随着经济社会发展变化的情势。一种情况是，改革中一些企业被划归一般商业类国有企业，虽然这一类企业绝大多数都是以市场为导向的，但现实中它的业务还有一小部分是涉及公共服务类的；还有一种情况是，改革后，国有企业的经营条件和环境都会随着市场的变化而变化，对于提供公共产品和服务的公共服务类国有企业，如果其生产成本降低，以更低价格供应仍有利可图，就可转化为特定功能类国有企业甚至是一般商业类国有企业。反之，一般商业类国有企业也可转化为特定功能类国有企业甚至是公共服务类国有企业。如果是特定功能类国有企业，就更易向一般商业类国有企业或公共服务类国有企业转化。这两种情况说明，我们的国有企业分类是一个动态的过程，一蹴而就的国有企业分类是不可能的，改革本身及改革过程中的变化都是需要考量的，因为在对它们定位的同时包含着定位不清及情势的变化二者带来的新的定位要求等问题，必须要认识到它们是可以相互转化的。除此之外，不能以现在企业主营业务某一类占比的多寡为分类依据，要从设定该类国有企业的目的出发，从企业本来的功能出发，分类之后还要进一步梳理企业的各项业务，剥离一些不属于自己类型的业务到其他类别的国有企业去。业务范围确定后，才能使企业功能得到最有效的发挥，这才是分类的目的。

基于上述分类改革思路，我国的国有企业在经济全球化背景下的发展路径，特定功能类的国有企业及公共服务类国有企业，应主动退出那些市场化水平高、战略重要性下降的行业产业，积极拓展新的具有战略价值的产业领域，积极为民创利，条件成熟时，坚持走出去，创造国有资本更高的价值。一般商业类国有企业，混合所有制程度高，市场适应能力最强，逐利的主动性也最强，在国内市场成熟饱和之后，国家化战略是一个尤其值得关注的方向。2014年我国国有企业占世界500强的数量已经达到92家[①]，国有企业在中国对外直接投资存量中的比重为85%～90%，可见我国的国有企业已经奠定了良好的国际化开局，虽然也存在一些经营能力差，以及国有企业海外投资的特殊障碍等[②]，但混合所有制必将对这些问题的解决提供重要支持。

2. 国有企业分类改革与监管的实证研究[③]

鉴于上海已经完成国有企业分类改革任务，国资国企改革的重点已经转入到对国资分层分类管理方面。对国有企业分类改革提出的建议主要以113家中央企业为研究对象，在理论分析的基础上结合上海、北京、广东及其他省市的国有企业分类实践经验，提出以下国企分类的设想，希望能起到抛砖引玉的作用，具体分类如表4-3和表4-4所示。

表4-3 中央企业分类表

国企类别	行业领域	对应中央企业序号
公共服务类	基础产业和公共基础设施	SOE14—SOE15
	公共政策性	SOE47、SOE56、SOE104
特定功能类	自然垄断或行政垄断国民经济命脉、重要行业和关键领域	SOE11—SOE13、SOE16—SOE25、SOE68、SOE37—SOE41
	涉及国家安全的行业、中央矿产资源类等重要领域	SOE1—SOE10、SOE44、SOE52—SOE53、SOE56、SOE58、SOE93、SOE103、SOE105、SOE94—SOE96
	战略性新兴产业	SOE26、SOE73
一般商业类	装备制造	SOE77—SOE78、SOE29—SOE32
	汽车	SOE27—SOE28
	电子信息	SOE79、SOE83—SOE84、SOE98、SOE106—SOE108
	建筑	SOE46、SOE71
	钢铁	SOE33—SOE35、SOE76
	有色金属加工	SOE36、SOE61—SOE62、SOE72、SOE74
	化工	SOE42、SOE64—SOE65
	勘察设计建设	SOE55、SOE80—SOE82、SOE101—SOE102
	轻工业	SOE67、SOE69、SOE86、SOE88

---

① 赵玲玲，杨凯.92家国有企业闪耀世界500强榜单[N].中国企业报，2014-07-15.
② 国务院发展研究中心对外经济研究部"对外投资与促进中国跨国公司发展研究"课题组.稳步提升国有企业的国际化经营能力[EB/OL].(2013-08-16)[2016-02-17].http://www.cec.org.cn/hangyewenhua/qiyeguanli/2013-08-16/107535.html.
③ 白金亚.国有企业分类监管体制改革研究——基于国企功能定位的法治思考[J].上海市经济管理干部学院学报，2017(6).

续表

国企类别	行业领域	对应中央企业序号
一般商业类	科技	SOE59—SOE60、SOE63、SOE66、SOE70、SOE111
	综合投资经营	SOE48—SOE50、SOE57、SOE85、SOE92、SOE109—SOE110、SOE97、SOE100、SOE113
	综合物流运输	SOE112、SOE87
	服务业	SOE51、SOE75、SOE90—SOE91
	其他商业类国企	SOE43、SOE99、SOE89

注：表4-4中中央企业序号对应的中央企业详见表4-4附表。

表4-4附表　国资委管理的113家中央企业序号表

序号	企业（集团）名称	序号	企业（集团）名称
SOE1	中国核工业集团公司	SOE26	中国电子信息产业集团有限公司
SOE2	中国核工业建设集团公司	SOE27	中国第一汽车集团公司
SOE3	中国航天科技集团公司	SOE28	东风汽车公司
SOE4	中国航天科工集团公司	SOE29	中国第一重型机械集团公司
SOE5	中国航空工业集团公司	SOE30	中国机械工业集团有限公司
SOE6	中国船舶工业集团公司	SOE31	哈尔滨电气集团公司
SOE7	中国船舶重工集团公司	SOE32	中国东方电气集团有限公司
SOE8	中国兵器工业集团公司	SOE33	鞍钢集团公司
SOE9	中国兵器装备集团公司	SOE34	宝钢集团有限公司
SOE10	中国电子科技集团公司	SOE35	武汉钢铁（集团）公司
SOE11	中国石油天然气集团公司	SOE36	中国铝业公司
SOE12	中国石油化工集团公司	SOE37	中国远洋运输（集团）总公司
SOE13	中国海洋石油总公司	SOE38	中国海运（集团）总公司
SOE14	国家电网公司	SOE39	中国航空集团公司
SOE15	中国南方电网有限责任公司	SOE40	中国东方航空集团公司
SOE16	中国华能集团公司	SOE41	中国南方航空集团公司
SOE17	中国大唐集团公司	SOE42	中国中化集团公司
SOE18	中国华电集团公司	SOE43	中粮集团有限公司
SOE19	中国国电集团公司	SOE44	中国五矿集团公司
SOE20	中国电力投资集团公司	SOE45	中国通用技术（集团）控股有限责任公司
SOE21	中国长江三峡集团公司	SOE46	中国建筑工程总公司
SOE22	神华集团有限责任公司	SOE47	中国储备粮管理总公司
SOE23	中国电信集团公司	SOE48	国家开发投资公司
SOE24	中国联合网络通信集团公司	SOE49	招商局集团有限公司
SOE25	中国移动通信集团公司	SOE50	华润（集团）有限公司

第四章 竞争中立制度在我国实施的必要性与可行性分析

续表

序号	企业(集团)名称	序号	企业(集团)名称
SOE51	中国港中旅集团公司 [香港中旅（集团）有限公司]	SOE84	电信科学技术研究院
SOE52	国家核电技术有限公司	SOE85	中国农业发展集团总公司
SOE53	中国商用飞机有限责任公司	SOE86	中国中纺集团公司
SOE54	中国节能环保集团公司	SOE87	中国外运长航集团有限公司
SOE55	中国国际工程咨询公司	SOE88	中国中丝集团公司
SOE56	中国华孚贸易发展集团公司	SOE89	中国林业集团公司
SOE57	中国诚通控股集团有限公司	SOE90	中国医药集团总公司
SOE58	中国中煤能源集团公司	SOE91	中国国旅集团有限公司
SOE59	中国煤炭科工集团有限公司	SOE92	中国保利集团公司
SOE60	机械科学研究总院	SOE93	珠海振戎公司
SOE61	中国中钢集团公司	SOE94	中国建筑设计研究院
SOE62	中国冶金科工集团有限公司	SOE95	中国冶金地质总局
SOE63	中国钢研科技集团公司	SOE96	中国煤炭地质总局
SOE64	中国化工集团公司	SOE97	新兴际华集团有限公司
SOE65	中国化学工程集团公司	SOE98	中国民航信息集团公司
SOE66	中国轻工集团公司	SOE99	中国航空油料集团公司
SOE67	中国工艺（集团）公司	SOE100	中国航空器材集团公司
SOE68	中国盐业总公司	SOE101	中国电力建设集团有限公司
SOE69	中国恒天集团有限公司	SOE102	中国能源建设集团有限公司
SOE70	中国中材集团有限公司	SOE103	中国黄金集团公司
SOE71	中国建筑材料集团有限公司	SOE104	中国储备棉管理总公司
SOE72	中国有色矿业集团有限公司	SOE105	中国广核集团有限公司
SOE73	北京有色金属研究总院	SOE106	中国华录集团有限公司
SOE74	北京矿冶研究总院	SOE107	上海贝尔股份有限公司
SOE75	中国国际技术智力合作公司	SOE108	武汉邮电科学研究院
SOE76	中国建筑科学研究院	SOE109	华侨城集团公司
SOE77	中国北方机车车辆工业集团公司	SOE110	南光（集团）有限公司
SOE78	中国南车集团公司	SOE111	中国西电集团公司
SOE79	中国铁路通信信号集团公司	SOE112	中国铁路物资（集团）总公司
SOE80	中国铁路工程总公司	SOE113	中国国新控股有限责任公司
SOE81	中国铁道建筑总公司		
SOE82	中国交通建设集团有限公司		
SOE83	中国普天信息产业集团公司		

资料来源：国务院国有资产监督管理委员会网站 http://www.sasac.gov.cn，访问日期：2015 年 11 月 12 日。

如表 4-4 所示，基于前文概念等条件设定，关于国有企业的分类结果如下，关于"公共服务类"国企，其数量约占全部中央企业数量的 4%，表中将公共服务类国企分为基础产业和公共基础设施及公共政策性两种，分别包括中储粮、中储棉和中国华孚 3 家政策性企业及国家电网和南方电网 2 家基础产业和公共基础设施企业。需要说明的是，中央企业中仅 5 家被分类为公共服务类是不足的，随着改革的推进，其他两类国有企业中被剥离出来的主要涉及公共服务的业务有可能被重组成新的公共服务类国有企业，公共服务类国有企业的数量必然还要增加一些。关于"特定功能类"国有企业，其占比约 34%，并被分为自然垄断或行政垄断国民经济命脉、重要行业和关键领域，涉及国家安全的行业、中央矿产资源类等重要领域及战略性新兴产业三种。第一种包括中石油化工集团有限公司、中石化、中国华能集团有限公司、中国电信集团有限公司、中国航空工业集团有限公司等 18 家央企；第二种包括国家核电、中国核工业集团、中国黄金等 18 家央企；第三种包括中国电子信息产业集团 1 家央企。最后，关于"一般商业类"国有企业，其数量最多，占央企总数量的 62%，表 4-4 中将其进一部分为装备制造、汽车、电子信息、建筑、钢铁、有色金属加工、化工、勘察设计建设、轻工业、科技、综合投资经营、综合物流运输、服务业及其他商业类国有企业共 71 家。

关于分类所依据的理论假设。这部分内容已在前文有较详细论述，把国有企业分类理论分为治理特征、监管特征和考核方法三部分，治理特征进一部分为所在领域、法律适用、市场地位（资源配置方式）、政企关系、企业功能、资本构成（股权结构）、资产管理、经营目标、产品属性、定价机制、公司治理模式、约束分配机制、国资收益、上缴比例和未来发展十五类，监管体制进一部分为监管主体、监管重点、监管目标和监管方式四类，构建出比较详尽的分类理论。

关于分类所依据的企业资料。国务院国资委在官方网站为其管理的中央企业建立了一个央企名录[22]，里面清晰地罗列了央企的名单及企业网站的链接。每个中央企业网站对于自己企业的性质、地位、行业、下属公司或控股公司、管理层、组织机构等都有详尽描述，有的央企如中国中化集团旗下的上市公司中化国际（控股）有限公司在其网站还有详尽的定期报告和公司公告等关于上市公司的重要披露信息，可以自由下载查看[23]。笔者对 113 家央企逐一搜集总结并分析了这些央企必要的信息资料,对于该企业的具体定位提供了重要参考,也是笔者对其进行分类的主要材料依据。

关于具体分类的科学性。需要说明的是,笔者对央企进行的三种分类是相对的,具有一种相对的科学性。希望能起到抛砖引玉的作用,为推动国企具体分类的充分讨论做出自己的一份努力。关于具体分类需要注意以下几点:一是国有企业分类过程中要注意对该类国有企业中的辅业进行剥离,突出其主业。二是国有企业分类是一个动态的过程,不可能一劳永逸,随着经济社会发展应该进行必要调整。三是国有企业分类过程中注意发挥市场的作用,这是本轮国资国有企业释放改革红利的一个重要突破口。

(二)基于国资分层定位的国有资本分层改革与监管

深化国有资产管理体制的改革,最重要的是要推动国有资产的管理模式完成从"管企业"转向"管资本"的转变。国资分层定位是国资国有企业改革的重点。党的十八届三中全会《决定》的这一论断,明确了今后改革的方向,对于发挥市场在资源配置中的决定性作用,发展混合所有制经济都将起到巨大的推动作用。国有资本的分层管理需要大力发展国有资本与集体资本、民营资本等其他资本交叉持股、相互融合的混合所有制经济,与此同时,还需组建或者改组若干有条件的国有企业为国有资本运营公司。在国有资产三层运行模式中,国资委仅与其直接下层即国有资本运营公司进行联系,其职能从"管企业"向"管资本"转变;国有资本运营公司作为连接国资委和国有企业的中枢,一方面接受国资委的监督管理,另一方面专门以股东身份从事国有资本的经营管理和运作。处于第三层的国有企业则定位于国有资产的具体运营,努力实现国有资产的保值增值。厉以宁认为我国的国资体制分为两个层次,第一个层次是国有资本配置体制;第二个层次是国有企业管理体制。改革开放以来,国有企业改革主要是第二个层次的改革,第一个层次的改革被忽略了,现阶段必须把两个层次的改革一起进行,并把重点放在第一个层次即国有资本配置体制的改革[1]。这里的国资改革指的是国有资本的分层定位改革,具体什么是国资分层,如何分层,应当遵循以下思路。

---

[1] 厉以宁. 中国经济双重转型之路 [M]. 北京:中国人民大学出版社,2013:52-53.

1. 国有资本分层定位体制概述

"国企改革"是人们经常挂在口头的四个字,但是在党的十八届三中全会以后,一些新的名词被人们所关注,国有资产将从"管企业(国有企业)"变成"管资本(国资)"。见诸报端的还多以国有企业改革为标题来论述国资国有企业改革,说明很多人对这一问题的认识不深,大家多愿意提及国有企业的分类改革如何。虽然提国资分层的也不少,但比起国有企业分类还是显得少了很多。应当注意的是,我们这一轮国资国有企业改革的重点和最终目标是要建立健全国资的新的分层管理体制,国企分类是前提基础,比较重要,但重心要放在国资改革上。

厉以宁早在1991年与其学生合著的《走向繁荣的战略选择》一书第四章中就详细论述了股份制下的国有资产管理体制应是三层管理的模式:国有资产管理局——国有资产经营公司(国家控股公司)——含有国有资产股份的企业[1]。这种模式又被称为"国有资产三级授权经营体制"[2]。这种方案的目的是既能保证国家财政部门有较稳定的收入,又能促进国有资产经营公司(或国家控股公司)提高资产经营积极性和提高资产经营效益。其实在这之后有很多类似的实践、规范性文件及相对充分的理论阐释,对国资分层改革有重要的参考价值。但是国资授权经营与将要进行的国有资本的分层是不一样的,前者是管资产,后者是管资本,有本质不同。

国有资本的分层定位体制有着深刻的理论、现实、法律及政策依据[3]。

首先是理论依据。国资分层为"政企分开"和"政资分开"提供了可利用的制度平台。第一,长期以来把监督和经营国企混为一谈,没有有效处理好监管和企业经营两者之间的关系,也不利于国有企业建立现代企业制度。国资分层可以更好地发挥国资委的监管职能,把国有企业的经营权交给第二层次的国有资本运营公司,自己主要扮演监管者的身份,这就可以理顺政企之间的关系,为国有企业建立现代企业制度提供必要的外部环境。第二,国有资产监管体制的方向是"管资本",把国有企业的资产当作流动性的资本来对待,国资分层是其突破口。

---

[1] 厉以宁,等.走向繁荣的战略选择[M].北京:经济日报出版社,2013:76-82.
[2] 顾功耘.国有经济法论[M].北京:北京大学出版社,2006:191;顾功耘.经济法教程[M].3版.上海:上海人民出版社,2013:555.
[3] 顾功耘.国有经济法论[M].北京:北京大学出版社,2006:191-193.

第四章
竞争中立制度在我国实施的必要性与可行性分析

其次是现实依据[①]。其一，国有资本的配置效率目前还需要有更大的提高，这是长期忽视国资分层配置体制造成的。其二，国资分层将调动国有企业的积极性。在目前这种政府干预多，国有企业并未成为真正的市场经营主体的情况下，国有企业经营的主动性、积极性是有限的，国资分层后，国有企业经营自主权得到保障，其积极性必然得到提升，并且也会推动其健全法人治理结构，进而提高该国有企业的创新能力。

再次是法律依据。主要有两个：一个是《中华人民共和国公司法》（以下简称《公司法》）第七十二条规定："经营管理制度健全、经营状况较好的大型国有独资公司，可以由国务院授权行使资产所有者的权利。"在第二次修订颁布时国务院国资委刚刚成立满一年，立法者可能未考虑及此，再加上关于国资委的定位尚不明了，所以仍以国务院为主体来授权其他主体行使资产所有者的权利。需要注意的是，2005年《公司法》修订时取消了该条款，主要可能考虑到2003年5月颁布的《企业国有资产监督管理暂行条例》中对国有资本的三层授权经营体制有较全面的规定，《企业国有资产监督管理暂行条例》（以下简称《国资条例》）第二十七条有规定所出资企业中的国有独资企业、国有独资公司经国务院批准，可以作为国务院规定的投资公司、控股公司，享有公司法第十二条规定的权利；可以作为国家授权投资的机构，享有公司法第二十条规定的权利。进而《国资条例》第二十八条规定国有资产监督管理机构可以对所出资企业中具备条件的国有独资企业、国有独资公司进行国有资产授权经营。被授权的国有独资企业、国有独资公司对其全资、控股、参股企业中国家投资形成的国有资产依法进行经营、管理和监督。遗憾的是，在2008年颁布《企业国有资产法》时并未把《国资条例》中该部分内容进行立法确认，有必要在今后的《企业国有资产法》的修订或者关于国资国企新的立法时对《国资条例》的内容进行进一步确认。

最后是政策依据。党的十八届三中全会《决定》提出要完善国有资产管理体制，国有资本进行分层管理，组建或新建国有资本运营公司等。作为市场化整合配置国有资产的平台。建立国有资本运营公司，将更好地优化国有资产配置，提高国有资本的投资使用效率。从国有资本管理的角度，需要理清国有资本运营公

[①] 厉以宁. 中国经济双重转型之路[M]. 北京：中国人民大学出版社，2013：54-56.

司与国资委，以及持股企业之间的关系。

在国有资产三层运行模式中，国资委仅与其直接下层即国有资本运营公司进行联系，其职能从"管企业"向"管资本"转变；国有资本运营公司作为连接国资委和国有企业的中枢，一方面接受国资委的监督管理，另一方面专门以股东身份从事国有资本的经营管理和运作。处于第三层的国有企业则定位于国有资产的具体运营，努力实现国有资产的保值增值。

（1）国有资本运营公司与国资委之间的关系

各级国资委代表各级政府履行出资人职责，依法对企业国有资产进行监督管理。国资委通过股权划转的方式划转给国有资本运营公司一定的国有资本。一方面国有资本运营公司接受国资委的监督管理；另一方面国资委不直接干涉国有资本运营公司的具体经营，尤其国有资本运营公司的持股企业，国资委是不加干预的，国资委将把重心放在依照法律和市场规范管理国有资本的总量、分布及效益等，做好国有资本的出资人。国资委与国有资本运营公司是国有资产当中的上下层级，是三层管理体制中的上面两层，两者不是行政上的上下级关系，而是一种委托关系。对于国有资本的战略定位、发展目标、考核分配、公司治理和风险控制等进行引导规范，构建科学合理的国资监管体系。同时还应减少审批事项，做好简政放权，切实落实企业的经营自主权等。目前阶段国有资本运营公司应以管理国有股权作为自己的主要业务，在确立三层管理体制初期，国有资本运营公司的定位问题可能不是太清晰，可能会出现在其涉及一些重大事项时，不能做到真正的自行决策，仍然要报请国资委来决策的情况，这种情况的出现是正常的，这就需要国资委依法制定或参与制定公司的章程，使之成为各类治理主体履职的主要依据之一。

（2）国有资本运营公司与持股企业之间的关系

国有资本运营公司是持股企业的主要股东或参股股东，两者是资本公司与经营公司的关系。国有资本运营公司对于持股企业的管理和监管主要依靠《公司法》等其他市场经营主体一般适用的法律和公司章程，管理完全是一种市场化的操作方式，不采取行政命令或强制，要依法管理，按章程办事。

2015年11月4日，国务院发布《关于改革和完善国有资产管理体制的若干意见》，明确了改革和完善国有资产管理体制三方面的改革措施。一是推进国有资产监管机构职能转变。科学界定国有资产监管机构作为国有资产出资人监管的边界，专司国有资产监管，不行使政府公共管理职能，不干预企业自主经营权；改进国有资产监管重点，建立监管权力清单和责任清单。二是改革国有资本授权经营体制。改组组建国有资本投资、运营公司，明确国有资产监管机构与国有资本投资、运营公司关系，界定国有资本投资、运营公司与所出资企业关系；政府授权国有资产监管机构依法对国有资本投资、运营公司履行出资人职责，国有资产监管机构按照"一企一策"原则，明确对国有资本投资、运营公司授权的内容、范围和方式；国有资本投资、运营公司依据公司法等相关法律法规，对所出资企业依法行使股东权利，以出资额为限承担有限责任，以财务性持股为主，建立财务管控模式。三是提高国有资本配置和运营效率。建立国有资本布局和结构调整机制，推进国有资本优化重组，建立健全国有资本收益管理制度，建立责任追究机制，构建统一信息网络公开平台披露国有资产运营情况及一系列配套制度。该文件从中央层面明确了国有资产管理体制的发展方向。

2. 国有资本分层管理体制的实证研究[①]

实践中，国务院国资委在2005年开始国有资产经营的试点，如国新控股、诚通控股、国家开发投资公司，这些上一轮国资改革的三个资产处理与投资平台，在国有资产经营投资方面各有所长，取得了一定的经验。除了这三家资产处理与投资平台，还有两家集团公司值得关注，就是中粮集团有限公司和华润集团有限公司，其在资产经营方面已经比较成熟并取得了不俗的业绩。它们在资产经营方面的成绩是值得肯定的，但是毕竟资本运作与资产经营差异性很大。在资本运作模式方面，上海似乎走在了全国的前列，上海第一个发布了国资改革总体方案，当前也已完成国企分类改革的任务，目标已经锁定在国资平台的建立上。上海国盛集团和上海国际集团已经形成有关国资流动平台的方案并已上报[②]，这必定会有带动示范效应。

[①] 白金亚. 全面深化改革背景下的国有资本分层管理——基于国资分层定位的思考[J]. 中国商贸, 2014(14).

[②] 吴新. 上海国资流动平台启动在望 国盛、国际新使命再出发[N]. 第一财经日报, 2014-03-17.

(1) 国有资本投资运营公司的样本——上海国盛集团与上海国际集团

上海国盛集团有限公司和上海国际集团有限公司原为上海的"国有资产流动平台",对它们的新定位是"国有资本流动平台"。管资产向管资本模式的变动预示着两家集团公司的资产变动和业务模式将发生重大转变。

上海国盛集团对自己的战略定位是"国有资本运作平台和产业投资平台",其目标是为健全上海国资合理流动机制,促进上海创新驱动、转型发展。作为国有资本运作平台,上海国盛集团有限公司积极发挥资本经营和股权运作的杠杆作用,以改革盘活存量,以创新培育增量,努力在促进国资进退流动中实现"资产—资本—资金"的良性循环,为服务上海国资布局结构调整发挥积极作用。作为产业投资平台,上海国盛集团有限责任公司坚持用市场化的办法完成市政府交办的战略性投资任务,在上海产业结构升级、培育战略性新兴产业及高新技术产业化方面发挥积极作用[1]。上海国盛集团有限责任公司在成立之初就被定位为上海国资改革的试验场,如今正式确立其这种地位,不仅有赖于它相对成熟的经验,也是出于更大范围的落实新一轮国资改革的目标。

上海国际集团有限公司成立较早,多年来以丰富的资本运作经验,为上海重大建设项目如南浦大桥、洋山深水港、虹桥机场扩建等提供完善的投融资和财务顾问服务,积极促进上海的现代化建设与国际化发展。上海国际集团有限公司资产雄厚,2012年年末达到11184.87亿元,上海国际集团有限公司还参股中国太平洋保险集团股份有限公司、交通银行股份有限公司、兴业银行股份有限公司、杭州银行股份有限公司等10余家金融企业。集团系统金融资产基本涵盖银行、保险、证券、信托、基金、资产管理、金融服务等多个子行业,并拥有一大批中高级金融投资经营专业人才[2]。上海国际集团有限公司资本投资运营规模大,范围广,经营多,人才足,发展时间长,这都为下一步国际集团建立国资流动平台积累了丰富的可利用的经验。

"资产划出去,股权划进来"是从资产经营到资本运作转变的重点内容,那么国资投资运营平台就需要把经营性资产从平台公司剥离;而股权,尤其是整体

---

[1] 上海国盛集团网站 http://www.sh-gsg.com/maininfo_t6.html,访问日期:2018年3月19日。
[2] 上海国际集团网站 http://www.sigchina.com/index.php/home/about#,访问日期:2018年3月19日。

上市公司的企业股权将会划入平台公司[①]。上海国际集团有限公司旗下上海证券有限责任公司和上海国际信托有限公司已经在酝酿新的企业归属，有可能分别被同为上海国际集团有限公司旗下的国泰君安证券公司和上海浦发银行收购。这是剥离经营性资产的必然过程，也是以管资本推动国有企业发展的必然要求。上海国际集团有限公司将保留旗下原本就以股权运作为主业的子公司，上海国有资产经营有限公司、上海国际集团资产管理公司及上海国际集团有限公司位于香港的两家公司。四家产业基金管理公司[②]也会保留。此外，上海国际集团有限公司在以后也会把酒店类和地产类资产剥离出去。

此轮上海国资改革中，首批可能划归上述两家国有资本流动平台的，有四家集团，涉及7家上市公司。上海交运集团股份有限公司、上海国际港务集团股份有限公司、上海汽车集团股份有限公司、上海纺织集团有限公司四家集团有可能作为首发阵容划入两家平台公司，但四家集团归属如何，还未有定论。股权划转意味着国有出资人将变为两家"平台公司"，如果集团未能实现整体上市，则上市公司股权转划给平台公司，集团这一层级仍将保留。集团负责经营，平台负责股权运作。

上海国资改革如火如荼，在推动上海国企发展的同时，其不断积累的有益经验必将在全国范围内起到示范作用。

（2）一种新模式——中国华融等资产管理公司的引入

国务院国资委成立以来，在中央企业并购重组中，先后以中国诚通控股集团有限公司、国家开发投资公司和中国国新投资控股有限责任公司为平台，对央企进行整合重组和资本运作。但由于上述三家企业都是非金融类企业，其资本运作能力是有限的，更多的仍然是从国有资产经营的角度进行管理而不是国有资本层面的运作，虽然在国有资产保值增值方面发挥了一定作用，但是与真正的国有资本运营还是有较大差距的。中国华融资产管理股份有限公司等资产管理公司（以下简称中国华融）作为一种新的模式，可以尝试将其改造为国有资本投资运营公司，原因有三。

---

① 吴新．上海国资流动平台启动在望 国盛、国际新使命再出发[N]．第一财经日报，2014-03-17．
② 包括赛领资本、金浦投资、国和投资、瑞力投资。

其一，各级国资委都具有国有资产资本化运营的需求。实现国有资产从"资产管理"到"资本管理"的转变，不仅是党的十八届三中全会《决定》提出的历史任务，也是各级国资委的切实需求。缺乏资本运作手段是国资国有企业改革目标难以实现的主要问题在于：一方面，增量资本投入不足，导致国有企业难以做大做强；另一方面，国有股权控制过重，政企不分，使法人治理结构难以按照市场化的要求进行规范。

其二，中国华融等资产管理公司能为化解部分国有企业产能过剩、推动新的并购整合提供平台。我们已经清楚地认识到化解产能过剩和实现产业整合不能再沿用"关、停、并、转"极易造成国资流失等问题的老办法。中国华融等资产管理公司能够运用资本流动的手段，在国有企业层面为产能过剩企业提供技术改造、设备、土地开发和职工安置等支持，在行业层面促进产能过剩行业的横向并购整合，将国有资本投入到更需要的领域。

其三，在国有企业之间划转国有资产具有较少的政治风险和法律障碍。党的十八届三中全会《决定》提出要大力发展混合所有制经济，但民营资本和外资进入国有企业所面临的政治风险和法律障碍，仍然是国有资本运营必须面对的现实问题。中国华融等资产管理公司是金融国有企业。将国有资本委托给中国华融等管理，能够最大限度地保证国有企业的改制重组符合国家利益，没有政治风险和法律障碍。具体的管理模式可以采取合作管理和委托管理两种模式。合作管理即资产管理公司与国资委共同发起成立专门的国有资本运营基金。资产管理公司主要负责基金的募集和资本运作，国资委也可委派一定的基金管理人员。委托管理即国资委与资产管理公司签订委托管理协议，将国资委所持有的国有企业股权委托后者管理。

在国资分层改革中引入中国华融等资产管理公司是一种新的尝试，目前的实际情况是各级国资委都为触碰该领域，我们应该持这样的态度，首先是要怀疑这种模式的科学性，只有通过讨论才能更清楚地理解这种模式是否适用，经过一些试点实践其是否真的有效。这只是一种理论模式，是否科学、有效还有待理论和实践的支撑。但是作为一种国有资本分层管理的模式其理论意义还是值得肯定的。

（三）国有企业分类与国资分层的辩证关系

国有企业基于功能定位的分类和国有资本基于分层定位的管理两者之间是密不可分、相互促进相互补充的。在本轮国资国有企业改革中，梳理国有企业的具体功能与调整国有资本的管理模式是前后相继的两个部分，其目的最终都是推动国有企业的发展，前者是后者的基础，后者是前者的必然延伸。充分认清两者之间的关系对于完善国有资产管理体制是必不可少的。国有资产主要是提供广义上的公共产品、提升国家能力、促进社会利益最大化。国有企业按照公共服务类、特定功能和一般商业类进行分类使得不同的国有企业有了不同的定位，进而在不同国有企业分类基础上按照其不同职能分别建立一批相对应的国有资本运营公司，然后根据不同职能特性，分别制定各类资本运营公司的出资方式、经营目标、监管方式和考核机制，最终形成及安全有效的国有资产管理运行机制。

四、国有资产监管体制改革中需要注意的其他问题

（一）国家经济安全——防范国资流失

党的十八届三中全会《决定》提出要大力发展混合所有制经济，这不仅仅是一种指导意见，我们改革发展的现实情况也需要大力发展混合所有制经济。在发展混合所有制企业中，如何界定国有资本、民营资本和外资等其他类资本，如何加强对这些资本的产权保护，如何在国资国企改革中防范国有资产的流失，这是我们需要高度重视的问题。为了加强产权保护，防止国有资产流失，我们应采取以下四项措施。

一是明晰产权关系，做好产权登记。产权最开始是一个法律概念，是后来被引入经济学理论的[①]。两者是有明显区别的，在产权能否界定及如何界定问题上，法学认为产权完全可以界定，并且职能由法律来界定；经济学认为产权不能完全界定，且在产权由法律界定的同时承认风俗习惯等非正式制度对产权界定的作用。随着社会的进步，尤其是高度法治化的前提下，大多数产权以上升为法权关系，产权的界定、保护、流转等逐渐发展为主要依靠法律的作用。在这种情况

---

① 蓝定香.建立现代产权制度与国有企业分类改革[J].经济体制改革，2006(1).

下，对于包括国有企业、民营企业等在内的不同产权的界定就应该依靠法律来进行，要依法来清晰界定不同产权，同时依法做好产权登记。政府要依法办事，加强民营企业产权保护的同时也不能忽视对国有企业产权的保护，不能因为现实中民营企业产权没有得到保护就放松国有企业产权的保护，之所以存在产权没有有效保护或者过度保护的原因还是在于政府没有摆正自己在市场经济中的位置[①]。

二是完善公司章程，规范公司治理。公司章程是公司所有股东利益的体现，公司治理模式以公司章程为基础并以适应市场化为标准。在制定公司章程的过程中要明确说明对国有资本如何使用、收益等，清晰界定好国有资产在公司中的股权地位。公司治理模式在适应市场化的过程中要建立健全公司法人治理结构，明确权责边界，健全责任体系，建立一种权利、责任、义务有机统一，国有资产责任链条清晰、层层落实到人的责任体系。用科学合理完善的公司章程、公司治理结构来防止国有资产的流失。[②]

三是强化资产评估，规范产权流转[③]。国有资产的流失问题很多时候是由于不能准确地进行资产评估，造成国有资产的贬值，再加上产权流转的不规范更加剧了国有资产的流失。上海联合产权交易所对于国有资产的评估和合理流转就起到了很好的作用，其还是国资委选定的从事中央企业国有产权转让的指定机构[④]。在第三方机构资产评估不是太完善的现实基础上，通过产权交易的方式能够减少在资产评估中低估国有资产的情况，起到规范产权流转的作用，防止国有资产的流失。

四是加强资产监管。除了以上集中保护国有资产的措施外，还应加强国有资产的监管。国资委要根据已经确立的经营目标和考核机制对国有资产进行监管，同时推进国有企业财务预算等重大信息公开，提高企业财务预算透明度，加强社会各界对国有企业财务预算的监督和管理[⑤]。在国有资产流转的过程中也要加强监管，做好事前、事中和事后的审核检查，坚决防止国有资产的流失。

---

① 厉以宁. 国有企业与民营企业的产权都要保护 [EB/OL].(2013-12-16)[2014-03-16].http://cul.qq.com/a/20131216/010458.htm.
② 周志华. 规范和完善国有公司治理结构防止国有资产流失的对策 [J]. 改革与战略，2006(12).
③ 张泰. 如何深化国有企业改革 [EB/OL].(2014-03-21)[2016-03-26].http://cn.chinagate.cn/economics/2014-03/21/content_31859230.htm.
④ 参见上海联合产权交易所 http://www.suaee.com/suaee/portal/aboutus/responnew.jsp，访问日期：2014年3月16日。
⑤ 张泰. 如何深化国有企业改革 [EB/OL].(2014-03-21)[2016-03-26].http://cn.chinagate.cn/economics/2014-03/21/content_31859230.htm.

（二）混合所有制经济的重新定位

中国对公有制的顽强信念是有着深厚的文化根源的[①]。孔子提出的"天下为公"是中国传统政治智慧的集中体现。因为孙中山在近代史上的独特地位，"天下为公"的思想深入人心。他也把"天下为公"奉为公有制的先声。而后，随着马克思主义传入中国，国人对公有制的情结进一步固化。在1949年新中国成立以后的几十年里，尤其是改革开放以前，包括国家领导人在内的国人普遍认为私有财产是中国社会矛盾和经济问题的根源，而视公有制为灵丹妙药。在1949年后近30年的社会主义建设和四十年的社会主义市场经济改革之后，人们对于公有制与私有制之间的关系有了更清晰的认识。

党的十八届三中全会《决定》提出要大力发展混合所有制经济。一方面，要鼓励和促进包括私营、外资等非国有经济取得更大发展，提高非国有经济的规模和实力，为混合所有制经济发展创造有利条件；另一方面，努力提高混合所有制经济占各类所有制经济的比重，为建立完善的社会主义市场经济体制构筑更坚实、更稳定的微观基础[②]。

混合所有制经济是我国基本经济制度的重要实现形式，在本轮国资国有企业改革中，要充分调动非公有资本参与的积极性，积极推动它们参与国资国有企业改革。为此应完善有关法律，调整有关体制机制。值得注意的是，发展混合所有制经济对于国有资本、集体资本和非公有资本是一个取长补短、相互促进的过程。一方面非公有资本可以帮助提高国有资本、集体资本放大功能、保值增值、提高竞争力；另一方面，国有资本和集体资本也将帮助推动非公有资本的体制转型、经营范围、融资能力、打破垄断等。

（三）竞争政策与国有企业

国有企业在人们印象中是竞争不足的，国有企业长期以来的优越地位似乎让它们忘了市场经济的竞争性的凶险。市场在资源配置中的决定性作用意味着市场的竞争性将进一步加强，国有企业必须积极主动地调整自己的经营战略，着力

[①] 科斯，王宁. 什么是中国经验[N]. 东方早报·上海经济评论，2013-09-10.
[②] 张秀利. 对混合所有制经济的再认识——兼及国企相对控股问题[J]. 重庆教育学院学报，2004(4).

提高企业自身适应市场变化的能力。国有企业分类使得不同国有企业有了更加清晰的企业定位，一般商业类国有企业和一部分特定功能类国有企业将完全接受市场的检验，由市场来决定这类企业的具体经营活动，也会是完全接受竞争法特别是反垄断法的调整。公共服务类国有企业和一部分特定功能类国有企业在竞争法特别是反垄断法的适用中可能会除外适应或有豁免条款。

竞争政策中的竞争中立政策（competitive neutrality policy）日益受到人们的关注。竞争中立政策是澳大利亚联邦政府于20世纪90年代在国有企业改革的过程中首次提出的概念。该政策在促进国有企业与私营企业公平竞争方面起到了很大的作用，是运行得比较成功的政策工具。竞争中立是指在政府的商业活动与私营企业存在竞争的场合，开展政府商业活动的企业或机构不能因其政府或国家所有的性质而相比私营企业拥有竞争上的净优势[1]。也即政府不能运用其立法权或财政权力使政府的商业活动在与私营企业竞争时获得某些优势。竞争中立政策并不是适用于所有的国有企业，根据OECD对竞争中立框架（competitive neutrality framework）的研究，该政策只适用于"显著的政府商业活动"（significant government business activites），而不适用于非营利性的、非商业性的业务[2]。根据这一定义及我国国有企业的分类，一般商业类国有企业无疑都将会是竞争中立政策所适用的国有企业，一部分特定功能类国有企业也将适用该政策，公共服务类和其他特定功能类国有企业将不适用该政策。我国国有企业的类型甄别在国际贸易纠纷中常常是争议的焦点，因为纯商业活动的国有企业与公共性的国有企业在国家贸易纠纷中所承担的具体责任是有很大差别的，竞争中立政策就是其中一种表现。我国正在进行的国有企业分类改革无疑将对不同国有企业的功能属性做出一定区分，这将对我国国有企业在未来国际国内贸易中适用合理的国际规则提供便利。

当前，在美国力推TPP及经合组织国家重点关注竞争中立的情况下，我国经贸关系发展的空间有被严重挤压的风险。国有企业的竞争中立政策将成为我国一个无法回避的议题。美国希望通过TPP主导一种新的区别于WTO的贸易关系。TPP不仅要求减低或取消关税，更重要的是它强调各成员国的竞争政策。例如，

---

[1] 徐士英. 竞争政策研究——国际比较与中国选择[M]. 北京：法律出版社，2013：204.
[2] 徐士英. 竞争政策研究——国际比较与中国选择[M]. 北京：法律出版社，2013：204.

推行高标准的知识产权保护、金融改革、增强规则透明度等一系列措施。实际上就是强调规范政府与市场的关系，推行竞争中立政策。目前马来西亚、越南等国家由于本国拥有大量的国有企业，暂时对竞争中立政策持反对态度。但是，如果美国有决心推进TPP的进程，那么这些国家到最后可能都会接受竞争中立的政策。[①] 2012年4月，美国与欧盟共同发表了《关于国际投资共同原则的声明》。在这份声明中的第2条关于公平竞争的原则中指出："欧盟和美国支持经济合作和发展组织在竞争中立领域所做的工作。该工作的重点集中在国有实体和私人商业企业要受制于同样的外部环境并应确保在既定市场上进行公平竞争。"[②] 这些双边或多边协议都必将对我国企业特别是国有企业的"走出去"战略产生较大影响。从长远来看，竞争中立政策的实施运用是一种趋势，因为该政策将极大地推动国有企业市场化改革和市场充分竞争，也有利于企业的长远发展和竞争力的提高。

针对我国国有企业改革的情况和国内外经济贸易发展的现实，我们应该积极正确面对竞争中立政策，充分收集掌握国际上竞争中立政策的有效规则和理论研究成果，在掌握大量材料和充分理解吸收的基础上，制定出符合我国国情的竞争中立政策并以此进一步推动国有企业的改革进程。

（四）国资委的定位问题

国资委的定位问题是本轮国资国有企业改革不能逃避的话题。对于国资委的重新定位，国务院国资委副主任黄淑和认为主要有三个变化。一是以管资本为主加强国有资产的监管，更加突出了出资人代表的性质，更加突出了国有资本的运作，更加强调从出资人的角度来加强监管。二是实践证明党的十六大确立的国有资产管理体制是正确的。党的第十七次全国代表大会（此下简称十七大）、十八大和十八届三中全会都提出要完善国有资产管理体制，用"完善"二字表明现行的国有资产管理体制要继续坚持，同时对需要改善的部分进行完善。三是国资委所监管的企业，不管经过本轮改革后它是什么形态的企业，都由国资委来履行出资人职责[③]。

---

① 赵学清，温寒.欧美竞争中立政策对我国国有企业影响研究[J].河北法学，2013(1).
② 欧盟经商处.欧盟宣布美欧就开放和稳定的投资环境问题达成共识[EB/OL].(2014-04-20)[2018-03-16]. http://www.mofcom.gov.cn/aarticle/i/jyjl/m/201204/20120408068397.html.
③ 杨烨，张彬.国资委筹建国有资本运营公司试点方案明年初出台[N].经济参考报，2013-12-20.

经过本轮改革，国资委双重定位的问题得到解决，普遍认为国资委的权利也将被削弱。党的十八大三中全会提出的"管企业"转变为"管资本"，就是改变国资委"履行出资人职责"与"管资产和管人、管事相结合"这个双重定位问题，不再对国有企业进行直接干预，真正回归出资人的定位。与此同时，组建或新建若干国有资本运营公司，在国资委与企业之间构建"防火墙"。

长期来看，国资委应该被加强、削弱、取消还是对其归属重新定位还是有很大争议的。有学者认为应将国资委从国务院移至全国人大的管辖下。因为国资委是代表全民作为国有企业的出资人，全国人大是全国人民的代表，那么国资委就应向全国人大负责而不是国务院的一个部门。也有学者认为国资委是中国在特殊历史时期的临时机构，只是在一定发展时期代表国家来履行出资人的责任，随着国有资本运营公司的成立，替代国资委履行出资人职责，以及法律的完善和制度的构建，将来完全可能实现国有资本运营公司的自我管理，进而其可直接向财政部汇报，那么此时就不再需要国资委了。[①]制度的长期构建和考量是需要，对于国资委的定位我们应该关注，但不能因此而忽视了国资国有企业的改革、发展壮大国有经济的是我们应该讨论主要任务。在现有条件下，国资委扮演着非常重要的角色，关乎国资国有企业改革的成败，我们要正视并重视发挥国资委的作用，并推动其向合理的方向发展。

第三节　全面依法治国中市场与政府作用的发挥[②]

市场经济是法治经济。社会主义市场经济本质上是法治经济。在经济新常态背景下，国家经济发展新的动力源泉已转变为制度上的动力，也即经济发展的动力由过去的仅依靠投资、消费和出口转变为以社会制度创新为基础的经济发展动力。社会主义市场经济的持久繁荣离不开法治，法治同样可以创造经济价值。只有充分的法治才能实现政府与市场关系的正常化，实现市场在资源配资中的决

---

① 刘中盛."削权"国资委[EB/OL].(2013-12-18)[2016-03-26].http://finance.qq.com/zt2013/focus/gzw.htm.
② 白金亚.全面推进依法治国进程中的社会主义市场经济[J].广西政法管理干部学院学报，2016(1).

定性作用，以及在法定范围内发挥作用的政府。

党的十八大提出，法治是治国理政的基本方式，要加快建设社会主义法治国家，全面依法治国。[1]党的十八大以来，有关方面一直在研究"依法治国"的问题，2013年党的十八届三中全会对"法治中国"建设做了初步描绘，2014年党的十八届四中全会对"全面依法治国"做了相应的决定。[2]党的十八届四中全会，是在我国进入全面建成小康社会决定性阶段和全面深化改革进入攻坚期、深水区之际召开的一次专门研究全面依法治国重大问题的重要会议。[3]这次全会是我们党的历史上第一次专题研究法治、第一次对全面依法治国做出重大决定、第一次确定全面依法治国总目标的中央全会。这三个"第一次"，充分说明党的十八大之后以习近平同志为总书记的党中央对全面依法治国问题的高度重视，充分体现了我们新一届中央领导集体对法治的认识已经达到了新的战略高度。[4]

党的十八大与十八届三中全会、四中全会是"一体两翼"的关系，"一体"就是党的十八大提出的全面建成小康社会，"两翼"就是三中全会提出的全面深化改革和四中全会提出的全面依法治国，正如习近平总书记强调指出的，党的十八届四中全会提出通过的全面依法治国的决定，与党的十八届三中全会通过的全面深化改革的决定形成了姊妹篇。[5]因为全面建成小康社会既需要深化改革提供动力，也需要为加强法治提供保障。全面深化改革、全面依法治国就像两个轮子，共同推动全面建成小康社会的事业滚滚向前。

一、社会主义市场经济本质上是法治经济

讨论社会主义市场经济法治建设，我们对于社会主义市场经济的性质首先要有一个认识。从《决定》关于社会主义市场经济的论述可以看出，以前停留在学术探讨上的观点被党的最高文件所采纳，即社会主义市场经济本质上是法治经

---

[1] 胡锦涛.坚定不移沿着中国特色社会主义道路前进为全面建成小康社会而奋斗——在中国共产党第十八次全国代表大会上的报告[R].北京，2012.
[2] 王锡锌，等.法治中国的理想与现实——四中全会文件解读题名[EB/OL].(2014-11-12)[2015-11-12]. http://www.aisixiang.com/data/80001-4.html.
[3] 中共中央关于全面推进依法治国若干重大问题的决定[EB/OL].(2014-10-28)[2015-11-12].http://china. caixin.com/2014-10-28/100744069.html.
[4] 袁曙宏.全面推进依法治国加快建设社会主义法治国家的纲领性文献[J].时事报告，2014(11).
[5] 习近平.关于《中共中央关于全面推进依法治国若干重大问题的决定》的说明[R].北京，2014.

济。所谓"法治经济",就是建立在法治基础上的市场经济,倡导用法治思维和法律手段解决市场经济发展中问题,法治经济显著的特征就是发达的市场经济与现代法治的有机融合,成熟的市场机制与良好的宏观调控机制都通过法律的整合作用而衔接契合。①党的十八届四中全会提出的社会主义市场经济本质上是法治经济这一论断对我国社会主义经济建设特别是改革开放以来经济体制改革的艰难探索的深刻总结。②

党的十八届三中全会提出的全面深化改革的重点是经济体制改革,核心问题是处理好政府与市场的关系,使市场在资源配置中起决定性作用和更好发挥政府作用。党的十八届③四中全会的《决定》认为社会主义市场经济本质上是法治经济,法治对经济发展有一个引领、规范和保障的作用,同时经济的深入发展能够完善并推动法治建设。④从我国四十年的经济体制改革发展历程上看,法治建设的一个突出表现体现在促进经济的发展上,而经济的深入发展要求更高水平的法治。中国特色社会主义市场经济的重要基石是法治,倘若没有法治的保障,那么从根本上讲产权是不安全的,企业不可能真正独立自主,市场不可能形成竞争环境并高效运作,经济的发展也不会具有可持续性。⑤习近平总书记在对党的十八届四中全会的《决定》进行说明时提出全面依法治国要围绕中国特色社会主义事业总体布局,体现推进各领域改革发展对提高法治水平的要求,而不是就法治论法治。⑥进一步说就是中国的经济体制改革发展要求我们要建立更高水平的法治,当前经济的持续发展和增强市场活力迫切需要法治。

社会主义市场经济的发展必须有高质量、高效率的法律调整,必须把法的至上性、权威性原则贯彻到一切市场关系中,才可以保障市场经济的健康发展。法律所固有的功能和调整能力使它能够满足市场经济的需要。社会主义法治的真正确立,也必须依赖于市场经济的发展。⑦

---

① 刘武俊. 市场经济就是法治经济再认识 [N]. 北京日报, 2012-5-14.
② 习近平. 关于《中共中央关于全面推进依法治国若干重大问题的决定》的说明 [R]. 北京, 2014.
③ 习近平. 关于《中共中央关于全面推进依法治国若干重大问题的决定》的说明 [R]. 北京, 2014.
④ 习近平. 关于《中共中央关于全面推进依法治国若干重大问题的决定》的说明 [R]. 北京, 2014.
⑤ 陈庆修. 更好发挥中国特色市场经济的作用 [J]. 中国流通经济, 2013(10).
⑥ 习近平. 关于《中共中央关于全面推进依法治国若干重大问题的决定》的说明 [R]. 北京, 2014.
⑦ 孙国华, 朱景文. 法理学 [M]. 北京:中国人民大学出版社, 2010:112.

二、如何在法治基础上发挥市场在资源配置中的决定性作用

在法制基础上发挥市场在资源配置中的决定性作用,首先要知道我国目前的资源配置方式,即在一些领域实现了市场在资源配置中的决定性作用,但是还很有限,在一些领域还存在政府对资源的直接半直接配置,再加上我国是"大政府小市场",政府对整个市场的影响是全方位的。政府对资源的配置最突出的表现是国资国企,发挥市场对资源配置的决定性作用首先要处理好国资国企改革问题,此外还需要建立规范的市场秩序。

(一)国有企业改革

长期以来,阻碍市场经济中市场作用正常发挥的还是政企不分造成的国企与民企的地位差异。国资国企改革与发挥市场在资源配置中的决定性作用有密切的联系,一定程度上可以说国资国企改革关乎经济体制改革的成败。这一轮国资国企改革思路要求不能先改革后立法,要突出法治对改革的保障,而这个法必须要是适应改革的法。这次的国资国企改革特别强调顶层设计。人社部牵头的国企高管薪酬改革方案以及细则,财政部牵头的国有资本预算改革方案,这次的改革也是多部门参与,让人不禁想起20世纪末国资国企改革中"九龙治水"的场面,产生可能会降低改革效率的疑虑。这种疑虑还是有一定道理的,早在年初国资委内部就有人说改革方案已经上报国务院,不日就会公布,可是等到现在还是迟迟不公布,有的学者直接点出国企改革整体方案迟迟未出台,最根本的原因就是由于各部委权力分散,使得改革方案长期处于交换意见和磨合阶段。[①]需要注意的是,改革方案关系重大,我们要谨慎又谨慎,但是也不能因过于谨慎而错失了良机。虽然有这样的瑕疵,但是总的来说我们改革的效率比较高,基本上都是在对症下药。2015年10月国务院成立了包含中组部、国资委、发改委在内的十一个中央或国务院部门的国有企业改革领导小组,并把办公室设在了国资委,至今已经召开多次会议,2018年7月18日,国有企业改革领导小组组长由国务院副总

---

① 四部委合力攻坚国企改革顶层设计将加速出台[N].上海证券报,2014-11-17.

理刘鹤担任，国有企业改革领导小组的成立有效解决了之前国资委统筹乏力的尴尬局面，将加速推进国资国企改革步伐。

顶层设计方案不是法律，是解决某一问题的系统化解决方案，是一种对现有法律体制不完善的最有效的补充和过渡，是一种对"法无禁止皆自由"理念的合理利用和规范。顶层设计是改革过程中出台的自上而下的系统谋划，这与法律有些相似。顶层设计的方案内容涉及对政府行为的规范、对企业行为的规范，也可能包括对普通公民行为的一些规范。顶层设计是为了使某个领域按照设计的方案有效的运行，而法律的目的也在于规范某个领域而促进该领域有序运转，可以说两者关系密切。与政策不同，顶层设计不能随便就贴上政策的标签，因为两者是差异比较大的两个概念，政策的出台往往不注重系统性，也没有顶层设计规范性强，相应的顶层设计更像是一种对未来立法的一种实验，顶层设计出台后积累下的好的经验办法可以作为以后进行相关立法的重要参考。例如，关于国有企业的顶层设计可以作为未来国有企业立法的一种参考，关于国有企业薪酬制度的顶层设计可以为以后在国有企业管理方面的特别立法做参考，这都是很有必要的。

（二）规范的市场秩序

进一步规范市场秩序，体现市场经济作为法治经济的基本精神，法律禁止坚决禁止，促进市场体系真正实现统一开放、竞争有序。[1]竞争是市场资源的配置方法，处理好政府与市场之间的关系，使市场在资源配置中发挥决定性作用，归根到底就是在多大程度上、多宽范围内依赖竞争机制实现资源的配置。竞争是市场经济的本质要求，也是市场机制发挥作用的核心过程，因此，以约束各种限制竞争、可能导致垄断的市场结构和行为，从而促进和维护市场竞争为目的的竞争政策被视为市场经济的基本制度。竞争政策的实施最主要的是建立一套完整的竞争法律制度。它以反垄断法为核心，通过一些具体的规则对反竞争或可能限制竞争的行为进行规制，包括禁止垄断协议、禁止滥用市场支配地位、控制经济力量过度集中及独立的执法机构。[2]竞争政策对市场秩序的规范运行有重要的促进作用，竞争政策通过打击垄断和促进竞争，为市场经济的健康和有序运行创造了

---

[1] 程恩富，黄世坤．在全面深化改革中处理好政府和市场关系 [N]．经济日报，2014-09-12．
[2] 徐士英．竞争政策研究——国际比较与中国选择 [M]．北京：法律出版社，2013：12．

良好环境。①

国资国企的分类与分层改革及混合所有制改革的直接结果将会是市场竞争领域的进一步扩大，更多的国企将会在更深领域和更宽的市场范围内参与市场竞争，更多的民资和外资将会进入以前主要是国资所涉及的领域，混合所有制的重新定位也使得国资与社会资产深度融合，这些都涉及竞争问题，深层次上来说也是一个竞争政策问题，以往更加注重公共政策的国企需要适应新的竞争政策②。竞争政策是一个国际性问题，在当今世界经济发展中扮演者基础性作用，前一段时间我国与韩国、澳大利亚结束了关于自贸区的实质性谈判，其中发布的公告中把竞争政策作为自贸区谈判的一个重要内容。对于竞争政策来说，现在已经不仅仅是倡导的问题，而是已经到了必须认真制定和实施的阶段。随着我国自贸区谈判对象和范围的扩大，对我国国内竞争政策的发展水平提出更高的要求。

三、如何在法治前提下更好地发挥政府的作用

纵观经济学百余年发展史，对于政府与市场的关系和政府职能的认识，虽然经历了从"小政府"到"大政府"再到"小政府"的过程，但是，现代市场经济离不开政府的宏观调控，二者之间存在着共生性的内在关联，已经成为人们的共识。市场虽然在优化资源配置方面具有独特优势，但市场并非万能的，其自发性、盲目性、滞后性等弊端容易导致市场失灵。而且，市场化程度越高，市场机制作用愈强，市场失灵现象往往就暴露得愈充分，政府作用也愈显重要。③但是如果政府与市场同时直接决定资源配置会导致政府权力与市场运作的冲突，其主要表现在三方面：一是政府"事前"对市场活动的过度审批，会产生对市场活力的抑制和政府权力的寻租。二是政府"事中"直接投入资源会导致不公平竞争。三是政府"事后"对企业的过度保护会造成资源的浪费。④中央财经领导小组办

---

① 徐士英.中国竞争政策论纲 [J].经济法论丛，2013(2).
② 在国际社会，"竞争政策"在三个层面上被加以使用：一为狭义上之竞争政策，专指鼓励竞争、限制垄断的反垄断政策（反垄断法）；二为广义上之竞争政策，涵盖了为维持和发展竞争性市场机制所采取的各种公共措施，乃"促进竞争"之竞争政策；三为最广义之竞争政策，泛指一切与竞争有关的政策措施，涵盖了一切"促进竞争"以及"限制竞争"的政策。竞争政策通过维护竞争、鼓励创新和保护消费者利益，不仅对经济发展具有促进性功能，而且还具有对经济政策的统领性功能和对市场经济运行的"保护伞"功能。徐士英.竞争政策研究——国际比较与中国选择 [M].北京：法律出版社，2013：3-6.
③ 宁阳.经济体制改革要处理好政府、市场、社会的关系 [N].光明日报，2014-07-09.
④ 鲁品越.政府构建市场，市场决定资源配置 [J].红旗文稿，2014(12).

国有企业竞争中立制度研究

公室副主任杨伟民在 2015 年 11 月底说中国经济新常态下，在部分行业削减产能过剩的过程中，以往地方政府配置的不少"该死没死"的僵尸企业将难以为继，有可能大批破产，说的就是政府事后对企业进行的过度保护现象。[①]可见政府与市场的关系问题并不简单，为了实现市场的"看不见的手"的功能，市场经济要求政府被约束。如果政府不被约束，它可能用自己的权力来换取自己的利益。什么样的制度能够解决这一两难问题呢？没有完美的制度，但是目前人类发明的最好的制度就是法治。[②]所以我国正在进行的全面依法治国其实是在建立适合中国的最好的制度。

这里说的更好地发挥政府的作用，主要是在全面深化改革和全面依法治国的背景下来讨论的，可以做一个不太恰当但是能够帮助我们理解的比喻，也就是"三中全会是提要求，四中全会是想办法"。更好地发挥政府作用，也就说明我们现在的政府存在一些问题，主要表现在以下两方面：一个是政府干预过多，另一个是监管不到位。解决这两个问题，要突出一个法治思维，党的十八届四中全会提出要依法行政要建设法治政府，具体到经济领域就是要依法加强和改善宏观调控、市场监管，反对垄断，促进合理竞争，维护公平竞争的市场秩序。市场在资源配置中起决定作用，而不是要把政府晾在一边，建成市场经济不是要摆脱政府，而是更好地发挥政府作用。社会主义市场经济更多的是要发挥市场的作用，但是也离不开政府的作用。政府更好地发挥作用，第一好就是政府要在法律范围内行使权力，不能不行使也不能乱行使；第二个好就是政府的简政放权、释放市场活力。简政放权其实也是政府依法行政的表现，目的是规范政府的权力，确定政府的权利范围。

如何运用法治思维更好地发挥政府作用需要从两个角度来解决，一是简政放权防止政府干预过多；二是解决监管不到位问题。

如何运用法治思维更好地发挥政府作用需要从多角度来解决，当前阶段，主要是简政放权防止政府干预过多。

关于政府的简政放权，首先要清楚一个概念，那就是"依法行政"不是"依

---

① 庞无忌.新常态下风险显露大批僵尸企业或破产[EB/OL].(2014-11-22)[2015-11-24].http://finance.chinanews.com/cj/2014/11-22/6804474.shtml.
② 钱颖一.法治是市场经济的制度基础[N].新京报，2014-11-18.

法行政"。两者的根本区别为是否约束政府。"依法行政"是政府通过法律的形式来管制企业和个人。而"依法行政"中重要的一条是法律约束政府行为。只有当法律可以约束政府行为时，企业和个人的自主权才有制度保障。[①] 所以我们不能把依法治国理解成是政府用法律来行政，更重要的是法律也是对政府行为的约束和限制。

现在正在进行的法治政府建设一个突出的特点就是简政放权。简政放权直接体现在权力清单上，而权力清单就是约束政府的一种形式。法治政府实质上就是有限政府，也就是说，在法治状态下，政府的职权、组织架构、职能、职责等都是法定的，不能超出法定范畴。[②] 政府过去在市场监管上，行政干预有点多，特别表现在行政审批上，这也造成我们的市场机制还有待充分发挥作用。让权力更加科学合理地运行，让政府职能科学，权责法定，让政府部门的权力有明晰的边界。[③] 以 2015 年为例，从 2015 年"两会"到 2015 年 11 月 24 日，国务院已经取消和下放三个批次共计 202 项行政审批事项，完成了李克强总理 2015 年"两会"承诺的年内再取消和下放 200 项行政审批项目的目标。[④] 不仅是国务院，拥有行政审批权的各级政府都在依法依规取消或者下放行政审批权，进一步释放市场活力。

政府干预过多是我们国家比较突出的特点。因为我国从 1956 年进入社会主义开始到 1992 年提出建立社会主义市场经济，这段时间我国长期实行的是计划经济体制，经济发展是建立在一个强大的政府管理基础之上的，政府直接管理经济的各个领域。因此，我们是在计划经济体制的基础上推进社会主义市场经济体制改革的，这比没有经历过计划经济体制直接过渡到市场经济体制还难。计划经济体制形成了强大的行政体制（政府无所不管）以及与之相适应的意识形态、利益格局。[⑤]

政府干预过多的直接后果就是市场不能公平竞争，行政性垄断问题突出。

---

① 钱颖一.法治是市场经济的制度基础[N].新京报，2014-11-18.
② 胡健.简政放权是制度性反腐的重要一步棋[EB/OL].(2014-11-21)[2015-11-21].http://www.gov.cn/zhengce/2014-11/21/content_2781847.htm.
③ 肖北庚.法治政府建设重在简政放权[N].长沙晚报，2014-11-17.
④ 李克强承诺兑现 政府完成年内放权目标[N].第一财经日报，2014-11-25.
⑤ 李义平.怎么理解市场的决定性作用[J].时事报告，2014(1).

如何解决政府干预过多的问题，从市场经济法治的角度讲主要涉及的法律是竞争法，特别是《反垄断法》。事实证明,《反垄断法》是规制行政性垄断的有效途径。2013年以来《反垄断法》执法力度有了显著提升，我们的竞争执法机构针对企业的垄断行为已经累计开出了几十亿元的罚单，但是针对行政性垄断的案件相对来说还很少，竞争执法机构下一阶段的执法重点是行政性垄断行为。随着全面深化改革和全面依法治国的有序推进，加快法治政府建设，把政府工作全面纳入法制轨道，用法治思维和法治方式履行职责变得越来越重要。2015年我国对行政诉讼法进行了大幅度修改，其中一个亮点就是行政诉讼的受理范围不再限于具体行政行为，而是扩大到了行政行为。并且点明行政机关滥用行政权力排除或者限制竞争的行为是可以向人民法院起诉，人民法院也应当受理的，这就提高了行政性垄断行为的可诉性，为更好地规范政府行为，防止政府过度干预市场提供了更多的救济渠道。[①]

第四节　竞争中立制度在我国现阶段实施的必要性和可行性分析

"十三五"时期是全面建成小康社会的决胜阶段。全面建成小康社会不仅仅是人民生活水平得到极大提高，我国各方面的体制机制也将更加定型，最终实现国家治理体系和治理能力的现代化。作为社会主义国家，如何实现国有资产管理体系和管理能力的现代化是无法回避的重要问题，而现状是在完善国有资产管理体制以促进构建公平竞争的市场环境方面。"十三五"时期我国的发展环境、指导思想、主要目标、发展理念及发展主线都对我国国有资产管理体制的改革提出了新的要求，国有资产管理体制涉及两个核心问题：一是如何管理国有企业；二是国有企业应该如何参与市场竞争。如果不适时调整我国的国有资产管理体制，努力解决其涉及的两个核心问题，很显然是不利于实现各项任务目标的，尤其是

---

① 全国人民代表大会常务委员会关于修改《中华人民共和国行政诉讼法》的决定 [R]. 北京, 2014.

第四章
竞争中立制度在我国实施的必要性与可行性分析

在实现国家治理体系和治理能力现代化目标方面,此外还不利于实施创新驱动发展战略及构建发展新体制。因为公平竞争的市场环境的实现最主要是理清国有企业在市场中所享有的不当竞争优势,努力激发国有企业和私有企业等所有市场主体的活力,真正实现市场在资源配置中的决定性作用,同时更好地发挥政府的作用。不能回避的是,我国现行的国有资产管理体制离此目标还有很大距离。我们必须深刻认识"十三五"时期我国经济发展的阶段性特征,准确把握国内外发展环境和条件的深刻变化,积极适应把握引领经济发展新常态,努力构建一个符合中国当前发展阶段的国有资产管理体制。

一、竞争中立制度是竞争政策的重要组成部分

我国《反垄断法》第九条[①]规定国务院反垄断委员会职责时在第一款中提到其应履行研究拟定有关竞争政策的职责。这是我国在法律文件中第一次提出竞争政策的概念。《中共中央和国务院关于深化体制机制改革加快实施创新驱动发展战略的若干意见》和《加快价格机制改革的若干意见》等文件相继提出"强化竞争政策和产业政策对创新的引导",并明确"要逐步确立竞争政策的基础性地位"。这是国家关于全面建成小康社会、全面深化改革、全面依法治国和全面从严治党的现实要求基础上,借鉴国际经验,经过充分论证后提出的一项重大决策。2016年6月,国务院印发了《国务院关于在市场体系建设中建立公平竞争审查制度的意见》,要求建立公平竞争审查制度,标志着建设我国统一开放、竞争有序的市场体系和落实中共中央、国务院提出的"逐步确立竞争政策的基础性地位"的要求迈出了关键一步,我国"十三五"时期的竞争政策体系已经开始形成[②]。根据国际社会的共识,竞争政策就是为确保一个竞争性的市场体系的维持和发展所采取的各种公共措施。[③]现代市场经济条件下,在政府调节经济运行采取的各项政策中,竞争政策占有越来越重要的地位。竞争政策的实施和调整,通常会使一国

---

① 《反垄断法》第九条:国务院设立反垄断委员会,负责组织、协调、指导反垄断工作,履行下列职责:(一)研究拟定有关竞争政策;(二)组织调查、评估市场总体竞争状况,发布评估报告;(三)制定、发布反垄断指南;(四)协调反垄断行政执法工作;(五)国务院规定的其他职责。国务院反垄断委员会的组成和工作规则由国务院规定。

② 吴敬琏.确立竞争政策基础性地位的关键一步[J].中国价格监管与反垄断,2016(7).

③ 徐士英.竞争政策与反垄断法实施[J].华东政法大学学报,2011(3).

的基本经济体制和格局发生重大变化。[①]因此，竞争政策已经成为对一国社会经济发展产生深刻影响的基础性政策。可以认为，在各国建立市场经济的过程中，竞争政策扮演了重要的角色。作为维护市场竞争的基础性政策，竞争政策覆盖社会经济的各个方面，是国家经济发展整体战略的价值基础。2017年1月23日发布的《"十三五"市场监管规划》中的第四章第一条就提到要强化竞争政策实施，进一步强化竞争政策的基础性地位。近几年政府在市场领域改革的实践充分表明，我们国家已经开始逐步实施具有我国特色的竞争政策。竞争中立制度同样是竞争政策的政策工具之一。从澳大利亚实施国家竞争政策的经验就可以知道，竞争中立制度是国家竞争政策的主要构成之一，在促进市场主体公平竞争方面起到了很大的作用[②]。我国在经济转型过程中，作为竞争政策组成部分的竞争中立制度同样应该发挥其维持国有企业与私有企业在市场中公平竞争的价值。

二、实施竞争中立制度有助于推动经济民主

经济民主作为竞争中立制度的理论基础，两者之间也发挥着相互促进的作用。竞争中立制度的实施也是推动经济民主的必要制度工具。经济民主是现代经济的一个显著特征。国有企业基于与政府的紧密关系，除了天然享有一些市场竞争优势以外，一国往往从法律的层面对国有企业享有的这些优势予以确认。随着经济的发展，这种优势在市场中越来越成为私有企业发展的阻碍，对经济整体上的发展进步的不利影响也逐渐显现。为了实现更高层次的经济民主，竞争中立制度最先在澳大利亚开始实施。经济民主要求政府应合理回应市场主体的需求，而私有企业对公平合理市场规则的诉求，政府理应给予合理满足，而不能一味照顾市场主体的一部分而忽视另一部分，毕竟充分发挥每一个市场主体参与市场竞争的积极性才有可能获得更高的经济发展效率。作为实现经济民主的一个重要方面，在国有和私有企业之间应建立公平竞争的市场环境，而竞争中立制度就是防止市场经济主体不当地享有市场竞争优势或劣势的一种制度。毫无疑问，竞争中立制度的实施可以推动市场主体，尤其是国有企业和私有企业平等参与市场竞争

[①] 应品广．竞争政策视角下行政性垄断规制新模式：从"事后救济"到"事前控制"[J]．江西财经大学学报，2016(4)．

[②] Commonwealth of Australia.Commonwealth competitive neutrality policy statement[R].Canberra,Commonwealth of Australia,2015.

方面，进而也会促进国有企业与私有企业之间的经济民主。综上，竞争中立制度是推动经济民主的必要且可行制度工具。

三、实施竞争中立制度有助于建立统一市场、实现市场公平竞争

加快形成统一开放、竞争有序的市场体系，建立公平竞争保障机制，打破地域分割和行业垄断，着力清除市场壁垒，促进商品和要素自由有序流动、平等交换是"十三五"规划关于健全现代市场体系的要求[①]。"十三五"规划在维护公平竞争方面提出要清理废除妨碍统一市场和公平竞争的各种规定和做法。健全竞争政策，完善市场竞争规则，实施公平竞争审查制度。竞争中立制度就是完善市场竞争规则，清理废除妨碍统一市场和公平竞争的各种规定和做法的一种措施。在投融资体制方面，"十三五"规划同样提出要进一步放宽基础设施、公用事业等领域的市场准入限制，采取特许经营、政府购买服务等政府和社会合作模式，鼓励社会资本参与投资建设运营。[②]这无疑会减少国有企业的不当竞争优势，使得更多私有企业可以在更广泛的市场参与市场竞争，减少不当竞争劣势。竞争中立制度作为一系列维持国有企业和私有企业公平竞争环境的规则的集合，只有形成合力才可以发挥其应有的作用，实现实施竞争中立制度的既定目标。"十三五"规划作为指导我国在"十三五"时期国民经济和社会发展的纲领性文件，更多的是提出宏观性的和方向性的任务，而具体落实这些规划需要花费更多心力研究具体的政策措施来实现"十三五"规划既定的任务。竞争中立制度就是帮助我国在"十三五"时期健全现代市场体系的制度工具，是推动我国建立统一市场、实现市场公平竞争的必要且可行步骤。

四、实施竞争中立制度有助于推动供给侧结构性改革

供给侧结构性改革是我国政府确定的适应新常态规律的解决方案。化解产

[①] 第十二届全国人民代表大会第四次会议.中华人民共和国国民经济和社会发展第十三个五年规划纲要[R].北京，2016.
[②] 第十二届全国人民代表大会第四次会议.中华人民共和国国民经济和社会发展第十三个五年规划纲要[R].北京，2016.

能过剩需要从供给侧的角度出发，有效发挥市场竞争机制优胜劣汰的作用。供给侧结构性改革强调，通过改革的方法来优化资源配置，调整经济结构，充分发挥劳动力、土地、资本、创新四大要素的作用。[1]当前，我国经济形势企稳向好，主要是供给侧和需求侧改革共同发力的结果，是一个混合的动力。因此，推动供给侧结构性改革与处理好政府和市场的关系、发挥市场配置资源决定性作用是一脉相承的，蕴含着对市场竞争机制的重视。竞争中立制度的目标就在于维持国有企业与私有企业在市场中公平竞争的环境，这无疑符合供给侧结构性改革的题中要义。推动供给侧结构性改革需要竞争中立制度的实施以推动市场的有效竞争，廓清政府与市场的界限，充分发挥市场在资源配置中的决定性作用，更好地发挥政府的作用。综上所述，竞争中立制度是推动供给侧结构性改革的必要且可行制度工具。

五、实施竞争中立制度有助于实现创新驱动发展战略

实施创新驱动的发展战略是我国政府为适应新时期新阶段的新挑战提出的新的发展战略。在实施创新驱动的发展战略过程中，创新的主体是企业，而企业创新的根本动力在于有效竞争。因此，国家营造公平竞争的市场环境是维护创新的根本保障，为鼓励创新和培育新经济提供土壤。毫无疑问，这与竞争中立制度的目标是完全契合的。当前，我国经济发展进入新常态，需要从传统的要素驱动和投资驱动转向创新驱动。创新的原动力是公平竞争。[2]只有打破制度的樊篱，为公平竞争创造制度条件，才能依靠"大众创业、万众创新"推动经济转型升级和实现经济可持续发展。国有企业是创新的主体，同样，私有企业在创新方面也有突出的贡献。竞争中立制度在推动实现创新驱动发展战略的过程中的价值在于为私有企业提供与国有企业公平竞争的环境，使其免受税收不中立、监管不中立、信贷不中立、政府采购不中立及政府对国有企业不当补贴等不当竞争劣势的困扰。可以预见的是，竞争中立制度实施后，一旦消除这些不中立现象，一定会为创新驱动的实现提供可靠的市场环境保障和创新动力。综上所述，竞争中立制

---

[1] 张穹.大力推进实施竞争政策促进供给侧结构性改革 [J].行政管理改革，2016(11).
[2] 胡祖才.逐步确立竞争政策的基础性地位 [J].中国价格监管与反垄断，2016(3).

度是实现创新驱动发展战略的必要且可行制度工具。

六、实施竞争中立制度有助于政府在市场中更好发挥作用

如何正确处理政府与市场的关系是经济学和经济法学的重要命题,某种程度上甚至可以说是经济法学之所以为一门学科的重要理论基础。改革开放以来,我国经济持续快速发展,主要得益于政府不断地向市场让渡权力,使市场在经济发展中不断发挥更大的作用[①]。党的十八届三中全会关于全面深化改革的论述中突出强调要正确处理政府与市场的关系,也就是发挥市场在资源配置中的决定性作用和更好地发挥政府的作用。那么如何正确处理政府与市场的关系也就演变为如何使市场在资源配置中发挥决定性作用和如何更好地发挥政府的作用。在我国当前的经济转型中,市场和政府的作用都不可偏废,在资源配置中就应该发挥市场的决定性作用,决定性作用不等于一切作用,在市场调节可能会出问题或已经出问题的时候就要有效发挥政府的作用,提前解决市场可能出现的问题,更好地解决市场已经出现的问题。那么哪些因素会影响市场作用的发挥呢?一个是市场天然局限性的问题;另一个是政府的不当干预。这两个问题的解决都需要更好地发挥政府在市场中的作用。竞争中立制度通过规范国有企业和政府在市场中的行为规范帮助实现市场在资源配置中的决定性作用和更好发挥政府作用。进一步讲就是,竞争中立制度通过消除国有企业在市场中所享有的如税收、监管、信贷、不合理补贴及政府采购等方面所享有的不当竞争优势而使其与私有企业在市场中实现公平竞争,而公平竞争的环境是市场有效发挥资源配置的基础,相应地可以说,竞争中立制度有助于发挥市场在资源配置中的决定性作用。此外,竞争中立制度表面上是针对国有企业的一些限制,其实质是规范政府如何处理其在市场中有竞争者或潜在竞争者的经济活动,进而也就是规范政府在市场中的经济行为,明确政府与市场的界限,也就有助于更好地发挥政府在市场中的作用。综上所述,竞争中立制度是政府在市场中更好发挥作用的必要且可行方式。

---

① 金善明.供给侧结构性改革下的中国竞争政策实施——基于2016中国竞争政策论坛观点梳理与思考[J].价格理论与实践,2016(10).

七、实施竞争中立制度有助于实现现阶段国有企业改革目标

根据 2015 年 8 月 24 日中共中央、国务院发布的《关于深化国有企业改革的指导意见》，我国现阶段国有企业改革的目标是到 2020 年形成更加符合我国基本经济制度和社会主义市场经济发展要求的国有资产管理体制、现代企业制度、市场化经营机制。[①] 该目标中所说的符合我国基本经济制度和社会主义市场经济发展要求的国有资产管理体制、现代企业制度及市场化经营机制都与竞争中立制度关系紧密。竞争中立制度主要是如何处理政府与国有企业关系的制度，那么很显然，国有资产管理体制的完善需要竞争中立制度进行补充。竞争中立制度的一个主要要求是精简政府企业的形式，推动国有企业公司化，目标中所提的现代企业制度的一个主要标志是公司化，而我们正在进行的企业改制主要就是将国有企业公司化，不可否认，现代企业制度的建立也离不开竞争中立制度的支持。国有企业的市场化经营机制的核心在于市场化，如何实现真正意义上的市场化，离不开国有企业的公司化改造，离不开对国有企业的不当竞争优势进行剥离，如何进行剥离的问题就涉及如何设计我国的竞争中立制度。综上所述，竞争中立制度无疑是实现现阶段国有企业改革目标的必要且可行路径。

八、实施竞争中立制度有助于参与国际经贸治理相关规则制定

综合世界上主要经济体的有关信息，贸易保护主义有重新抬头的趋势，尤以美国新任总统特朗普为代表，此外，欧洲多个经济体的候选领导人中也形成了一股反全球化、提倡孤立主义的势头，无疑给推动经济全球化泼了冷水，对全球经济复苏增加了更多不确定因素。因为美国退出 TPP 的行为总体上来说是对区域贸易自由甚至是全球贸易自由的一个打击，美国下一步将着力于双边贸易协定的谈判。作为在经济全球化受益良多的中国来说，我们应及时关注国际贸易形势的新变化，特别是国际贸易规则的新变化。TPP 的规则在一定程度上会对我国参

[①] 中共中央国务院. 关于深化国有企业改革的指导意见 [R]. 北京，2015.

与国际贸易形成一些壁垒，但是长远来说，这些规则某种程度上有其可取性，因为总体上来说TPP还是为了在更广范围内促进贸易公平自由。在我国企业"走出去"的过程中，国有企业特别是中央国有企业占据了主要比例。基于国有企业的政府背景，国外许多国家（主要是发达国家）往往对国有企业在该国的投资设置有很多限制。这些限制有其合理性，毕竟我国国有企业的市场化程度和透明度与国外企业还是有一定差距。但是不能因为这些壁垒就裹步不前，为了国内企业尤其是国有企业更好地"走出去"，有必要实施我国的竞争中立制度，提供一系列的政策和法律依据提高国有企业的治理水平，特别是提高其经营透明度和市场化水平，消除其享有的不当竞争优势。虽说我们形成国有企业与私有企业公平竞争的市场环境和市场机制不意味着国外就会丢掉对我国国有企业的有色眼镜，但是至少可以提供充足的依据去说明我国的真实情况，与此同时，市场会真正发挥其在资源配置中的决定性作用，长远来看是有利于国有企业"走出去"的。国际经贸治理规则归根结底来源于国内经济治理规则，一国先进的国内经济治理规则往往更容易在国际贸易中形成新的国际经贸治理规则。竞争中立作为一项比较新的国际经贸治理规则，也被越来越多的国家所接受，中国作为国有企业最为发达的国家之一，我们基于竞争中立理念形成的具有中国特色的竞争中立相关规则应该更有说服力。综上所述，竞争中立制度亦是我国参与国际经贸治理相关规则制定的必要且可行步骤。

第五节 探索竞争中立的必要性与可行性分析：以上海为例

一、国家和上海有关政策依据

国家层面和上海市层面有关国有企业改革的顶层设计，为上海市探索竞争中立提供了指南。2015年8月24日中共中央、国务院发布的《关于深化国有企业改革的指导意见》明确了国有企业改革的顶层制度设计，提出通过市场化改革将国有企业打造成为独立的市场主体，积极推进国有资本投资、运营公司试点工作，实行与社会主义市场经济相适应的企业薪酬分配制度，以及强化国有企业在经济转型升级中的示范引领作用等具体改革措施。根据该意见的制度设计，国务院及各部委随后出台了相关配套措施，如《关于改革和完善国有资产管理体制的若干意见》《关于国有企业功能界定与分类的指导意见》以及国务院《关于国有企业发展混合所有制经济的意见》等，进一步明晰了探索国有企业混合改革的思路，明确了混合改革重点示范领域，产权保护的核心要求，提出探索完善优先股和国家特殊管理股，并明确将国有企业界定为商业类和公益类。这些举措对实现国有企业现代公司制度的改革目标，完善法人治理结构，有效监管国资等具有重要推动作用。

在上海市层面，则早于国家层面于2013年和2014年分别出台了《关于进一步深化上海国资促进企业发展的意见》和《关于推进本市国有企业积极发展混合所有制经济的若干意见（试行）》,《关于进一步深化上海国资促进企业发展的意见》提出将国有企业分为"公共服务类企业""功能类企业"和"竞争类企业"三大类，并逐步实现差异化管理。在鼓励发展非公有资本控股的混合所有制企业、建立公开透明规范的国资流动平台、逐步提高国有资本收益上缴比例等方面，上海市走在了全国改革的前列。

此外，上海作为全国改革开放排头兵和创新发展先行者，应在深化改革开放上有新突破，在推动高质量发展上有新突破，目前正在全面推进自贸试验区建设，全力打造具有国际竞争力的一流营商环境，深入推进科技创新中心建设，加快建设现代化经济体系，全面激发创新新动能。某种意义上来说，上海承担了探索中国经济制度改革的重任，其改革意见率先出台对其他地方也会起到带头示范作用。上海依托于自身的政策优势、创新优势和区位优势，在竞争中立探索上拥有更多的弹性。

前述国家层面和上海市层面的政策文件的出台为上海尝试探索中国特色的竞争中立制度提供了制度空间。

二、上海探索实施竞争中立的经济基础

上海在我国具有重要的经济地位，根据国家统计局统计数据显示，上海2013－2017年GDP一直位居全国城市GDP首位。根据上海市统计局《2017年上海市国民经济和社会发展统计公报》显示，2017年上海市GDP30133.86亿元，比上年增长6.9%。2013－2017年，上海市经济增长率一直保持在6.9%以上。在上海市生产总值中，公有制经济增加值14660.12亿元，比上年增长7%，公有制经济在上海市地方经济中占有重要份额。国有企业改革的目的是推动经济的可持续发展，良好的经济基础是改革的保障。上海良好的经济优势及财政收支状况为上海市探索竞争中立提供了有力的保障，这使得上海在推行改革的过程中，能够具有较大的弹性空间，即使在改革的过程中出现波折，上海市的经济和财政优势也能中和部分阻力。

上海国资是仅次于中央国资的第二大国资系统，截至2017年年底，本市国有及国有控股企业资产总额185895.82亿元，比上年增长6.6%，约占全国国有企业资产总额的12.25%。[①] 在2018年美国《财富》杂志发布的世界500强排行榜中，有7家总部设在上海的国有企业入围。[②] 上海国资的这些优势，为上海探索竞争中立奠定了良好的基础。首先，逾全国十分之一的国资比重，说明上海市国资总量之大，其改革收益也相应明显，这对于推动上海市经济发展具有重要意义。其次，上海地方国有企业的营业收入总量可观，在一定程度上可以弥补改革成本。最后，其高额的证券化率是上海国有企业的巨大优势，这对于引入民间资本，积极推进"混合所有制改革"具有重要的推动作用。上海作为国资最为发达的地方国资，其国有企业和私有企业发展对公平竞争的市场环境的需求最为迫切，为了实现市场机制的有效运行和创造公平竞争的市场环境，有效消除国有企业和部分私有企业享有的不当竞争优势也是上海探索竞争中立的现实要求。作为全国改革

---

① 中华人民共和国财政部资产管理司.2017年1—12月全国国有及国有控股企业经济运行情况[EB/OL].(2018-01-22)[2018-09-13].http://zcgls.mof.gov.cn/zhengwuxinxi/qiyeyunxingdongtai/201801/t20180122_2798986；上海市国有资产监督管理委员会.本市地方国有企业2017年度总体运行情况[EB/OL].(2018-09-18)[2018-09-20].https://www.shgzw.gov.cn/website/html/shgzw/shgzw_xxgk_tzxx/2018-09-18/Detail_87975.htm.

② 分别是上海汽车集团股份有限公司（第36位）、中国宝武钢铁集团有限公司（第162位）、交通银行（第168位）、中国太平洋保险（集团）股份有限公司（第220位）、上海浦东发展银行股份有限公司（第227位）、绿地控股集团有限公司（第252位）、中国远洋海运集团有限公司（第335位）。

排头兵的上海有必要尝试竞争中立的有关探索。

三、探索实施竞争中立有助于上海"五个中心"建设

上海市"十三五规划"提出，在"十三五"时期，要把上海基本建成"四个中心"[①]和"具有全球影响力的科技创新中心"。在国家"十三五规划"中，还明确提出要发挥上海"四个中心"引领作用，推动长三角城市群的发展。这就意味着国家将上海"四个中心"建设提高到了推动长江经济带发展的国家战略高度。"四个中心"和"创新中心"的建设离不开国有企业改革的支持，而竞争中立的探索是推动上海市国有企业改革的重要制度性力量。

根据上海市国资国企工作会议的一组数据[②]，在上海市各类企业对GDP的贡献中，国有企业对上海市GDP的贡献率占到了近一半，上海市地方国有企业在上海地方GDP中同样占有举足轻重的作用。如此庞大的地方国资如果不能在市场上有序健康运行，必然会对市场造成不良影响，从而阻碍上海市经济的发展。同时，不受约束的国有企业也可能借助于各种"竞争优势"阻碍市场创新，从而约束"科创中心"的建设。

2015年，英国《自然》杂志公布了中国城市在科研产出数量上的排名情况：2014年，中国科研产出最多的十大城市为北京、上海、南京、香港、长春、武汉、合肥、杭州、广州和天津。上海位居第二。但是在发明专利授权量方面，排前十名的企业中，深圳占据5个席位，北京占据4个席位，长沙占据1个席位。总量排行第二的上海，居然连一个企业都没有挤进前十名。《自然》杂志在评选中国城市科研成果排名的同时，还特别指出，深圳、北京和武汉是中国三大科研成果产业化基地，上海不在其中。在国家知识产权局公布的《2015年我国发明专利授权量城市排名》中，北京的发明专利遥遥领先（发明专利授权35308件），是第二名上海的两倍有余（发明专利授权17601件）。此外，2015年，深圳市

[①] 所谓四个中心，即国际经济中心、国际金融中心、国际航运中心以及国际贸易中心。
[②] 2015年，本市地方国有企业实现营业收入、利润总额分别同比增长7.1%、18.8%。本市地方国有企业创造的生产总值（GDP）、新增固定投资、缴纳税金占比均超过全市20%，2015年上海工业和第三产业税收百强企业中，地方国有企业入围数量分别占1/3和1/5 视规效益继续保持国内一流。市国资委系统企业资产总额、营业收入、利润总额继续保持全国第一，分别占全国地方省市国资委系统企业的1/10、1/8和1/5。周波. 深化改革攻坚 开拓创新发展努力开创上海国资国企改革发展新局面 [J]. 上海国资，2016(2).

PCT[①]国际专利申请达 13308 件，相当于北京的三倍、上海的十倍，占全国申请总量的 46.86%，连续 12 年居全国大中城市首位。[②]

所有这些数据表明，上海的创新能力相比于深圳、北京等城市还有所不足，建设"全球科创中心"仍然任重道远。其中，相对较高的国资国企比重，可能在一定程度上制约了创新的空间。因此，探索竞争中立制度、引入公平竞争理念、改善竞争和创新环境，将有助于推动上海市"四个中心"和"创新中心"的建设。

---

① PCT 为 Patent Cooperation Treaty（专利合作协定）的简写，是专利领域的一项国际合作条约。它主要涉及专利申请的提交，检索及审查以及其中包括的技术信息的传播。PCT 不对"国际专利授权"：授予专利的任务和责任仍然只能由寻求专利保护的各个国家的专利局或行使其职权的机构掌握。
② 吴德群，文萱. 深圳"双创"缘何领跑全国 [N]. 人民日报·海外版，2016-09-07.

第五章

我国竞争中立制度的实施路径

竞争中立制度虽然是舶来品，但是在我国当前发展阶段对该制度在中国的应用有着深刻现实需求。国际上的经验和国内经济发展的现实都要求我国应该适时实施竞争中立制度。我国实施竞争中立制度应当遵循这样的实施路径，首先要明确我国在竞争中立问题上的基本立场，即正视中国国有企业的竞争优势和劣势，认识到竞争中立理念与我国经济体制改革的目标是一致的，竞争中立制度的设计和实施要与一国的发展阶段和法制背景相适应；其次在以上认识的基础上结合域外经验和国情确定我国竞争中立制度的基本构成，包括基本概念、适用范围、行为规则、实施机制、配套措施和实施步骤等；最后提出我国在国际经贸治理规则制定中的应对策略。

第一节 我国在竞争中立问题上的基本立场

明晰我国在竞争中立问题上的基本立场是实施我国竞争中立制度的前提基础。没有对我国涉及竞争中立问题基本情况的了解；没有对竞争中立内涵科学理性认识，很难形成一个符合我国经济发展实际的竞争中立制度。笔者尝试从国有企业在市场中所享有的竞争优势和劣势的分析出发，结合我国经济体制改革的目标及发展环境来梳理我国在竞争中立问题上的应有立场，为下一步形成我国竞争中立制度的基本框架并提出我国在国际经贸治理规则制定中的应对策略作准备。

一、正视我国国有企业的竞争优势和劣势

作为世界上国有企业最为发达的国家，我国国有企业在市场中所享有的竞争优势应该是最为丰富的，不仅仅是种类的丰富，在种类之下各种优势的细化程度也是最高的。显而易见，要系统地消除我国国有企业在市场中的不当竞争优势的难度可能也是最大的。除了一些优势，我国国有企业也存在一些劣势，包括更重的企业社会责任及公共服务义务，还有治理模式带来的非效率。但总体上来说这种竞争优势要远大于劣势。

（一）国有企业的竞争优势[①]

1. 政府补贴优势

据不完全统计，2007—2013 年，国有及国有控股工业企业获得财政补贴约为 2741 亿元。补贴的形式多种多样。例如，按工业用地价格 3% 的比例计算工业土地租金，2001—2008 年国有及国有控股工业企业共应缴纳地租 34391 亿元，占国有及国有控股工业企业名义利润总额的 102%。这意味着交出这部分费用，国有企业 4.9 万亿元的名义利润就会变成负值[②]。

2. 信贷融资优势

在我国的信贷市场上，几大国有商业银行依然占据主导地位。由于国有商业银行与国有企业均由政府投资，基于天然的关系，国有企业比较容易从国有商业银行获得贷款。私有企业基于资产规模等原因，其较难以从银行获得贷款且信贷成本较高。国有企业一般享有低利率、低担保甚至无担保的信贷优惠。按照有关研究机构的计算，国有及国有控股工业企业平均实际利息率为 1.6%，其他企业加权平均的实际利率（视为市场利率）则约为 4.68%。

3. 税费优势

按照有关研究机构的计算，2007—2009 年，992 家国有企业所得税的平均税

[①] 天则经济研究所. 国有企业的性质、表现与改革 [R]. 北京，2015.
[②] 天则经济研究所《国有企业的性质、表现与改革》课题组. 是什么撑起了强势国企 [N]. 社会科学报，2011-04-21.

负为10%，民企的平均税负达到24%。①国有企业上缴的利润极少，利润绝大多数都在企业内部进行分配，很难体现出惠及全民的意义。在特定行业，国有企业的优势更加明显。2001—2013年，国有及国有控股工业企业少交纳的石油资源租金约为5603亿元。加上天然气和煤炭等自然资源，国有及国有控股工业企业在2001—2013年间共少交纳资源租金约11138亿元。

4. 监管优势

通过对有信息披露的47家中央企业的高管履历统计发现，这47家央企中一共有115名高管具有政府工作背景。通过对19个部委的183名副部级以上官员的履历统计发现，当中具有国有企业工作经历的有56人，比重近1/3。可以认为存在国有企业管理层与官员之间的身份互换，进而两者之间利益的交换也就显得简便许多。②同时，由于行政部门拥有制定法律的实施条例、指导意见和部门规定等权利，通过政府官员与国有企业高管之间的"旋转门"制度，国有企业更能获得"行政立法"的支持或优先得知行政政策的动向，从而在调整企业的经营活动和获得政策扶持等方面更具优势。

（二）国有企业的竞争劣势

1. 企业社会责任更重

首先，由于中国国有企业历史发展久且多为大型企业，一般都有比较多的在职和退休员工，职工福利成本高。国有企业的平均工资要高于非国有企业。例如，2013年，非国有企业单位的人员平均工资为50848元，国有企业人员的人均工资52388元，比非国有企业高3%。又如，现行的公积金制度规定，职工和单位公积金缴存比例均不得低于职工上一年度月平均工资的5%，原则上不高于12%。但是，不少垄断行业的国有企业将这一比例提升到20%。还有些国有企业利用国家无偿划拨的用地进行单位集资建房，或者国有企业购买市场上的商品房，以较低的价格出售给本企业员工。③

---

① 天则经济研究所《国有企业的性质、表现与改革》课题组.是什么撑起了强势国企[N].社会科学报，2011-04-21.

② 盛洪.国有企业的性质、表现、改革[N].中国民营科技与经济，2012(Z2).

③ 盛洪.国有企业的性质、表现、改革[N].中国民营科技与经济，2012(Z2).

其次，作为国有资产的一部分，国有企业替政府承担着部分社会职责，如在经济不景气时期，国有企业必须承诺不得裁减员工，甚至需要为政府接纳部分下岗人员。因此，相较而言，国有企业的自主经营权和人事管理权受到了一定的限制。

2. 公共服务职能优先

很多国有企业存在公共服务职能，维护国计民生是其首要目标，维护国有资产和经营稳定是国家对国有企业的要求。因此，国有企业并不能同私营企业一样，为增加自己的资产而自由投资于其他行业，必须结合国家的有关发展政策并且要经过对其承担监管责任的政府或机构的审批同意方可实施。

3. 治理模式带来的非效率

由于国有企业受到政府国有资产监督管理机构的监管，其部分经营活动特别是一些重大决策行为常需要通过烦琐的行政请示、审批程序，这在一定程度上影响了企业的自主经营权及治理效率的发挥。并且，由于国有企业的激励机制较为缺乏，而处罚机制则十分严格，一旦国有企业管理人员或工作人员实施的创新经营行为出现风险，将可能受到严格的行政处罚，因此，国有企业管理层及工作人员常抱着"不求有功，但求无过"的经营心理，一定程度上也导致企业创新机制的退化。

（三）总体评价：优势大于劣势

尽管国有企业在与非国有企业竞争时仍然存在一些劣势，但是这些劣势一方面源于饱受诟病的垄断利益（如高工资、高福利）；另一方面正通过国有企业改革一步步消解（如区分公共服务类和商业类国有企业、引入混合所有制改善国有企业治理模式等）。总体上来说，国有企业因为特定政策及自身固有特点所面临的竞争劣势正在逐步降低。更应该值得关注的是，国有企业凭借政策优势所享有的不当竞争优势长期存在且难以单纯通过国有企业改革来消除。这种不当竞争优势需要通过实施符合我国国情的竞争中立制度来予以解决。

二、竞争中立理念与我国的经济体制改革目标一致

截至目前，我国还未有官方文件对竞争中立进行表态。我国现有法律法规中，并没有直接规定竞争中立制度，只是在一些法律法规的条款中，体现了维护公平竞争的理念。尽管诸多立法和政策文件中都支持"公平竞争"，但这并不等于就是我国实质意义上的竞争中立。[1] 我国对竞争中立的研讨，主要是在国际贸易领域，尤其表现在如何应对如 TPP 这样的有较高标准的竞争中立规则方面的讨论比较集中。对于我国这样一个外贸型国家来说，构建一个开放包容的贸易体系非常重要，在我国参与国家或地区间的自贸协定谈判时，公平竞争的贸易环境也是需要的，尤其是随着我国经济转型的深入，这种需求更为迫切。很显然，如果国有企业总是凭借着其所具备的不当竞争优势参与竞争，不仅仅是对国际贸易公平的破坏，还会影响国有企业所在国其他企业的发展，也不利于国有企业充分发挥智力优势提高自身核心竞争力，因为靠政策支持就能不亏损甚至还可以盈利又不影响自身福利待遇，在这种情况下，企业发展的积极性就很难提高上去。

从根本上讲，竞争中立的理念与我国经济体制改革的目标是一致的。竞争中立本质上是为市场主体营造一个公平竞争的统一市场环境，尤其是在消除市场主体因为所有权归属的不同而遭受不平等待遇方面最为突出。两者之间有很多契合的地方。无论是澳大利亚的实践还是 OECD 给出的建议，公司化都是实施竞争中立制度的第一步，推动国有企业朝着公司化的方向进行改造是建立竞争中立制度的开端。我国固然未曾实施过竞争中立制度，但是我国国有企业自改革开放以来就是沿着明晰产权、放权给企业、建立现代企业制度及公司化的方向来推进国有企业的改革，在这一点上不能不说我国的国有企业改革是与国际上的竞争中立理念是契合的。具体说来，在中国共产党第十四次全国代表大会提出的建立社会主义市场经济体制的目标，特别是在国有企业领域提出建立现代企业制度的改革方向后，国有企业的所有权与经营权随着改革的不断深入逐渐分离，这可以说

---

[1] 比如，早在 2005 年 2 月 25 日，国务院就发布了《关于鼓励支持和引导个体私营等非公有制经济发展的若干意见》（"非公经济36条"）。然而，由于种种原因，非公经济36条并未真正落实到位。2010年5月7日，国务院于再次发布了《关于鼓励和引导民间投资健康发展的若干意见》（"新36条"），然而，新36条的落实仍然面临阻力。从地区来看，绝大多数地方政府并未制定实施细则；从行业来看，铁路、能源、金融、市政公共事业等重要领域无实质进展，一些中央部门不仅没有及时制定配套政策，甚至还出台与新36条精神相背离的政策。

是我国"竞争中立制度"的开端。进入21世纪以来，多个原来只能由国有企业经营的行业逐渐放宽准入条件，私有资本和国外资本开始进入这些领域，这些领域的竞争逐渐扩大，初步建立了竞争机制，这可以说是我国"竞争中立制度"的深化。党的十八大报告明确提出要"毫不动摇鼓励、支持引导非公有制经济发展，保证各种所有制经济依法平等使用生产要素、公平参与市场竞争、同等受到法律保护"。通过与竞争中立含义的对比，虽然有差距，但这一表述很难不让人联想到竞争中立，甚至可以说是竞争中立的直接体现。在这一政策指引下开展的新时期政府改革及国有企业改革有诸多与竞争中立理念契合的地方也就不奇怪了。从某种程度上来说，这就是我国"竞争中立制度"确立的标志。

近几年，与竞争中立理念有契合性的政策文件越来越多。2014年6月中央政府发布的《关于促进市场公平竞争维护市场正常秩序的若干意见》，明确提出要"打破地区封锁和行业垄断；对各级政府和部门涉及市场准入、经营行为规范的法规、规章和规定进行全面清理；制定市场准入的'负面清单'及政府监管的'权力清单'。"2015年10月2日国务院颁布的《关于实行市场准入负面清单制度的意见》，"以清单方式明确列出在中华人民共和国境内禁止和限制投资经营的行业、领域、业务等，各级政府依法采取相应管理措施的一系列制度安排。市场准入负面清单以外的行业、领域、业务等，各类市场主体皆可依法平等进入。"2015年12月29日中央政府发布《关于国有企业功能界定与分类的指导意见》，将国有企业界定为公益类和商业类，明确分类管理的办法措施。以上这些文件的发布和实施充分表明了政府推进建立公平统一市场的雄心和进一步深入国有企业改革的魄力。这些具体措施的实施为国有企业的公司化改造、统一国有企业和私有企业参与市场竞争的标准、发展混合所有制、实现市场机制的更高效运转，乃至最终的实现市场在资源配置中的决定性作用和更好发挥政府的作用都是有诸多助益的。相应地，这些措施的实施实质上普及了竞争中立的理念，让市场主体认识到政府在市场中最好的状态应该是中立，而国有企业真正长久健康有序的发展还是需要摆脱政府给予的不当竞争优势才更好，最终为我国实施竞争中立制度积累各方面的资源。

通过对比分析竞争中立理念与我国经济体制改革的历程不难发现，两者无论是目标还是具体措施都有高度的契合性。我国经济体制改革的过程简单地说就是不断释放各市场主体活力，市场机制效率不断提高，政府作用发挥得越来越好的过程。而伴随着经济体制改革的深入，我国自身的竞争中立理念不断深化发展，虽然称呼上有差异，无论是官方还是普通民众可能更喜欢称之为"公平竞争"，但实质上可以说这就是"竞争中立"。在认识到竞争中立理念与我国的经济体制改革目标一致的同时，还应清醒地认识到我国还没有建立形式上及实质上的竞争中立制度，理念相同不代表实质相同，只有建立起实质上的竞争中立制度才能真正发挥出竞争中立所能发挥的激发市场主体活力建立公平竞争有序市场环境的作用。

三、竞争中立制度的设计要与一国经济发展阶段相适应[①]

前面论述了竞争中立理念与我国经济体制改革目标的一致性。这里讨论的是竞争中立制度的设计要与一国的经济发展阶段相适应。两者可以说是相互联系的。随着经济体制改革的深入，我国越来越多的政策措施体现出竞争中立的理念，党的十八大报告中直接提出要"保证各种所有制经济依法平等使用生产要素、公平参与市场竞争、同等受到法律保护"。经济的飞速发展使得市场主体尤其是私有市场主体对公平参与市场竞争的需求越来越迫切。除了人们认识上的深入，最为根本的是经济发展的阶段性决定了政府政策具有阶段性，经济发展水平的不断提高要求市场的竞争应该更为有效，否则经济发展会，显得底气不足。经济基础决定上层建筑。不同的经济发展水平需要不同的政策支持。

我国的经济发展是否到了应该实施竞争中立制度的阶段呢？答案是肯定的。经过新中国成立以来的艰苦建设特别是改革开放以来，我国经济建设取得了骄人的成绩，已经跻身经济总量世界第二的位置，人民生活水平得到极大提高，各种市场主体大为丰富，政府治理能力建设也取得了很大的提升。当前我国经济发展进入新常态，供给侧结构性改革方兴未艾，经济发展的动力经历换挡期。在现代市场体系建设方面，我国面临一系列障碍需要破除，比如市场准入限制、地方保护、行政性垄断及垄断行业改革，等等。很显然这些问题的解决都围绕一个核

---

① 应品广. 竞争中立：中国的实践与展望 [J].WTO 经济导刊，2014(6).

心展开，那就是公平竞争，现在我们市场体系建设的目标是建立统一开放公平竞争的市场体系。除了国家目前正在实施的诸如简政放权、放宽市场准入等措施以外，极为缺乏一个能够提纲挈领的制度工具来帮助实现这一目标。笔者认为，竞争中立制度是在现代市场体系建设方面需要实施的一项举措。竞争中立制度不仅对建立现代市场体系助益良多，在推进国有企业改革方面同样可以发挥不可替代的作用。在现代市场体系建设方面，竞争中立制度可以帮助消除不同市场主体在市场中不平等地位，通过规范政府行为帮助消除地方保护和行政性垄断等政府存在的不当干预市场的行为，此外，竞争中立制度通过消除国有企业在特定行业中的不当竞争优势帮助推动垄断行业的改革，让更多非国有市场主体参与到这些特定行业的竞争中。在国有企业改革方面，竞争中立制度的实施所消除的国有企业的不当竞争优势可能在一定时期内会影响国有企业的发展，但这可以通过设定一定的过渡期来降低损失，长远来看竞争中立制度的实施会提高国有企业的竞争力，同时也为更好地参与国际市场竞争减少了一些障碍，同时，竞争中立制度实施的前提需要国有企业自身经历一番深入的改革和政策适应，可以倒逼国有企业改革过去难以改革的领域，如建立更为高效的经营模式、实施更为合理的薪酬制度，确定合理的投资回报率，等等，最终推动实现国有企业既定的改革目标。

四、竞争中立制度的实施要与一国法治背景相适应

我们目前进行的改革区别与以往改革的一个突出特点是要坚持法治先行。凡改革都要于法有据，不能违法改革。竞争中立制度的实施只有与我国的法治背景相适应才有实施的可能，并且作为一项涉及国家基本经济制度的改革更应严格审视其与我国法治现状的契合性。

首先，在我国的根本大法——《宪法》中，竞争中立制度的实施是否能够从中找到相关依据。如前所述，我国《宪法》中的第十五条可以为竞争中立制度在我国的实施提供法律依据。该条规定国家实行社会主义市场经济。社会主义市场经济本质上是市场经济，市场经济的健康发展离不开公平竞争的市场环境，如何实现公平竞争的过程其实质也可以说是实施宪法有关条款的过程。竞争中立制度作为一项以实现市场主体公平竞争为己任的制度，其在我国的实施也就有了法

第五章 我国竞争中立制度的实施路径

理基础。此外,《宪法》第十一条中规定的鼓励、支持和引导非公有制经济发展的条款也可以看作竞争中立制度实施的法理基础之一,竞争中立制度消除国有企业不当市场竞争优势的同时其实也是在为非公有制经济的发展创造更好的市场环境,也是对非公有制经济发展的一种鼓励、支持和引导。有人可能会有疑惑,竞争中立制度消除国有企业不当竞争优势是不是违背了《宪法》第六条和第七条有关公有制和国有经济的条款呢?笔者的回答是否定的。经济发展的实践告诉我们,市场中经济实体壮大发展的一个重要条件就是有一个公平竞争的市场环境。在一个充分实现公平竞争的市场环境下,市场主体发展的好与否更多地依靠经营管理水平。当然在一个非公平竞争的市场环境下,政策因素会对一个企业的发展产生重大影响。在前面论述我国国有企业竞争优势和劣势的过程中可以发现,我国国有企业的竞争优势其实都是建立在自身低效的基础上,如果我国国有企业能够实现更高的经营效率,那么政府的政策也就不是必需品了,对这些政策的取消就不能想当然地认为就是对《宪法》中的公有制条款和国有经济条款的违背。我国国有企业的一个不能忽视的现实是政府为国有企业的低效背了"黑锅",不断地为低效的国有企业进行"输血",企业破产与否依据的不是我国的《破产法》,而是主管该国有企业的政府的行政命令。有的国有企业基于特定职能有不适用《破产法》的道理,但是把大部分甚至是所有的国有企业排除在外就不那么合理了。破产不意味着国资的流失,因为本质上破产制度是为了更有效地实现破产企业的价值而设立的。一味地为濒临破产的国有企业"输血"反而是对国资的浪费,其对国资的损害甚至比破产更甚。因此,竞争中立制度的实施不能等价于是对国有企业的打击,更不是对《宪法》公有制条款和国有经济条款的违背。

其次,除了《宪法》依据,在维护市场秩序的《反垄断法》中也可以找到依据。其实《反垄断法》整体上来说就可以被视为竞争中立制度的法理基础。因为制定该法的目的就是为了保护市场公平竞争,提高经济运行效率,促进社会主义市场经济健康发展。从具体条款上同样可以找到许多支持竞争中立制度的内容,如《反垄断法》第四条,该条规定了国家应该制定实施与市场经济相适应的竞争规则,健全统一、开放、竞争、有序的市场体系。那么很显然,竞争中立制度就是这样的规则。值得注意的是《反垄断法》第七条不应该被视为是对国有企业的豁免，该条款是对一些特定企业（范围要小于国有企业的范围）在特定领域享有依法赋予的权利的一种确认，如果其在其特定范围之外实施《反垄断法》所禁止的行为同样要受到《反垄断法》的规制。

最后，竞争中立制度在《企业国有资产法》中也可以发现其法理基础。《企业国有资产法》于 2009 年 5 月 1 日起实施，晚于《反垄断法》，应当说在制定通过《企业国有资产法》的过程中注意了与《反垄断法》之间的协调。《企业国有资产法》主要是从法律的角度来规范国有资产的管理，其中一些条款暗合了竞争中立的理念。前一章论述的《企业国有资产法》与竞争中立的有关内容时已对两者之间的关系进行了清晰阐述，在此不再赘述。可以明确的是，竞争中立制度所倡导的精简政府企业的运作形式，对国有企业进行公司化改造的内容与《企业国有资产法》第六条的内容契合，还有履行出资人职责的机构章的第十二条、第十三条和第十四条亦有体现。此外还有其他条款亦有体现，如总则章的第八条，该条提出国有资产要保值增值的要求，这与竞争中立制度中对国有企业要求合理的商业回报率是十分契合的。第六章关于国有资本经营预算的规定与竞争中立制度中核算特定职能的直接成本及合理补贴的内容是相呼应的，因为制定科学的预算是计算特定国有企业在履行公共服务特定职能过程中的成本及给予合理补贴的基础。当然《企业国有资产法》除了一些体现竞争中立制度的条款，也有一些与竞争中立制度不协调的内容，此处不再赘述。

综上所述，无论是《宪法》《反垄断法》还是《企业国有资产法》，其中的部分条款为竞争中立制度在我国的实施提供了比较充分的法理基础。

五、确定中国竞争中立的实施思路

竞争中立的核心是最大限度地确保市场主体的公平竞争。对中国而言，当前的重点仍然是进一步推进国有企业的公司化改革和市场化改革，并通过分类监管在竞争性领域实现国有企业与私营企业的公平竞争。在此基础上，逐步建立竞争中立的配套措施，确保国有企业在竞争性领域的不当竞争受到制度约束[①]。但是，需要明确的是，竞争中立不是要让所有国有和私营企业均站在完

---

① 应品广．竞争中立：中国的实践与展望 [J].WTO 经济导刊，2014(6).

全一样的起点（不同的企业因其规模、技术水平、管理能力均会享有相对其他竞争者一定的优势）。竞争中立制度也不是以缩减国有企业规模、出售国有资产和私有化为目标。竞争中立制度更不意味着国有企业无须再承担社会义务或者将社会义务和责任完全交由自由竞争的市场提供。竞争中立并不打击国有企业在自由竞争市场中无法通过其自身能力取胜的机会。[①]

基于上述立场，我国可以从国内、国际两个层面开展竞争中立的探索步骤。

在国内层面，可以在既有政策体系特别是竞争政策体系中挖掘竞争中立的制度内涵，如反垄断法、公平竞争审查制度、国有企业改革等，都为竞争中立的实施提供了可能性，它们都是"竞争中立制度"的一部分。同时，可以将竞争中立理念纳入国有企业改革的议程，并通过国有企业改革推动竞争中立理念的传播。可以在特定区域开展竞争中立试点，继而在分类改革已经相对成熟、公平竞争审查制度已经实施并积累一定经验的基础上，建立适用于全国的竞争中立制度框架。

在国际层面，可以秉持"全球价值链"理论，寻求全球竞争的"实质公平"，坚持竞争中立应该与一个国家的发展阶段和法制背景相符合，主张竞争中立作为"国内改革措施"和"国际约束规则"的不同。同时，在参与自贸协定谈判时，我国也可以提出符合自身需求的竞争中立主张。

第二节 我国竞争中立制度的基本构成

通过考察国外竞争中立制度的实践，分析我国实施竞争中立制度的必要性与可行性，以及确立我国竞争中立制度的基本立场之后，笔者认为我国在构建自己的竞争中立制度的过程中，应至少包含以下内容，即我国竞争中立制度的基本概念、适用范围、行为规则、实施机制、配套机制及实施步骤。

---

① 蒋哲人. 澳大利亚国企竞争中立制度的启示 [J]. 中国经济社会论坛，2015(5).

一、我国竞争中立制度的基本概念

如前所述，基于竞争中立的具体功能作用，结合我国当前发展的语境，笔者认为竞争中立制度是政府为实现市场在资源配置中的决定性作用，更好地发挥政府作用，以社会整体效益最大化和建立公平竞争市场为目标，不为特定市场主体创设不当竞争优势或劣势条件而实施的一系列制度体系。竞争中立制度通过消除国有企业等市场主体不当的竞争优势来维持市场中各主体公平竞争的环境，进而可以帮助实现市场在资源配置中的决定性作用。竞争中立制度如何更好发挥政府作用呢？主要在于竞争中立制度规范了政府在其所有企业参与市场竞争的过程中的行为，通过竞争中立制度各项措施的实施来合理框定在涉及国有企业时政府与市场的界限。竞争中立制度的根本目标在于实现社会整体效益的最大化，因为只有充分发挥各市场主体参与市场竞争的积极性使市场充分发挥资源配置的决定性作用才有可能实现社会整体效益的最大化。当然建立公平竞争的市场环境是竞争中立制度的天然使命，该制度的实施可以维持国有企业与私有企业公平竞争的环境，进而推动实现建立公平竞争市场的目标。竞争中立制度的各项行为规则的设立是为了不为特定市场主体创设不当竞争优势或劣势条件，因此，竞争中立制度的内涵同样不能少了该内容，这是衡量竞争中立制度各项规则是否有必要设立的直接依据。

二、我国竞争中立制度的适用范围

竞争中立制度的适用范围主要是国有企业，但具体到我国这样一个国有企业类型最为丰富的国家，应具体考察各类国有企业是否应当适用竞争中立制度的依据，进而合理框定我国竞争中立制度的适用范围。不仅仅是国有企业类型，关于其概念的讨论也应予以重新审视，在分析国有企业不同类型之前应首先辨析我国国有企业的概念。通过对我国国有企业概念类型的辨析，为我们框定竞争中立制度的适用主体提供了便利，在确定适用主体之后，还要进一步确定主体行为的适用范围。

第五章 我国竞争中立制度的实施路径

（一）国有企业的概念

有学者认为，在我国当前的法律体系中，并没有"国有企业"这一专门术语，更没有对何为"国有企业"做出专门界定。在北大法律信息网上，以"国有企业"为关键词搜索法规名称，搜到中央法规、司法解释284篇。其中，行政法规25篇，部门规章219篇、司法解释3篇。但是，这些法律规范都没有准确地解释国有企业的内涵。[①]但是据笔者搜集，实际上存在诸多法律规范对"国有企业"做出直接或间接的界定。纵观目前相关法律规范就"国有企业"的认定，主要分为以下几类。

1. 企业注册领域：仅限于国有全资企业（非公司制法人）

原国家工商行政管理总局和国家统计局共同颁布的《关于划分企业注册类型的有关规定》，以下简称《划分规定》第三条[②]中有关于国有企业的规定。从该条内容可以看出，这里的国有企业是狭义的概念，不包括公司制企业，这在客观上也成为国有公司和国有企业并称而非包含的规范基础。概言之，这里所指的"国有企业"从企业组织形式上属于"非公司制法人"，依据《企业法人登记管理条例》登记，而《公司法》规范的是国有参股、控股的有限责任公司和股份有限公司，依据《公司登记管理条例》登记。"国有独资公司""国有企业"如下属子公司依照《公司法》设立，也属于公司制企业法人，按照前述规定，其在性质上也不符合登记管理部门对"国有企业"定义。因此，"国有独资公司""国有企业"下属子公司均不属于"国有企业"范畴。

2. 刑事司法领域：限于国有全资企业、公司

在刑事司法领域，目前的主流观点是国有公司、企业仅指国有全资公司企业，国有控股、参股经济实体均不包含在内。这一观点的依据是最高人民法院的

[①] 蒋大兴. 超越国企改革的观念谬误[J]. 中国法律评论, 2016(2).

[②] 《关于划分企业注册类型的有关规定》第三条：国有企业是指企业全部资产归国家所有，并按国务院《企业法人登记管理条例》规定登记注册的非公司制的经济组织。不包括有限责任公司中的国有独资公司。《企业法人登记管理条例》第二条：具备法人条件的下列企业，应当依照本条例的规定办理企业法人登记：（一）全民所有制企业；（二）集体所有制企业；（三）联营企业；（四）在中华人民共和国境内设立的中外合资经营企业、中外合作经营企业和外资企业；（五）私营企业；（六）依法需要办理企业法人登记的其他企业。

司法解释[①]。从这些司法解释可以看出:"国有公司、企业"与"国有控股、参股公司"是两个不相包容的相对范畴,前者不包含后者,仅指国有全资的公司、企业。根据该界定,国有控股、参股企业非国有企业,只有国有全资的企业、公司才属于国有企业、公司。笔者认为,在刑事司法领域采用狭义解释的原因在于,避免国有资产流失类犯罪[②]案件的"扩大化"。

3. 产权登记领域:限于国有独资企业、国有参股企业(非公司制法人)

《企业国有资产法》第五条[③]在涉及国有资产产权登记的相关规定中,仅将国有企业界定为国有独资企业和国有参股企业(非公司制法人)。国务院《企业国有资产产权登记管理办法》(1996年)第三条[④]与财政部《企业国有资产产权登记管理办法实施细则》第二条[⑤]亦有相关规定。这些法规文件虽然没有对"国有企业"这一概念进行明确的定义,但是以其对国有资产产权登记的企业类型的划分上来看,国有独资企业、国有参股企业(非公司制法人)属于"国有企业",但对国有参股企业的持股比例没有明确规定。"设置国有股权的有限责任公司和股份有限公司"显然不是"国有企业",且规定对"设置国有股权的有限责任公司和股份有限公司"的国有股权比例没有做出具体规定。因此可以认为,国有控股及国有参股公司均不属于"国有企业"范畴,同时,根据上述第五项规定,国

---

① 2001年最高人民法院《关于在国有资本控股、参股的股份有限公司中从事管理工作的人员利用职务便利非法占有本公司财务如何定罪问题的批复》(法释〔2001〕17号)规定:在国有资本控股、参股的股份有限公司中从事管理工作的人员,除受国家机关、国有公司、企业、事业单位委派从事公务的以外,不属于国家工作人员。
2005年最高人民法院《关于如何认定国有控股、参股股份有限公司中的国有公司、企业人员的解释》(法释〔2005〕10号)规定:国有公司、企业委派到国有控股、参股公司从事公务的人员,以国有公司、企业人员论。

② 国有资产流失类犯罪,是指国家机关、国有公司、企业事业单位、人民团体及其工作人员违反国家规定,直接或间接造成国有资产损失,触犯刑律,应受刑法处罚的行为。司法实践中常见有贪污罪、私分国有资产罪、国有单位人员滥用职权罪、妨害清算罪。此外,可能涉及的刑法罪名还有:隐匿、故意销毁会计凭证、会计账簿、财务会计报告罪,为亲友非法牟利罪,签订、履行合同失职被骗罪,徇私舞弊低价折股、出售国有资产罪,玩忽职守罪等。袁曾武,等.国有资产流失类犯罪案件法律适用若干争议问题研究[J].政治与法律,2007(5).

③ 《企业国有资产法》第五条:本法所称国家出资企业,是指国家出资的国有独资企业、国有独资公司,以及国有资本控股公司、国有资本参股公司。

④ 国务院《企业国有资产产权登记管理办法》(1996年)第三条:国有企业、国有独资公司、持有国家股权的单位以及以其他形式占有国有资产的企业(以下统称企业),应当依照本办法的规定办理产权登记。

⑤ 财政部《企业国有资产产权登记管理办法实施细则》(财管字〔2000〕116号)第二条:下列已取得或申请取得法人资格的企业或国家授权投资的机构(以下统称"企业"),应当按规定申办企业国有资产产权登记(以下简称"产权登记"):(一)国有企业;(二)国有独资公司;(三)国家授权投资的机构;(四)设置国有股权的有限责任公司和股份有限公司;(五)国有企业、国有独资公司或国家授权投资机构投资设立的企业;(六)其他形式占有、使用国有资产的企业。

有企业、国有独资公司或国家授权投资机构投资设立的子公司(控股、参股公司)也不属于"国有企业"范畴。

4. 国资国企监管领域：主要包括国有全资和控股企业、公司

随着股份制改革的逐步推开和监管的需要,财政部门、国资部门等相关监管机构一般都把国有资本绝对控股企业和公司也纳入国有企业的范畴,但对于相对控股企业和公司是否也归属其中,尚缺乏明确的态度和成熟的标准[①]。

综上所述,不同部门在其各自范围内对国有企业的概念及范围有着不同的认定标准。国有企业概念的国家所有权应体现为国家对企业出资份额和收益的所有,而非企业资产的所有[②]。从竞争中立的角度看,由于竞争中立本身属于规制措施,因此在构建竞争中立制度时,国有企业的界定依据国资国企监管领域的界定为宜,即将国有企业界定为"国有全资和控股的企业、公司"。

(二) 国有企业的类型

按国家出资的方式及国有资本所占比重,基本上可以将"广义"上的国有企业分为以下四种类型。其中,前三种类型是"实质意义"上的国有企业,最后一种类型实际上不能真正算是"国有企业",也不应纳入竞争中立的适用范围。

1. 国有独资企业

以国家作为唯一出资人建立的企业,其所有资产归国家所有,是直接隶属于政府的企业,实行非公司制的组织形式,法律依据为《全民所有制工业企业法》国家依照所有权与经营权分离的原则授予企业经营管理权；企业可根据政府主管部门的决定,采取租赁、承包等经营形式。国有独资企业有以下特点。法律上国家是其唯一所有人；以多层次委托代理的方式来进行经营管理；由政府来任命企业厂长或经理。

---

① 参见财政部《关于国有企业认定问题有关意见的函》(财企函〔2003〕9号)；《国有单位受让上市公司股份管理暂行规定》(国资发产权〔2007〕109号)；《上市公司国有股东标识管理暂行规定》(国资发产权〔2007〕108号)；《关于施行〈上市公司国有股东标识管理暂行规定〉有关问题的函》(国资厅产权〔2008〕80号)；国资委、财政部、劳动保障部、税务总局于2003年7月4日发布的《关于进一步明确国有大中型企业主辅分离辅业改制有关问题的通知》；国家统计局《关于印发〈关于统计上划分经济成分的规定〉的通知》(国统字〔1998〕204号)；国务院国有资产监督管理委员会关于《国有单位受让上市公司股份管理暂行规定》(国资发产权〔2007〕109号)。

② 张艳芳,孙长坪. 市场经济下"国有企业"概念反思[J]. 重庆科技学院学报(社会科学版),2009(2).

2. 国有独资公司

国有独资公司是由国家单独出资、由国务院或者地方人民政府授权本级人民政府国有资产监督管理机构履行出资义务人资格的有限责任公司，法律依据为我国的《公司法》。作为国家唯一出资的有限责任公司，它有以下几个特点。公司全部资本由国家授权投资的机构或部门以国有资本形式出资；国家以出资额为限承担有限责任；国家出资在公司存续期间不得抽回，但可以依法转让。

3. 国有控股公司

国有控股公司是那些通过持有其他公司达到决定性表决权的股份（不一定要超过50%），而对该公司进行经营控制，并主要从事资本经营及其他生产经营的国有企业。主要可以分为两种。一是纯粹型控股公司，它不直接从事经营，而是对其他公司或企业进行控制；二是混合型控股公司，它通过股份持有控制子公司，同时又从事一部分的生产经营活动，在与子公司的关系上，其行使出资人的权利，在直接的经营活动中，其享有法人财产权。

4. 国有参股公司

国有参股公司即"政府参股公司"，严格来说不属于国有企业，因为政府只是普通参股者，不具有控制权。这类企业的性质等同于一般竞争性企业，没有强制性的社会公共目标。政府参股只是为了壮大国有经济的实力，政府对这类企业通常没有其他附加义务。因此，此类企业不属于竞争中立的适用范围。

（三）我国竞争中立制度的适用范围

第一，明确竞争中立的是仅适用于国有企业（国家全资或控股的企业）；还是不仅适用国有企业，还适用于指定垄断（任何政府授予垄断权的私人垄断或政府垄断行使）；还是适用于所有企业（凡产生不公平竞争的企业）。澳大利亚的竞争中立制度主要是适用本国国有企业（也包括政府部门、事业单位等"政府控制实体"）；TPP的竞争中立制度不仅适用国有企业，还适用指定垄断；欧盟的国家援助控制制度则几乎涵盖了所有企业（尽管主要还是针对国有企业或被授予了特别或专有权利的企业）。从竞争中立的制度内涵来看，不仅仅是为了约束国有企业，因此，长期来看竞争中立制度的适用范围应该扩展至所有企业，但是短期内主要针对国有全资和控股的企业、公司。

第二，明确竞争中立仅适用于从事"商业活动"的国有企业，至少在现阶段不应适用于履行公共服务义务的国有企业。即仅适用于商业类国有企业，不适用于公共服务类国有企业。如果一个国有企业同时存在公益性行为和商业性行为，则前者不适用，后者适用。在实际运用过程中，要在商业活动和非商业活动之间划一条明确的界限并不容易。借鉴国际做法，大致可以通过产品是否用于销售、是否有对价等方法确定国有企业实施的行为是否属于商业行为。此外，还可以通过制定正面清单的方式对这些企业进行罗列，减少认定的烦琐。

第三，明确竞争中立仅适用于从事"重大商业活动"的国有企业，而不适用于所有国有企业。国际上的经验告诉我们竞争中立制度都并非适用于所有国有企业或指定垄断，而仅仅适用于达到一定"门槛"的国有企业或指定垄断。我国可以借鉴澳大利亚经验，将若干实体（通过"清单"的形式列出）实施的行为自动视为"重大商业活动"，或者借鉴 TPP 的做法，将若干财务年度内的年收入超过特定值的国有企业视为从事"重大商业活动"的国有企业。

第四，明确竞争中立的适用除外。参照国际经验，非市场化的政府管理（如军事采购）、外商投资的国家安全审查及引入竞争的非对称性扶持不适用竞争中立制度。

第五，明确只有在实施的收益大于成本的情况下，竞争中立制度才能付诸实施。即竞争中立的实施以不牺牲公共利益为前提。对此，可以借鉴澳大利亚的做法[①]。

三、我国竞争中立制度的行为规则

有学者总结了竞争中立的行为准则，将判断是否构成竞争中立的标准概括为交易机会中立（包括市场进入中立和政府采购中立）、经营负担中立（课征强

---

① 澳大利亚《竞争原则协定》规定了利弊分析应考虑的内容：一是与生态可持续发展的法律法规政策；二是社会福利和公平，以及国有企业的公共服务职能；三是与职业健康安全、工会关系和公平相关的法律法规和政策；四是经济和区域发展，包括就业和投资增长；五是消费者总体利益或部分消费群体的利益；六是澳大利亚企业的整体竞争力；七是资源的有效分配。蒋哲人．澳大利亚国企竞争中立制度的启示[J]．中国经济社会论坛，2015(5)．

制性负担中立和消解协商性负担中立）和投资回报中立（包括价格规制中立和政府补贴中立）三个方面。[①] 上述分类在理论上高度概括，为了便于理解和实际操作，笔者在上述研究的基础上，将竞争中立的适用标准概括为以下几方面。

（一）市场运作中立

市场运作中立是确保商业类国有企业按照市场化的方式运作。第一，开展国有企业的分类管理，对于非公益的商业类国有企业，全部改制为公司化企业，按照市场化的方式运作，并确保商业活动与非商业活动的结构分离。第二，识别国有企业的成本，特别是在商业类国有企业承担一定的公益职能的情况下，识别国有企业完成公益目标的成本。第三，确保国有企业的商业回报率与私有企业基本一致，并设定适当的分红目标。第四，建立透明度机制，包括公布国有企业的类别清单（公益类和商业类）公开商业类国有企业完成特定义务的成本、披露国有企业在税收、补贴、信贷、监管等方面享受的优惠。

（二）市场准入中立[②]

市场准入中立就是市场主体在参与某一市场时不应遭受区别对待，应与其他市场主体一样适用同样的进入市场的标准。市场准入中立可以分为三个方面。第一，经营资质赋予中立。在基于安全等因素的考虑设立经营资质要求的情况下，对于经营资质的要求不考虑企业的性质，只考虑企业本身是否符合资质要求。第二，业务市场拓展中立。禁止滥用行政权力开展妨碍商品自由流通，限制外地经营者招投标、参与本地投资等限制竞争行为。第三，商业合同缔结中立。禁止除法律外在行政区域内实施当地合同要求，禁止滥用行政权力指定交易。

（三）税收中立

确保国有企业和其他政府商业行为与私营企业面临类似的税收负担。在这方面，不仅税收负担要类似，税收的计算方式、税收的缴纳及税收征缴的处罚机制也要类似。对于税收负担中立，要求税率要统一，同时中央及地方在税收返还与减免

---

① 丁茂中．我国竞争中立政策的引入及实施[J]．法学，2015(9)．
② 丁茂中．竞争中立政策视野下的市场进入中立研究[J]．价格理论与实践，2015(3)．

方面也要统一标准。对于税收计算中立，要求要细化明确入账和入税的具体栏目，还要细化明确税基的计算方式。对于税收缴纳中立，要求统一企业税收缴纳期限、减少分期缴纳与延期缴纳适用情形。对于税收处罚中立，要求压缩税务机关的自由裁量空间，统一制定处罚标准，减少自由裁量权限造成的处罚差异。

（四）补贴中立

确保政府不对特定的市场主体给予补贴优惠。在这方面，要做到补贴对象、补贴方式和补贴标准的中立。在补贴对象方面，对于对社会普惠的行为可以允许补贴，限制减少对部分或个体的补贴。在补贴方式上，以间接补贴为主，直接补贴为辅。在补贴标准上，根据经济和社会发展的需要合理制定统一标准。

（五）债务中立

确保国有企业和其他政府商业行为对其所产生的债务与私营企业承担相同或相当的利息。例如，防止国有企业因为所有制的原因获得比私有企业更为优惠的贷款利率、直接或间接地获得国家担保、在国有企业无法负担时国家承担到期债务等。

（六）政府采购中立

确保政府采购政策和程序的公平性，即对所有的市场主体一视同仁、非歧视，并做到政府采购政策和程序的透明化。包括政府采购开放对象的中立；政府采购信息公开的中立；政府采购参与方式的中立及政府采购评选机制的中立。

（七）监管中立

确保国有企业和其他政府商业行为与私营企业面临类似的监管环境。在这方面，要做到监管范围、监管标准、监管力度的一致性。此外，建议对政府监管的市场予以定期评估，不断改进监管的公平性和有效性。

（八）社会责任中立

不对不同的企业施加不同的社会责任要求。但是对于只有国有企业履行的公共服务义务则不能免除其既定的社会责任。对于完全参与市场竞争的国有企业则不应施加高于与其同等参与市场竞争的私有企业的社会责任。

（九）法律责任中立

包括违约责任中立和侵权责任中立，即确保政府在合同或侵权纠纷的处理上不存在人为干预。在违约责任方面，原则上采用统一的格式文本，必须严格按照约定承担违约责任。政府不得非法干预合同当事人在违约责任上的约定；政府不得非法干预合同当事人在违约责任上的履行。在侵权责任方面，政府原则上不应当介入企业侵权纠纷案件的私人和解，如果政府基于特定因素的考虑通过合法的方式介入，则必须从前提上保证这种介入的普遍性。政府在依法介入企业侵权纠纷案件后不得带有任何的偏见向任何一方的当事人进行施压，以促成纠纷的化解。

四、我国竞争中立制度的实施机制

竞争中立制度是否有效发挥作用，主要在于其能否有效实施。竞争中立制度的实施主要在于形成一个完善的投诉机制。借助于投诉机制，受到不平等待遇的企业可以对享有不合理竞争优势的企业提出违反竞争中立制度的指控。投诉的对象既可以是国有企业，也可以是相关的公共部门；投诉的主体既可以是私营企业，也可以是与投诉对象存在竞争关系的其他国有企业。举证责任由投诉者承担，由其证明竞争对手存在有违竞争中立的情况[1]。

建议由专门的投诉机构对被投诉的主体是否具有"不公平的竞争优势"进行分析。为保证投诉机构的权威性，建议由国务院反垄断委员会承担受理投诉及开展相关分析的职能。投诉机构在开展竞争分析的基础上，有权向相关部门提出"矫正建议"，在特定条件下也可赋予其对有违竞争中立的主体采取一定的"矫正措施"的权力。

值得注意的是，竞争中立制度的实施并非为了打击有效率的企业，而是为了消除因为所有制因素即国有企业与政府的天然联系而产生的不正当竞争优势。

---

[1] 应品广. 竞争中立：中国的实践与展望 [J]. WTO 经济导刊，2014(6).

如果竞争优势是国有企业通过提高经营效率而产生的,不属于竞争中立规范的范围。①

五、我国竞争中立制度的配套措施

建立完善的竞争中立制度,除了明确竞争中立制度的概念、适用范围、行为规则和实施机制外,竞争中立制度的有效实施还需相关配套制度的支持,竞争中立制度作为竞争政策的一部分,需要与同属于竞争政策的公平竞争审查制度、竞争评估制度形成合力,最终帮助实现竞争中立制度的目标。这些制度主要包括公平竞争审查制度、竞争评估制度和信息公开机制及其他配套措施。此外竞争中立制度的建立还应与我国国有企业改革的进程相结合。

(一) 公平竞争审查制度

公平竞争审查制度是2015年3月13日《中共中央、国务院关于深化体制机制改革加快实施创新驱动发展战略的若干意见》中提出的。国务院于2016年6月公布《关于在市场体系建设中建立公平竞争审查制度的意见》国发〔2016〕34号,标志着我国正式开始建立公平竞争审查制度。公平竞争审查制度是指公平竞争审查机构对各地区、各部门政策制定机关在制定市场准入、产业发展、招商引资、招标投标、政府采购、经营行为规范、资质标准等涉及市场主体经济活动的规章、规范性文件和其他政策措施时依法对这些文件进行公平竞争审查的制度。审查时,从维护全国统一市场和公平竞争的角度按照市场准入和退出标准、商品要素自由流动标准、影响生产经营成本标准以及影响生产经营行为标准等标准进行审查。建立公平竞争审查制度的目标是确保政府相关行为符合公平竞争要求和相关法律法规,加快建设统一开放、竞争有序的市场体系,保障各类市场主体平等使用生产要素、公平参与市场竞争、同等受到法律保护,以发挥市场在资源配置中的决定性作用,激发市场活力,推动大众创业、万众创新,促进实现创新驱动发展和经济转型升级。从公平竞争制度的名称就可以发现其与竞争中立制度的

---

① 应品广.竞争中立与国有企业改革:最新进展与中国应对:全面深化改革与现代国家治理——上海市社会科学界联合会第十二届学术年会论文集[C].上海:上海人民出版社,2014.

相通性，公平竞争审查制度作为一项专门审查政府涉及经济政策文件公平性的制度从形式上来说可以推动消除政府所赋予部分市场主体的不当竞争优势，因为不利于市场公平竞争的文件原则上是不能通过公平竞争审查的，也就是说不能实施的。虽然现在公平竞争审查制度已经正式实施，但是操作细则无论是国家层面还是地方层面还没有形成正式的可参照文件，但是从现有信息来看，无论是国家还是地方都在积极制定实施细则，特别是上海、湖北、湖南及重庆等地都在加紧制定地方的公平竞争审查实施细则。竞争中立制度作为规范政府在市场中行为的制度需要公平竞争审查制度的配套支持。

（二）竞争评估制度

竞争评估制度是竞争主管机构或其他相关机构通过竞争分析，评价现行的公共政策可能或已经产生的竞争影响，针对不合理的政策安排提出既不妨碍政策目标实现，但又能将对竞争损害降低到最小的替代性方案的制度。[1]实际上竞争评估与竞争审查是在政府反竞争规定制定前后两端发挥作用的同类制度，发达国家在近十年内普遍建立了竞争评估制度，在减少政府对竞争的不合理限制、促进经济发展方面取得了巨大的成功。例如，澳大利亚在21世纪初对所有法律、法规、政令及各州立法机构制定的地方法规、条例进行了竞争评估，发现了近1800多项限制竞争法律规则，其中大概85%都进行了修订或废止，显著促进了经济发展，[2]其国内生产总值自2000年以来的增长率达3%～4%。[3]韩国KFTC于2008年引入了"竞争影响评估"，对各部门制定的或修改的法律进行对竞争潜在影响的评估，并向相关部门和管制改革委员会提供评估意见并实质性影响其工作。[4]竞争中立制度的实施离不开竞争评估，只有对竞争状况有一个清晰的评估才更有利于在存在竞争中立问题的领域实施竞争中立制度。我国还没有建立竞争

---

[1] Organization for Economic Co-operation and Development.Competition assessment guidance[R]. Paris,OECD,2010.
[2] SIMS R.Driving Prosperity Through Effective Competition[R].Mexico City,The Mexico Forum,2013.
[3] Organization for Economic Co-operation and Development.Competition assessment guidance[R]. Paris,OECD,2010.
[4] 根据公布数据，仅2011年KFTC对415限制竞争的行政法规进行竞争评估，其中对13例进行了纠正或清除；2012年，对407例进行评估，其中有26例被纠正或清除；2013年共评估590例，有15例被做出相应的处理；2014年共评估495例，处理了11例。

评估制度，但是在《反垄断法》第九条中规定了国务院反垄断委员会有组织调查、评估市场总体竞争状况、发布评估报告的职责。可见我国实施竞争评估制度是有充分的法律依据的，但是缺乏具体的实施机制。就如前文所说，国务院反垄断委员会也有研究制定竞争政策的职责，但是实施的效果不明显，即使是在中央涉及经济政策的文件中把竞争政策作为基础性地位来看待，经济法学界和经济学界都在畅谈竞争政策的状况下，国务院反垄断委员会在制定竞争政策的职责发挥仍然是不足的，至少没有发挥出其统领的作用，毕竟我国法律中规定只有国务院反垄断委员会有制定竞争政策的权力。由此可见，《反垄断法》的实施还是有很多需要完善的地方。随着经济转型发展的不断深入和全面深化改革的不断推进，相信我国的竞争评估制度的出台为时不远。

（三）信息公开机制及其他配套制度

对于国有企业而言，有必要建立类似于上市公司的信息公开制度。特别是，需要披露国有企业承担的社会责任、运作成本、享受的政府补贴和政策优惠等信息。尤其在大数据时代，建议国资改革政策的制定者应考虑时代之要求，以强制性规范的形式，建立国有企业的电子信息平台，持续披露重要的财务及经营信息，允许民众在公众信息平台上对国有企业进行举报和投诉，将国有企业置于群众监督之中，以强力的外部监管改善软弱的公司内部治理。[①]2016年2月25日，国务院国资委副主任张喜武在媒体通气会上表示，将实施国有企业信息公开工作试点。[②]可以以此改革为契机，加大国有企业的信息披露力度，建立制度化的信息披露机制。对于政府而言，则需要披露与竞争中立相关的政策、措施与活动。政府信息公开是法定的职责，但是具体到涉及国有企业的有关信息，我国政府的信息公开力度不足，因此我们应进一步完善政府有关国有企业信息方面的公开机制。

与竞争中立制度的制定与实施直接相关的制度，还涉及竞争政策的透明度问题，国有垄断企业如何适用《反垄断法》等竞争法律的问题。除了与竞争中立

---

① 蒋大兴.超越国企改革的观念谬误[J].中国法律评论，2016(2).
② 延迟退休方案明年正式出台将设5年过渡期2022年实施[J].中国职工教育，2016(4).

制度的制定和实施直接相关的制度措施外,还有一些制度或措施与竞争中立制度的有效实施密切相关。例如我国国有资产监管体系的完善,以及与竞争中立行为规则相关的税收政策、信贷政策、财政政策、补贴政策、社会保障政策等。这些制度或政策如果能够与竞争中立制度协调完善,这也将极大地推动竞争中立制度的实施。

(四)与国有企业改革相结合

建议将竞争中立的理念和制度措施纳入到国有企业的改革议程。这也是澳大利亚发展国内竞争中立制度体系的重要经验。当前,应重点落实国有企业的分类改革,以"正面清单"的形式固定公益类国有企业的名单,将其排除出竞争中立适用范围。对于其他商业类国有企业,则通过国有企业的改革逐步建立竞争中立制度体系,确保与非国有企业开展公平竞争。对于履行部分公益职能的商业类国有企业,则应当建立成本独立核算制度,确保公益性业务和商业性业务的分开,防止交叉补贴。今后,则应逐步通过改革进一步推动商业类国有企业的市场化运作,减少国有企业在补贴、税费、融资和监管等方面的竞争优势。

六、我国竞争中立制度的实施步骤

在探索"中国版"竞争中立之前,首先应当明确中国竞争中立的定位。笔者认为,中国版竞争中立与其他版本竞争中立的共性在于:①认可竞争中立所倡导的公平竞争的理念;②正视国有企业相比于私营企业可能具有的竞争优势;③制度设计上的类似(包括适用范围、适用标准、实施机制等)。

中国版竞争中立与其他版本竞争中立的区别在于:①坚持以社会公共利益为基本出发点;②坚持竞争中立的制度设计要与我国的体制改革目标、发展阶段和法制背景相适应;③坚持竞争中立的发展和制度设计与国有企业改革同步;④坚持追求"实质公平"而非"形式公平"的竞争中立。

基于以上立场,中国可以分阶段开展竞争中立探索(见表5-1)。这里所指的分阶段主要有两个层次含义。一是探索空间的分阶段实施;二是探索内容的分阶段实施。

第五章 我国竞争中立制度的实施路径

表5-1 中国竞争中立探索路线图

竞争中立探索的内容		现有政策依据	基本要求	进一步措施	探索顺序
适用范围	适用门槛	《关于国有企业功能界定与分类的指导意见》	仅适用于从事"重大商业活动"的国有企业	明确"国有企业"的定义；明确何为"重大商业活动"；以"负面清单"的形式排除公益类国有企业的适用	第一阶段
适用范围	适用除外	《外商投资项目核准和备案管理办法》《自由贸易试验区外商投资国家安全审查试行办法》	明确竞争中立不适用的领域（比如非市场化领域的政府管理、外商投资的国家安全审查）	在专门制度或相关规定中明确竞争中立的适用除外（如在新的《外商投资法》中明确竞争中立不适用于外商投资国家安全审查）	第一阶段
实施机制	实施机构	《反垄断法》	建立专门实施机构	在国家层面，短期可由竞争主管部门（如发改委负责），长期可由国务院反垄断委员会负责；在自贸区的探索层面，可由自贸区管委会负责，或成立跨部门的公平竞争委员会	第二阶段
实施机制	投诉机制	待制定	专门机构受理投诉	建立投诉机制，包括举证规则等	第二阶段
实施机制	矫正机制	《反垄断法》针对行政性垄断的"建议权"	赋予实施机构"救济权"	短期可授予建议权，长期可授予一定的"矫正权"	第二阶段
中立规则	市场运作中立	《国务院办公厅转发国务院国有资产监督管理委员会关于规范国有企业改制工作意见的通知》、国资委《关于进一步规范国有企业改制工作的实施意见》	国有企业的公司化改制	完善改制中清产核资、财务审计、资产评估和产权转让等的规范性	第三阶段第一步
中立规则	市场运作中立	待制定	成本识别	明确识别国有企业成本的方法和机制	第三阶段第一步
中立规则	市场运作中立	待制定	合理的商业回报率	明确识别合理商业回报率的方法和机制	第三阶段第一步
中立规则	市场准入中立	《关于实行市场准入负面清单制度的意见》《市场准入负面清单（试点版）》	确保所有市场主体公平进入市场从事经营活动	逐步将负面清单扩展到非试点区域	第三阶段第一步
中立规则	税收中立	《关于建立公平竞争审查制度的意见》《国务院办公厅关于进一步加强贸易政策合规工作的通知》	确保国有企业和其他政府商业行为与私营企业面临类似的税收负担	构建税收中立认定标准和方法	第三阶段第二步
中立规则	补贴中立	《关于建立公平竞争审查制度的意见》《国务院办公厅关于进一步加强贸易政策合规工作的通知》	确保政府不对特定的市场主体给予补贴优惠	构建补贴中立认定标准和方法	第三阶段第二步
中立规则	债务中立	《关于建立公平竞争审查制度的意见》《国务院办公厅关于进一步加强贸易政策合规工作的通知》	确保国有企业和其他政府商业行为对其所产生的债务与私营企业承担相同的利息	构建债务中立认定标准和方法	第三阶段第三步
中立规则	政府采购中立	《关于建立公平竞争审查制度的意见》《国务院办公厅关于进一步加强贸易政策合规工作的通知》	确保政府采购政策和程序的公平性	构建政府采购中立认定标准和方法	第三阶段第三步
中立规则	监管中立	《关于建立公平竞争审查制度的意见》《国务院办公厅关于进一步加强贸易政策合规工作的通知》	确保国有企业和其他政府商业行为与私营企业面临类似的监管环境	构建监管中立认定标准和方法	第三阶段第四步

续表

竞争中立探索的内容		现有政策依据	基本要求	进一步措施	探索顺序
中立规则	社会责任中立	待制定	不对不同的企业施加不同的社会责任	构建社会责任中立认定标准和方法	第三阶段第四步
	法律责任中立	待制定	确保政府在合同或侵权纠纷的处理上不存在人为干预	构建法律责任中立认定标准和方法	
配套机制	信息公开机制	国务院国有企业改革领导小组的"十项改革试点"（第九项为"国有企业信息公开工作试点"）	针对国有企业	建立国有企业电子信息发布平台	第四阶段
				按照上市公司要求建立信息公开机制	
				允许民众在信息平台举报和投诉	
		《政府信息公开条例》	针对政府	公开与竞争中立相关的政策、措施与活动	
	收益成本分析	待制定	收益大于成本才实施	明确改制中清产核资、财务审计、资产评估和产权转让等的具体规则	第五阶段
	政策评估机制	《反垄断法》关于"国务院反垄断委员会"的职责	开展竞争中立制度评估	鼓励开展第三方评估，根据"中国问题"来设计指标和方法	

首先，在探索空间上，可以分为以下三个阶段。

第一步，率先在上海市（包括上海自贸区）开展竞争中立探索。理论上，在自贸区内开展"先行先试"探索竞争中立是最佳方案。因为上海不论是从开放程度、国资规模、经济实力还是改革能力等方面看都是最佳选择。第二步，将上海市竞争中立探索的经验逐步复制、推广到其他区域乃至全国。第三步，将国内的竞争中立探索融入双边、区域乃至多边协定之中，在世界范围内推广中国经验，成为国际规则的积极参与者和引领者。

其次，在探索内容上，也可分阶段实施。

第一步，搭建竞争中立实施的基础制度，包括界定国有企业、"重大商业活动"、竞争中立的适用除外等。第二步，明确竞争中立的实施机制，包括确定实施机构、建立投诉机制等。第三步，逐步强化竞争中立的实施标准。这里面又可分步实施。第一层次是开展市场运作中立和市场准入中立的探索，这方面已经有基础，且对体制机制的冲击较小；第二层次是开展税收中立和补贴中立的探索，这方面可通过强化税收和补贴的纪律约束来实现，且已经在国际贸易层面受到WTO规则的约束，具有较强可操作性；第三层次是开展债务中立和政府采购中立探索，这方面由于涉及政府针对国有企业的隐形担保问题，且中国尚未加入WTO《政府采购协定》，相对困难；第四层次是探索监管中立、社会责任中立和法律责任中立，这方面由于标准的模糊性，是否符合竞争中立较难掌握，举证也比较困难。第四步，构建信息公开机制，包括针对政府和国有企业的信息公开机制。第五步，优化竞争中立的实施机制，包括细化公共利益测试的标准和方法，开展竞争中立制度的事后评估等。

第三节 我国在国际经贸治理规则制定中的应对策略

除了在我国国内实施竞争中立制度，在国际层面如何应对竞争中立制度亦不能忽视。竞争中立制度对我国来说还是一个由外到内的过程，从怀疑敌视到理性的接受大概就是我国看待竞争中立制度的变化过程。竞争中立制度对中国经济体制改革的助益前面已有论述，在此不再赘述。在我国未形成完善竞争中立制度的基础上如何应对国际上部分国家通过竞争中立制度形成新的国际经贸治理规则来压制中国国有企业参与国际贸易应该引起警觉。我国在国际经贸治理规则制定中的应对策略应主要包括以下内容，首先要认清竞争中立制度的双刃剑属性，其次要倡导回归多边体系以防止区域主义的滥用，最后我们还应以竞争中立制度为契机推动国有企业深化改革。

一、理性认识竞争中立制度对我国在国际贸易中的不利影响

竞争中立制度作为一项国内经济改革措施，总体上来说对一国经济发展是有很大助益的。但是从国际经贸治理规则的角度看，同样的规则适用于不同的国家会产生不同的结果，有的甚至是破坏性的结果。很显然，同样的竞争中立规则适用于不同经济发展环境的国家时会对这些国家产生不同的效果，如果是产生不利结果时，产生不利结果的国家就应该思考该规则在该国家适用的必要性了。

TPP中的竞争中立规则作为目前世界上最高标准的竞争中立规则，其适用也仅限于国家层面的国有企业，而把地方国有企业排除在外，且对部分国家在该协定生效后的适用有宽限期。可见参与该协定谈判的国家在适用竞争中立规则时应持审慎态度。当然，就像有的学者所说的，在涉外投资领域，一旦竞争中立的相关规则对我国适用，将会是继国家安全审查之后的另一"紧箍咒"，其不仅套在了国有企业头上，更是悬在了中国政府头上[①]。这样的担心绝非庸人自扰。在中美WTO"双反案"中，美国就认为中国的国有政策性银行和商业银行提供的优惠信贷属于《补贴与反补贴措施协定》所禁止的专项性补贴。对美国的这种主张，专家组做出了支持性裁决。[②] 由此可见，作为一项对国内经济改革有诸多助益的竞争中立制度一旦在国际上应用也并不总是那么友好。我国虽然未参与该协定且该协定的主导者美国已经声明要永久退出该协定，但是该协定所包含的经贸规则却为以后类似协定提供了参考范本，并且国际上其他国家和地区间的贸易协定也有涉及竞争中立的相关内容，我们当然不能忽视TPP所形成的竞争中立规则所能带来的影响并应积极思考应对策略。

二、倡导回归多边合作体系以防止区域孤立主义的滥用

在国际层面，中国可以倡导回归多边合作体系。实践证明，只有多边主义才能给全世界带来公平的利益。特别是对于拥有较小实力的国家而言，多边主义意味着更多的话语权和更多的权利。如果全球经济规则受区域孤立主义裹挟，公平这一国际经贸治理体系最重要的价值追求将会丧失。这一结果对于全球经济的可持续和包容性发展都是有害的、任何一个负责任的大国，都有义务采取措施消除"去多边主义"或"去WTO化"的浪潮。当然，回归多边体系应建立在改革多边体系议程和程序的基础上。例如，中国可以推动新的多哈谈判议程，或者尽快启动新的WTO谈判、新的谈判应当对TPP和TTIP等美国和欧盟主导的区域贸易协定中没有涉及的方面（包括竞争中立）进行深入讨论，并对TPP和TTIP涉及的领域在WTO谈判中提出相应的措施。[③]

---

① 黄志瑾. 国际造法过程中的竞争中立政策——兼论中国的对策 [J]. 国际商务研究，2013(3).
② 胡改蓉. 竞争中立对我国国有企业的影响及法制应对 [J]. 法律科学（西北政法大学学报），2014(6).
③ 应品广. 全球经济治理中的竞争中立规则：挑战与对策 [J]. 中国价格监管与反垄断，2016(1).

只有在多边体系下，中国才能够联合诸多发展中经济体，化解"制度非中性"可能带来的不利影响，提出符合绝大多数国家需求的干预中立主张。即便要在国际或区域层面达成竞争中立制度，出于"实质公平"的考虑，也应该允许发展中经济体享有"保留"或"豁免"实施竞争中立的因素。[1]这是因为，对于发展中经济体而言，一方面通过提高本国产业竞争力，更好地融入"全球价值链"，才能分享全球化的惠益；另一方面在一个全球价值链逐渐分化的国际市场上，发展中经济体实际上很难与发达经济体实现真正意义上的公平竞争。要改善发展中经济体在国际竞争中的不利地位，就必须开放被区域或双边自由贸易协定限制了的国内政策空间，赋予其为发展本国产业、提高本国竞争力、对跨国企业在本国的市场力量加以限制而实施产业政策和竞争政策的能力，包括灵活制定和运用竞争中立制度的能力。[2]概而言之，竞争中立制度的设计首先应该是一个"国内"改革措施，而不适合在国际或区域层面"一刀切"地适用同样的规则。

三、以实施竞争中立制度为契机推动国有企业深化改革

在现阶段看来，竞争中立制度虽然在国际上对我国参与国际竞争会产生不少局限，但是我们不能否认该制度对我国在"十三五"时期的经济体制改革特别是国资国企改革的推动作用。竞争中立制度在我国的实施是有充分必要性和可行性的，前文已有详细分析。TPP、TTIP及其他国家或地区间制定的涉及竞争中立的贸易协定规则不能全盘否定也不能照单全收，应秉持学习的态度去批判性地接受其中对我国经济发展有益的规则。靠国家单方面全力扶持国有企业走出去的时代已经过去了，更多的是应推动国有企业按照市场化的思路主要依靠自身的实力走出去。我们应该以国际上推行竞争中立制度为契机，变压力为动力推动国有企业深化改革，以期实现我国现阶段国有企业到2020年形成更加符合我国基本经济制度和社会主义市场经济发展要求的国有资产管理体制、现代企业制度、市场化经营机制的改革目标[3]。

---

[1] 应品广. 竞争中立：中国的实践与展望[J]. WTO经济导刊，2014(6).
[2] 应品广. 竞争中立与国有企业改革：最新进展与中国应对：全面深化改革与现代国家治理——上海市社会科学界联合会第十二届学术年会论文集[C]. 上海：上海人民出版社，2014.
[3] 中共中央 国务院. 关于深化国有企业改革的指导意见[R]. 北京，2015.

第六章 结 论

　　竞争中立制度作为政府为实现市场在资源配置中的决定性作用，更好地发挥政府作用，以社会整体效益最大化和建立公平竞争市场为目标，不为特定市场主体创设不当竞争优势或劣势条件而实施的一系列制度体系。从国外的发展实践考察，澳大利亚、OECD、美国或者欧盟的经验告诉我们，竞争中立制度在现阶段更应该作为一项国内经济体制改革的制度工具，而不宜作为一个在国际上推行的国际经贸新规则。更重要的是通过考察国外的经验认识到竞争中立制度不是像有的人所称的是有"青面獠牙"的"恶魔"，就是冲着中国的国有企业杀来的，对于这样的观点我们只能说国际经贸领域的高标准竞争中立规则对我国的国有企业参与国际竞争会产生阻碍，不能因此而全盘否定竞争中立制度对经济改革的积极意义，更何况我国部分国有企业也确实存在过度依靠政府支持的情况，长期来看不利于国有企业的发展壮大，对我国经济发展也会增加一些负担。从国际经验看，竞争中立制度在维持国有企业和私有企业公平竞争的环境方面发挥着不可替代的作用。从我国国内的环境来看，涉及竞争中立理念的法律政策及具体实践也较为丰富，从现阶段的国情看，竞争中立制度的实施有着充分的必要性和可行性，竞争中立制度作为竞争政策的一部分在推动经济民主、建立统一市场、实现市场公平竞争方面可以发挥重要的促进作用，在推动供给侧结构性改革、实现创新驱动发展战略、政府在市场中更好发挥作用、现阶段国有企业的改革目标及我国参与国际经贸治理相关规则制定方面都是必要且可行的制度工具。

　　我国竞争中立制度的实施路径应该遵循这样的步骤，首先明确我国在竞争中立问题上的基本立场和实施思路，进而结合域外经验和国情确定我国竞争中立制度的基本构成,最后提出我国在国际经贸治理规则制定中的应对策略。关于我国在竞争中立问题上的基本立场,包括以下内容,一是要正视我国国有企业的竞争优势和劣势也即熟悉我国国有企业的市场竞争情况;二是要认识到竞争中立理念与我国的经济体制改革目标是一致的;三是要明确竞争中立制度在设计时要与一国的经济发展阶段相适应的理念;四是要明确竞争中立制度的实施要与一国的法治背景相适应的理念,在以上立场基础上最终确定中国竞争中立的实施思路,即要以国内竞争中立制度的实施为根本,之后提出在国际经贸治理领域有关竞争中立制度的立场,也就是我们可以从国内、国际两个层面开展竞争中立的探索。关于我国竞争中立制度的基本构成,主要包括我国竞争中立制度的基本概念、适用范围、行为规则、实施机制、配套措施及具体实施步骤。关于我国在国际经贸治理规则制定中的应对策略,要理性认识竞争中立制度对我国在国际贸易中的不利影响,积极倡导回归多边合作体系以防止区域孤立主义的滥用,最主要的是以竞争中立制度在国际经贸治理领域的兴起为契机变压力为动力推动国有企业深化改革。可以期待,通过竞争中立制度的实施,我国的经济体制特别是关于国有企业的管理体制会更加完善,市场机制的运行会更加顺畅,政府与市场之间关系的界定也会更加清晰。

附　录

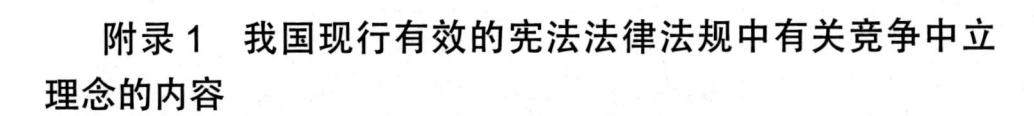

附录1　我国现行有效的宪法法律法规中有关竞争中立理念的内容

法律法规名称	涉及竞争中立理念的内容
《中华人民共和国宪法》	第六条：中华人民共和国的社会主义经济制度的基础是生产资料的社会主义公有制，即全民所有制和劳动群众集体所有制。社会主义公有制消灭人剥削人的制度，实行各尽所能、按劳分配的原则。 国家在社会主义初级阶段，坚持公有制为主体、多种所有制经济共同发展的基本经济制度，坚持按劳分配为主体、多种分配方式并存的分配制度。
	第十一条：在法律规定范围内的个体经济、私营经济等非公有制经济，是社会主义市场经济的重要组成部分。 国家保护个体经济、私营经济等非公有制经济的合法的权利和利益。国家鼓励、支持和引导非公有制经济的发展，并对非公有制经济依法实行监督和管理。
	第十五条：国家实行社会主义市场经济。 国家加强经济立法，完善宏观调控。 国家依法禁止任何组织或者个人扰乱社会经济秩序。
	第十六条：国有企业在法律规定的范围内有权自主经营。 国有企业依照法律规定，通过职工代表大会和其他形式，实行民主管理。
《中华人民共和国民法总则》	第五条：民事主体从事民事活动，应当遵循自愿原则，按照自己的意思设立、变更、终止民事法律关系。
	第六条：民事主体从事民事活动，应当遵循公平原则，合理确定各方的权利和义务。
	第七条：民事主体从事民事活动，应当遵循诚信原则，秉持诚实，恪守承诺。
《中华人民共和国民法通则》	第三条：当事人在民事活动中的地位平等。
	第四条：民事活动应当遵循自愿、公平、等价有偿、诚实信用的原则。
	第四条：民事主体在民事活动中的法律地位一律平等。

续表

法律法规名称	涉及竞争中立理念的内容
《中华人民共和国反垄断法》	第一条：为了预防和制止垄断行为，保护市场公平竞争，提高经济运行效率，维护消费者利益和社会公共利益，促进社会主义市场经济健康发展，制定本法。 第四条：国家制定和实施与社会主义市场经济相适应的竞争规则，完善宏观调控，健全统一、开放、竞争、有序的市场体系。 第六条：具有市场支配地位的经营者，不得滥用市场支配地位，排除、限制竞争。 第七条：国有经济占控制地位的关系国民经济命脉和国家安全的行业以及依法实行专营专卖的行业，国家对其经营者的合法经营活动予以保护，并对经营者的经营行为及其商品和服务的价格依法实施监管和调控，维护消费者利益，促进技术进步。 前款规定行业的经营者应当依法经营，诚实守信，严格自律，接受社会公众的监督，不得利用其控制地位或者专营专卖地位损害消费者利益。 第八条：行政机关和法律、法规授权的具有管理公共事务职能的组织不得滥用行政权力，排除、限制竞争。 第三十二条：行政机关和法律、法规授权的具有管理公共事务职能的组织不得滥用行政权力，限定或者变相限定单位或者个人经营、购买、使用其指定的经营者提供的商品。 第三十三条：行政机关和法律、法规授权的具有管理公共事务职能的组织不得滥用行政权力，实施下列行为，妨碍商品在地区之间的自由流通： （一）对外地商品设定歧视性收费项目、实行歧视性收费标准，或者规定歧视性价格； （二）对外地商品规定与本地同类商品不同的技术要求、检验标准，或者对外地商品采取重复检验、重复认证等歧视性技术措施，限制外地商品进入本地市场； （三）采取专门针对外地商品的行政许可，限制外地商品进入本地市场； （四）设置关卡或者采取其他手段，阻碍外地商品进入或者本地商品运出； （五）妨碍商品在地区之间自由流通的其他行为。 第三十四条：行政机关和法律、法规授权的具有管理公共事务职能的组织不得滥用行政权力，以设定歧视性资质要求、评审标准或者不依法发布信息等方式，排斥或者限制外地经营者参加本地的招标投标活动。 第三十五条：行政机关和法律、法规授权的具有管理公共事务职能的组织不得滥用行政权力，采取与本地经营者不平等待遇等方式，排斥或者限制外地经营者在本地投资或者设立分支机构。 第三十六条：行政机关和法律、法规授权的具有管理公共事务职能的组织不得滥用行政权力，强制经营者从事本法规定的垄断行为。 第三十七条：行政机关不得滥用行政权力，制定含有排除、限制竞争内容的规定。
《中华人民共和国反不正当竞争法》	第一条：为了促进社会主义市场经济健康发展，鼓励和保护公平竞争，制止不正当竞争行为，保护经营者和消费者的合法权益，制定本法。 第二条：经营者在生产经营活动中，应当遵循自愿、平等、公平、诚信的原则，遵守法律和商业道德。 本法所称的不正当竞争行为，是指经营者在生产经营活动中，违反本法规定，扰乱市场竞争秩序，损害其他经营者或者消费者的合法权益的行为。 本法所称的经营者，是指从事商品生产、经营或者提供服务（以下所称商品包括服务）的自然人、法人和非法人组织。 第三条：各级人民政府应当采取措施，制止不正当竞争行为，为公平竞争创造良好的环境和条件。 国务院建立反不正当竞争工作协调机制，研究决定反不正当竞争重大政策，协调处理维护市场竞争秩序的重大问题。 第五条：国家鼓励、支持和保护一切组织和个人对不正当竞争行为进行社会监督。 国家机关及其工作人员不得支持、包庇不正当竞争行为。 行业组织应当加强行业自律，引导、规范会员依法竞争，维护市场竞争秩序。

附 录

续表

法律法规名称	涉及竞争中立理念的内容
《中华人民共和国企业国有资产法》	第六条：国务院和地方人民政府应当按照政企分开、社会公共管理职能与国有资产出资人职能分开、不干预企业依法自主经营的原则，依法履行出资人职责。
	第七条：国家采取措施，推动国有资本向关系国民经济命脉和国家安全的重要行业和关键领域集中，优化国有经济布局和结构，推进国有企业的改革和发展，提高国有经济的整体素质，增强国有经济的控制力、影响力。
	第八条：国家建立健全与社会主义市场经济发展要求相适应的国有资产管理与监督体制，建立健全国有资产保值增值考核和责任追究制度，落实国有资产保值增值责任。
	第十二条：履行出资人职责的机构代表本级人民政府对国家出资企业依法享有资产收益、参与重大决策和选择管理者等出资人权利。 履行出资人职责的机构依照法律、行政法规的规定，制定或者参与制定国家出资企业的章程。 履行出资人职责的机构对法律、行政法规和本级人民政府规定须经本级人民政府批准的履行出资人职责的重大事项，应当报请本级人民政府批准。
	第十三条：履行出资人职责的机构委派的股东代表参加国有资本控股公司、国有资本参股公司召开的股东会会议、股东大会会议，应当按照委派机构的指示提出提案、发表意见、行使表决权，并将其履行职责的情况和结果及时报告委派机构。
	第十四条：履行出资人职责的机构应当依照法律、行政法规以及企业章程履行出资人职责，保障出资人权益，防止国有资产损失。 履行出资人职责的机构应当维护企业作为市场主体依法享有的权利，除依法履行出资人职责外，不得干预企业经营活动。
	第十五条：履行出资人职责的机构对本级人民政府负责，向本级人民政府报告履行出资人职责的情况，接受本级人民政府的监督和考核，对国有资产的保值增值负责。 履行出资人职责的机构应当按照国家有关规定，定期向本级人民政府报告有关国有资产总量、结构、变动、收益等汇总分析的情况。
	第十六条：国家出资企业对其动产、不动产和其他财产依照法律、行政法规以及企业章程享有占有、使用、收益和处分的权利。 国家出资企业依法享有的经营自主权和其他合法权益受法律保护。
	第十七条：国家出资企业从事经营活动，应当遵守法律、行政法规，加强经营管理，提高经济效益，接受人民政府及其有关部门、机构依法实施的管理和监督，接受社会公众的监督，承担社会责任，对出资人负责。 国家出资企业应当依法建立和完善法人治理结构，建立健全内部监督管理和风险控制制度。
	第十八条：国家出资企业应当依照法律、行政法规和国务院财政部门的规定，建立健全财务、会计制度，设置会计账簿，进行会计核算，依照法律、行政法规以及企业章程的规定向出资人提供真实、完整的财务、会计信息。 国家出资企业应当依照法律、行政法规以及企业章程的规定，向出资人分配利润。
	第十九条：国有独资公司、国有资本控股公司和国有资本参股公司依照《中华人民共和国公司法》的规定设立监事会。国有独资企业由履行出资人职责的机构按照国务院的规定委派监事组成监事会。 国家出资企业的监事会依照法律、行政法规以及企业章程的规定，对董事、高级管理人员执行职务的行为进行监督，对企业财务进行监督检查。
	第二十条：国家出资企业依照法律规定，通过职工代表大会或者其他形式，实行民主管理。
	第二十一条：国家出资企业对其所出资企业依法享有资产收益、参与重大决策和选择管理者等出资人权利。 国家出资企业对其所出资企业，应当依照法律、行政法规的规定，通过制定或者参与制定所出资企业的章程，建立权责明确、有效制衡的企业内部监督管理和风险控制制度，维护其出资人权益。
	第五十八条：国家建立健全国有资本经营预算制度，对取得的国有资本收入及其支出实行预算管理。

续表

法律法规名称	涉及竞争中立理念的内容
《中华人民共和国企业国有资产法》	第五十九条：国家取得的下列国有资本收入，以及下列收入的支出，应当编制国有资本经营预算： （一）从国家出资企业分得的利润； （二）国有资产转让收入； （三）从国家出资企业取得的清算收入； （四）其他国有资本收入。 第六十条：国有资本经营预算按年度单独编制，纳入本级人民政府预算，报本级人民代表大会批准。 国有资本经营预算支出按照当年预算收入规模安排，不列赤字。 第六十三条：各级人民代表大会常务委员会通过听取和审议本级人民政府履行出资人职责的情况和国有资产监督管理情况的专项工作报告，组织对本法实施情况的执法检查等，依法行使监督职权。 第六十四条：国务院和地方人民政府应当对其授权履行出资人职责的机构履行职责的情况进行监督。 第六十五条：国务院和地方人民政府审计机关依照《中华人民共和国审计法》的规定，对国有资本经营预算的执行情况和属于审计监督对象的国家出资企业进行审计监督。
《中华人民共和国企业破产法》	第一条：为规范企业破产程序，公平清理债权债务，保护债权人和债务人的合法权益，维护社会主义市场经济秩序，制定本法。 第一百三十三条：在本法施行前国务院规定的期限和范围内的国有企业实施破产的特殊事宜，按照国务院有关规定办理。
《中华人民共和国电力法》	第三条：电力事业应当适应国民经济和社会发展的需要，适当超前发展。国家鼓励、引导国内外的经济组织和个人依法投资开发电源，兴办电力生产企业。 电力事业投资，实行谁投资、谁收益的原则。 第七条：电力建设企业、电力生产企业、电网经营企业依法实行自主经营、自负盈亏，并接受电力管理部门的监督。 第三十六条：制定电价，应当合理补偿成本，合理确定收益，依法计入税金，坚持公平负担，促进电力建设。
《中华人民共和国港口法》	第五条：国家鼓励国内外经济组织和个人依法投资建设、经营港口，保护投资者的合法权益。 第二十九条：国家鼓励和保护港口经营活动的公平竞争。 港口经营人不得实施垄断行为和不正当竞争行为，不得以任何手段强迫他人接受其提供的港口服务。
《中华人民共和国电影产业促进法》	第五条：国务院应当将电影产业发展纳入国民经济和社会发展规划。县级以上地方人民政府根据当地实际情况将电影产业发展纳入本级国民经济和社会发展规划。 国家制定电影及其相关产业政策，引导形成统一开放、公平竞争的电影市场，促进电影市场繁荣发展。
《中华人民共和国邮政法》	第四条：国务院邮政管理部门负责对全国的邮政普遍服务和邮政市场实施监督管理。 省、自治区、直辖市邮政管理机构负责对本行政区域的邮政普遍服务和邮政市场实施监督管理。 按照国务院规定设立的省级以下邮政管理机构负责对本辖区的邮政普遍服务和邮政市场实施监督管理。 国务院邮政管理部门和省、自治区、直辖市邮政管理机构以及省级以下邮政管理机构（以下统称邮政管理部门）对邮政市场实施监督管理，应当遵循公开、公平、公正以及鼓励竞争、促进发展的原则。 第五条：国务院规定范围内的信件寄递业务，由邮政企业专营。 第十六条：国家对邮政企业提供邮政普遍服务、特殊服务给予补贴，并加强对补贴资金使用的监督。 第十八条：邮政企业的邮政普遍服务业务与竞争性业务应当分业经营。

续表

法律法规名称	涉及竞争中立理念的内容
《中华人民共和国邮政法》	第三十九条：实行政府指导价或者政府定价的邮政业务范围，以中央政府定价目录为依据，具体资费标准由国务院价格主管部门会同国务院财政部门、国务院邮政管理部门制定。邮政企业的其他业务资费实行市场调节价，资费标准由邮政企业自主确定。
	第四十条：国务院有关部门制定邮政业务资费标准，应当听取邮政企业、用户和其他有关方面的意见。 邮政企业应当根据国务院价格主管部门、国务院财政部门和国务院邮政管理部门的要求，提供准确、完备的业务成本数据和其他有关资料。
	第六十四条：邮政管理部门工作人员对监督检查中知悉的商业秘密，负有保密义务。
	第七十四条：邮政企业、快递企业未按照规定向用户明示其业务资费标准，或者有其他价格违法行为的，由政府价格主管部门依照《中华人民共和国价格法》的规定处罚。
《中华人民共和国对外贸易法》	第十一条：国家可以对部分货物的进出口实行国有贸易管理。实行国有贸易管理货物的进出口业务只能由经授权的企业经营；但是，国家允许部分数量的国有贸易管理货物的进出口业务由非授权企业经营的除外。实行国有贸易管理的货物和经授权经营企业的目录，由国务院对外贸易主管部门会同国务院其他有关部门确定、调整并公布。 违反本条第一款规定，擅自进出口实行国有贸易管理的货物的，海关不予放行。
	第二十条：进出口货物配额、关税配额，由国务院对外贸易主管部门或者国务院其他有关部门在各自的职责范围内，按照公开、公平、公正和效益的原则进行分配。具体办法由国务院规定。
	第二十一条：国家实行统一的商品合格评定制度，根据有关法律、行政法规的规定，对进出口商品进行认证、检验、检疫。
	第三十二条：在对外贸易经营活动中，不得违反有关反垄断的法律、行政法规的规定实施垄断行为。 在对外贸易经营活动中实施垄断行为，危害市场公平竞争的，依照有关反垄断的法律、行政法规的规定处理。有前款违法行为，并危害对外贸易秩序的，国务院对外贸易主管部门可以采取必要的措施消除危害。
	第三十二条：在对外贸易经营活动中，不得违反有关反垄断的法律、行政法规的规定实施垄断行为。 在对外贸易经营活动中实施垄断行为，危害市场公平竞争的，依照有关反垄断的法律、行政法规的规定处理。有前款违法行为，并危害对外贸易秩序的，国务院对外贸易主管部门可以采取必要的措施消除危害。
	第五十三条：国家通过进出口信贷、出口信用保险、出口退税及其他促进对外贸易的方式，发展对外贸易。
《中华人民共和国政府采购法》	第三条：政府采购应当遵循公开透明原则、公平竞争原则、公正原则和诚实信用原则。
	第五条：任何单位和个人不得采用任何方式，阻挠和限制供应商自由进入本地区和本行业的政府采购市场。
	第十一条：政府采购的信息应当在政府采购监督管理部门指定的媒体上及时向社会公开发布，但涉及商业秘密的除外。
	第十七条：集中采购机构进行政府采购活动，应当符合采购价格低于市场平均价格、采购效率更高、采购质量优良和服务良好的要求。

续表

法律法规名称	涉及竞争中立理念的内容
《中华人民共和国政府采购法》	第二十二条：供应商参加政府采购活动应当具备下列条件： （一）具有独立承担民事责任的能力； （二）具有良好的商业信誉和健全的财务会计制度； （三）具有履行合同所必需的设备和专业技术能力； （四）有依法缴纳税收和社会保障资金的良好记录； （五）参加政府采购活动前三年内，在经营活动中没有重大违法记录； （六）法律、行政法规规定的其他条件。 采购人可以根据采购项目的特殊要求，规定供应商的特定条件，但不得以不合理的条件对供应商实行差别待遇或者歧视待遇。
	第二十三条：采购人可以要求参加政府采购的供应商提供有关资质证明文件和业绩情况，并根据本法规定的供应商条件和采购项目对供应商的特定要求，对供应商的资格进行审查。
	第二十五条：政府采购当事人不得相互串通损害国家利益、社会公共利益和其他当事人的合法权益；不得以任何手段排斥其他供应商参与竞争。 供应商不得以向采购人、采购代理机构、评标委员会的组成人员、竞争性谈判小组的组成人员、询价小组的组成人员行贿或者采取其他不正当手段谋取中标或者成交。 采购代理机构不得以向采购人行贿或者采取其他不正当手段谋取非法利益。
	第二十七条：采购人采购货物或者服务应当采用公开招标方式的，其具体数额标准，属于中央预算的政府采购项目，由国务院规定；属于地方预算的政府采购项目，由省、自治区、直辖市人民政府规定；因特殊情况需要采用公开招标以外的采购方式的，应当在采购活动开始前获得设区的市、自治州以上人民政府采购监督管理部门的批准。
	第二十八条：采购人不得将应当以公开招标方式采购的货物或者服务化整为零或者以其他任何方式规避公开招标采购。
	第三十一条：符合下列情形之一的货物或者服务，可以依照本法采用单一来源方式采购： （一）只能从唯一供应商处采购的； （二）发生了不可预见的紧急情况不能从其他供应商处采购的； （三）必须保证原有采购项目一致性或者服务配套的要求，需要继续从原供应商处添购，且添购资金总额不超过原合同采购金额百分之十的。
	第六十六条：政府采购监督管理部门应当对集中采购机构的采购价格、节约资金效果、服务质量、信誉状况、有无违法行为等事项进行考核，并定期如实公布考核结果。
《中华人民共和国旅游法》	第六条：国家建立健全旅游服务标准和市场规则，禁止行业垄断和地区垄断。旅游经营者应当诚信经营，公平竞争，承担社会责任，为旅游者提供安全、健康、卫生、方便的旅游服务。
	第四十三条：利用公共资源建设的景区的门票以及景区内的游览场所、交通工具等另行收费项目，实行政府定价或者政府指导价，严格控制价格上涨。拟收费或者提高价格的，应当举行听证会，征求旅游者、经营者和有关方面的意见，论证其必要性、可行性。 利用公共资源建设的景区，不得通过增加另行收费项目等方式变相涨价；另行收费项目已收回投资成本的，应当相应降低价格或者取消收费。 公益性的城市公园、博物馆、纪念馆等，除重点文物保护单位和珍贵文物收藏单位外，应当逐步免费开放。
《中华人民共和国城市房地产管理法》	第二十九条：国家采取税收等方面的优惠措施鼓励和扶持房地产开发企业开发建设居民住宅。
	第三十三条：基准地价、标定地价和各类房屋的重置价格应当定期确定并公布。具体办法由国务院规定。
	第三十四条：国家实行房地产价格评估制度。房地产价格评估，应当遵循公正、公平、公开的原则，按照国家规定的技术标准和评估程序，以基准地价、标定地价和各类房屋的重置价格为基础，参照当地的市场价格进行评估。

续表

法律法规名称	涉及竞争中立理念的内容
《中华人民共和国价格法》	第三条：国家实行并逐步完善宏观经济调控下主要由市场形成价格的机制。价格的制定应当符合价值规律，大多数商品和服务价格实行市场调节价，极少数商品和服务价格实行政府指导价或者政府定价。 市场调节价，是指由经营者自主制定，通过市场竞争形成的价格。 本法所称经营者是指从事生产、经营商品或者提供有偿服务的法人、其他组织和个人。 政府指导价，是指依照本法规定，由政府价格主管部门或者其他有关部门，按照定价权限和范围规定基准价及其浮动幅度，指导经营者制定的价格。 政府定价，是指依照本法规定，由政府价格主管部门或者其他有关部门，按照定价权限和范围制定的价格。
	第四条：国家支持和促进公平、公开、合法的市场竞争，维护正常的价格秩序，对价格活动实行管理、监督和必要的调控。
	第十八条：下列商品和服务价格，政府在必要时可以实行政府指导价或者政府定价： （一）与国民经济发展和人民生活关系重大的极少数商品价格； （二）资源稀缺的少数商品价格； （三）自然垄断经营的商品价格； （四）重要的公用事业价格； （五）重要的公益性服务价格。
《中华人民共和国价格法》	第二十一条：制定政府指导价、政府定价，应当依据有关商品或者服务的社会平均成本和市场供求状况、国民经济与社会发展要求以及社会承受能力，实行合理的购销差价、批零差价、地区差价和季节差价。
	第二十二条：政府价格主管部门和其他有关部门制定政府指导价、政府定价，应当开展价格、成本调查，听取消费者、经营者和有关方面的意见。 政府价格主管部门开展对政府指导价、政府定价的价格、成本调查时，有关单位应当如实反映情况，提供必需的账簿、文件以及其他资料。
	第二十三条：制定关系群众切身利益的公用事业价格、公益性服务价格、自然垄断经营的商品价格等政府指导价、政府定价，应当建立听证会制度，由政府价格主管部门主持，征求消费者、经营者和有关方面的意见，论证其必要性、可行性。
	第二十四条：政府指导价、政府定价制定后，由制定价格的部门向消费者、经营者公布。
	第二十五条：政府指导价、政府定价的具体适用范围、价格水平，应当根据经济运行情况，按照规定的定价权限和程序适时调整。 消费者、经营者可以对政府指导价、政府定价提出调整建议。
	第三十条：当重要商品和服务价格显著上涨或者有可能显著上涨，国务院和省、自治区、直辖市人民政府可以对部分价格采取限定差价率或者利润率、规定限价、实行提价申报制度和调价备案制度等干预措施。 省、自治区、直辖市人民政府采取前款规定的干预措施，应当报国务院备案。
	第三十六条：政府部门价格工作人员不得将依法取得的资料或者了解的情况用于依法进行价格管理以外的任何其他目的，不得泄露当事人的商业秘密。
	第三十八条：政府价格主管部门应当建立对价格违法行为的举报制度。 任何单位和个人均有权对价格违法行为进行举报。政府价格主管部门应当对举报者给予鼓励，并负责为举报者保密。
《中国（上海）自由贸易试验区条例》	第十二条：自贸试验区在金融服务、航运服务、商贸服务、专业服务、文化服务、社会服务和一般制造业等领域扩大开放，暂停、取消或者放宽投资者资质要求、外资股比限制、经营范围限制等准入特别管理措施。
	第十三条：自贸试验区实行外商投资准入前国民待遇加负面清单管理模式。
	第十四条：自贸试验区推进企业注册登记制度便利化，依法实行注册资本认缴登记制。
	第四十七条：自贸试验区内各类市场主体的平等地位和发展权利，受法律保护。区内各类市场主体在监管、税收和政府采购等方面享有公平待遇。

附录 2　中国共产党第十八次、第十九次全国代表大会及第十八届、第十九届中央委员会历次全会报告、决定、建议、公报中有关竞争中立理念的内容[①]

会议名称	报告、决定、建议、公报中涉及竞争中立理念的具体内容
中国共产党第十八次全国代表大会（2012年11月8日—14日）	三、全面建成小康社会和全面深化改革开放的目标 　　全面建成小康社会，必须……不失时机深化重要领域改革，坚决破除一切妨碍科学发展的思想观念和体制机制弊端，构建系统完备、科学规范、运行有效的制度体系……。要加快完善社会主义市场经济体制……更大程度更广范围发挥市场在资源配置中的基础性作用，完善宏观调控体系，完善开放型经济体系，推动经济更有效率、更加公平、更可持续发展。 　　四、加快完善社会主义市场经济体制和加快转变经济发展方式 　　……加快形成新的经济发展方式，把推动发展的立足点转到提高质量和效益上来，着力激发各类市场主体发展新活力，着力增强创新驱动发展新动力……着力培育开放型经济发展新优势，使经济发展更多依靠内需特别是消费需求拉动……更多依靠……管理创新驱动。 　　全面深化经济体制改革。深化改革是加快转变经济发展方式的关键。经济体制改革的核心问题是处理好政府和市场的关系，必须更加尊重市场规律，更好发挥政府作用。要……深化国有企业改革，完善各类国有资产管理体制……毫不动摇鼓励、支持、引导非公有制经济发展，保证各种所有制经济依法平等使用生产要素、公平参与市场竞争、同等受到法律保护。健全现代市场体系，加强宏观调控目标和政策手段机制化建设。加快改革财税体制……形成有利于结构优化、社会公平的税收制度。深化金融体制改革……加快发展多层次资本市场，稳步推进利率和汇率市场化改革……加快发展民营金融机构。 　　实施创新驱动发展战略。……深化科技体制改革……加快建设国家创新体系，着力构建以企业为主体、市场为导向、产学研相结合的技术创新体系。……实施知识产权战略，加强知识产权保护。 　　五、坚持走中国特色社会主义政治发展道路和推进政治体制改革 　　深化行政体制改革……深入推进政企分开、政资分开、政事分开、政社分开，建设……服务型政府。深化行政审批制度改革，继续简政放权，推动政府职能向创造良好发展环境、提供优质公共服务、维护社会公平正义转变。
中国共产党第十八届中央委员会二中全会（2013年2月26日—28日）	行政体制改革是推动上层建筑适应经济基础的必然要求，要深入推进政企分开、政资分开、政事分开、政社分开，健全部门职责体系，建设……服务型政府。全会通过的《国务院机构改革和职能转变方案》……以职能转变为核心，继续简政放权、推进机构改革、完善制度机制、提高行政效能，稳步推进大部门制改革，对减少和下放投资审批事项、减少和下放生产经营活动审批事项、减少资质资格许可和认定、减少专项转移支付和收费、减少部门职责交叉和分散、改革工商登记制度、改革社会组织管理制度、改善和加强宏观管理、加强基础性制度建设、加强依法行政等做出重大部署。要深刻认识深化行政体制和政府机构改革的重要性和紧迫性，处理好政府和市场、政府和社会、中央和地方的关系，深化行政审批制度改革，减少微观事务管理，以充分发挥市场在资源配置中的基础性作用……加快形成权界清晰、分工合理、权责一致、运转高效、法治保障的国务院机构职能体系，切实提高政府管理科学化水平。 　　要进一步深化改革开放，尊重人民首创精神，深入研究全面深化体制改革的顶层设计和总体规划，把经济、政治、文化、社会、生态等方面的体制改革有机结合起来，把理论创新、制度创新、科技创新、文化创新以及其他各方面创新有机衔接起来，构建系统完备、科学规范、运行有效的制度体系。

[①] 资料来源：中国共产党新闻网 http://cpc.people.com.cn/GB/64162/64168/index.html，访问日期：2018年9月22日。

续表

会议名称	报告、决定、建议、公报中涉及竞争中立理念的具体内容
中国共产党第十八届中央委员会三中全会（2013年11月9日—12日）《中共中央关于全面深化改革若干重大问题的决定》（2013年11月12日中国共产党第十八届中央委员会第三次全体会议通过）	一、全面深化改革的重大意义和指导思想 （2）全面深化改革，必须高举中国特色社会主义伟大旗帜……坚持社会主义市场经济改革方向，以促进社会公平正义、增进人民福祉为出发点和落脚点，进一步解放思想、解放和发展社会生产力、解放和增强社会活力，坚决破除各方面体制机制弊端…… 紧紧围绕使市场在资源配置中起决定性作用深化经济体制改革，坚持和完善基本经济制度，加快完善现代市场体系、宏观调控体系、开放型经济体系，加快转变经济发展方式，加快建设创新型国家，推动经济更有效率、更加公平、更可持续发展。 （3）……经济体制改革是全面深化改革的重点，核心问题是处理好政府和市场的关系，使市场在资源配置中起决定性作用和更好发挥政府作用。市场决定资源配置是市场经济的一般规律，健全社会主义市场经济体制必须遵循这条规律，着力解决市场体系不完善、政府干预过多和监管不到位问题。 必须……推进市场化改革，大幅度减少政府对资源的直接配置，推动资源配置依据市场规则、市场价格、市场竞争实现效益最大化和效率最优化。政府的职责和作用主要是……保障公平竞争，加强市场监管，维护市场秩序，推动可持续发展，促进共同富裕，弥补市场失灵。 二、坚持和完善基本经济制度 公有制经济和非公有制经济都是社会主义市场经济的重要组成部分，都是我国经济社会发展的重要基础。必须毫不动摇巩固和发展公有制经济……不断增强国有经济活力、控制力、影响力。必须毫不动摇鼓励、支持、引导非公有制经济发展，激发非公有制经济活力和创造力。 （5）完善产权保护制度。产权是所有制的核心。健全归属清晰、权责明确、保护严格、流转顺畅的现代产权制度。公有制经济财产权不可侵犯，非公有制经济财产权同样不可侵犯。 国家保护各种所有制经济产权和合法利益，保证各种所有制经济依法平等使用生产要素、公开公平公正参与市场竞争、同等受到法律保护，依法监管各种所有制经济。 （7）推动国有企业完善现代企业制度……国有企业总体上已经同市场经济相融合，必须适应市场化、国际化新形势，以规范经营决策、资产保值增值、公平参与竞争、提高企业效率、增强企业活力、承担社会责任为重点，进一步深化国有企业改革。 准确界定不同国有企业功能……国有资本继续控股经营的自然垄断行业，实行以政企分开、政资分开、特许经营、政府监管为主要内容的改革，根据不同行业特点实行网运分开、放开竞争性业务，推进公共资源配置市场化。进一步破除各种形式的行政垄断。 （8）支持非公有制经济健康发展……坚持权利平等、机会平等、规则平等，废除对非公有制经济各种形式的不合理规定，消除各种隐性壁垒，制定非公有制企业进入特许经营领域具体办法。 鼓励非公有制企业参与国有企业改革，鼓励发展非公有资本控股的混合所有制企业，鼓励有条件的私营企业建立现代企业制度。 三、加快完善现代市场体系 建设统一开放、竞争有序的市场体系，是使市场在资源配置中起决定性作用的基础。必须加快形成企业自主经营、公平竞争，消费者自由选择、自主消费，商品和要素自由流动、平等交换的现代市场体系，着力清除市场壁垒，提高资源配置效率和公平性。 （9）建立公平开放透明的市场规则。实行统一的市场准入制度，在制定负面清单基础上，各类市场主体可依法平等进入清单之外领域。探索对外商投资实行准入前国民待遇加负面清单的管理模式。推进工商注册制度便利化，削减资质认定项目，由先证后照改为先照后证，把注册资本实缴登记制逐步改为认缴登记制。推进国内贸易流通体制改革，建设法治化营商环境。 改革市场监管体系，实行统一的市场监管，清理和废除妨碍全国统一市场和公平竞争的各种规定和做法，严禁和惩处各类违法实行优惠政策行为，反对地方保护，反对垄断和不正当竞争。建立健全社会征信体系，褒扬诚信，惩戒失信。健全优胜劣汰市场化退出机制，完善企业破产制度。

续表

会议名称	报告、决定、建议、公报中涉及竞争中立理念的具体内容
中国共产党第十八届中央委员会三中全会（2013年11月9日—12日）《中共中央关于全面深化改革若干重大问题的决定》（2013年11月12日中国共产党第十八届中央委员会第三次全体会议通过）	（10）完善主要由市场决定价格的机制。凡是能由市场形成价格的都交给市场，政府不进行不当干预。推进水、石油、天然气、电力、交通、电信等领域价格改革，放开竞争性环节价格。政府定价范围主要限定在重要公用事业、公益性服务、网络型自然垄断环节，提高透明度，接受社会监督。完善农产品价格形成机制，注重发挥市场形成价格作用。 （11）建立城乡统一的建设用地市场。在符合规划和用途管制前提下，允许农村集体经营性建设用地出让、租赁、入股，实行与国有土地同等入市、同权同价。 （12）完善金融市场体系。扩大金融业对内对外开放，在加强监管前提下，允许具备条件的民间资本依法发起设立中小型银行等金融机构。 完善人民币汇率市场化形成机制，加快推进利率市场化，健全反映市场供求关系的国债收益率曲线。推动资本市场双向开放，有序提高跨境资本和金融交易可兑换程度，建立健全宏观审慎管理框架下的外债和资本流动管理体系，加快实现人民币资本项目可兑换。 四、加快转变政府职能 （14）健全宏观调控体系……形成参与国际宏观经济政策协调的机制，推动国际经济治理结构完善。 深化投资体制改革，确立企业投资主体地位。企业投资项目，除关系国家安全和生态安全、涉及全国重大生产力布局、战略性资源开发和重大公共利益等项目外，一律由企业依法依规自主决策，政府不再审批。强化节能节地节水、环境、技术、安全等市场准入标准，建立健全防范和化解产能过剩长效机制。 （15）全面正确履行政府职能。进一步简政放权，深化行政审批制度改革，最大限度减少中央政府对微观事务的管理，市场机制能有效调节的经济活动，一律取消审批，对保留的行政审批事项要规范管理、提高效率；直接面向基层、量大面广、由地方管理更方便有效的经济社会事项，一律下放地方和基层管理。 政府要加强发展战略、规划、政策、标准等制定和实施，加强市场活动监管，加强各类公共服务提供。加强中央政府宏观调控职责和能力，加强地方政府公共服务、市场监管、社会管理、环境保护等职责。推广政府购买服务，凡属事务性管理服务，原则上都要引入竞争机制，通过合同、委托等方式向社会购买。 五、深化财税体制改革 财政是国家治理的基础和重要支柱，科学的财税体制是优化资源配置、维护市场统一、促进社会公平、实现国家长治久安的制度保障。必须完善立法、明确事权、改革税制、稳定税负、透明预算、提高效率，建立现代财政制度，发挥中央和地方两个积极性。 （18）完善税收制度。 按照统一税制、公平税负、促进公平竞争的原则，加强对税收优惠特别是区域税收优惠政策的规范管理。税收优惠政策统一由专门税收法律法规规定，清理规范税收优惠政策。完善国税、地税征管体制。 七、构建开放型经济新体制 适应经济全球化新形势，必须推动对内对外开放相互促进、引进来和走出去更好结合，促进国际国内要素有序自由流动、资源高效配置、市场深度融合，加快培育参与和引领国际经济合作竞争新优势，以开放促改革。 （24）放宽投资准入。统一内外资法律法规，保持外资政策稳定、透明、可预期。推进金融、教育、文化、医疗等服务业领域有序开放，放开育幼养老、建筑设计、会计审计、商贸物流、电子商务等服务业领域外资准入限制，进一步放开一般制造业。加快海关特殊监管区域整合优化。 （25）加快自由贸易区建设。坚持世界贸易体制规则……以周边为基础加快实施自由贸易区战略。改革市场准入、海关监管、检验检疫等管理体制，加快环境保护、投资保护、政府采购、电子商务等新议题谈判，形成面向全球的高标准自由贸易区网络。 九、推进法治中国建设 （30）……完善规范性文件、重大决策合法性审查机制。建立科学的法治建设指标体系和考核标准。健全法规、规章、规范性文件备案审查制度。健全社会普法教育机制，增强全民法治观念。逐步增加有地方立法权的较大的市数量。

续表

会议名称	报告、决定、建议、公报中涉及竞争中立理念的具体内容
中国共产党第十八届中央委员会三中全会（2013年11月9日—12日）《中共中央关于全面深化改革若干重大问题的决定》（2013年11月12日中国共产党第十八届中央委员会第三次全体会议通过）	十一、推进文化体制机制创新 （38）完善文化管理体制。按照政企分开、政事分开原则，推动政府部门由办文化向管文化转变，推动党政部门与其所属的文化企事业单位进一步理顺关系。 （39）建立健全现代文化市场体系。完善文化市场准入和退出机制，鼓励各类市场主体公平竞争、优胜劣汰，促进文化资源在全国范围内流动。继续推进国有经营性文化单位转企改制，加快公司制、股份制改造。对按规定转制的重要国有传媒企业探索实行特殊管理股制度。推动文化企业跨地区、跨行业、跨所有制兼并重组，提高文化产业规模化、集约化、专业化水平。 鼓励非公有制文化企业发展，降低社会资本进入门槛，允许参与对外出版、网络出版，允许以控股形式参与国有影视制作机构、文艺院团改制经营。 （40）构建现代公共文化服务体系……引入竞争机制，推动公共文化服务社会化发展。鼓励社会力量、社会资本参与公共文化服务体系建设，培育文化非营利组织。
中国共产党第十八届中央委员会四中全会（2014年10月20日—23日）《中共中央关于全面推进依法治国若干重大问题的决定》（2014年10月23日中国共产党第十八届中央委员会第四次全体会议通过）	二、完善以宪法为核心的中国特色社会主义法律体系，加强宪法实施 （二）完善立法体制。明确立法权力边界，从体制机制和工作程序上有效防止部门利益和地方保护主义法律化。对部门间争议较大的重要立法事项，由决策机关引入第三方评估，充分听取各方意见，协调决定，不能久拖不决。加强法律解释工作，及时明确法律规定含义和适用法律依据。明确地方立法权限和范围，依法赋予设区的市地方立法权。 （四）加强重点领域立法。依法保障公民权利，加快完善体现权利公平、机会公平、规则公平的法律制度，保障公民人身权、财产权、基本政治权利等各项权利不受侵犯，保障公民经济、文化、社会等各方面权利得到落实，实现公民权利保障法治化。 社会主义市场经济本质上是法治经济。使市场在资源配置中起决定性作用和更好发挥政府作用，必须以保护产权、维护契约、统一市场、平等交换、公平竞争、有效监管为基本导向，完善社会主义市场经济法律制度。健全以公平为核心原则的产权保护制度，加强对各种所有制经济组织和自然人财产权的保护，清理有违公平的法律法规条款……完善激励创新的产权制度、知识产权保护制度和促进科技成果转化的体制机制。加强市场法律制度建设，编纂民法典，制定和完善发展规划、投资管理、土地管理、能源和矿产资源、农业、财政税收、金融等方面法律法规，促进商品和要素自由流动、公平交易、平等使用。依法加强和改善宏观调控、市场监管，反对垄断，促进合理竞争，维护公平竞争的市场秩序。 实现立法和改革决策相衔接，做到重大改革于法有据、立法主动适应改革和经济社会发展需要。实践证明行之有效的，要及时上升为法律。实践条件还不成熟、需要先行先试的，要按照法定程序做出授权。对不适应改革要求的法律法规，要及时修改和废止。 三、深入推进依法行政，加快建设法治政府 （一）依法全面履行政府职能。完善行政组织和行政程序法律制度，推进机构、职能、权限、程序、责任法定化。行政机关要坚持法定职责必须为、法无授权不可为，勇于负责，敢于担当，坚决纠正不作为、乱作为，坚决克服懒政、怠政，坚决惩处失职、渎职。行政机关不得法外设定权力，没有法律法规依据不得做出减损公民、法人和其他组织合法权益或者增加其义务的决定。推行政府权力清单制度，坚决消除权力设租寻租空间。 （二）健全依法决策机制。把公众参与、专家论证、风险评估、合法性审查、集体讨论决定确定为重大行政决策法定程序，确保决策制度科学、程序正当、过程公开、责任明确。建立行政机关内部重大决策合法性审查机制，未经合法性审查或经审查不合法的，不得提交讨论。 （五）强化对行政权力的制约和监督。加强对政府内部权力的制约，是强化对行政权力制约的重点。对财政资金分配使用、国有资产监管、政府投资、政府采购、公共资源转让、公共工程建设等权力集中的部门和岗位实行分事行权、分岗设权、分级授权，定期轮岗，强化内部流程控制，防止权力滥用。完善政府内部层级监督和专门监督，改进上级机关对下级机关的监督，建立常态化监督制度。完善纠错问责机制，健全责令公开道歉、停职检查、引咎辞职、责令辞职、罢免等问责方式和程序。

续表

会议名称	报告、决定、建议、公报中涉及竞争中立理念的具体内容
	七、加强和改进党对全面推进依法治国的领导 （七）加强涉外法律工作。适应对外开放不断深化，完善涉外法律法规体系，促进构建开放型经济新体制。积极参与国际规则制定，推动依法处理涉外经济、社会事务，增强我国在国际法律事务中的话语权和影响力，运用法律手段维护我国主权、安全、发展利益。
中国共产党第十八届中央委员会五中全会（2015年10月26日—29日）《中共中央关于制定国民经济和社会发展第十三个五年规划的建议》（2015年10月29日中国共产党第十八届中央委员会第五次全体会议通过）	一、全面建成小康社会决胜阶段的形势和指导思想 （三）"十三五"时期我国发展的指导思想。 ——坚持深化改革。改革是发展的强大动力。必须按照完善和发展中国特色社会主义制度、推进国家治理体系和治理能力现代化的总目标，健全使市场在资源配置中起决定性作用和更好发挥政府作用的制度体系，以经济体制改革为重点，加快完善各方面体制机制，破除一切不利于科学发展的体制机制障碍，为发展提供持续动力。 ——坚持统筹国内国际两个大局。全方位对外开放是发展的必然要求。 三、坚持创新发展，着力提高发展质量和效益 （一）培育发展新动力。优化劳动力、资本、土地、技术、管理等要素配置，激发创新创业活力，推动大众创业、万众创新，释放新需求，创造新供给，推动新技术、新产业、新业态蓬勃发展，加快实现发展动力转换。 发挥投资对增长的关键作用，深化投融资体制改革，优化投资结构，增加有效投资。发挥财政资金撬动功能，创新融资方式，带动更多社会资本参与投资。 发挥出口对增长的促进作用，增强对外投资和扩大出口结合度，培育以技术、标准、品牌、质量、服务为核心的对外经济新优势。 （二）拓展发展新空间。 拓展基础设施建设空间。实施重大公共设施和基础设施工程。……加快开放电力、电信、交通、石油、天然气、市政公用等自然垄断行业的竞争性业务。 （三）深入实施创新驱动发展战略。强化企业创新主体地位和主导作用，形成一批有国际竞争力的创新型领军企业，支持科技型中小企业健康发展……构建普惠性创新支持政策体系，加大金融支持和税收优惠力度。深化知识产权领域改革，加强知识产权保护。 （五）构建产业新体系……更加注重运用市场机制、经济手段、法治办法化解产能过剩，加大政策引导力度，完善企业退出机制。 支持战略性新兴产业发展，发挥产业政策导向和促进竞争功能，更好发挥国家产业投资引导基金作用，培育一批战略性产业。 开展加快发展现代服务业行动，放宽市场准入，促进服务业优质高效发展。推动生产性服务业向专业化和价值链高端延伸、生活性服务业向精细和高品质转变，推动制造业由生产型向生产服务型转变。大力发展旅游业。 （六）构建发展新体制。加快形成有利于创新发展的市场环境、产权制度、投融资体制、分配制度、人才培养引进使用机制。 深化行政管理体制改革，进一步转变政府职能，持续推进简政放权、放管结合、优化服务，提高政府效能，激发市场活力和社会创造力。 坚持公有制为主体、多种所有制经济共同发展。毫不动摇巩固和发展公有制经济，毫不动摇鼓励、支持、引导非公有制经济发展。推进产权保护法治化，依法保护各种所有制经济权益。 深化国有企业改革，增强国有经济活力、控制力、影响力、抗风险能力。分类推进国有企业改革，完善现代企业制度。 鼓励民营企业依法进入更多领域，引入非国有资本参与国有企业改革，更好激发非公有制经济活力和创造力。 优化企业发展环境。开展降低实体经济企业成本行动，优化运营模式，增强盈利能力。限制政府对企业经营决策的干预，减少行政审批事项。清理和规范涉企行政事业性收费，减轻企业负担，完善公平竞争、促进企业健康发展的政策和制度。

续表

会议名称	报告、决定、建议、公报中涉及竞争中立理念的具体内容
中国共产党第十八届中央委员会五中全会（2015年10月26日—29日）《中共中央关于制定国民经济和社会发展第十三个五年规划的建议》（2015年10月29日中国共产党第十八届中央委员会第五次全体会议通过）	加快形成统一开放、竞争有序的市场体系，建立公平竞争保障机制，打破地域分割和行业垄断。深化市场配置要素改革，促进人才、资金、科研成果等在城乡、企业、高校、科研机构间有序流动。 深化财税体制改革，建立健全有利于转变经济发展方式、形成全国统一市场、促进社会公平正义的现代财政制度，建立税种科学、结构优化、法律健全、规范公平、征管高效的税收制度。 加快金融体制改革，提高金融服务实体经济效率。健全商业性金融、开发性金融、政策性金融、合作性金融分工合理、相互补充的金融机构体系。构建多层次、广覆盖、有差异的银行机构体系，扩大民间资本进入银行业，发展普惠金融，着力加强对中小微企业、农村特别是贫困地区金融服务……推进汇率和利率市场化，提高金融机构管理水平和服务质量，降低企业融资成本。 （七）创新和完善宏观调控方式……依据国家中长期发展规划目标和总供求格局实施宏观调控，稳定政策基调，增强可预期性和透明度，创新调控思路和政策工具，在区间调控基础上加大定向调控力度，增强针对性和准确性。完善以财政政策、货币政策为主，产业政策、区域政策、投资政策、消费政策、价格政策协调配合的政策体系，增强财政货币政策协调性。 减少政府对价格形成的干预，全面放开竞争性领域商品和服务价格，放开电力、石油、天然气、交通运输、电信等领域竞争性环节价格。 六、坚持开放发展，着力实现合作共赢 （一）完善对外开放战略布局。推进双向开放，促进国内国际要素有序流动、资源高效配置、市场深度融合。 完善投资布局，扩大开放领域，放宽准入限制，积极有效引进境外资金和先进技术。 （二）形成对外开放新体制。全面实行准入前国民待遇加负面清单管理制度，促进内外资企业一视同仁、公平竞争。完善境外投资管理，健全对外投资促进政策和服务体系。有序扩大服务业对外开放，扩大银行、保险、证券、养老等市场准入。 推动同更多国家签署高标准双边投资协定、司法协助协定，争取同更多国家互免或简化签证手续。 （五）积极参与全球经济治理。推动国际经济治理体系改革完善，积极引导全球经济议程，促进国际经济秩序朝着平等公正、合作共赢的方向发展。加强宏观经济政策国际协调，促进全球经济平衡、金融安全、经济稳定增长。积极参与网络、深海、极地、空天等新领域国际规则制定。 推动多边贸易谈判进程，促进多边贸易体制均衡、共赢、包容发展，形成公正、合理、透明的国际经贸规则体系。支持发展中国家平等参与全球经济治理，促进国际货币体系和国际金融监管改革。
中国共产党第十九次全国代表大会（2017年10月18日—24日）	五、贯彻新发展理念，建设现代化经济体系 （二）加快建设创新型国家。创新是引领发展的第一动力，是建设现代化经济体系的战略支撑。要瞄准世界科技前沿，强化基础研究，实现前瞻性基础研究、引领性原创成果重大突破。加强应用基础研究，拓展实施国家重大科技项目，突出关键共性技术、前沿引领技术、现代工程技术、颠覆性技术创新，为建设科技强国、质量强国、航天强国、网络强国、交通强国、数字中国、智慧社会提供有力支撑。加强国家创新体系建设，强化战略科技力量。深化科技体制改革，建立以企业为主体、市场为导向、产学研深度融合的技术创新体系，加强对中小企业创新的支持，促进科技成果转化。倡导创新文化，强化知识产权创造、保护、运用。培养造就一大批具有国际水平的战略科技人才、科技领军人才、青年科技人才和高水平创新团队。

续表

会议名称	报告、决定、建议、公报中涉及竞争中立理念的具体内容
中国共产党第十九次全国代表大会（2017年10月18日—24日）	（五）加快完善社会主义市场经济体制。经济体制改革必须以完善产权制度和要素市场化配置为重点，实现产权有效激励、要素自由流动、价格反应灵活、竞争公平有序、企业优胜劣汰。要完善各类国有资产管理体制，改革国有资本授权经营体制，加快国有经济布局优化、结构调整、战略性重组，促进国有资产保值增值，推动国有资本做强做优做大，有效防止国有资产流失。深化国有企业改革，发展混合所有制经济，培育具有全球竞争力的世界一流企业。全面实施市场准入负面清单制度，清理废除妨碍统一市场和公平竞争的各种规定和做法，支持民营企业发展，激发各类市场主体活力。深化商事制度改革，打破行政性垄断，防止市场垄断，加快要素价格市场化改革，放宽服务业准入限制，完善市场监管体制。创新和完善宏观调控，发挥国家发展规划的战略导向作用，健全财政、货币、产业、区域等经济政策协调机制。完善促进消费的体制机制，增强消费对经济发展的基础性作用。深化投融资体制改革，发挥投资对优化供给结构的关键性作用。加快建立现代财政制度，建立权责清晰、财力协调、区域均衡的中央和地方财政关系。建立全面规范透明、标准科学、约束有力的预算制度，全面实施绩效管理。深化税收制度改革，健全地方税体系。深化金融体制改革，增强金融服务实体经济能力，提高直接融资比重，促进多层次资本市场健康发展。健全货币政策和宏观审慎政策双支柱调控框架，深化利率和汇率市场化改革。健全金融监管体系，守住不发生系统性金融风险的底线。
中国共产党第十九届中央委员会三中全会（2018年2月26日—28日）	全会提出，转变政府职能，优化政府机构设置和职能配置，是深化党和国家机构改革的重要任务。要坚决破除制约使市场在资源配置中起决定性作用、更好发挥政府作用的体制机制弊端，围绕推动高质量发展，建设现代化经济体系，调整优化政府机构职能，合理配置宏观管理部门职能，深入推进简政放权，完善市场监管和执法体制，改革自然资源和生态环境管理体制，完善公共服务管理体制，强化事中事后监管，提高行政效率，全面提高政府效能，建设人民满意的服务型政府。 全会提出，机构编制法定化是深化党和国家机构改革的重要保障。要完善党和国家机构法规制度，依法管理各类组织机构，加快推进机构、职能、权限、程序、责任法定化，全面推行政府部门权责清单制度，规范和约束履职行为，让权力在阳光下运行，强化机构编制管理刚性约束，加大机构编制违纪违法行为查处力度。

附录3 中国共产党中央全面深化改革领导小组（中央全面深化改革委员会）历次会议中有关竞争中立理念的内容[①]

会议名称	涉及竞争中立理念的内容
中央全面深化改革领导小组第二次会议（2014年2月28日）（把抓落实作为推进改革工作的重点 真抓实干 踵疾步稳求实效）	会议审议通过了《中央全面深化改革领导小组2014年工作要点》，审议通过了《关于十八届三中全会〈决定〉提出的立法工作方面要求和任务的研究意见》《关于经济体制和生态文明体制改革专项小组重大改革的汇报》、《深化文化体制改革实施方案》、《关于深化司法体制和社会体制改革的意见及贯彻实施分工方案》。习近平强调，凡属重大改革都要于法有据。在整个改革过程中，都要高度重视运用法治思维和法治方式，发挥法治的引领和推动作用，加强对相关立法工作的协调，确保在法治轨道上推进改革。
中央全面深化改革领导小组第三次会议（2014年6月6日）（改革要聚焦聚神聚力 抓好落实 着力提高改革针对性和实效性）	会议审议了《深化财税体制改革总体方案》并建议根据会议讨论情况进一步修改完善后按程序报批实施。会议审议通过了《关于司法体制改革试点若干问题的框架意见》《上海市司法改革试点工作方案》和《关于设立知识产权法院的方案》。习近平在讲话中指出，财税体制改革不是解一时之弊，而是着眼长远机制的系统性重构。主要目的是明确事权、改革税制、稳定税负、透明预算、提高效率，加快形成有利于转变经济发展方式、有利于建立公平统一市场、有利于推进基本公共服务均等化的现代财政制度，形成中央和地方财力与事权相匹配的财税体制，更好发挥中央和地方两个积极性。
中央全面深化改革领导小组第五次会议（2014年9月29日）（学习贯彻党的十八届四中全会精神 运用法治思维和法治方式推进改革）	会议审议了《关于引导农村土地承包经营权有序流转发展农业适度规模经营的意见》《积极发展农民股份合作赋予集体资产股份权能改革试点方案》、《关于深化中央财政科技计划（专项、基金等）管理改革的方案》，建议根据会议讨论情况进一步修改完善后按程序报批实施。习近平强调，改革所涉及的法律法规立改废及试点工作所需法律授权问题，要与立法部门主动衔接，相向而行、同步推进。
中央全面深化改革领导小组第六次会议（2014年10月27日）（学习贯彻党的十八届四中全会精神 运用法治思维和法治方式推进改革）	会议审议了《关于中国（上海）自由贸易试验区工作进展和可复制改革试点经验的推广意见》《关于加强中国特色新型智库建设的意见》，审议通过了《关于国家重大科研基础设施和大型科研仪器向社会开放的意见》，建议根据会议讨论情况进一步修改完善后按程序报批实施。习近平强调，上海自由贸易试验区成立以来，在党中央、国务院领导下，在中央有关部门和上海市委、市政府共同努力下，以制度创新为核心，以形成可复制可推广经验为要求，在简政放权、放管结合、加快政府职能转变、体制机制创新、促进贸易投资便利化以及营造市场化、国际化、法治化营商环境等方面，进行了积极探索和大胆尝试，取得了一系列新成果，为在全国范围内深化改革和扩大开放探索了新途径、积累了新经验。党的十八届三中全会提出，要在推进现有试点基础上，选择若干具备条件的地方发展自由贸易园（港）区。上海自由贸易试验区取得的经验，是我们在这块试验田上试验培育出的种子，要把这些种子在更大范围内播种和扩散，尽快开花结果，对试验取得的可复制可推广的经验，能在其他地区推广的要尽快推广，能在全国推广的要推广到全国。
中央全面深化改革领导小组第八次会议（2014年12月30日）（明确任务落实责任加强督察 确保各项改革举措落地生根）	会议审议通过了《关于2014年全面深化改革工作的总结报告》《中央全面深化改革领导小组2015年工作要点》《贯彻实施党的十八届四中全会决定重要举措2015年工作要点》。会议指出，要抓好改革任务统筹协调，更加注重改革的系统性、整体性、协同性，重点提出一些标志性、关联性作用的改革举措，把需要坚决克难的硬骨头找出来，把需要闯的难关、需要蹚的险滩标出来，加强对跨区域跨部门重大改革事项协调，一鼓作气、势如破竹地把改革难点攻克下来。会议还就构建开放型经济新体制、全面深化公安改革等问题进行了研究。

[①] 资料来源：新华网 http://www.xinhuanet.com/，访问日期：2018年9月9日。

续表

会议名称	涉及竞争中立理念的内容
中央全面深化改革领导小组第十六次会议（2015年9月15日）（坚持以扩大开放促进深化改革 坚定不移提高开放型经济水平）	会议审议通过了《关于实行市场准入负面清单制度的意见》《关于支持沿边重点地区开发开放若干政策措施的意见》《关于推进价格机制改革的若干意见》《关于鼓励和规范国有企业投资项目引入非国有资本的指导意见》。 会议指出，实行市场准入负面清单制度，对发挥市场在资源配置中的决定性作用和更好发挥政府作用，建设法治化营商环境，构建开放型经济新体制，具有重要意义。要坚持社会主义市场经济改革方向，把转变政府职能同创新管理方式结合起来，把激发市场活力同加强市场监管统筹起来，放宽和规范市场准入，精简和优化行政审批，强化和创新市场监管，加快构建市场开放公平、规范有序，企业自主决策、平等竞争，政府权责清晰、监管有力的市场准入管理新体制。对应该放给企业的权力要松开手、放到位，做到负面清单以外的事项由市场主体依法决定。实行市场准入负面清单制度要通过试点积累经验、逐步完善。 会议指出，要完善重点领域价格形成机制，健全政府定价制度，加强市场价格监管和反垄断执法，实现竞争性领域和环节价格基本放开，政府定价范围主要限定在重要公用事业、公益性服务、网络型自然垄断环节，建立起科学、规范、透明的价格监管制度和反垄断执法体系。凡是能由市场形成价格的都交给市场，坚持放管结合，强化事中事后监管，提高监管效率。要统筹兼顾生产者、经营者、消费者利益，协调好经济效率和社会公平、环境保护的关系。要推进定价项目清单化，推进政府定价公开透明。 会议强调，要按照有利于改善国有企业投资项目的产权结构，有利于国有资本放大功能、保值增值、提高竞争力，有利于各种所有制资本取长补短、相互促进、共同发展的总体要求，依法依规、公开透明，完善体制、优化环境的原则，拓宽国有企业投资项目引入非国有资本的领域，分类推进国有企业投资项目引入非国有资本工作。要完善引资方式，规范决策程序，防止暗箱操作和国有资产流失。 会议强调，提高利用国际国内两个市场、两种资源的能力，要牢牢抓住体制改革这个核心，坚持内外统筹、破立结合，坚决破除一切阻碍对外开放的体制机制障碍，加快形成有利于培育新的比较优势和竞争优势的制度安排。要从制度和规则层面进行改革，推进包括放宽市场投资准入、加щ自由贸易区建设、扩大内陆沿边开放等在内的体制机制改革，完善市场准入和监管、产权保护、信用体系等方面的法律制度，着力营造法治化、国际化的营商环境。要加快走出去步伐，协同推进东中西部对外开放，巩固外贸传统优势，加强国际产能合作，加快培育竞争新优势。要积极参与国际经贸规则制定，推动国际经济秩序朝着更加公正合理的方向发展。
中央全面深化改革领导小组第十七次会议（2015年10月13日）（鼓励基层改革创新大胆探索 推动改革落地生根造福群众）	会议审议通过了《关于国有企业功能界定与分类的指导意见》。 会议强调，要立足国有资本的战略定位和发展目标，结合不同国有企业在经济社会发展中的作用、现状和发展需要，根据主营业务和核心业务范围，将国有企业界定为商业类和公益类。商业类国有企业以增强国有经济活力、放大国有资本功能、实现保值增值为主要目标，按照市场化要求实行商业化运作，依法独立自主开展生产经营活动，实现优胜劣汰、有序进退。公益类国有企业以保障民生、服务社会、提供公共产品和服务为主要目标。对商业类国有企业和公益类国有企业，分类推进改革、分类促进发展、分类实施监管、分类定责考核。
中央全面深化改革领导小组第十八次会议（2015年11月9日）（全面贯彻党的十八届五中全会精神 依靠改革为科学发展提供持续动力）	会议审议通过了《关于加快实施自由贸易区战略的若干意见》《关于促进加工贸易创新发展的若干意见》等文件。 会议强调，加快实施自由贸易区战略，要坚持使市场在资源配置中起决定性作用和更好发挥政府作用，坚持统筹考虑和综合运用国内国际两个市场、两种资源，坚持与推进共建"一带一路"和国家对外战略紧密衔接，坚持把握开放主动和维护国家安全，逐步构筑起立足周边、辐射"一带一路"、面向全球的高标准自由贸易区网络。要把握好扩大开放和深化改革、全面参与和重点突破、科学评估和防控风险等重大关系，重点在提高货物贸易开放水平、扩大服务业对外开放、放宽投资准入、推进规则谈判、提高贸易便利化水平、推进规制合作、加强经济技术合作等方面深化改革，完善体制机制，健全政策体系，建设高水平自由贸易区。

附　录

续表

会议名称	涉及竞争中立理念的内容
中央全面深化改革领导小组第十九次会议（2015年12月9日）（改革要向全面建成小康社会目标聚焦　扭住关键精准发力严明责任狠抓落实）	会议审议通过了《国务院部门权力和责任清单编制试点方案》《中央全面深化改革领导小组2015年工作总结报告》《中央全面深化改革领导小组2016年工作要点》。 会议指出，推行国务院部门权力和责任清单编制试点，要按照简政放权、放管结合、优化服务、转变政府职能的要求，以清单形式列明试点部门行政权责及其依据、行使主体、运行流程等，推进行政权责依法公开，强化行政权力监督和制约，加快形成边界清晰、分工合理、权责一致、运转高效、依法保障的政府职能体系。要把约束和规范权力、服务人民作为试点工作的出发点，把社会关注度高、群众反映强烈、能够很快显现效果的重点领域或权责事项摆在优先位置，着力解决权力运行中的突出问题。
中央全面深化改革领导小组第二十次会议（2016年1月11日）（扭住全面深化改革各项目标　落实主体责任拧紧责任螺丝）	会议审议通过了《关于全面推进政务公开工作的意见》等文件。 会议指出，政务公开是建设法治政府的一项重要制度。要以制度安排把政务公开贯穿政务运行全过程，权力运行到哪里，公开和监督就延伸到哪里。要依法依规明确政务公开内容、标准、方式，加快制定并公开权力清单、责任清单、负面清单。要重点推进财政预算、公共资源配置、重大项目建设批准和实施、社会公益事业改革等领域政务信息公开，以公开促落实、以公开促规范、以公开促服务。要创新公开方式，扩大政务公开参与，注重公开实效，让群众看得懂、听得懂、能监督、好参与。
中央全面深化改革领导小组第二十二次会议（2016年3月22日）（推动改革举措精准对焦协同发力　形成落实新发展理念的体制机制）	会议审议通过了《关于深化投融资体制改革的意见》《关于加强和规范改革试点工作的意见》等文件。 会议强调，深化投融资体制改革，要确立企业投资主体地位，平等对待各类投资主体，放宽放活社会投资。要改善企业投资管理，注重事前政策引导、事后监管约束和过程服务，简化服务流程，提高综合服务能力。要完善政府投资体制，发挥好政府投资的引导作用和放大效应，完善政府和社会资本合作模式。要拓宽投资项目资金来源，充分挖掘社会资金潜力。 会议强调，推进改革要树立系统思想，推动有条件的地方和领域实现改革举措系统集成。要把住顶层设计和路线图，注重改革举措配套组合，使各项改革举措不断向中心目标靠拢。特别是同一领域改革举措要注意前后呼应、相互配合、形成整体。要抓紧对各领域改革进行全面评估。要拿出抓铁有痕、踏石留印的韧劲来，持之以恒抓改革落实。
中央全面深化改革领导小组第二十三次会议（2016年4月18日）（改革既要往增添发展新动力方向前进　也要往维护社会公平正义方向前进）	会议审议通过了《关于建立公平竞争审查制度的意见》《党的十八届五中全会有关改革举措实施规划（2016—2020年）》等文件。 会议强调，建立公平竞争审查制度，要从维护全国统一市场和公平竞争的角度，明确审查对象和方式，按照市场准入和退出标准、商品和要素自由流动标准、影响生产经营成本标准、影响生产经营行为标准等，对有关政策措施进行审查，从源头上防止排除和限制市场竞争。要建立健全公平竞争审查保障机制，把自我审查和外部监督结合起来，加强社会监督。对涉嫌违反公平竞争审查标准的，依法查实后要做出严肃处理。 会议指出，供给侧结构性改革与全面深化改革、落实新发展理念是相通的，核心是体制机制创新，最终目标是形成经济增长新机制。要围绕经济结构的制度性问题推进改革，梳理推进"三去一降一补"需集中出台和落实的改革举措，打好组合拳，使各项改革措施同向发力。要加快推进国有企业改革、财税体制改革、金融体制改革、构建开放型经济新体制等，发挥其对供给侧结构性改革的基础性作用。
中央全面深化改革领导小组第二十七次会议（2016年8月30日）	会议审议通过了《关于完善产权保护制度依法保护产权的意见》《关于创新政府配置资源方式的指导意见》《关于从事生产经营活动事业单位改革的指导意见》等文件。 会议强调，产权制度是社会主义市场经济的基石。完善产权保护制度、依法保护产权，关键是要在事关产权保护的立法、执法、司法、守法等各领域体现法治理念，坚持平等保护、全面保护、依法保护。要在加强各种所有制经济产权保护、完善平等保护产权的法律制度，严格规范涉案财产处置的法律程序，完善政府守信践诺机制，完善财产征收征用制度，加大知识产权保护力度，健全增加城乡居民财产性收入的各项制度等方面，加大改革力度，不断取得工作实效。

215

续表

会议名称	涉及竞争中立理念的内容
（强化基础注重集成完善机制严格督察 按照时间表路线图推进改革）	会议指出，创新政府配置资源方式，要发挥市场在资源配置中的决定性作用和更好发挥政府作用，大幅度减少政府对资源的直接配置，更多引入市场机制和市场化手段，提高资源配置效率和效益。对由全民所有的自然资源，要建立明晰的产权制度，健全管理体制，完善资源有偿使用制度。对金融类和非金融类经营性国有资产，要建立健全以管资本为主的国有资产管理体制，优化国有资本布局。对用于实施公共管理和提供公共服务目的的非经营性国有资产，要坚持公平配置原则，引入竞争机制，提高基本公共服务可及性和公平性。 会议指出，推进从事生产经营活动事业单位改革，要坚持社会主义市场经济改革方向，坚持政企分开、事企分开，应由市场配置资源的生产经营活动坚决交给市场，将经营类事业单位逐步转制为企业，依法赋予转制企业法人财产权和经营自主权，充分激发活力和创造力。要严格规范工作程序，依法依规处置国有资产，妥善安置人员，加强社会保障衔接，维护相关各方合法权益。
中央全面深化改革领导小组第三十次会议（2016年12月5日）（总结经验完善思路突出重点 提高改革整体效能扩大改革受益面）	会议审议通过了《关于深化国有企业和国有资本审计监督的若干意见》《国务院国资委以管资本为主推进职能转变方案》《中央国有资本经营预算支出管理暂行办法》等文件。 会议指出，深化国有企业和国有资本审计监督，要围绕国有企业、国有资本、境外投资以及企业领导人履行经济责任情况，做到应审尽审、有审必严。要健全完善相关审计制度，让制度管企业、管干部、管资本。国企国资走到哪里，审计监督就要跟进到哪里，不能留死角。审计机关要依法独立履行审计监督职责。 会议强调，要按照以管资本为主加强国有资产监管的要求，依法依规建立和完善出资人监管权力和责任清单，重点管好国有资本布局、规范资本运作、提高资本回报、维护资本安全。要加强国有资产监督，把强化出资人监管同落实管党治党责任结合起来，把精简监管事项同完善企业法人治理结构结合起来。要改进监管方式手段，更多采用市场化、法治化、信息化监管方式。 会议指出，要根据深化国资国企改革和预算管理制度改革的要求，规范和加强中央国有资本经营预算支出管理。中央国有资本经营预算支出除调入一般公共预算和补充全国社会保障基金外，主要用于解决国有企业历史遗留问题及相关改革成本支出、国有企业资本金注入和其他支出等。要规范预算编制和批复、预算执行、转移支付、决算等管理活动。
中央全面深化改革领导小组第三十一次会议（2016年12月30日）（投入更大精力抓好改革落实 压实责任提实要求抓实考核）	会议审议通过了《关于进一步改革完善药品生产流通使用政策的若干意见》《关于开展落实中央企业董事会职权试点工作的意见》《矿业权出让制度改革方案》等文件。 会议强调，改革完善药品生产流通使用政策，要严格药品上市审评审批制度，加快推进药品质量和疗效一致性评价，有序推进药品上市许可持有人制度试点，加强药品生产质量安全监管。要完善药品、耗材、医疗器械采购机制，推行药品购销"两票制"改革，减少流通环节，净化流通环境，整治突出问题。要破除以药养医机制，取消药品加成，理顺医疗服务价格，落实政府投入责任。 会议强调，开展落实中央企业董事会职权试点，要坚持党的领导，坚持依法治企，坚持权责对等，切实落实和维护董事会依法行使中长期发展决策权和经理层成员选聘权、业绩考核权、薪酬管理权以及职工工资分配管理权等，推动形成各司其职、各负其责、协调运转、有效制衡的公司治理机制。要完善权力运行监督机制，加强和改进出资人监管。 会议强调，完善矿业权出让制度是维护矿产资源国家所有者权益的重要保障，要推进矿业权竞争性出让，严格限制矿业权协议出让，调整矿业权审批权限，强化出让监管服务。要以维护实现国家矿产资源基本权益为核心，理顺矿产资源税费体系，合理调节矿产资源收入，建立符合我国特点的新型矿产资源权益金制度。

续表

会议名称	涉及竞争中立理念的内容
中央全面深化改革领导小组第三十四次会议（2017年4月18日）（拓展改革督察工作广度深度 提高发现问题解决问题实效）	会议审议通过了《关于加快构建政策体系、培育新型农业经营主体的意见》、《关于进一步激发和保护企业家精神的意见》《关于建立现代医院管理制度的指导意见》《关于改革完善短缺药品供应保障机制的实施意见》…… 会议指出，构建培育新型农业经营主体政策体系，目的是通过完善政策体系，促进以农户家庭经营为基础、合作与联合为纽带、社会化服务为支撑的立体式复合型现代农业经营体系加快发展。这是帮助农民、提高农民、富裕农民的重要途径。要从完善财政税收政策、加强基础设施建设、改善金融信贷服务、扩大保险支持范围、鼓励拓展营销市场、支持人才培养等多方面进行扶持，运用市场的办法推进生产要素向新型经营主体优化配置，发挥新型农业经营主体对普通农户的辐射带动作用。 会议强调，企业家是经济活动的重要主体，要深度挖掘优秀企业家精神特质和典型案例，弘扬企业家精神，发挥企业家示范作用，造就优秀企业家队伍。要营造依法保护企业家合法权益的法治环境，营造促进企业家公平竞争、诚信经营的市场环境，营造尊重和激励企业家干事创业的社会氛围，开展社会主义核心价值观、形势政策、守法诚信教育，引导企业家爱国敬业、遵纪守法、创业创新、回报社会，更好调动广大企业家积极性、主动性、创造性。 会议指出，建立现代医院管理制度，要着力完善公立医院管理体制和运行机制，促进社会办医健康发展，推动各级各类医院管理规范化、精细化、科学化，建立权责清晰、管理科学、治理完善、运行高效、监督有力的现代医院管理制度。要坚持以人民健康为中心，坚持公立医院的公益性，改善医疗服务，优化就医流程，开展便民服务，加强医德医风建设。要加强公立医院党的领导和党的建设。
中央全面深化改革领导小组第三十五次会议（2017年5月23日）（认真谋划深入抓好各项改革试点 积极推广成功经验带动面上改革）	会议审议通过了《外商投资产业指导目录（2017年修订）》…… 会议强调，修订外商投资产业指导目录，是落实党中央构建开放型经济新体制、推进新一轮高水平对外开放的重要举措。要坚持对外开放，适应国际通行规则，按照负面清单模式，推进重点领域开放，放宽外资准入，提高服务业、制造业、采矿业等领域对外开放水平，取消内外资一致的限制性措施，保持鼓励类政策总体稳定。
中央全面深化改革领导小组第三十六次会议（2017年6月26日）（抓好各项改革协同发挥改革整体效应 朝着全面深化改革总目标聚焦发力）	会议审议通过了《中央企业公司制改制工作实施方案》……会议审议了《中国（广东）、中国（天津）和中国（福建）自由贸易试验区建设两年进展情况总结报告》…… 会议强调，今年年底前基本完成国有企业公司制改制工作，是深化国有企业改革的一个重要内容。要以推进董事会建设为重点，完善公司法人治理结构，实现权利和责任对等。要对改制全流程加强监管，严格履行决策审批程序，严防国有资产流失。要处理好企业改革发展稳定关系，依法维护职工合法权益。要把加强党的领导和完善公司治理统一起来，确保党的领导和党的建设在企业改制中得到充分体现和切实加强。 会议指出，中国（广东）、中国（天津）和中国（福建）自贸试验区建设两年来，以制度创新为核心，围绕服务国家战略开展差别化探索，在政府职能转变、投资贸易便利化、金融开放创新、服务国家战略、支持创新创业、加强事中事后监管等领域取得明显成效，有效发挥了全面深化改革和扩大开放试验田的重要作用。下一步，要针对新情况新问题，进一步扩大开放领域，加大压力测试，坚持创新驱动发展，加强改革系统集成，更好地为全国改革开放大局服务。 会议强调，改革能不能做到协同推进，方案设计是前提。要加强对改革方案的整体规划，既统筹考虑战略、战役层面的问题，又统筹考虑战斗、战术层面的问题。已经出台总体方案的，要抓紧推出相关配套文件和实施细则。少数尚未形成总体方案的重点领域改革，要加快顶层设计，尽快拿出总体方案。涉及政策配套的改革方案，相互要留有制度接口，时间节点要能衔接得上。涉及落实标准、责任分工的，能细化的要尽可能细化，能明确下来的要尽量明确下来，能统一标准的要尽可能统一标准，让部门和地方好操作、好落实。

续表

会议名称	涉及竞争中立理念的内容
第十九届中央全面深化改革领导小组第一次会议（2017年11月20日）（全面贯彻党的十九大精神 坚定不移将改革推向深入）	会议审议通过了《关于建立国务院向全国人大常委会报告国有资产管理情况的制度的意见》《关于立法中涉及的重大利益调整论证咨询的工作规范》、《关于争议较大的重要立法事项引入第三方评估的工作规范》…… 会议指出，建立国务院向全国人大常委会报告国有资产管理情况的制度，是贯彻党的十九大强调的加强国有资产监督管理的一个重要举措。要坚持党的领导、人民当家做主、依法治国有机统一，支持和保证人大依法行使监督权，规范报告方式、审议程序及其重点，推进国有资产管理的公开透明，使国有资产更好地服务发展、造福人民。 会议指出，建立关于立法中涉及的重大利益调整论证咨询和争议较大的重要立法事项引入第三方评估的工作规范，是党的十八届四中全会部署的重要改革举措。要根据《立法法》有关规定，紧紧围绕提高立法质量这个关键，健全立法起草、论证、咨询、评估、协调、审议等工作机制，更好发挥立法机关在表达、平衡、调整社会利益方面的重要作用，努力使每一项立法都符合宪法精神、反映人民意志、得到人民拥护。 会议指出，党的十八大以来，在以习近平同志为核心的党中央坚强领导下，我们以敢于啃硬骨头、敢于涉险滩的担当和勇气，坚决破除各方面体制机制弊端，形成了一大批改革理论成果、制度成果、实践成果，主要领域改革主体框架基本确立。这是继续深化改革的坚实基础和有利条件。站在更高起点谋划和推进改革，必须深入学习贯彻党的十九大精神和习近平新时代中国特色社会主义思想，坚定改革方向，继续统筹推进各领域各方面改革。最为关键的是，无论改什么、改到哪一步，坚持党对改革的集中统一领导不能变，完善和发展中国特色社会主义制度、推进国家治理体系和治理能力现代化的总目标不能变，坚持以人民为中心的改革价值取向不能变。
中央全面深化改革委员会第一次会议（2018年3月28日）	会议审议通过了《关于深入推进审批服务便民化的指导意见》《关于形成参与国际宏观经济政策协调的机制推动国际经济治理结构完善的意见》《进一步深化中国（广东）自由贸易试验区改革开放方案》《进一步深化中国（天津）自由贸易试验区改革开放方案》《进一步深化中国（福建）自由贸易试验区改革开放方案》《关于规范金融机构资产管理业务的指导意见》。 会议指出，深入推进审批服务便民化，要把推广典型经验同推动面上改革结合起来，围绕直接面向企业群众、依申请办理的行政审批和公共服务事项，推动审批服务理念、制度、作风全方位深层次变革，不断优化办事创业和营商环境，切实解决企业群众办事难、办事慢、多头跑、来回跑等问题。 会议指出，要把积极参与国际宏观经济政策协调作为以开放促发展促改革的重要抓手，坚持以我为主、为我所用、有所贡献，以"一带一路"建设为统领，以多边机制和平台为重点，运用好财政、货币、结构性改革等政策工具，统筹发挥好政府、企业、行业协会等各方力量，逐步形成参与国际宏观经济政策协调新机制。 会议强调，进一步深化广东、天津、福建自由贸易试验区改革开放，要认真总结自由贸易试验区建设经验，按照高质量发展的要求，对照国际先进规则，以制度创新为核心，以防控风险为底线，扩大开放领域，提升政府治理水平，加强改革系统集成，力争取得更多可复制可推广的制度创新成果，更好地服务全国改革开放大局。 会议指出，规范金融机构资产管理业务，要立足整个资产管理行业，坚持宏观审慎管理和微观审慎监管相结合、机构监管和功能监管相结合，按照资产管理产品的类型统一监管标准，实行公平的市场准入和监管，最大程度消除监管套利空间，促进资产管理业务规范发展。

续表

会议名称	涉及竞争中立理念的内容
中央全面深化改革委员会第二次会议（2018年5月11日）	会议审议通过了《关于加强国有企业资产负债约束的指导意见》《推进中央党政机关和事业单位经营性国有资产集中统一监管试点实施意见》《高等学校所属企业体制改革的指导意见》《关于改革完善医疗卫生行业综合监管制度的指导意见》…… 会议指出，加强国有企业资产负债约束，是落实党的十九大精神，推动国有企业降杠杆、防范化解国有企业债务风险的重要举措。要坚持全覆盖与分类管理相结合，完善内部治理与强化外部约束相结合，通过建立和完善国有企业资产负债约束机制，强化监督管理，做到标本兼治，促使高负债国有企业资产负债率尽快回归合理水平。
中央全面深化改革委员会第二次会议（2018年5月11日）	会议强调，推进中央党政机关和事业单位经营性国有资产集中统一监管试点，要坚持政企分开、政资分开、所有权与经营权分离，理顺中央党政机关和事业单位同所办企业关系，搭建国有资本运作平台，优化国有资本布局结构，提高国有资本配置和监管效率，有效防止国有资产流失，实现企业健康发展和经营性国有资产保值增值。 会议指出，高等学校所属企业体制改革，要坚持国有资产管理体制改革方向，尊重教育规律和市场经济规律，对高校所属企业进行全面清理规范，理清产权和责任关系，分类实施改革工作，促进高校集中精力办学、实现内涵式发展。 会议指出，改革完善医疗卫生行业综合监管制度，对维护人民群众健康权益具有重要意义。要准确把握医疗卫生事业发展的规律和特点，转变监督管理的理念、体制和方式，从重点监管公立医疗卫生机构转向全行业监管，从注重事前审批转向注重事中事后全流程监管，从单向监管转向综合协同监管，提高监管能力和水平。
中央全面深化改革委员会第三次会议（2018年7月6日）	会议审议通过了《关于全面实施预算绩效管理的意见》《关于完善促进消费体制机制进一步激发居民消费潜力的若干意见》《完善促进消费体制机制实施方案（2018—2020年）》《关于推进政府购买服务第三方绩效评价工作的指导意见》《防范和惩治统计造假弄虚作假督察工作规定》《关于浙江等地深化"最多跑一次"改革需要中央层面解决的事项清单及工作建议》《关于推进军民融合深度发展若干财政政策的意见》…… 会议指出，全面实施预算绩效管理是政府治理方式的深刻变革。要牢固树立正确政绩观，创新预算管理方式，突出绩效导向，落实主体责任，通过全方位、全过程、全覆盖实施预算绩效管理，实现预算和绩效管理一体化，着力提高财政资源配置效率和使用效益。 会议强调，完善促进消费体制机制，要顺应居民消费新趋势，从供需两端发力，积极培育重点消费领域细分市场，营造安全放心消费环境，提升居民消费能力，引导形成合理消费预期，切实增强消费对经济发展的基础性作用。 会议强调，推进政府购买服务第三方绩效评价工作，要针对当前政府购买服务存在的问题，积极引入第三方机构对购买服务行为的经济性、规范性、效率性、公平性开展评价，提高规范化、制度化管理水平，提升财政资金效益和政府公共服务管理水平。 会议强调，浙江等地深化"最多跑一次"改革涉及中央层面的制度和政策设计。对需要中央层面解决的事项，要列出清单，统筹考虑，分类处理，通过机构改革、投资审批改革、信息共享、法律修改等措施，抓紧研究解决有关问题。 会议强调，各级财政部门要聚焦军民融合发展重点领域和新兴领域，处理好政府和市场、中央和地方的关系，落实资金保障，引导多元投入，优化资源配置，健全配套政策，更好发挥财政政策在推进军民融合深度发展中的作用。

续表

会议名称	涉及竞争中立理念的内容
中央全面深化改革委员会第四次会议（2018年9月20日）	会议审议通过了《关于推动高质量发展的意见》《关于建立更加有效的区域协调发展新机制的意见》《关于支持自由贸易试验区深化改革创新的若干措施》《关于完善系统重要性金融机构监管的指导意见》《关于改革和完善疫苗管理体制的意见》…… 会议指出，推动高质量发展是当前和今后一个时期确定发展思路、制定经济政策、实施宏观调控的根本要求，要加快创建和完善制度环境，协调建立高质量发展的指标体系、政策体系、标准体系、统计体系、绩效评价和政绩考核办法。要抓紧研究制定制造业、高技术产业、服务业以及基础设施、公共服务等重点领域高质量发展政策，把维护人民群众利益摆在更加突出位置，带动引领整体高质量发展。 会议强调，建立更加有效的区域协调发展新机制，要坚持和加强党对区域协调发展工作的领导，坚持新发展理念，立足发挥各地区比较优势和缩小区域发展差距，围绕努力实现基本公共服务均等化、基础设施通达程度比较均衡、人民基本生活保障水平大体相当的目标，深化改革开放，坚决破除地区之间的利益藩篱和政策壁垒，加快形成统筹有力、竞争有序、绿色协调、共享共赢的区域发展新机制。 会议指出，支持自由贸易试验区深化改革创新，是贯彻落实党的十九大提出赋予自由贸易试验区更大改革自主权要求的一项重要举措。要围绕自由贸易试验区建设发展需要，在营造优良投资环境、提升贸易便利化水平、推动金融创新服务实体经济、推进人力资源领域先行先试等方面，加大改革授权，加大开放力度，给予政策扶持，体现特色定位，推动自由贸易试验区更好发挥示范引领作用。要注意防控安全风险，坚决守好底线。 会议指出，疫苗关系人民群众生命健康，关系公共卫生安全和国家安全。改革和完善疫苗管理体制，必须标本兼治、重在治本，采取强有力举措，严格市场准入，强化市场监管，优化流通配送，规范接种管理，坚决堵塞监管漏洞，严厉打击违法违规，确保疫苗生产和供应安全。要发挥国有企业和大型骨干企业的主导作用，加强疫苗研发创新、技术升级和质量管理。抓紧完善相关法律法规，尽快解决疫苗药品违法成本低、处罚力度弱等突出问题。

附录4 中央经济工作会议（2012—2017）有关竞争中立理念的内容

会议名称	具体内容
2012年中央经济工作会议（2012年12月15日—16日）[1]	六、全面深化经济体制改革，坚定不移扩大开放 　　稳增长、转方式、调结构，关键是全面深化经济体制改革。要坚定信心、凝聚共识、统筹谋划、协同推进，坚持社会主义市场经济的改革方向不动摇，增强改革的系统性、整体性、协同性，以更大的政治勇气和智慧推动下一步改革。要落实好已经出台的改革措施，同时从解决当前突出矛盾出发，及时推出改革新举措。要深入研究全面深化体制改革的顶层设计和总体规划，明确提出改革总体方案、路线图、时间表。要坚持有效的改革路径，尊重人民首创精神，尊重实践、尊重创造，坚持全局和局部相配套、治本和治标相结合、渐进和突破相促进，鼓励大胆探索、勇于开拓，允许摸着石头过河。要稳定和扩大国际市场份额，发挥进口对结构调整的支持作用，促进国际收支趋向平衡。要加强外商投资权益和知识产权保护，稳定利用外资规模，扩大对外投资。要继续推进多双边经贸合作，加快实施自由贸易区战略。 　　会议强调，做好明年经济工作，必须……全面深化改革，坚决破除一切妨碍科学发展的思想观念和体制机制障碍；必须实施更加积极主动的开放战略，创建新的竞争优势，全面提升开放型经济水平。
2013年中央经济工作会议（2013年12月10日—13日）[2]	会议提出了明年经济工作的主要任务。 　　二、大力调整产业结构 　　要着力抓好化解产能过剩和实施创新驱动发展。坚定不移化解产能过剩，不折不扣执行好中央化解产能过剩的决策部署。把使市场在资源配置中起决定性作用和更好发挥政府作用有机结合起来，坚持通过市场竞争实现优胜劣汰。政府要强化环保、安全等标准的硬约束，加大执法力度，对破坏生态环境的要严惩重罚。化解产能过剩的根本出路是创新，包括技术创新、产品创新、组织创新、商业模式创新、市场创新。大力发展战略性新兴产业，加快传统产业优化升级。创造环境，使企业真正成为创新主体。政府要做好加强知识产权保护、完善促进企业创新的税收政策等工作。强化激励，用好人才，使发明者、创新者能够合理分享创新收益，打破阻碍技术成果转化的瓶颈。 　　六、不断提高对外开放水平 　　要保持传统出口优势，发挥技术和大型成套装备出口对关联行业出口的带动作用，创造新的比较优势和竞争优势，扩大国内转方式调结构所需设备和技术等进口。注重制度建设和规则保障，加快推进自贸区谈判，稳步推进投资协定谈判。营造稳定、透明、公平的投资环境，切实保护投资者的合法权益。加强对走出去的宏观指导和服务，提供对外投资精准信息，简化对外投资审批程序。推进丝绸之路经济带建设，抓紧制定战略规划，加强基础设施互联互通建设。建设21世纪海上丝绸之路，加强海上通道互联互通建设，拉紧相互利益纽带。
2014年中央经济工作会议（2014年12月9日—11日）[3]	会议认为，科学认识当前形势，准确研判未来走势，必须历史地、辩证地认识我国经济发展的阶段性特征，准确把握经济发展新常态。 从市场竞争特点看，过去主要是数量扩张和价格竞争，现在正逐步转向质量型、差异化为主的竞争，统一全国市场、提高资源配置效率是经济发展的内生性要求，必须深化改革开放，加快形成统一透明、有序规范的市场环境。 会议提出了明年经济工作的主要任务。

---

[1] 资料来源：中央经济工作会议在北京举行，新华网 http://news.xinhuanet.com/fortune/2012-12/16/c_114044452.htm，访问日期：2017年1月22日。

[2] 资料来源：中央经济工作会议在北京举行，新华网 http://news.xinhuanet.com/fortune/2013-12/13/c_118553239.htm，访问日期：2017年1月22日。

[3] 资料来源：中央经济工作会议在京举行，新华网 http://news.xinhuanet.com/fortune/2014-12/11/c_1113611795.htm，访问日期：2017年1月22日。

会议名称	具体内容
2014年中央经济工作会议（2014年12月9日—11日）①	二、积极发现培育新增长点。我国存在大量新的增长点，潜力巨大。发现和培育新的增长点，一是市场要活，使市场在资源配置中起决定性作用，主要靠市场发现和培育新的增长点。二是创新要实，推动全面创新，更多靠产业化的创新来培育和形成新的增长点，创新必须落实到创造新的增长点上，把创新成果变成实实在在的产业活动。三是政策要宽，营造有利于大众创业、市场主体创新的政策环境和制度环境，政府要加快转变职能，创造更好市场竞争环境，培育市场化的创新机制，在保护产权、维护公平、改善金融支持、强化激励机制、集聚优秀人才等方面积极作为。 四、优化经济发展空间格局。要完善区域政策，促进各地区协调发展、协同发展、共同发展。西部开发、东北振兴、中部崛起、东部率先的区域发展总体战略，要继续实施。各地区要找准主体功能区定位和自身优势，确定工作着力点。要重点实施"一带一路"、京津冀协同发展、长江经济带三大战略，争取明年有个良好开局。要通过改革创新打破地区封锁和利益藩篱，全面提高资源配置效率。推进城镇化健康发展是优化经济发展空间格局的重要内容，要有历史耐心，不要急于求成。要加快规划体制改革，健全空间规划体系，积极推进市县"多规合一"。要坚持不懈推进节能减排和保护生态环境，既要有立竿见影的措施，更要有可持续的制度安排，坚持源头严防、过程严管、后果严惩，治标治本多管齐下，朝着蓝天净水的目标不断前进。 会议要求，要加快推进改革开放。要敢于啃硬骨头，敢于涉险滩，敢于过深水区，加快推进经济体制改革。要围绕解决发展面临的突出问题推进改革，推出既具有年度特点、又有利于长远制度安排的改革举措，继续抓好各项改革方案制定。要加快行政审批、投资、价格、垄断行业、特许经营、政府购买服务、资本市场、民营银行准入、对外投资等领域改革，使改革举措有效转化成发展动力。要尊重和发挥地方、基层、群众首创精神，从实践中寻找最佳方案。要抓好改革措施落地，狠抓落实，强化责任，加大协调力度。要强化督促评估，落实督办责任制和评估机制，让群众来评价改革成效。推进国企改革要奔着问题去，以增强企业活力、提高效率为中心，提高国企核心竞争力，建立产权清晰、权责明确、政企分开、管理科学的现代企业制度。 会议要求，面对对外开放出现的新特点，必须更加积极地促进内需和外需平衡、进口和出口平衡、引进外资和对外投资平衡，逐步实现国际收支基本平衡，构建开放型经济新体制。要完善扩大出口和增加进口政策，提高贸易便利化水平，巩固出口市场份额。要改善投资环境，扩大服务业市场准入，进一步开放制造业，推广上海自由贸易试验区经验，稳定外商投资规模和速度，提高引进外资质量。要努力提高对外投资效率和质量，促进基础设施互联互通，推动优势产业走出去，开展先进技术合作，稳步推进人民币国际化。
2015年中央经济工作会议（2015年12月18日—21日）②	会议强调，明年及今后一个时期，要在适度扩大总需求的同时，着力加强供给侧结构性改革，实施相互配合的五大政策支柱。第一，宏观政策要稳，就是要为结构性改革营造稳定的宏观经济环境。第二，产业政策要准，就是要准确定位结构性改革方向。第三，微观政策要活，就是要完善市场环境、激发企业活力和消费者潜力。要做好为企业服务工作，在制度上、政策上营造宽松的市场经营和投资环境，鼓励和支持各种所有制企业创新发展，保护各种所有制企业产权和合法权益，提高企业投资信心，改善企业市场预期。要营造商品自由流动、平等交换的市场环境，破除市场壁垒和地方保护。要提高有效供给能力，通过创造新供给、提高供给质量，扩大消费需求。第四，改革政策要实，就是要加大力度推动改革落地。第五，社会政策要托底，就是要守住民生底线。 会议认为，明年经济社会发展特别是结构性改革任务十分繁重，战略上要坚持稳中求进、把握好节奏和力度，战术上要抓住关键点，主要是抓好去产能、去库存、去杠杆、降成本、补短板五大任务。

---

① 资料来源：中央经济工作会议在京举行，新华网 http://news.xinhuanet.com/fortune/2014-12/11/c_1113611795.htm，访问日期：2017年1月22日。

② 资料来源：中央经济工作会议在北京举行，新华网 http://news.xinhuanet.com/fortune/2015-12/21/c_1117533201.htm，访问日期：2017年1月22日。

附 录

续表

会议名称	具体内容
2015年中央经济工作会议（2015年12月18日—21日）[①]	第一，积极稳妥化解产能过剩。要按照企业主体、政府推动、市场引导、依法处置的办法，研究制定全面配套的政策体系，因地制宜、分类有序处置，妥善处理保持社会稳定和推进结构性改革的关系。要依法为实施市场化破产程序创造条件，加快破产清算案件审理。要提出和落实财税支持、不良资产处置、失业人员再就业和生活保障以及专项奖补等政策，资本市场要配合企业兼并重组。要尽可能多兼并重组、少破产清算，做好职工安置工作。要严格控制增量，防止新的产能过剩。 第二，帮助企业降低成本。要开展降低实体经济企业成本行动，打出"组合拳"。要降低制度性交易成本，转变政府职能、简政放权，进一步清理规范中介服务。要降低企业税费负担，进一步正税清费，清理各种不合理收费，营造公平的税负环境，研究降低制造业增值税税率。要降低社会保险费，研究精简归并"五险一金"。要降低企业财务成本，金融部门要创造利率正常化的政策环境，为实体经济让利。要降低电力价格，推进电价市场化改革，完善煤电价格联动机制。要降低物流成本，推进流通体制改革。 会议强调，推进结构性改革，必须依靠全面深化改革。要加大重要领域和关键环节改革力度，推出一批具有重大牵引作用的改革举措。要大力推进国有企业改革，加快改组组建国有资本投资、运营公司，加快推进垄断行业改革。要加快财税体制改革，抓住划分中央和地方事权和支出责任、完善地方税体系、增强地方发展能力、减轻企业负担等关键性问题加快推进。要加快金融体制改革，尽快形成融资功能完备、基础制度扎实、市场监管有效、投资者合法权益得到充分保护的股票市场，抓紧研究提出金融监管体制改革方案；加快推进银行体系改革，深化国有商业银行改革，加快发展绿色金融。要加快养老保险制度改革，完善个人账户，坚持精算平衡，提高统筹层次。要加快医药卫生体制改革，在保基本、强基层的基础上，着力建立新的体制机制，解决好群众看病难看病贵问题。 会议指出，要继续抓好优化对外开放区域布局、推进外贸优进优出、积极利用外资、加强国际产能和装备制造合作、加快自贸区及投资协定谈判、积极参与全球经济治理等工作。要改善利用外资环境，高度重视保护外资企业合法权益，高度重视保护知识产权，对内外资企业要一视同仁、公平对待。要抓好"一带一路"建设落实，发挥好亚投行、丝路基金等机构的融资支撑作用，抓好重大标志性工程落地。 会议强调，要坚持中国特色社会主义政治经济学的重大原则，坚持解放和发展社会生产力，坚持社会主义市场经济改革方向，使市场在资源配置中起决定性作用，是深化经济体制改革的主线。
2016年中央经济工作会议（2016年12月14日—16日）[②]	会议认为，我国经济运行面临的突出矛盾和问题，虽然有周期性、总量性因素，但根源是重大结构性失衡，导致经济循环不畅，必须从供给侧、结构性改革上想办法，努力实现供求关系新的动态均衡。供给侧结构性改革，最终目的是满足需求，主攻方向是提高供给质量，根本途径是深化改革。最终目的是满足需求，就是要深入研究市场变化，理解现实需求和潜在需求，在解放和发展社会生产力中更好满足人民日益增长的物质文化需要。主攻方向是提高供给质量，就是要减少无效供给、扩大有效供给，着力提升整个供给体系质量，提高供给结构对需求结构的适应性。根本途径是深化改革，就是要完善市场在资源配置中起决定性作用的体制机制，深化行政管理体制改革，打破垄断，健全要素市场，使价格机制真正引导资源配置。要加强激励、鼓励创新，增强微观主体内生动力，提高盈利能力，提高劳动生产率，提高全要素生产率，提高潜在增长率。

---

① 资料来源：中央经济工作会议在北京举行，新华网 http://news.xinhuanet.com/fortune/2015-12/21/c_1117533201.htm，访问日期：2017年1月22日。

② 新华通讯社：《中央经济工作会议在北京举行 习近平李克强作重要讲话》，凤凰财经 http://finance.ifeng.com/a/20161216/15083537_0.shtml，访问日期：2017年1月30日。

续表

会议名称	具体内容
2016年中央经济工作会议（2016年12月14日—16日）[①]	会议强调，要按照统筹推进、重点突破的要求加快改革步伐，更好发挥改革牵引作用。要深化国企国资改革，加快形成有效制衡的公司法人治理结构、灵活高效的市场化经营机制。混合所有制改革是国企改革的重要突破口，按照完善治理、强化激励、突出主业、提高效率的要求，在电力、石油、天然气、铁路、民航、电信、军工等领域迈出实质性步伐。加快推动国有资本投资、运营公司改革试点。要加强产权保护制度建设，抓紧编纂民法典，加强对各种所有制组织和自然人财产权的保护。坚持有错必纠，甄别纠正一批侵害企业产权的错案冤案。保护企业家精神，支持企业家专心创新创业。要稳妥推进财税和金融体制改革，落实推动中央与地方财政事权和支出责任划分改革，加快制定中央和地方收入划分总体方案，抓紧提出健全地方税体系方案。要深入研究并积极稳妥推进金融监管体制改革，深化多层次资本市场体系改革，完善国有商业银行治理结构，有序推动民营银行发展。要推动养老保险制度改革，加快出台养老保险制度改革方案。要有重点地推动对外开放，推进"一带一路"建设，发挥好政策性、开发性、商业性金融作用。要完善跨部门的统筹机制，加强对财税、金融、土地、城镇化、社会保障、生态文明等基础性重大改革的推进，既制定方案又推动落实。抓好重大改革顶层设计，也要充分调动地方和基层推动改革的积极性和主动性。
2017年中央经济工作会议（2017年12月18日—20日）[②]	二是激发各类市场主体活力。要推动国有资本做强做优做大，完善国企国资改革方案，围绕管资本为主加快转变国有资产监管机构职能，改革国有资本授权经营体制。加强国有企业党的领导和党的建设，推动国有企业完善现代企业制度，健全公司法人治理结构。要支持民营企业发展，落实保护产权政策，依法甄别纠正社会反映强烈的产权纠纷案件。全面实施并不断完善市场准入负面清单制度，破除歧视性限制和各种隐性障碍，加快构建亲清新型政商关系。 　　五是推动形成全面开放新格局。要在开放的范围和层次上进一步拓展，更要在开放的思想观念、结构布局、体制机制上进一步拓展。有序放宽市场准入，全面实行准入前国民待遇加负面清单管理模式，继续精简负面清单，抓紧完善外资相关法律，加强知识产权保护。促进贸易平衡，更加注重提升出口质量和附加值，积极扩大进口，下调部分产品进口关税。大力发展服务贸易。继续推进自由贸易试验区改革试点。有效引导支持对外投资。 　　七是加快建立多主体供应、多渠道保障、租购并举的住房制度。要发展住房租赁市场特别是长期租赁，保护租赁利益相关方合法权益，支持专业化、机构化住房租赁企业发展。完善促进房地产市场平稳健康发展的长效机制，保持房地产市场调控政策连续性和稳定性，分清中央和地方事权，实行差别化调控。 　　会议强调，要充分调动各方面干事创业的积极性，有力有序做好经济工作。要创新和完善宏观调控，实施好积极的财政政策和稳健的货币政策，健全经济政策协调机制，保持经济运行在合理区间。扎实推进供给侧结构性改革，促进新动能持续快速成长，加快制造业优化升级，继续抓好"三去一降一补"，深化简政放权、放管结合、优化服务改革。加快建设创新型国家，推动重大科技创新取得新进展，促进大众创业、万众创新上水平。加大重要领域和关键环节改革力度，营造支持民营企业发展良好环境，深化国企国资、财政金融等改革。实施乡村振兴战略，激发区域发展新活力。确保重大风险防范化解取得明显进展，加大精准脱贫力度，务求污染防治取得更大成效。增强消费对经济发展的基础性作用，发挥投资对优化供给结构的关键性作用。推动形成全面开放新格局。在发展中提高保障和改善民生水平。

---

　　① 新华通讯社：《中央经济工作会议在北京举行 习近平李克强作重要讲话》，凤凰财经 http://finance.ifeng.com/a/20161216/15083537_0.shtml，访问日期：2017年1月30日。

　　② 新华通讯社：《中央经济工作会议在北京举行》，中证网 http://www.cs.com.cn/xwzx/201712/t20171221_5633688.html，访问日期：2017年12月30日。

附录5 中共中央和国务院公布的文件有关竞争中立理念的内容（2014—2017）[①]

文件名称	具体内容
《中共中央 国务院关于深化体制机制改革加快实施创新驱动发展战略的若干意见》（中发〔2015〕8号）（2015年3月13日）	二、营造激励创新的公平竞争环境 发挥市场竞争激励创新的根本性作用，营造公平、开放、透明的市场环境，强化竞争政策和产业政策对创新的引导，促进优胜劣汰，增强市场主体创新动力。 （二）打破制约创新的行业垄断和市场分割。加快推进垄断性行业改革，放开自然垄断行业竞争性业务，建立鼓励创新的统一透明、有序规范的市场环境。切实加强反垄断执法，及时发现和制止垄断协议和滥用市场支配地位等垄断行为，为中小企业创新发展拓宽空间。打破地方保护，清理和废除妨碍全国统一市场的规定和做法，纠正地方政府不当补贴或利用行政权力限制、排除竞争的行为，探索实施公平竞争审查制度。 （五）形成要素价格倒逼创新机制。运用主要由市场决定要素价格的机制，促使企业从依靠过度消耗资源能源、低技能低成本竞争，向依靠创新、实施差别化竞争转变。加快推进资源税改革，逐步将资源税扩展到占用各种自然生态空间，推进环境保护费改税。完善市场化的工业用地价格形成机制。健全企业职工工资正常增长机制，实现劳动力成本变化与经济提质增效相适应。
《中共中央 国务院关于推进价格机制改革的若干意见》（中发〔2015〕28号）（2015年10月12日）	价格机制是市场机制的核心，市场决定价格是市场在资源配置中起决定性作用的关键。改革开放以来，作为经济体制改革的重要组成部分，价格改革持续推进、不断深化，放开了绝大多数竞争性商品价格，对建立健全社会主义市场经济体制、促进经济社会持续健康发展发挥了重要作用。 一、总体要求 （一）指导思想。……主动适应和引领经济发展新常态，紧紧围绕使市场在资源配置中起决定性作用和更好发挥政府作用，全面深化价格改革，完善重点领域价格形成机制，健全政府定价制度，加强市场价格监管和反垄断执法，为经济社会发展营造良好价格环境。 （二）基本原则。坚持市场决定。正确处理政府和市场关系，凡是能由市场形成价格的都交给市场，政府不进行不当干预。推进水、石油、天然气、电力、交通运输等领域价格改革，放开竞争性环节价格，充分发挥市场决定价格作用。 （三）主要目标。到2017年，竞争性领域和环节价格基本放开，政府定价范围主要限定在重要公用事业、公益性服务、网络型自然垄断环节。到2020年，市场决定价格机制基本完善，科学、规范、透明的价格监管制度和反垄断执法体系基本建立，价格调控机制基本健全。 二、深化重点领域价格改革，充分发挥市场决定价格作用 紧紧围绕使市场在资源配置中起决定性作用，加快价格改革步伐，深入推进简政放权、放管结合、优化服务，尊重企业自主定价权、消费者自由选择权，促进商品和要素自由流动、公平交易。 （四）完善农产品价格形成机制。 （五）加快推进能源价格市场化。 （六）完善环境服务价格政策。 （七）理顺医疗服务价格。 （八）健全交通运输价格机制。 （九）创新公用事业和公益性服务价格管理。

[①] 资料来源：要闻、政府信息公开专栏，中国政府网 http://www.gov.cn/zhengce/xxgkzl.htm，访问日期：2016年1月22日。

续表

文件名称	具体内容
《中共中央 国务院关于推进价格机制改革的若干意见》（中发〔2015〕28号）（2015年10月12日）	四、加强市场价格监管和反垄断执法，逐步确立竞争政策的基础性地位 清理和废除妨碍全国统一市场和公平竞争的各种规定和做法，严禁和惩处各类违法实行优惠政策行为，建立公平、开放、透明的市场价格监管规则，大力推进市场价格监管和反垄断执法，反对垄断和不正当竞争。加快建立竞争政策与产业、投资等政策的协调机制，实施公平竞争审查制度，促进统一开放、竞争有序的市场体系建设。 （十三）健全市场价格行为规则。 （十四）推进宽带网络提速降费。 （十五）加强市场价格监管。 （十六）强化反垄断执法。密切关注竞争动态，对涉嫌垄断行为及时启动反垄断调查，着力查处达成实施垄断协议、滥用市场支配地位和滥用行政权力排除限制竞争等垄断行为，依法公布处理决定，维护公平竞争的市场环境。建立健全垄断案件线索收集机制，拓宽案件来源。研究制定反垄断相关指南，完善市场竞争规则。促进经营者加强反垄断合规建设。 （十七）完善价格社会监督体系。
《中共中央、国务院关于进一步深化电力体制改革的若干意见》（中发〔2015〕9号）（2015年3月15日）	二、深化电力体制改革的总体思路和基本原则 （一）总体思路。深化电力体制改革的指导思想和总体目标是：坚持社会主义市场经济改革方向，从我国国情出发，坚持清洁、高效、安全、可持续发展，全面实施国家能源战略，加快构建有效竞争的市场结构和市场体系，形成主要由市场决定能源价格的机制，转变政府对能源的监管方式，建立健全能源法制体系，为建立现代能源体系、保障国家能源安全营造良好的制度环境，充分考虑各方面诉求和电力工业发展规律，兼顾改到位和保稳定。通过改革，建立健全电力行业"有法可依、政企分开、主体规范、交易公平、价格合理、监管有效"的市场体制，努力降低电力成本、理顺价格形成机制，逐步打破垄断、有序放开竞争性业务，实现供应多元化，调整产业结构，提升技术水平、控制能源消费总量，提高能源利用效率、提高安全可靠性，促进公平竞争、促进节能环保。 深化电力体制改革的重点和路径是：在进一步完善政企分开、厂网分开、主辅分开的基础上，按照管住中间、放开两头的体制架构，有序放开输配以外的竞争性环节电价，有序向社会资本开放配售电业务，有序放开公益性和调节性以外的发用电计划；推进交易机构相对独立，规范运行；继续深化对区域电网建设和适合我国国情的输配电体制研究；进一步强化政府监管，进一步强化电力统筹规划，进一步强化电力安全高效运行和可靠供应。 三、近期推进电力体制改革的重点任务 （一）有序推进电价改革，理顺电价形成机制。 1. 单独核定输配电价。 2. 分步实现公益性以外的发售电价格由市场形成。放开竞争性环节电力价格，把输配电价与发售电价在形成机制上分开。合理确定生物质发电补贴标准。参与电力市场交易的发电企业上网电价由用户或售电主体与发电企业通过协商、市场竞价等方式自主确定。参与电力市场交易的用户购电价格由市场交易价格、输配电价（含线损）、政府性基金三部分组成。其他没有参与直接交易和竞价交易的上网电量，以及居民、农业、重要公用事业和公益性服务用电，继续执行政府定价。 3. 妥善处理电价交叉补贴。 （二）推进电力交易体制改革，完善市场化交易机制。 4. 规范市场主体准入标准。按照接入电压等级，能耗水平、排放水平、产业政策以及区域差别化政策等确定并公布可参与直接交易的发电企业、售电主体和用户准入标准。按电压等级分期分批放开用户参与直接交易，参与直接交易企业的单位能耗、环保排放均应达到国家标准，不符合国家产业政策以及产品和工艺属于淘汰类的企业不得参与直接交易。进一步完善和创新制度，支持环保高效特别是超低排放机组通过直接交易和科学调度多发电。准入标准确定后，升级政府按年公布当地符合标准的发电企业和售电主体目录，对用户目录实施动态监管，进入目录的发电企业、售电主体和用户可自愿到交易机构注册成为市场主体。

续表

文件名称	具体内容
《中共中央、国务院关于进一步深化电力体制改革的若干意见》(中发〔2015〕9号)(2015年3月15日)	（四）推进发用电计划改革，更多发挥市场机制的作用。 13. 有序缩减发用电计划。 14. 完善政府公益性调节性服务功能。 15. 进一步提升以需求侧管理为主的供需平衡保障水平。 （五）稳步推进售电侧改革，有序向社会资本放开售电业务。 16. 鼓励社会资本投资配电业务。按照有利于促进配电网建设发展和提高配电运营效率的要求，探索社会资本投资配电业务的有效途径。逐步向符合条件的市场主体放开增量配电投资业务，鼓励以混合所有制方式发展配电业务。 17. 建立市场主体准入和退出机制。根据开放售电侧市场的要求和各地实际情况，科学界定符合技术、安全、环保、节能和社会责任要求的售电主体条件。明确售电主体的市场准入、退出规则，加强监管，切实保障各相关方的合法权益。电网企业应无歧视地向售电主体及其用户提供报装、计量、抄表、维修等各类供电服务，按约定履行保底供应商义务，确保无议价能力用户也有电可用。 18. 多途径培育市场主体。允许符合条件的高新产业园区或经济技术开发区，组建售电主体直接购电；鼓励社会资本投资成立售电主体，允许其从发电企业购买电量向用户销售；允许拥有分布式电源的用户或微网系统参与电力交易；鼓励供水、供气、供热等公共服务行业和节能服务公司从事售电业务；允许符合条件的发电企业投资和组建售电主体进入售电市场，从事售电业务。 19. 赋予市场主体相应的权责。 （六）开放电网公平接入，建立分布式电源发展新机制。 20. 积极发展分布式电源。 21. 完善并网运行服务。 22. 加强和规范自备电厂监督管理。 23. 全面放开用户侧分布式电源市场。
《中共中央 国务院关于深化国有企业改革的指导意见》(中发〔2015〕22号)(2015年8月24日)	二、分类推进国有企业改革 （五）推进商业类国有企业改革。商业类国有企业按照市场化要求实行商业化运作，以增强国有经济活力、放大国有资本功能、实现国有资产保值增值为主要目标，依法独立自主开展生产经营活动，实现优胜劣汰、有序进退。 ……对自然垄断行业，实行以政企分开、政资分开、特许经营、政府监管为主要内容的改革，根据不同行业特点实行网运分开、放开竞争性业务，促进公共资源配置市场化；对需要实行国有全资的企业，也要积极引入其他国有资本实行股权多元化；对特殊业务和竞争性业务实行业务板块有效分离，独立运作、独立核算…… 八、为国有企业改革创造良好环境条件 （二十七）完善相关法律法规和配套政策。加强国有企业相关法律法规立改废释工作，确保重大改革于法有据。切实转变政府职能，减少审批、优化制度、简化手续、提高效率。完善公共服务体系，推进政府购买服务，加快建立稳定可靠、补偿合理、公开透明的企业公共服务支出补偿机制。完善和落实国有企业重组整合涉及的资产评估增值、土地变更登记和国有资产无偿划转等方面税收优惠政策。完善国有企业退出的相关政策，依法妥善处理劳动关系调整、社会保险关系接续等问题。 （二十八）加快剥离企业办社会职能和解决历史遗留问题。完善相关政策，建立政府和国有企业合理分担成本的机制，多渠道筹措资金，采取分离移交、重组改制、关闭撤销等方式，剥离国有企业职工家属区"三供一业"和所办医院、学校、社区等公共服务机构，继续推进厂办大集体改革，对国有企业退休人员实施社会化管理，妥善解决国有企业历史遗留问题，为国有企业公平参与市场竞争创造条件。
《国务院关于促进市场公平竞争维护市场正常秩序的若干意见》国发〔2014〕20号(2014年7月8日)	一、总体要求 （一）指导思想。……围绕使市场在资源配置中起决定性作用和更好发挥政府作用，着力解决市场体系不完善、政府干预过多和监管不到位问题，坚持放管并重，实行宽进严管，激发市场主体活力，平等保护各类市场主体合法权益，维护公平竞争的市场秩序，促进经济社会持续健康发展。

续表

文件名称	具体内容
《国务院关于促进市场公平竞争维护市场正常秩序的若干意见》国发〔2014〕20号（2014年7月8日）	（三）总体目标。 立足于促进企业自主经营、公平竞争，消费者自由选择、自主消费，商品和要素自由流动、平等交换，建设统一开放、竞争有序、诚信守法、监管有力的现代市场体系，加快形成权责明确、公平公正、透明高效、法治保障的市场监管格局，到2020年建成体制比较成熟、制度更加定型的市场监管体系。 二、放宽市场准入 凡是市场主体基于自愿的投资经营和民商事行为，只要不属于法律法规禁止进入的领域，不损害第三方利益、社会公共利益和国家安全，政府不得限制进入。 （四）改革市场准入制度。 （五）大力减少行政审批事项。 （六）禁止变相审批。 （七）打破地区封锁和行业垄断。对各级政府和部门涉及市场准入、经营行为规范的法规、规章和规定进行全面清理，废除妨碍全国统一市场和公平竞争的规定和做法，纠正违反法律法规实行优惠政策招商的行为，纠正违反法律法规对外地产品或者服务设定歧视性准入条件及收费项目、规定歧视性价格及购买指定的产品、服务等行为。（发展改革委、财政部、商务部牵头负责）对公用事业和重要公共基础设施领域实行特许经营等方式，引入竞争机制，放开自然垄断行业竞争性业务。（发展改革委牵头负责） （八）完善市场退出机制。 三、强化市场行为监管 依法规范生产、经营、交易等市场行为，创新监管方式，保障公平竞争，促进诚信守法，维护市场秩序。 （九）强化生产经营者主体责任。 （十）强化依据标准监管。 （十一）严厉惩处垄断行为和不正当竞争行为。 （十三）广泛运用科技手段实施监管。 （十九）公开市场监管执法信息。 （二十）强化执法考核和行政问责。
《国务院办公厅关于进一步加强贸易政策合规工作的通知》国办发〔2014〕29号（2014年6月17日）	三、其他影响贸易的政策措施 16. 税收优惠政策。 17. 补贴和其他政府支持。 18. 涉及贸易的产业政策。 19. 价格管制。 20. 竞争政策和消费者保护政策。 21. 与贸易有关的知识产权政策。 22. 与贸易有关的投资政策。 23. 与服务部门市场准入有关的政策。 24. 与服务部门国民待遇有关的政策。 25. 其他影响贸易的政策。
《国务院关于清理规范税收等优惠政策的通知》国发〔2014〕62号（2014年12月9日）	一、充分认识清理规范税收等优惠政策的重大意义 近年来，为推动区域经济发展，一些地区和部门对特定企业及其投资者（或管理者）等，在税收、非税等收入和财政支出等方面实施了优惠政策（以下统称税收等优惠政策），一定程度上促进了投资增长和产业集聚。但是，一些税收等优惠政策扰乱了市场秩序，影响国家宏观调控政策效果，甚至可能违反我国对外承诺，引发国际贸易摩擦。 全面规范税收等优惠政策，有利于维护公平的市场竞争环境，促进形成全国统一的市场体系，发挥市场在资源配置中的决定性作用；有利于落实国家宏观经济政策，打破地方保护和行业垄断，推动经济转型升级；有利于严肃财经纪律，预防和惩治腐败，维护正常的收入分配秩序；有利于深化财税体制改革，推进依法行政，科学理财，建立全面规范、公开透明的预算制度。

续表

文件名称	具体内容
《国务院关于加快发展服务贸易的若干意见》国发〔2015〕8号（2015年2月14日）	一、总体要求 （一）指导思想。深入贯彻党的十八大和十八届二中、三中、四中全会精神，以深化改革、扩大开放、鼓励创新为动力，着力构建公平竞争的市场环境，促进服务领域相互投资，完善服务贸易政策支持体系，加快服务贸易自由化和便利化，推动扩大服务贸易规模，优化服务贸易结构，增强服务出口能力，培育"中国服务"的国际竞争力。 （二）基本原则。深化改革，扩大开放。深化服务业改革，放宽服务领域投资准入，减少行政审批事项，打破地区封锁和行业垄断，破除制约服务业发展的体制机制障碍；坚持有序推进服务业开放，以开放促改革、促发展、促创新。 市场竞争，政府引导。发挥市场在服务贸易领域资源配置中的决定性作用，着力激发各类市场主体发展新活力；强化政府在制度建设、宏观指导、营造环境、政策支持等方面的职责，更好发挥政府引导作用。
《国务院关于落实〈政府工作报告〉重点工作部门分工的意见》国发〔2015〕14号（2015年3月30日）	一、促进经济平稳健康发展 （五）培育和催生经济社会发展新动力。加大结构性改革力度，加快实施创新驱动发展战略，改造传统引擎，打造新引擎。增加公共产品和服务供给，加大政府对教育、卫生等的投入，鼓励社会参与，提高供给效率。推动大众创业、万众创新。政府要勇于自我革命，给市场和社会留足空间，为公平竞争搭好舞台。鼓励支持个人和企业创业创新，厚植创业创新文化。（发展改革委、科技部、财政部、人力资源社会保障部、工商总局、中央编办等负责） 二、深入推进重点领域改革 （十二）深化价格改革。大幅缩减政府定价种类和项目，具备竞争条件的商品和服务价格原则上都要放开。取消绝大部分药品政府定价，下放一批基本公共服务收费定价权。扩大输配电价改革试点，推进农业水价改革，健全节能环保价格政策。完善资源性产品价格，全面实行居民阶梯价格制度。同时必须加强价格监管，规范市场秩序，确保低收入群众基本生活。（发展改革委、财政部、环境保护部、水利部、农业部、民政部、卫生计生委、能源局等负责）
《国务院办公厅关于清理规范国务院部门行政审批中介服务的通知》国办发〔2015〕31号（2015年4月29日）	近年来，行政审批中介服务在促进政府部门依法履职、为企业和群众提供专业技术服务等方面发挥了重要作用，但同时存在着环节多、耗时长、收费乱、垄断性强等问题，一些从事中介服务的机构与政府部门存在利益关联，在一定程度上消解了行政审批制度改革的成效，加重了企业和群众负担，扰乱了市场秩序，甚至成为腐败滋生的土壤。为进一步深化行政审批制度改革，促进中介服务市场健康发展，经国务院同意，现就清理和规范国务院部门行政审批中介服务有关事项通知如下： 一、清理规范的范围 国务院部门开展行政审批时，要求申请人委托企业、事业单位、社会组织等机构（以下统称中介服务机构）开展的作为行政审批受理条件的有偿服务（以下称中介服务），包括各类技术审查、论证、评估、评价、检验、检测、鉴证、鉴定、证明、咨询、试验等。 二、清理规范的措施 （二）破除中介服务垄断。放宽中介服务机构准入条件，除法律、行政法规、国务院决定明确规定的资质资格许可外，其他各类中介服务机构资质资格审批一律取消。各部门设定的区域性、行业性或部门间中介服务机构执业限制一律取消。进一步放开中介服务市场，严禁通过限额管理控制中介服务机构数量，各部门现有的限额管理规定一律取消。 （三）切断中介服务利益关联。 （四）规范中介服务收费。 （五）实行中介服务清单管理。 （六）加强中介服务监管。

续表

文件名称	具体内容
《国务院关于大力发展电子商务加快培育经济新动力的意见》国发〔2015〕24号（2015年5月7日）	（二）基本原则。……二是逐步规范。简政放权、放管结合。法无禁止的市场主体即可为，法未授权的政府部门不能为，最大限度减少对电子商务市场的行政干预。在放宽市场准入的同时，要在发展中逐步规范市场秩序，营造公平竞争的创业发展环境，进一步激发社会创业活力，拓宽电子商务创新发展领域…… （三）主要目标。到2020年，统一开放、竞争有序、诚信守法、安全可靠的电子商务大市场基本建成。 二、营造宽松发展环境 （四）降低准入门槛。全面清理电子商务领域现有前置审批事项，无法律法规依据的一律取消，严禁违法设定行政许可、增加行政许可条件和程序。（国务院审改办，有关部门按职责分工分别负责）进一步简化注册资本登记，深入推进电子商务领域由"先证后照"改为"先照后证"改革。（工商总局、中央编办）落实《注册资本登记制度改革方案》，放宽电子商务市场主体住所（经营场所）登记条件，完善相关管理措施。（省级人民政府）推进对快递企业设立非法人快递末端网点实施备案制管理。（邮政局）简化境内电子商务企业海外上市审批流程，鼓励电子商务领域的跨境人民币直接投资。（发展改革委、商务部、外汇局、证监会、人民银行）放开外商投资电子商务业务的外方持股比例限制。（工业和信息化部、发展改革委、商务部）探索建立能源、铁路、公共事业等行业电子商务服务的市场化机制。（有关部门按职责分工分别负责） （五）合理降税减负。从事电子商务活动的企业，经认定为高新技术企业的，依法享受高新技术企业相关优惠政策，小微企业依法享受税收优惠政策。（科技部、财政部、税务总局）加快推进"营改增"，逐步将旅游电子商务、生活服务类电子商务等相关行业纳入"营改增"范围。（财政部、税务总局） （七）维护公平竞争。规范电子商务市场竞争行为，促进建立开放、公平、健康的电子商务市场竞争秩序。研究制定电子商务产品质量监督管理办法，探索建立风险监测、网上抽查、源头追溯、属地查处的电子商务产品质量监督机制，完善部门间、区域间监管信息共享和职能衔接机制。依法打击网络虚假宣传、生产销售假冒伪劣产品、违反国家出口管制法规政策跨境销售两用品和技术、不正当竞争等违法行为，组织开展电子商务产品质量提升行动，促进合法、诚信经营。（工商总局、质检总局、公安部、商务部按职责分工分别负责）重点查处达成垄断协议和滥用市场支配地位的问题，通过经营者集中反垄断审查，防止排除、限制市场竞争的行为。（发展改革委、工商总局、商务部）加强电子商务领域知识产权保护，研究进一步加大网络商业方法领域发明专利保护力度。（工业和信息化部、商务部、海关总署、工商总局、新闻出版广电总局、知识产权局等部门按职责分工分别负责）进一步加大政府利用电子商务平台进行采购的力度。（财政部）各级政府部门不得通过行政命令指定为电子商务提供公共服务的供应商，不得滥用行政权力排除、限制电子商务的竞争。（有关部门按职责分工分别负责）
《国务院关于印发〈中国制造2025〉的通知》国发〔2015〕28号（2015年5月19日）	四、战略支撑与保障 建设制造强国，必须发挥制度优势，动员各方面力量，进一步深化改革，完善政策措施，建立灵活高效的实施机制，营造良好环境；必须培育创新文化和中国特色制造文化，推动制造业由大变强。 （一）深化体制机制改革。全面推进依法行政，加快转变政府职能，创新政府管理方式，加强制造业发展战略、规划、政策、标准等制定和实施，强化行业自律和公共服务能力建设，提高产业治理水平。简政放权，深化行政审批制度改革，规范审批事项，简化程序，明确时限；适时修订政府核准的投资项目目录，落实企业投资主体地位。完善产学研用协同创新机制，改革技术创新管理体制机制和项目经费分配、成果评价和转化机制，促进科技成果资本化、产业化，激发制造业创新活力。加快生产要素价格市场化改革，完善主要由市场决定价格的机制，合理配置公共资源；推行节能量、碳排放权、排污权、水权交易制度改革，加快资源税从价计征，推动环境保护费改税。深化国有企业改革，完善公司治理结构，有序发展混合所有制经济，进一步破除各种形式的行业垄断，取消对非公有制经济的不合理限制。

续表

文件名称	具体内容
《国务院关于印发〈中国制造2025〉的通知》国发〔2015〕28号（2015年5月19日）	（二）营造公平竞争市场环境。深化市场准入制度改革，实施负面清单管理，加强事中事后监管，全面清理和废止不利于全国统一市场建设的政策措施。实施科学规范的行业准入制度，制定和完善制造业节能节地节水、环保、技术、安全等准入标准，加强对国家强制性标准实施的监督检查，统一执法，以市场化手段引导企业进行结构调整和转型升级。切实加强监管，打击制售假冒伪劣行为，严厉惩处市场垄断和不正当竞争行为，为企业创造良好生产经营环境。加快发展技术市场，健全知识产权创造、运用、管理、保护机制。完善淘汰落后产能工作涉及的职工安置、债务清偿、企业转产等政策措施，健全市场退出机制。进一步减轻企业负担，实施涉企收费清单制度，建立全国涉企收费项目库，取缔各种不合理收费和摊派，加强监督检查和问责。推进制造业企业信用体系建设，建设中国制造信用数据库，建立健全企业信用动态评价、守信激励和失信惩戒机制。强化企业社会责任建设，推行企业产品标准、质量、安全自我声明和监督制度。
《国务院批转发展改革委关于2015年深化经济体制改革重点工作意见的通知》国发〔2015〕26号（2015年5月18日）	二、持续简政放权，加快推进政府自身改革 （一）继续深入推行行政审批制度改革，做好已取消和下放管理层级行政审批项目的落实和衔接，加强事中事后监管。再取消和下放一批行政审批事项，全部取消非行政许可审批，规范行政审批行为，推行网上联审批等新模式。大幅缩减政府核准投资项目范围，精简前置审批，规范中介服务，实施企业投资项目网上联核准制度，加快建立健全投资项目纵横联动协同监管机制。推进药品医疗器械审评审批制度改革，进一步完善新药注册特殊审批机制。完善认证机构行政审批程序。 （二）多管齐下改革投融资体制，研究制定深化投融资体制改革的决定。调整财政性资金投资方式，对竞争性领域产业存在市场失灵的特定环节，研究由直接支持项目改为更多采取股权投资等市场化方式予以支持。积极推广政府和社会资本合作（PPP）模式，出台基础设施和公用事业特许经营办法，充分激发社会投资活力。以用好铁路发展基金为抓手，深化铁路投融资改革。深化公路投融资体制改革，修订收费公路管理条例。出台政府投资条例，研究制定政府核准和备案投资项目管理条例，逐步将投资管理纳入法治化轨道。 （三）不失时机加快价格改革，制定加快完善市场决定价格机制的若干意见。修订中央和地方政府定价目录，大幅缩减政府定价种类和项目。稳步分批放开竞争性商品和服务价格，取消绝大部分药品政府定价，建立健全药品市场价格监管规则，放开烟叶收购价格和部分铁路运价，下放一批基本公共服务收费定价权。实现存量气与增量气价格并轨，理顺非居民用天然气价格，试点放开部分直供大用户供气价格。扩大输配电价改革试点，完善煤电价格联动机制。总结新疆棉花、东北和内蒙古大豆目标价格改革试点经验，改进补贴办法，降低操作成本。推进农业水价综合改革，合理调整农业水价，建立精准补贴机制。督促各地完善污水处理和排污收费政策并提高收费标准。全面实行保基本、促节约的居民用水、用气阶梯价格制度。 （四）加快形成商事制度新机制，深化落实注册资本登记制度改革方案，深入推进工商登记前置审批事项改为后置审批相关改革，推行全程电子化登记管理和电子营业执照，加快实现"三证合一、一照一码"，清理规范中介服务。简化和完善企业注销流程，对个体工商户、未开业企业以及无债权债务企业试行简易注销程序，构建和完善全国统一的企业信用信息公示系统，建立严重违法和失信企业名单制度，实施企业年度报告、即时信息公示、公示信息抽查和经营异常名录制度。 （五）制定清理、废除妨碍全国统一市场和公平竞争的各种规定、做法的意见。制定实行市场准入负面清单制度的指导意见和负面清单草案，出台负面清单制度改革试点办法并开展试点。促进产业政策和竞争政策有效协调，建立和规范产业政策的公平性、竞争性审查机制。修改反不正当竞争法。改革市场监管执法体制，推进重点领域综合执法。落实社会信用体系建设规划纲要，出台以组织机构代码为基础的法人和其他组织统一社会信用代码制度建设总体方案，推动信用记录共建共享。制定深化标准化工作改革方案。组织开展国内贸易流通管理体制改革发展综合试点。

续表

文件名称	具体内容
《国务院关于印发2015年推进简政放权放管结合转变政府职能工作方案的通知》国发〔2015〕29号（2015年5月15日）	二、主要任务 （七）深入推进监管方式创新，着力优化政府服务。按照简政放权、依法监管、公正透明、权责一致、社会共治原则，根据各地区各部门探索实践，积极借鉴国外成熟做法，转变监管理念，创新监管方式，提升监管效能，为各类市场主体营造公平竞争发展环境，使市场和社会既充满活力又规范有序。研究制订"先照后证"改革后加强事中事后监管的意见，开展加强对市场主体服务和监管的试点工作。抓紧建立统一的综合监管平台，推进综合执法。推进社会信用体系建设，建立信息披露和诚信档案制度、失信联合惩戒机制和黑名单制度…… 以创业创新需求为导向，切实提高公共服务的针对性和实效性，为大众创业、万众创新提供全方位的服务，为人民群众提供公平、可及的服务。搭建为市场主体服务的公共平台，形成集聚效应，实现服务便利化、集约化、高效化。发展知识产权代理、法律、咨询、培训等服务，构建全链条的知识产权服务体系。提供有效管用的信息和数据，为市场主体创业创新和开拓市场提供信息服务……创新公共服务提供方式，引入市场机制，凡是企业和社会组织有积极性、适合承担的，通过委托、承包、采购等方式尽可能发挥社会力量作用；确需政府参与的，也要更多采取政府和社会力量合作方式……
《国务院关于大力推进大众创业万众创新若干政策措施的意见》国发〔2015〕32号（2015年6月16日）	二、总体思路 按照"四个全面"战略布局，坚持改革推动，加快实施创新驱动发展战略，充分发挥市场在资源配置中的决定性作用和更好发挥政府作用，加大简政放权力度，放宽政策、放开市场、放活主体，形成有利于创业创新的良好氛围，让千千万万创业者活跃起来，汇聚成经济社会发展的巨大动能…… 三、创新体制机制，实现创业便利化 （一）完善公平竞争市场环境。进一步转变政府职能，增加公共产品和服务供给，为创业者提供更多机会。逐步清理并废除妨碍创业发展的制度和规定，打破地方保护主义。加快出台公平竞争审查制度，建立统一透明、有序规范的市场环境。依法反垄断和反不正当竞争，消除不利于创业创新发展的垄断协议和滥用市场支配地位以及其他不正当竞争行为。清理规范涉企收费项目，完善收费目录管理制度，制定事中事后监管办法。建立和规范企业信用信息发布制度，制定严重违法企业名单管理办法，把创业主体信用与市场准入、享受优惠政策挂钩，完善以信用管理为基础的创业创新监管模式。
《国务院办公厅关于印发整合建立统一的公共资源交易平台工作方案的通知》国办发〔2015〕63号（2015年8月14日）	一、充分认识整合建立统一的公共资源交易平台的重要性 整合工程建设项目招标投标、土地使用权和矿业权出让、国有产权交易、政府采购等交易市场，建立统一的公共资源交易平台，有利于防止公共资源交易碎片化，加快形成统一开放、竞争有序的现代市场体系；有利于推动政府职能转变，提高行政监管和公共服务水平；有利于促进公共资源交易阳光操作，强化对行政权力的监督制约，推进预防和惩治腐败体系建设。 五、统一规则体系 （九）完善管理规则。发展改革委要会同国务院有关部门制定全国统一的公共资源交易平台管理办法，规范平台运行、管理和监督。国务院有关部门要根据工程建设项目招标投标、土地使用权和矿业权出让、国有产权交易、政府采购等法律法规和交易特点，制定实施全国分类统一的平台交易规则和技术标准。各省级政府要根据全国统一的规则和办法，结合本地区实际，制定平台服务管理细则，完善服务流程和标准。 （十）开展规则清理。各省级政府要对本地区各级政府和有关部门发布的公共资源交易规则进行清理。对违法设置审批事项、以备案名义变相实施审批、干预交易主体自主权以及与法律法规相冲突的内容，要坚决予以纠正。清理过程和结果应在省级公共资源交易平台进行公告，接受社会监督。

续表

文件名称	具体内容
《国务院关于推进国内贸易流通现代化建设法治化营商环境的意见》国发〔2015〕49号（2015年8月28日）	一、总体要求 （二）基本原则。坚持以市场化改革为方向。充分发挥市场配置资源的决定性作用，打破地区封锁和行业垄断，促进流通主体公平竞争，促进商流、物流、资金流、信息流自由高效流动，提高流通效率，降低流通成本。 坚持以转变政府职能为核心。进一步简政放权，加强事中事后监管，推进放管结合、优化服务，做好规划引导，完善促进政策，增强调控能力，增加公共产品和公共服务供给，推进信息公开和共享。 （三）主要目标。到2020年，基本形成规则健全、统一开放、竞争有序、监管有力、畅通高效的内贸流通体系和比较完善的法治化营商环境，内贸流通统一开放、创新驱动、稳定运行、规范有序、协调高效的体制机制更加完善，使内贸流通成为经济转型发展的新引擎、优化资源配置的新动力，为推进内贸流通现代化夯实基础。 二、健全内贸流通统一开放的发展体系 （四）加强全国统一市场建设，降低社会流通总成本。消除市场分割。清理和废除妨碍全国统一市场、公平竞争的各种规定及做法。禁止在市场经济活动中实行地区封锁，禁止行政机关滥用行政权力限制、排除竞争的行为。推动建立区域合作协调机制，鼓励各地就跨区域合作事项加强沟通协商，探索建立区域合作利益分享机制。 打破行业垄断。完善反垄断执法机制，依法查处垄断协议、滥用市场支配地位行为，加强经营者集中反垄断审查。禁止利用市场优势地位收取不合理费用或强制设置不合理的交易条件，规范零售商供应商交易关系。 六、健全内贸流通协调高效的管理体制 （十八）处理好政府与市场的关系。明确政府职责。加强内贸流通领域发展战略、规划、法规、规章、政策、标准的制订和实施，整顿和规范市场经济秩序，推动信用建设，提供信息等公共服务，做好生活必需品市场供应应急调控，依法管理特殊流通行业。深化行政审批制度改革，依法界定内贸流通领域经营活动审批、资格许可和认定等管理事项，加快推广行政审批"一个窗口"受理，规范行政许可流程，取消涉及内贸流通的非行政许可审批。结合市场准入制度改革，推行内贸流通领域负面清单制度。 严格依法履职。建立健全内贸流通行政管理权力清单、部门责任清单等制度，公开涉及内贸流通的行政管理和资金支持事项。
《国务院办公厅关于推进线上线下互动加快商贸流通创新发展转型升级的意见》国办发〔2015〕72号（2015年9月29日）	四、完善政策措施 （十二）推进简政放权。除法律、行政法规和国务院决定外，各地方、各部门一律不得增设线上线下互动企业市场准入行政审批事项。根据线上线下互动特点，调整完善市场准入资质条件，加快公共服务领域资源开放和信息共享。（有关部门按职能分工分别负责）简化市场主体住所（经营场所）登记手续，推进一照多址、一址多照、集群注册等住所登记制度改革，为连锁企业、网络零售企业和快递企业提供便利的登记注册服务。（工商总局） （十六）规范市场秩序。创建公平竞争的创业创新环境和规范诚信的市场环境，加强知识产权和消费者权益保护，防止不正当竞争和排除、限制竞争的垄断行为……（商务部、发展改革委、工业和信息化部、公安部、工商总局、质检总局、食品药品监管总局、知识产权局）
《国务院关于加快构建大众创业万众创新支撑平台的指导意见》国发〔2015〕53号（2015年9月26日）	二、创新发展理念，着力打造创业创新新格局 坚持市场主导。充分发挥市场在资源配置中的决定性作用，强化企业和劳动者的主体地位，尊重市场选择，积极发展有利于提高资源利用效率、激发大众智慧、满足人民群众需求、创造经济增长新动力的新模式、新业态。 公平有序发展。坚持公平进入、公平竞争、公平监管，破除限制新模式新业态发展的不合理约束和制度瓶颈，营造传统与新兴、线上与线下主体之间公平发展的良好环境，维护各类主体合法权益，引导各方规范有序发展。

续表

文件名称	具体内容
《国务院关于国有企业发展混合所有制经济的意见》国发〔2015〕54号（2015年9月24日）	一、总体要求 （二）基本原则。政府引导，市场运作。尊重市场经济规律和企业发展规律，以企业为主体，充分发挥市场机制作用，把引资本与转机制结合起来，把产权多元化与完善企业法人治理结构结合起来，探索国有企业混合所有制改革的有效途径。 完善制度，保护产权。以保护产权、维护契约、统一市场、平等交换、公平竞争、有效监管为基本导向，切实保护混合所有制企业各类出资人的产权权益，调动各类资本参与发展混合所有制经济的积极性。
《国务院办公厅关于加快电动汽车充电基础设施建设的指导意见》国办发〔2015〕73号（2015年10月9日）	一、总体要求 （二）基本原则。统一标准，通用开放。加快制修订充换电关键技术标准，完善有关工程建设、运营服务、维护管理的标准。严格按照工程建设标准建设改造充电基础设施，健全电动汽车和充电设备的产品认证与准入管理体系，促进不同充电服务平台互联互通，提高设施通用性和开放性。 依托市场，创新机制。充分发挥市场主导作用，通过推广政府和社会资本合作（PPP）模式、加大财政扶持力度、建立合理价格机制等方式，引导社会资本参与充电基础设施体系建设运营。 （三）工作目标。……建立较完善的标准规范和市场监管体系，形成统一开放、竞争有序的充电服务市场……
《国务院关于实行市场准入负面清单制度的意见》国发〔2015〕55号（2015年10月19日）	一、重大意义 （一）市场准入负面清单制度的定位。市场准入负面清单制度，是指国务院以清单方式明确列出在中华人民共和国境内禁止和限制投资经营的行业、领域、业务等，各级政府依法采取相应管理措施的一系列制度安排。市场准入负面清单以外的行业、领域、业务等，各类市场主体皆可依法平等进入。 （二）实行市场准入负面清单制度是发挥市场在资源配置中的决定性作用的重要基础。通过实行市场准入负面清单制度，赋予市场主体更多的主动权，有利于落实市场主体自主权和激发市场活力，有利于形成各类市场主体依法平等使用生产要素、公开公平公正参与竞争的市场环境，有利于形成统一开放、竞争有序的现代市场体系，将为发挥市场在资源配置中的决定作用提供更大空间。 （三）实行市场准入负面清单制度是更好发挥政府作用的内在要求。 通过实行市场准入负面清单制度，明确政府发挥作用的职责边界，有利于进一步深化行政审批制度改革，大幅收缩政府审批范围、创新政府监管方式，促进投资贸易便利化，不断提高行政管理的效率和效能，有利于促进政府运用法治思维和法治方式加强市场监管，推进市场监管制度化、规范化、程序化，从根本上促进政府职能转变。 （四）实行市场准入负面清单制度是构建开放型经济新体制的必要措施。 实施市场准入负面清单和外商投资负面清单制度，有利于加快建立与国际通行规则接轨的现代市场体系，有利于营造法治化的营商环境，促进国际国内要素有序自由流动、资源高效配置、市场深度融合，不断提升我国国际竞争力，是以开放促改革、建设更高水平市场经济体制的有效途径。 二、总体要求和适用条件 （五）总体要求。坚持社会主义市场经济改革方向，把发挥市场在资源配置中的决定性作用与更好发挥政府作用统一起来，把转变政府职能与创新管理方式结合起来，把激发市场活力与加强市场监管统筹起来，放宽和规范市场准入，精简和优化行政审批，强化和创新市场监管，加快构建市场开放公平、规范有序，企业自主决策、平等竞争，政府权责清晰、监管有力的市场准入管理新体制。 （六）类别。市场准入负面清单包括禁止准入类和限制准入类，适用于各类市场主体基于自愿的初始投资、扩大投资、并购投资等投资经营行为及其他市场进入行为……

续表

文件名称	具体内容
《国务院关于实行市场准入负面清单制度的意见》国发〔2015〕55号（2015年10月19日）	（七）适用条件。对各类市场主体涉及以下领域的投资经营行为及其他市场进入行为，依照法律、行政法规和国务院决定的有关规定，可以采取禁止进入或限制市场主体资质、股权比例、经营范围、经营业态、商业模式、空间布局、国土空间开发保护等管理措施…… （八）负面清单的主要类型和适用对象。 负面清单主要包括市场准入负面清单和外商投资负面清单…… 三、制定、实施和调整程序 （十）制定程序。市场准入负面清单由国务院统一制定发布；地方政府需进行调整的，由省级人民政府报国务院批准……
《国务院关于"先照后证"改革后加强事中事后监管的意见》国发〔2015〕62号（2015年11月3日）	一、总体要求 （一）指导思想。全面贯彻党的十八大和十八届二中、三中、四中全会精神，认真落实党中央、国务院决策部署，深化商事制度改革，转变市场监管理念，明确监管职责，创新监管方式，构建权责明确、透明高效的事中事后监管机制，正确处理政府和市场的关系，维护公平竞争的市场秩序。 （二）基本原则。职责法定。坚持权责法定、依法行政，谁审批、谁监管，谁主管、谁监管，按照法律、行政法规、国务院决定，厘清各部门市场监管职责，推进市场监管法治化、制度化、规范化、程序化。 信用约束。加快推进全国统一的信用信息共享交换平台和企业信用信息公示系统建设，推进政府部门、行业协会、社会组织信用信息共享共用，强化信用对市场主体的约束作用，构建以信息归集共享为基础，以信息公示为手段，以信用监管为核心的监管制度，让失信主体"一处违法，处处受限"。
《国务院关于促进快递业发展的若干意见》国发〔2015〕61号（2015年10月26日）	一、总体要求 （一）指导思想。以解决制约快递业发展的突出问题为导向，以"互联网+"快递为发展方向，培育壮大市场主体，融入并衔接综合交通体系，扩展服务网络惠及范围，保障寄递渠道安全，促进行业转型升级和提质增效，不断满足人民群众日益增长的寄递需求，更好地服务于国民经济和社会发展。 （二）基本原则。 市场主导。遵循市场发展规律，进一步开放国内快递市场，用市场化手段引导快递企业整合提升，鼓励企业持续提高服务能力和服务质量。进一步简政放权，发挥法律法规、规划、标准的规范引导作用，形成有利于快递业发展的市场环境。 创新驱动。鼓励不同所有制资本在快递领域交叉持股、相互融合，激发市场主体活力和创造力。支持快递企业加快推广应用现代信息技术，不断创新商业模式、服务形式和管理方式。
《国务院关于改革和完善国有资产管理体制的若干意见》国发〔2015〕63号（2015年11月4日）	五、协同推进相关配套改革 （十四）完善有关法律法规。健全国有资产监管法律法规体系，做好相关法律法规的立改废释工作。按照立法程序，抓紧推动开展企业国有资产法修订工作，出台相关配套法规，为完善国有资产管理体制夯实法律基础。根据国有企业公司制改革进展情况，推动适时废止全民所有制工业企业法。研究起草企业国有资产基础管理条例，统一管理规则。 （十五）推进政府职能转变。进一步减少行政审批事项，大幅度削减政府通过国有企业行政性配置资源事项，区分政府公共管理职能与国有资产出资人管理职能，为国有资产管理体制改革完善提供环境条件。推进自然垄断行业改革，实行网运分开、特许经营。加快推进价格机制改革，严格规范政府定价行为，完善市场发现、形成价格的机制。推进行政性垄断行业成本公开、经营透明，发挥社会监督作用。

续表

文件名称	具体内容
《国务院办公厅关于促进农村电子商务加快发展的指导意见》国办发〔2015〕78号（2015年11月9日）	二、发展目标 到2020年，初步建成统一开放、竞争有序、诚信守法、安全可靠、绿色环保的农村电子商务市场体系，农村电子商务与农村一二三产业深度融合，在推动农民创业就业、开拓农村消费市场、带动农村扶贫开发等方面取得明显成效。 四、政策措施 （七）营造规范有序的市场环境。加强网络市场监管，强化安全和质量要求，打击制售假冒伪劣商品、虚假宣传、不正当竞争和侵犯知识产权等违法行为，维护消费者合法权益，促进守法诚信经营。督促第三方平台加强内部管理，规范主体准入，遏制"刷信用"等欺诈行为。维护公平竞争的市场秩序，推进农村电子商务诚信建设。
《国务院办公厅转发卫生计生委等部门关于推进医疗卫生与养老服务相结合指导意见的通知》国办发〔2015〕84号（2015年11月20日）	二、基本原则和发展目标 （一）基本原则。政府引导，市场驱动。发挥政府在制定规划、出台政策、引导投入、规范市场、营造环境等方面的引导作用，统筹各方资源，推动形成互利共赢的发展格局。充分发挥市场在资源配置中的决定性作用，营造平等参与、公平竞争的市场环境，充分调动社会力量的积极性和创造性。 深化改革，创新机制。加快政府职能转变，创新服务供给和资金保障方式，积极推进政府购买服务，激发各类服务主体潜力和活力，提高医养结合服务水平和效率。加强部门协作，提升政策引导、服务监管等工作的系统性和协同性，促进行业融合发展。
《国务院关于积极发挥新消费引领作用加快培育形成新供给新动力的指导意见》国发〔2015〕66号（2015年11月23日）	二、总体要求和基本原则 坚持市场主导，以公平竞争激发社会活力。加快推进全国统一市场建设，清除市场壁垒，维护市场秩序，促进商品和要素自由流动、平等交换，资源和要素高效配置。强化企业的市场主体地位和主体责任，完善市场监管，保护消费者合法权益，实现消费者自由选择、自主消费、安全消费，企业诚信守法、自主经营、公平竞争，最大限度地激发市场主体创新创造活力。 坚持制度保障，以体制创新培植持久动力。统筹推进体制机制和政策体系的系统性优化，着力加强供给侧结构性改革，以更加完善的体制机制引导和规范市场主体行为，推动形成节约、理性、绿色、健康的现代生产消费方式，努力构建新消费引领新投资、形成新供给新动力的良好环境和长效机制。实施更加积极主动的开放战略，更好利用全球要素和全球市场推动国内产业升级，更好利用全球商品和服务满足国内多元化、高品质的消费需求。
《国务院办公厅关于加快发展生活性服务业促进消费结构升级的指导意见》国办发〔2015〕85号（2015年11月22日）	三、政策措施 围绕激发生活性服务业企业活力和保障居民放心消费，加快完善体制机制，注重加强政策引导扶持，营造良好市场环境，推动生活性服务业加快发展。 （一）深化改革开放。优化发展环境。建立全国统一、开放、竞争、有序的服务业市场，采取有效措施，切实破除行政垄断、行业垄断和地方保护，清理并废除生活性服务业中妨碍形成全国统一市场和公平竞争的各种规定和做法。进一步深化投融资体制改革，鼓励和引导各类社会资本投向生活性服务业。进一步推行行政审批制度改革，简化审批流程，取消不合理前置审批事项，加强事中事后监管。取消商业性和群众性体育赛事审批。健全并落实各类所有制主体统一适用的制度政策，切实解决产业发展过程中存在的不平等问题，促进公平发展。支持各地结合实际放宽新注册生活性服务业企业场所登记条件限制，为创业提供便利的工商登记服务。积极探索适合生活性服务业特点的未开业企业、无债权债务企业简易注销制度，建立有序的市场退出机制。 扩大市场化服务供给。积极稳妥推进教育、文化、卫生、体育等事业单位分类改革，将从事生产经营活动的事业单位逐步转为企业，规范转制程序，完善过渡政策，鼓励其提供更多切合市场需求的生活性服务。加快生活性服务业行业协会商会与行政机关脱钩，推动服务重心转向企业、行业和市场，提升专业化服务水平。 （二）改善消费环境。营造全社会齐抓共管改善消费环境的有利氛围，形成企业规范、行业自律、政府监管、社会监督的多元共治格局。严厉打击居民消费领域乱涨价、乱收费、价格欺诈、制售假冒伪劣商品、计量作弊等违法犯罪行为，依法查处垄断和不正当竞争行为，规范服务市场秩序。

续表

文件名称	具体内容
《国务院关于加快实施自由贸易区战略的若干意见》国发〔2015〕69号（2015年12月17日）	三、加快建设高水平自由贸易区 （八）扩大服务业对外开放。通过自由贸易区等途径实施开放带动战略，充分发挥服务业和服务贸易对我国调整经济结构、转变经济发展方式和带动就业的促进作用。推进金融、教育、文化、医疗等服务业领域有序开放，放开育幼养老、建筑设计、会计审计、商贸物流、电子商务等服务业领域外资准入限制。 在与自由贸易伙伴协商一致的基础上，逐步推进以负面清单模式开展谈判，先行先试、大胆探索、与时俱进，积极扩大服务业开放，推进服务贸易便利化和自由化。 （九）放宽投资准入。大力推进投资市场开放和外资管理体制改革，进一步优化外商投资环境。加快自由贸易区投资领域谈判，有序推进以准入前国民待遇加负面清单模式开展谈判。在维护好我国作为投资东道国利益和监管权的前提下，为我国投资者"走出去"营造更好的市场准入和投资保护条件，实质性改善我国与自由贸易伙伴双向投资准入。在自由贸易区内积极稳妥推进人民币资本项目可兑换的各项试点，便利境内外主体跨境投融资。加强与自由贸易伙伴货币合作，促进贸易投资便利化。 （十）推进规则谈判。结合全面深化改革和全面依法治国的要求，对符合我国社会主义市场经济体制建设和经济社会稳定发展需要的规则议题，在自由贸易区谈判中积极参与。参照国际通行规则及其发展趋势，结合我国发展水平和治理能力，加快推进知识产权保护、环境保护、电子商务、竞争政策、政府采购等新议题谈判。 竞争政策方面，发挥市场在资源配置中的决定性作用，通过自由贸易区建设进一步促进完善我国竞争政策法律环境，构建法治化、国际化的营商环境。 政府采购方面，条件成熟时与自由贸易伙伴在自由贸易区框架下开展政府采购市场开放谈判，推动政府采购市场互惠对等开放。
《国务院关于新形势下加快知识产权强国建设的若干意见》国发〔2015〕71号（2015年12月22日）	一、总体要求 （二）基本原则。坚持市场主导。发挥市场配置创新资源的决定性作用，强化企业创新主体地位和主导作用，促进创新要素合理流动和高效配置。加快简政放权、放管结合、优化服务，加强知识产权政策支持、公共服务和市场监管，着力构建公平公正、开放透明的知识产权法治环境和市场环境，促进大众创业、万众创新。
《国务院办公厅关于印发国务院部门权力和责任清单编制试点方案的通知》国办发〔2015〕92号（2016年1月5日）	一、基本要求 （一）工作目标。按照简政放权、放管结合、优化服务和转变政府职能要求，以清单形式列明试点部门的行政权责及其依据、行使主体、运行流程等，推进行政权责依法公开，强化行政权力监督和制约，防止出现权力真空和监管缺失，加快形成边界清晰、分工合理、权责一致、运转高效、依法保障的政府职能体系。 二、试点任务 （三）全面梳理部门现有权责事项。 各试点部门可将权力和责任事项结合起来，并参照行政许可、行政处罚、行政强制、行政征收、行政给付、行政检查、行政确认、行政奖励、行政裁决和其他类别的分类方式，对行政权责事项进行全面梳理并逐项列明设定依据；可根据实际履职情况，将规划制定等宏观管理职责及标准拟订等权责事项一并进行梳理分类汇总。 （四）清理规范权责事项。 在全面梳理基础上，对权责事项逐项提出取消、下放和保留的意见，需要对有关法律、行政法规进行立改废的，同时提出建议。对没有法定依据的，原则上予以取消，确有必要保留的，按程序办理。试点部门在依法审核清理规范基础上，形成部门基础权责清单，列明权责事项名称、类型、设定依据、调整意见以及追责情形等内容，于2016年6月底前报送中央编办。 （五）审核权责清单。中央编办、国务院法制办会同有关方面对部门基础权责清单进行研究审核。审核过程中，对于拟取消和下放的权责事项，要建立第三方评估机制，并充分听取有关部门、地方党委和政府的意见。要逐项确认审核结果，需要对有关法律、行政法规进行立改废的，依照法定程序办理。

续表

文件名称	具体内容
《国务院办公厅关于印发国务院部门权力和责任清单编制试点方案的通知》国办发〔2015〕92号（2016年1月5日）	（六）优化权力运行流程。 对保留的行政权责事项，试点部门要按照透明、高效、便捷的原则，制定行政权力运行流程图，切实减少工作环节，规范行政裁量权，明确每个环节的承办主体、办理标准、办理程序、办理时限、监督方式等，提高行政权力运行的科学化、规范化水平。 根据研究审核情况，对于社会关注度高、群众反映强烈、能够很快显现效果的重点领域或事项，可优先编制专项权责清单。
《国务院关于促进加工贸易创新发展的若干意见》国发〔2016〕4号（2016年1月18日）	一、总体要求 （二）基本原则。始终坚持稳中求进。保持加工贸易政策连续性和稳定性，明确发展预期，改善环境，鼓励加工贸易企业根植中国、长期发展。提升开放水平，优化投资环境，着力吸引更高技术水平、更大增值含量的加工制造和生产服务环节转移到我国。 着力推动转型升级。以市场为导向，发挥企业主体作用，加快转型升级，提高盈利水平。发挥政策引导作用，鼓励绿色集约发展，支持加工贸易企业向海关特殊监管区域集中，增强可持续发展能力，提升国民福利水平。 大力实施创新驱动。营造创新发展环境，增强企业创新能力，提升国际竞争力。创新发展方式，促进加工贸易企业与新型商业模式和贸易业态相融合，增强发展内生动力，加快培育竞争新优势。 七、完善政策措施，优化发展环境（二十八）营造公平外部环境。积极参加多双边规则谈判，推动引领多边、区域、双边国际经贸规则制订，强化经贸混委会等多边合作机制，有效化解贸易摩擦和争端。发挥自由贸易协定的促进作用。构建稳定的制度化合作平台，进一步改善与主要贸易伙伴的双向货物、服务和投资市场准入条件，推动贸易与投资自由化、便利化。大力推动内地和港澳的经济一体化，继续推进两岸经贸合作制度化。
《国务院关于印发上海系统推进全面创新改革试验加快建设具有全球影响力科技创新中心方案的通知》国发〔2016〕23号（2016年4月15日）	（四）健全企业为主体的创新投入制度。 建立有利于激发市场创新投入动力的制度环境，发挥金融财税政策对科技创新投入的放大作用，形成创业投资基金和天使投资人群集聚活跃、科技金融支撑有力、企业投入动力得到充分激发的创新投融资体系。
《国务院办公厅关于深入实施"互联网+流通"行动计划的意见》国办发〔2016〕24号（2016年4月21日）	十二、营造诚信经营公平竞争环境 适应"互联网+流通"发展需要，不断创新监管手段，采取合理的监管方式，加强事中事后监管，加大对侵权假冒、无证无照经营、虚假交易等行为的打击力度，保障群众买到质优价廉的商品，放心消费、安全消费。鼓励平台型服务企业利用技术手段加强对违法违规行为的监测、识别和防范，主动与执法部门建立联防联控机制；严厉打击平台型服务企业包庇、纵容违法违规经营行为，营造保障"互联网+流通"行动计划顺利实施的法治化营商环境。（商务部、工商总局、质检总局、食品药品监管总局）推进商务信用体系建设，结合"三证合一、一照一码"登记制度改革，充分利用全国信用信息共享平台和企业信用信息公示系统，健全政府部门信用信息共享机制，并通过"信用中国"网站向社会提供服务，建立基于消费者交易评价和社会公众综合评价的市场化企业信用信息采集、共享与使用机制，不断优化评价标准和方法，形成多方参与、标准统一的商务诚信体系。（商务部、国家发展改革委、工业和信息化部、人民银行、工商总局、质检总局）
《国务院关于印发盐业体制改革方案的通知》国发〔2016〕25号（2016年5月5日）	一、总体要求 （二）基本原则。释放市场活力。取消食盐产销区域限制，改革食盐定价机制和工业盐管理，鼓励企业自主经营、产销一体，通过兼并重组等方式不断做优做强，为行业健康发展提供动力。 三、推进盐业管理综合改革，完善食盐储备制度 （六）改革食盐生产批发区域限制。 （七）改革食盐政府定价机制。

续表

文件名称	具体内容
《国务院关于印发2016年推进简政放权放管结合优化服务改革工作要点的通知》国发〔2016〕30号（2016年5月24日）	一、持续简政放权，进一步激发市场活力和社会创造力 （一）继续深化行政审批改革。继续加大放权力度，把该放的权力放出去，能取消的要尽量取消，直接放给市场和社会。今年要再取消50项以上国务院部门行政审批事项和中央指定地方实施的行政审批事项，再取消一批国务院部门行政审批中介服务事项，削减一批生产许可证、经营许可证。对确需下放给基层的审批事项，要在人才、经费、技术、装备等方面予以保障，确保基层接得住、管得好。对相同、相近或相关联的审批事项，要一并取消或下放，提高放权的协同性、联动性。对确需保留的行政审批事项，要统一审批标准，简化审批手续，规范审批流程。所有行政审批事项都要严格按法定时限做到"零超时"。继续开展相对集中行政许可权改革试点，推广地方实施综合审批的经验。（国务院审改办牵头，国务院各有关部门按职责分工负责） （四）持续推进商事制度改革。进一步放宽市场准入，继续大力削减工商登记前置审批事项，今年再取消三分之一，削减比例达到原总量的90%以上，同步取消后置审批事项50项以上。在全面实施企业"三证合一"基础上，再整合社会保险登记证和统计登记证，实现"五证合一、一照一码"，降低创业准入的制度成本。扩大"三证合一"覆盖面，推进整合个体工商户营业执照和税务登记证，实现只需填写"一张表"、向"一个窗口"提交"一套材料"，即可办理工商及税务登记。加快推进工商登记全程电子化、名称登记、放宽住所条件、简易注销登记等改革试点。加快推行电子营业执照。抓好"证照分离"改革试点，切实减少各种不必要的证，解决企业"准入不准营"的问题，尽快总结形成可复制、可推广的经验。（工商总局、国务院审改办牵头，人力资源社会保障部、税务总局、国务院法制办、国家统计局等相关部门和上海市人民政府按职责分工负责） 二、加强监管创新，促进社会公平正义 （十一）促进各类市场主体公平竞争。要在同规则、同待遇、降门槛上下功夫，做到凡是法律法规未明确禁止的，一律允许各类市场主体进入；凡是已向外资开放或承诺开放的领域，一律向民间资本开放；凡是影响民间资本公平进入和竞争的各种障碍，一律予以清除。研究制定促进民间投资的配套政策和实施细则，在试点基础上，抓紧建立行业准入负面清单制度，破除民间投资进入电力、电信、交通、石油、天然气、市政公用、养老、医药、教育等领域的不合理限制和隐性壁垒，坚决取消对民间资本单独设置的附加条件和歧视性条款。加快建设统一开放、竞争有序的市场体系，打破地方保护。组织实施公平竞争审查制度。依法严厉打击侵犯知识产权、制售假冒伪劣商品等行为，完善知识产权保护措施，防止劣币驱逐良币，营造诚实守信、公平竞争的市场环境。（国家发展改革委、工商总局牵头，教育部、科技部、工业和信息化部、公安部、民政部、住房城乡建设部、交通运输部、商务部、文化部、国家卫生计生委、海关总署、质检总局、体育总局、食品药品监管总局、国务院法制办、国家知识产权局、国家能源局等相关部门按职责分工负责）
《国务院关于在市场体系建设中建立公平竞争审查制度的意见》国发〔2016〕34号（2016年6月14日）	各省、自治区、直辖市人民政府，国务院各部委、各直属机构： 公平竞争是市场经济的基本原则，是市场机制高效运行的重要基础。随着经济体制改革不断深化，全国统一市场基本形成，公平竞争环境逐步建立。但同时也要看到，地方保护、区域封锁、行业壁垒、企业垄断，违法给予优惠政策或减损市场主体利益等不符合建设全国统一市场和公平竞争的现象仍然存在。为规范政府有关行为，防止出台排除、限制竞争的政策措施，逐步清理废除妨碍全国统一市场和公平竞争的规定和做法，现就市场体系建设中建立公平竞争审查制度提出以下意见。 一、充分认识建立公平竞争审查制度的重要性和紧迫性 一是深入推进经济体制改革的客观需要。经济体制改革的核心是使市场在资源配置中起决定性作用和更好发挥政府作用。统一开放、竞争有序的市场体系，是市场在资源配置中起决定性作用的基础。建立公平竞争审查制度，防止政府过度和不当干预市场，有利于保障资源配置依据市场规则、市场价格、市场竞争实现效益最大化和效率最优化。 二是全面推进依法治国的有力保障。全面推进依法治国，要求政府依法全面正确履行职能。《中华人民共和国反垄断法》明确禁止行政机关滥用行政权力，排除、限制市场竞争。建立公平竞争审查制度，健全行政机关内部决策合法性审查机制，有利于保证政府行为符合相关法律法规要求，确保政府依法行政。

续表

文件名称	具体内容
《国务院关于在市场体系建设中建立公平竞争审查制度的意见》国发〔2016〕34号（2016年6月14日）	三是实现创新驱动发展的必然选择。当前我国经济发展进入新常态，必须靠创新驱动来推进经济持续健康发展。企业是创新的主体，公平竞争是创新的重要动力。建立公平竞争审查制度，大力消除影响公平竞争、妨碍创新的各种制度束缚，有利于为大众创业、万众创新营造公平竞争的市场环境。 四是释放市场主体活力的有效举措。我国经济发展正处于动力转换的关键时期，大力培育新动能，改造提升传统动能，都需要充分激发市场主体活力。建立公平竞争审查制度，降低制度性交易成本，克服市场价格和行为扭曲，有利于调动各类市场主体的积极性和创造性，培育和催生经济发展新动能。 二、明确建立公平竞争审查制度的总体要求和基本原则 建立公平竞争审查制度，要按照加快建设统一开放、竞争有序市场体系的要求，确保政府相关行为符合公平竞争要求和相关法律法规，维护公平竞争秩序，保障各类市场主体平等使用生产要素、公平参与市场竞争、同等受到法律保护，激发市场活力，提高资源配置效率，推动大众创业、万众创新，促进实现创新驱动发展和经济持续健康发展。 尊重市场，竞争优先。尊重市场经济规律，处理好政府与市场的关系，着力转变政府职能，最大限度减少对微观经济的干预，促进和保护市场主体公平竞争，保障市场配置资源的决定性作用得到充分发挥。 立足全局，统筹兼顾。着力打破地区封锁和行业垄断，清除市场壁垒，促进商品和要素在全国范围内自由流动。统筹考虑维护国家利益和经济安全、促进区域协调发展、保持经济平稳健康运行等多重目标需要，稳妥推进制度实施。 科学谋划，分步实施。建立公平竞争审查制度是一项长期性、系统性、复杂性工程。要尊重国情，坚持从实际出发，研究制定具有可操作性的方案；破立结合，在规范增量政策的同时，坚持分类处理、不溯及既往，逐步清理废除妨碍全国统一市场和公平竞争的存量政策；着眼长远，做好整体规划，在实践中分阶段、分步骤地推进和完善。 依法审查，强化监督。加强与现行法律体系和行政管理体制的衔接，提高公平竞争审查的权威和效能。建立健全公平竞争审查保障机制，把自我审查和外部监督结合起来，加强社会监督和执法监督，及时纠正滥用行政权力排除、限制竞争行为。 三、科学建立公平竞争审查制度 （一）审查对象。行政机关和法律、法规授权的具有管理公共事务职能的组织（以下统称政策制定机关）制定市场准入、产业发展、招商引资、招标投标、政府采购、经营行为规范、资质标准等涉及市场主体经济活动的规章、规范性文件和其他政策措施，应当进行公平竞争审查。 行政法规和国务院制定的其他政策措施、地方性法规，起草部门应当在起草过程中进行公平竞争审查。未进行自我审查的，不得提交审议。 （二）审查方式。政策制定机关在政策制定过程中，要严格对照审查标准进行自我审查。经审查认为不具有排除、限制竞争效果的，可以实施；具有排除、限制竞争效果的，应当不予出台，或调整至符合相关要求后出台。没有进行公平竞争审查的，不得出台。制定政策措施及开展公平竞争审查应当听取利害关系人的意见，或者向社会公开征求意见。有关政策措施出台后，要按照《中华人民共和国政府信息公开条例》要求向社会公开。 （三）审查标准。要从维护全国统一市场和公平竞争的角度，按照以下标准进行审查： 1. 市场准入和退出标准。 （1）不得设置不合理和歧视性的准入和退出条件； （2）公布特许经营权目录清单，且未经公平竞争，不得授予经营者特许经营权； （3）不得限定经营、购买、使用特定经营者提供的商品和服务； （4）不得设置没有法律法规依据的审批或者事前备案程序； （5）不得对市场准入负面清单以外的行业、领域、业务等设置审批程序。

续表

文件名称	具体内容
《国务院关于在市场体系建设中建立公平竞争审查制度的意见》国发〔2016〕34号（2016年6月14日）	2. 商品和要素自由流动标准。 （1）不得对外地和进口商品、服务实行歧视性价格和歧视性补贴政策； （2）不得限制外地和进口商品、服务进入本地市场或者阻碍本地商品运出、服务输出； （3）不得排斥或者限制外地经营者参加本地招标投标活动； （4）不得排斥、限制或者强制外地经营者在本地投资或者设立分支机构； （5）不得对外地经营者在本地的投资或者设立的分支机构实行歧视性待遇，侵害其合法权益。 3. 影响生产经营成本标准。 （1）不得违法给予特定经营者优惠政策； （2）安排财政支出一般不得与企业缴纳的税收或非税收入挂钩； （3）不得违法免除特定经营者需要缴纳的社会保险费用； （4）不得在法律规定之外要求经营者提供或者扣留经营者各类保证金。 4. 影响生产经营行为标准。 （1）不得强制经营者从事《中华人民共和国反垄断法》规定的垄断行为； （2）不得违法披露或者要求经营者披露生产经营敏感信息，为经营者从事垄断行为提供便利条件； （3）不得超越定价权限进行政府定价； （4）不得违法干预实行市场调节价的商品和服务的价格水平。 没有法律、法规依据，各地区、各部门不得制定减损市场主体合法权益或者增加其义务的政策措施；不得违反《中华人民共和国反垄断法》，制定含有排除、限制竞争内容的政策措施。 （四）例外规定。属于下列情形的政策措施，如果具有排除和限制竞争的效果，在符合规定的情况下可以实施： 1. 维护国家经济安全、文化安全或者涉及国防建设的； 2. 为实现扶贫开发、救灾救助等社会保障目的的； 3. 为实现节约能源资源、保护生态环境等社会公共利益的； 4. 法律、行政法规规定的其他情形。 政策制定机关应当说明相关政策措施对实现政策目的不可或缺，且不会严重排除和限制市场竞争，并明确实施期限。 政策制定机关要逐年评估相关政策措施的实施效果。实施期限到期或未达到预期效果的政策措施，应当及时停止执行或者进行调整。 四、推动公平竞争审查制度有序实施 （一）明确工作机制。从2016年7月起，国务院各部门、各省级人民政府及所属部门均应在有关政策措施制定过程中进行公平竞争审查。国家发展改革委、国务院法制办、商务部、工商总局要会同有关部门，建立健全工作机制，指导公平竞争审查制度实施工作，并及时总结成效和经验，推动制度不断完善，在条件成熟时组织开展第三方评估。各省级人民政府要抓紧研究制定具体工作措施和办法，落实制度要求，并从2017年起在本行政区域内逐步推开，指导市县级人民政府及所属部门开展公平竞争审查。 （二）有序清理存量。按照"谁制定、谁清理"的原则，各级人民政府及所属部门要对照公平竞争审查标准，对现行政策措施区分不同情况，稳妥把握节奏，有序清理和废除妨碍全国统一市场和公平竞争的各种规定和做法。对市场主体反应比较强烈、问题暴露比较集中、影响比较突出的规定和做法，要尽快废止；对以合同协议等形式给予企业的优惠政策，以及部分立即终止会带来重大影响的政策措施，要设置过渡期，留出必要的缓冲空间；对已兑现的优惠政策，不溯及既往。 （三）定期评估完善。对建立公平竞争审查制度后出台的政策措施，各级人民政府及所属部门要在定期清理规章和规范性文件时，一并对政策措施影响全国统一市场和公平竞争的情况进行评估。鼓励委托第三方开展评估。评估报告应当向社会公开征求意见，评估结果应当向社会公开。经评估认为妨碍全国统一市场和公平竞争的政策措施，要及时废止或者修改完善。

续表

文件名称	具体内容
《国务院关于在市场体系建设中建立公平竞争审查制度的意见》国发〔2016〕34号（2016年6月14日）	（四）制定实施细则。国家发展改革委、国务院法制办、商务部、工商总局要会同有关部门，抓紧研究起草公平竞争审查实施细则，进一步细化公平竞争审查的内容、程序、方法，指导政策制定机关开展公平竞争审查和相关政策措施清理废除工作，保障公平竞争审查制度有序实施。各地区、各部门要紧密结合实际，制定相关政策措施清理废除工作方案，明确工作方式、工作步骤和时间节点，加强分类指导，确保本地区、本部门相关政策措施清理废除工作稳妥推进。 （五）加强宣传培训。有关部门要切实加大宣传培训力度，加强政策解读和舆论引导，增进全社会对公平竞争审查制度的认识和理解，为公平竞争审查制度实施营造良好的舆论氛围和工作环境。 五、健全公平竞争审查保障措施 （一）健全竞争政策。国务院反垄断委员会要发挥职能作用，组织、协调、指导反垄断工作，研究拟订有关竞争政策，组织调查、评估市场总体竞争状况，为推进和逐步完善公平竞争审查制度奠定坚实基础。各地区、各部门要按照确立竞争政策基础性地位的要求，有针对性地制定政策措施，及时研究新经济领域市场监管问题，不断完善市场竞争规则，加快形成统一开放、竞争有序的市场体系。（二）完善政府守信机制。严格履行政府向社会做出承诺，把政务履约和守诺服务纳入政府绩效评价体系，建立健全政务和行政承诺考核制度。各级人民政府对依法做出政策承诺和签订的各类合同要认真履约和兑现。完善政务诚信约束和问责机制。进一步推广重大决策事项公示和听证制度，拓宽公众参与政府决策的渠道，加强对权力运行的社会监督和约束。（三）加强执法监督。对涉嫌违反公平竞争审查标准的政策措施，任何单位和个人有权举报，有关部门要及时予以处理；涉嫌违反《中华人民共和国反垄断法》的，反垄断执法机构要依法调查核实，并向有关上级机关提出处理建议。案件情况和处理建议要向社会公开。政策制定机关要及时纠正排除和限制竞争的政策措施，维护公平竞争的市场秩序。（四）强化责任追究。对未进行公平竞争审查或者违反公平竞争审查标准出台政策措施，以及不及时纠正相关政策措施的地方政府和部门，有关部门依法查实后要做出严肃处理。对失职渎职等需要追究有关人员党纪政纪责任的，要及时将有关情况移送纪检监察机关。
《国务院办公厅关于石化产业调结构促转型增效益的指导意见》国发〔2016〕57号（2016年8月3日）	（二）基本原则。坚持企业主体与政府引导相结合。强化企业市场主体地位，引导企业降本增效、提高竞争能力。积极发挥政府调控引导作用，完善相关法规政策和标准体系，依法维护公平市场环境，激发企业活力和创造力。 二、重点任务 （六）推动企业兼并重组。落实财税、金融、土地、职工安置等支持政策，破除跨地区、跨所有制兼并重组的体制机制障碍，为企业兼并重组营造公平的市场环境。重点推动传统化工企业兼并重组，优化资金、技术、人才等要素配置，提升产业集中度和竞争力，形成一批具有国际竞争力的大型企业集团。（国家发展改革委、工业和信息化部、财政部、人力资源社会保障部、国土资源部、商务部、人民银行、国务院国资委、工商总局、银监会、证监会、各省级人民政府分别负责）
《国务院办公厅关于建立国有企业违规经营投资责任追究制度的意见》国办发〔2016〕63号（2016年8月23日）	（一）指导思想。全面贯彻党的十八大和十八届三中、十八届四中、十八届五中全会精神，按照"五位一体"总体布局和"四个全面"战略布局，牢固树立和贯彻落实创新、协调、绿色、开放、共享的发展理念，深入贯彻习近平总书记系列重要讲话精神，认真落实党中央、国务院决策部署，坚持社会主义市场经济改革方向，按照完善现代企业制度的要求，以提高国有企业运行质量和经济效益为目标，以强化对权力集中、资金密集、资源富集、资产聚集部门和岗位的监督为重点，严格问责、完善机制，构建权责清晰、约束有效的经营投资责任体系，全面推进依法治企，健全协调运转、有效制衡的法人治理结构，提高国有资本效率、增强国有企业活力、防止国有资产流失，实现国有资本保值增值。 （三）主要目标。在2017年年底前，国有企业违规经营投资责任追究制度和责任倒查机制基本形成，责任追究的范围、标准、程序和方式清晰规范，责任追究工作实现有章可循。在2020年年底前，全面建立覆盖各级履行出资人职责的机构及国有企业的责任追究工作体系，形成职责明确、流程清晰、规范有序的责任追究工作机制，对相关责任人及时追究问责，国有企业经营投资责任意识和责任约束显著增强。

续表

文件名称	具体内容
《国务院关于印发降低实体经济企业成本工作方案的通知》国发〔2016〕48号（2016年8月22日）	（二）目标任务。经过1—2年努力，降低实体经济企业成本工作取得初步成效，3年左右使实体经济企业综合成本合理下降，盈利能力较为明显增强。一是税费负担合理降低。全面推开营改增试点，年减税额5000亿元以上。清理规范涉企政府性基金和行政事业性收费。二是融资成本有效降低。企业贷款、发债利息负担水平逐步降低，融资中间环节费用占企业融资成本比重合理降低。三是制度性交易成本明显降低。简政放权、放管结合、优化服务改革综合措施进一步落实，营商环境进一步改善，为企业设立和生产经营创造便利条件，行政审批前置中介服务事项大幅压缩，政府和社会中介机构服务能力显著增强。四是人工成本上涨得到合理控制。工资水平保持合理增长，企业"五险一金"缴费占工资总额的比例合理降低。五是能源成本进一步降低。企业用电、用气定价机制市场化程度明显提升，工商业用电和工业用气价格合理降低。六是物流成本较大幅度降低。社会物流总费用占社会物流总额的比重由目前的4.9%降低0.5个百分点左右，工商业企业物流费用率由8.3%降低1个百分点左右。
《国务院关于积极稳妥降低企业杠杆率的意见》国发〔2016〕54号（2016年10月10日）	一、总体要求 降杠杆的总体思路是：全面贯彻党的十八大和十八届三中、十八届四中、十八届五中全会精神，认真落实中央经济工作会议和政府工作报告部署，坚持积极的财政政策和稳健的货币政策取向，以市场化、法治化方式，通过推进兼并重组、完善现代企业制度强化自我约束、盘活存量资产、优化债务结构、有序开展市场化银行债权转股权、依法破产、发展股权融资，积极稳妥降低企业杠杆率，助推供给侧结构性改革，助推国有企业改革深化，助推经济转型升级和优化布局，为经济长期持续健康发展夯实基础。
《国务院关于印发"十三五"国家战略性新兴产业发展规划的通知》国发〔2016〕67号（2016年12月19日）	十、完善体制机制和政策体系，营造发展新生态 加快落实创新驱动发展战略，深入推进政府职能转变，持续深化重点领域和关键环节改革，强化制度建设，汇聚知识、技术、资金、人才等创新要素，全面营造有利于战略性新兴产业发展壮大的生态环境。 （一）完善管理方式。营造公平竞争市场环境。完善反垄断法配套规则，进一步加大反垄断和反不正当竞争执法力度，严肃查处信息服务、医疗服务等领域企业违法行为。建立健全工作机制，保障公平竞争审查制度有序实施，打破可再生能源发电、医疗器械、药品招标等领域的地区封锁和行业垄断，加大对地方保护和行业垄断行为的查处力度。完善信用体系，充分发挥全国信用信息共享平台和国家企业信用信息公示系统等作用，推进各类信用信息平台建设、对接和服务创新，加强信用记录在线披露和共享，为经营者提供信用信息查询、企业身份网上认证等服务。
《国务院办公厅关于全面放开养老服务市场提升养老服务质量的若干意见》国办发〔2016〕91号（2016年12月23日）	（二）基本原则。深化改革，放开市场。进一步降低准入门槛，营造公平竞争环境，积极引导社会资本进入养老服务业，推动公办养老机构改革，充分激发各类市场主体活力。 二、全面放开养老服务市场 （四）进一步放宽准入条件。降低准入门槛。 放宽外资准入。精简行政审批环节。 （五）优化市场环境。进一步改进政府服务。完善价格形成机制。
《国务院关于印发"十三五"市场监管规划的通知》国发〔2017〕6号（2017年1月23日）	一、指导思想 ——激发市场活力。市场经济的内在活力是经济持续增长的重要动力，是经济走向繁荣的重要基础。要改变传统"管"的观念，把激发市场活力和创造力作为市场监管的重要方向，深化商事制度改革，破除各种体制障碍，营造有利于大众创业、万众创新的市场环境，服务市场主体，服务改革发展大局。 ——规范市场秩序。完善的市场经济是有活力、有秩序的。没有活力，市场经济就失去了生机；没有秩序，市场经济就失去了保障。要把规范市场秩序、维护公平竞争作为市场监管的重要着力点，坚持放活和管好相结合，做到放而不乱、活而有序，为企业优胜劣汰和产业转型升级提供保障。

续表

文件名称	具体内容
《国务院关于印发"十三五"市场监管规划的通知》国发〔2017〕6号（2017年1月23日）	二、主要目标 到2020年，按照全面建成小康社会和完善社会主义市场经济体制的要求，围绕建设统一开放、竞争有序、诚信守法、监管有力的现代市场体系，完善商事制度框架，健全竞争政策体系，初步形成科学高效的市场监管体系，构建以法治为基础、企业自律和社会共治为支撑的市场监管新格局，形成有利于创业创新、诚信守法、公平竞争的市场环境，形成便利化、国际化、法治化的营商环境。具体目标是： ——宽松便捷的市场准入环境基本形成。市场准入制度进一步完善，公平统一、开放透明的市场准入规则基本形成。各种行政审批大幅削减，商事登记前置、后置审批事项大幅减少，各类不必要的证照基本取消。百姓投资办企业时间缩减，新增市场主体持续增长、活跃发展，新设企业生命周期延长，千人企业数量显著提高。 ——公平有序的市场竞争环境基本形成。全国统一的市场监管规则基本形成，多头监管、重复执法基本消除，全国统一大市场进一步完善。反垄断和反不正当竞争执法成效显著，侵权假冒、地方保护、行业垄断得到有效治理，公平竞争、优胜劣汰机制基本建立，市场秩序明显改善，商标品牌作用充分发挥，市场主体质量显著提升。 第三章 市场监管重点任务 围绕供给侧结构性改革，供给需求两端发力，全面深化商事制度改革，加强事中事后监管，把改善市场准入环境、市场竞争环境和市场消费环境作为市场监管重点，为经济发展营造良好的市场环境和具有国际竞争力的营商环境。 一、营造宽松便捷的市场准入环境 推进行政审批制度改革，转变政府职能，减少行政审批，激发百姓创业创新热情，促进市场主体持续较快增长，为经济发展注入新活力新动力。 （一）改革市场准入制度。放宽市场准入。改革各种审批限制，建立统一公开透明的市场准入制度，为投资创业创造公平的准入环境。凡是法律法规未明确禁入的行业和领域，都允许各类市场主体进入。凡是已向外资开放或承诺开放的领域，都向国内民间资本放开。凡是影响民间资本公平进入和竞争的不合理障碍，都予以取消。破除民间投资进入电力、电信、交通、油气、市政公用、养老、医疗、教育等领域的不合理限制和隐性壁垒，取消对民间资本单独设置的附加条件和歧视性条款，保障民间资本的合法权益。建立完善市场准入负面清单制度，对关系人民群众生命财产安全、国家安全、公共安全、生态环境安全等领域，明确市场准入的质量安全、环境和技术等标准，明确市场准入领域和规则。对外商投资实行准入前国民待遇加负面清单的管理模式，逐步减少限制外资进入的领域，培育和扩大国际合作新优势。健全完善相关领域的国家安全审查制度。 （三）完善企业退出机制。完善简易注销机制。简化和完善企业、个体工商户注销流程，构建便捷有序的市场退出机制。探索对资产数额不大、经营地域不广的企业实行简易破产程序。试行对个体工商户、未开业企业以及无债权债务企业实行简易注销程序。建立强制退出机制。配合去产能、去库存，加大对"僵尸企业"清理力度，释放社会资源。对长期未履行年报义务、长期缺乏有效联系方式、长期无生产经营活动、严重侵害消费者权益等严重违法失信企业探索建立强制退出市场制度。对违反法律法规禁止性规定或达不到节能环保、安全生产、食品药品、工程质量等强制性标准的市场主体，依法予以取缔，吊销相关证照。 形成优胜劣汰长效机制。消除地方保护、行政干预和各种违规补贴，通过市场竞争形成劣势企业的正常退出机制，化解行业性、区域性市场风险。依据法律法规规定，鼓励通过兼并重组、债务重组、破产清算等方式优化资源配置。在一些创新密集区和高科技领域，探索与便捷准入相适应的灵活的企业退出机制，培育创新文化。 二、营造公平有序的市场竞争环境 坚持放管结合，加强事中事后监管，规范企业生产经营行为，维护公平竞争，维护市场秩序，强化市场经营安全，改善市场主体经营发展环境，发挥我国统一大市场的优势和潜力，为企业优胜劣汰和产业转型升级提供保障。

续表

文件名称	具体内容
《国务院关于印发"十三五"市场监管规划的通知》国发〔2017〕6号（2017年1月23日）	（一）维护全国统一大市场。按照市场经济发展规律，完善市场监管和服务，促进企业自主经营、公平竞争，消费者自由选择、自主消费，商品和要素自由流动、平等交换，加快形成统一开放、竞争有序的全国统一大市场。 清除统一大市场障碍。按照构建全国统一大市场的要求，废除妨碍全国统一市场和公平竞争的规定和做法，清除针对特定行业的不合理补贴政策，打破制约商品要素流动和服务供给的地区分割、行业垄断和市场壁垒，保证各类市场主体依法平等使用生产要素、公平参与市场竞争。严禁对外地企业、产品和服务设置歧视性准入条件，各地区凡是对本地企业开放的市场领域，不得限制外地企业进入，严禁设置限制企业跨地区经营发展的规定。 健全统一市场监管规则。强化市场规则的统一性、市场监管执法的统一性，建立统一协调的执法体制、执法规则和执法程序，提高市场监管的公开性和透明度。地区性、行业性市场监管规则，不得分割全国统一大市场、限制其发展。 推动市场开放共享。鼓励市场创新，发挥现代科技和商业模式的改革效应，促进区域市场开放、行业资源共享，提高全国市场开放度。发挥现代流通对全国统一大市场的促进作用，通过大市场培育大产业、促进大发展。建立统一市场评价体系和发布机制，推动全国统一大市场建设。 （三）强化竞争执法力度。针对市场竞争中的突出问题，强化反垄断和反不正当竞争执法力度，严厉打击侵犯知识产权和制售假冒伪劣商品等违法行为，净化市场环境。 加强反垄断和反不正当竞争执法。加大反垄断法、反不正当竞争法、价格法等执法力度，严肃查处达成实施垄断协议、滥用市场支配地位行为。依法制止滥用行政权力排除、限制竞争行为，依法做好经营者集中反垄断审查工作，保障市场公平竞争、维护消费者权益。针对经济发展中的突出问题，把公用企业、依法实行专营专卖的行业作为监管重点，加强对供水、供电、供气、烟草、邮政等行业的监管，严厉打击滥收费用、强迫交易、搭售商品、附加不合理交易条件等限制竞争和垄断行为。促进医疗、养老、教育等民生领域公平竞争、健康发展。针对经济发展的新趋势，加强网络市场、分享经济以及高技术领域市场监管，制止滥用知识产权排除和限制竞争、阻碍创新行为。加强对与百姓生活密切相关的商品和服务价格垄断、价格欺诈行为的监管，全面放开竞争性领域商品和服务价格。严厉打击仿冒、虚假宣传、价格欺诈、商业贿赂、违法有奖销售、侵犯商业秘密、经营无合法来源进口货物等不正当竞争行为。对公用事业和公共基础设施领域，要引入竞争机制，放开自然垄断行业竞争性业务。 第四章 健全市场监管体制机制 要与时俱进、开拓创新，不断完善市场监管体制机制，创新市场监管方式方法，适应市场经济发展变化趋势，提高市场监管的科学性和有效性。 一、强化竞争政策实施 竞争政策是推动市场经济繁荣发展的重要政策体系，具有规范市场秩序、维护公平竞争、鼓励市场创新、推动体制改革、提升市场效率和社会效益的重要作用。 （一）强化竞争政策基础性地位。要以完善社会主义市场经济体制为目标，强化竞争政策在国家政策体系中的基础性地位，健全竞争政策体系，完善竞争法律制度，明确竞争优先目标，建立政策协调机制，倡导竞争文化，推动竞争政策有效实施。发挥国务院反垄断委员会在研究拟订有关竞争政策、评估市场竞争状况、制定反垄断指南、协调反垄断行政执法等方面的职责。 发挥竞争政策的基础性作用，把竞争政策贯穿到经济发展的全过程，推动我国经济转型和体制完善。把竞争政策作为制定经济政策的重要基础，以国家中长期战略规划为导向，充分尊重市场，充分发挥市场的力量，实行竞争中立制度，避免对市场机制的扭曲，影响资源优化配置。把竞争政策作为制定改革政策的重要导向，按照全面市场化改革方向，准确把握改革方向和改革举措，推进垄断行业改革，破除传统体制、传统管理模式的束缚，避免压抑市场创新、抑制发展活力。把竞争政策作为完善法律法规的重要指引，按照全面依法治国的要求，不断完善竞争法律制度，为市场经济高效运行提供法律保障，打破固有利益格局，避免部门分割和地方保护法制化。把竞争政策作为社会文化的重要倡导，形成与社会主义市场经济发展相适应的竞争文化，改革传统计划经济思维和惯性，规范和约束政府行为，推进创业创新、诚信守法、公平竞争。

续表

文件名称	具体内容
《国务院关于印发"十三五"市场监管规划的通知》国发〔2017〕6号（2017年1月23日）	（二）完善公平竞争审查制度。把规范和约束政府行为作为实施竞争政策的重要任务。实施并完善公平竞争审查制度，研究制定公平竞争审查实施细则，指导政策制定机关开展公平竞争审查和相关政策措施清理工作，保障公平竞争审查制度有序实施。推动产业政策从选择性向功能性转型，建立产业政策与竞争政策的协调机制。开展公平竞争审查制度效应分析，对政策制定机关开展的公平竞争审查成效进行跟踪评估，及时总结经验并发现问题，推动制度不断完善。在条件成熟时适时组织开展第三方评估，提高公平竞争审查的公正性、科学性和规范性。与公平竞争审查制度的事前审查相呼应，建立公平竞争后评估制度，对已经出台的政策措施进行公平竞争评估，对不合理的政策安排进行相应调整完善。 （三）积极倡导竞争文化。倡导竞争文化，形成推动竞争政策实施的良好氛围。在各级政府部门全面普及竞争政策理论，以更好地推动市场经济建设，消除不公平竞争对经济发展的危害。加大竞争政策宣传力度，使各类企业更好地了解市场竞争规则，积极主动面向市场，改变依赖政府优惠政策支持的倾向，使企业成为真正的市场主体，强化经济发展的微观基础。发挥新闻媒体特别是网络新媒体的作用，采取多种形式宣传普及竞争政策的目标任务和政策工具，加强竞争执法案例的分析解读，推动竞争政策的有效实施

参考文献

一、中文文献

（一）著作类

[1] 卓泽渊.法的价值论[M].2版.北京：法律出版社,2006.

[2] 沈宗灵.比较法总论[M].北京：北京大学出版社,1987.

[3] 熊秉元.正义的成本：当法律遇上经济学[M].北京：东方出版社,2014.

[4] 漆多俊.经济法基础理论[M].4版.北京：法律出版社,2008.

[5] 刘文华.中国经济法基础理论[M].北京：法律出版社,2012.

[6] 王全兴.经济法基础理论专题研究[M].北京：中国检察出版社,2002.

[7] 李昌麒.经济法学[M].第三版.北京：法律出版社,2016.

[8] 杨紫烜.经济法[M].五版.北京：北京大学出版社,2014.

[9] 顾功耘.经济法教程[M].三版.上海：上海人民出版社,2013.

[10] 顾功耘.经济法前沿问题[M].北京：北京大学出版社,2016.

[11] 顾功耘.国有资产法论[M].北京：北京大学出版社,2010.

[12] 顾功耘.国有经济法论[M].北京：北京大学出版社,2006.

[13] 顾功耘.当代主要国家国有企业法[M].北京：北京大学出版社,2014.

[14] 顾功耘.经济改革时代的法治呼唤[M].北京：法律出版社,2016.

[15] 顾功耘.政府与市场关系的重构：全面深化改革背景下的经济法治[M].北京：北京大学出版社,2015.

[16] 徐士英.竞争政策研究：国际比较与中国选择[M].北京：法律出版社,2013.

[17] 中国世界贸易组织研究会竞争政策与法律专业委员会.中国竞争法律与政策研究报告（2015年）[M].北京：法律出版社,2016.

[18] 王新红,等.国有企业法律制度研究[M].北京：中央编译出版社,2015.

[19] 傅军,张颖.反垄断与竞争政策——经济理论、国际经验及对中国的启示[M].北京：北京大学出版社,2004.

[20] 刘桂清.反垄断法中的产业政策与竞争政策[M].北京：北京大学出版社,2010.

[21] 朱锦清.国有企业改革的法律调整[M].北京：清华大学出版社,2013.

[22] 李建伟.中国企业立法体系改革：历史、反思与重构[M].北京：法律出版社,2012.

[23] 李玉虎.经济法律制度与中国经济发展关系研究[M].北京：法律出版社,2015.

[24] 厉以宁.中国经济双重转型之路[M].北京：中国人民大学出版社,2013.

[25] 厉以宁,等.走向繁荣的战略选择[M].北京：经济日报出版社,2013.

[26] 厉以宁.非均衡的中国经济(中国文库：哲学社会科学类)[M].北京：中国大百科全书出版社,2009.

[27] 林毅夫.中国经济专题[M].2版.北京：北京大学出版社,2012.

[28] 张文魁,袁东明.中国经济改革30年（国有企业卷）[M].重庆：重庆大学出版社,2008.

[29] 国家行政学院经济学教研部.中国供给侧结构性改革[M].北京：人民出版社,2016.

[30] 李锦.国企改革顶层设计解析[M].北京：中国言实出版社,2015.

[31] 程志强.国有企业改革和混合所有制经济发展[M].北京：人民日报出版社,2016.

[32] 韩伟.OECD竞争政策圆桌论坛报告选译[M].北京：法律出版社,2015.

[33] 卫祥云.国企改革新思路：如何把正确的事做对[M].北京：电子工业出版社,2013.

[34] 唐国强.跨太平洋伙伴关系协定与太平洋区域一体化研究[M].北京：世界知识出版社,2013.

[35] 经济合作与发展组织.竞争中立：各国实践[M].赵立新,蒋星辉,高琳,译.北京：经济科学出版社,2015.

[36] 经济合作与发展组织.竞争中立:经合组织建议、指引与最佳实践纲要[M].谢晖,译.北京：经济科学出版社,2015.

[37] 经济合作与发展组织.竞争中立:维持国有企业与私有企业公平竞争的环境[M].谢晖,译.北京：经济科学出版社,2015.

[38][德]哈贝马斯.在事实与规范之间：关于法律和民主法治国的商谈理论（修订译本）[M].

童世骏,译.北京:生活·读书·新知三联书店出版社,2014.

[39] [沃尔夫冈·费肯杰.经济法:第二卷[M].张世明,译.北京:中国民主法治出版社,2010.

[40] 乌茨·施利斯基.经济公法[M].2 版.喻文光,译.北京:法律出版社,2006.

[41] 罗尔夫·施托贝尔.经济宪法与经济行政法[M].谢立斌,译.北京:商务印书馆,2008.

[42] 康拉德·茨威格特,海因·克茨.比较法总论[M].潘汉典,等,译.贵州:贵州人民出版社,1992.

[43] 卡尔·拉伦茨.法学方法论[M].陈爱娥,译.北京:商务印书馆,2003.

[44] 马西莫·莫塔.竞争政策——理论与实践[M].沈国华,译.北京:上海财经大学出版社,2006.

[45] 曼弗里德·诺伊曼.竞争政策——历史、理论及实践[M].谷爱俊,译.北京:北京大学出版社,2003.

[46] 赫伯特·霍温坎普.联邦反托拉斯政策:竞争法律及其实践[M].许光耀,江山,王晨,译.北京:法律出版社,2009.

[47] 柳川隆,川滨升.竞争策略与竞争政策[M].胡秋阳,译.北京:中国人民大学出版社,2013.

(二)期刊类

[1] 顾功耘.论国资国企深化改革的政策目标与法治走向[J].政治与法律,2014(11).

[2] 顾功耘.经济法治的战略思维[J].法制与社会发展,2014(5).

[3] 顾功耘,胡改蓉.国企改革的政府定位及制度重构[J].现代法学,2014(3).

[4] 顾功耘.论重启改革背景下的经济法治战略[J].法学,2014(3).

[5] 顾功耘.法治经济建设与经济体制改革[J].法制与社会发展,2013(5).

[6] 顾功耘,胡改蓉.国有资本经营预算的"公共性"解读及制度完善[J].法商研究,2013(1).

[7] 顾功耘,等.国资委履行出资人职责模式研究[J].科学发展,2012(9).

[8] 顾功耘.国资监管难题剖解[J].上海市经济管理干部学院学报,2010(2).

[9] 顾功耘.国有资产立法的宗旨及基本制度选择[J].法学,2008(6).

[10] 徐士英.中国竞争政策论纲[J].经济法论丛,2013(3).

[11] 徐士英.竞争政策与反垄断法实施[J].华东政法大学学报,2011(2).

[12] 孙晋,钟瑛嫦.竞争政策的理论解构及其实施机制[J].竞争政策研究,2015(1).

[13] 吴志攀,肖江平.和谐社会建设与经济法创新[J].中国法学,2007(1).

[14] 张守文.经济法研究的"合"与"同"[J].政法论坛,2006(3).

[15] 李友根.经济法学的实证研究方法及其运用[J].重庆大学学报(社会科学版),2008(5).

[16] 郑海航. 中国国有资产管理体制改革三十年的理论与实践 [J]. 经济与管理研究,2008(11).

[17] 纪玉山,张跃文. 西方国有企业发展与改革历程及其对我国的借鉴意义 [J]. 东北亚论坛,2004(1).

[18] 高文燕,杜国功. 国有企业分类改革研究 [J]. 发展研究,2013(10).

[19] 黄群慧. 论国有企业的战略性调整与分类改革 [J]. 人民论坛·学术前沿,201(11).

[20] 黄群慧,余菁. 新时期的新思路:国有企业分类改革与治理 [J]. 中国工业经济,2013(11).

[21] 黄志瑾. 国际造法过程中的竞争中立政策:兼论中国的对策 [J]. 国际商务研究,2013(3).

[22] 赵学清,温寒. 欧美竞争中立政策对我国国有企业影响研究 [J]. 河北法学,2013(1).

[23] 胡改蓉. 竞争中立对我国国有企业的影响及法制应对 [J]. 法律科学(西北政法大学学报),2014(6).

[24] 张占江. 中国(上海)自贸试验区竞争中立制度承诺研究 [J]. 复旦学报(社会科学版),2015(1).

[25] 包晋. TPP 中的竞争中立议题:反对意见及可能的解决方案 [J]. 武大国际法评论,2015(1).

[26] 丁茂中. 我国竞争中立政策的引入及实施 [J]. 法学,2015(9).

[27] 齐琪. 反垄断法视角下的竞争中立法律制度研究 [J]. 国际商法论丛,2013(5).

[28] 王菁,徐小琴,孙元欣. 政府补贴体现了"竞争中立"吗:基于模糊集的定性比较分析 [J]. 当代经济科学,2016(2).

[29] 应品广. 全球经济治理中的竞争中立政策:挑战与对策 [J]. 中国价格监管与反垄断,2016(1).

[30] 唐宜红,姚曦. 混合所有制与竞争中立政策:TPP 对我国国有企业改革的挑战与启示 [J]. 学术前沿,2015(10).

[31] 李振宁. 论国有企业的国际贸易法规制 [J]. 中国物价,2015(10).

[32] 张琳,东艳. 主要发达经济体推进"竞争中立"原则的实践与比较 [J]. 上海对外经贸大学学报,2015(7).

[33] 蔡鹏鸿. TPP 横向议题与下一代贸易规则及其对中国的影响 [J]. 世界经济研究,2013(7).

[34] 李晓玉. "竞争中立"规则的新发展及对中国的影响 [J]. 国际问题研究,2014(2).

[35] 孙赟嘉. 竞争中立:OECD 建议、指导方针和最佳实践纲要(节选)[J]. 公司法律评论,2014(2).

[36] 干潇露. 竞争推进与竞争中立:政府反竞争行为规制研究 [J]. 浙江树人大学学报(人文社会科学版),2012(2).

[37] 于换军. 深化国企改革助力 TPP 谈判 [J]. 现代国企研究,2013(11).

[38] 单文华, 张生. 美国投资条约新范本及其可接受性问题研究 [J]. 现代法学, 2013(5).

[39] 曹红英. 澳大利亚竞争政策改革 [J]. 中国工商管理研究, 1999(5).

[40] 唐宜红, 姚曦. 竞争中立：国际市场新规则 [J]. 国际贸易, 2013(3).

[41] 张娟. 美国双边投资框架协议 (2012) 研究 [J]. 科学发展, 2013(12).

[42] 赵海乐. 是国际造法还是国家间契约："竞争中立"国际规则形成之惑 [J]. 安徽大学学报（哲学社会科学版）, 2015(1).

[43] 东艳, 张琳. 美国区域贸易投资协定框架下的竞争中立原则分析 [J]. 当代亚太, 2014(6).

[44] 白明, 史晓丽. 论竞争中立政策及其对我国的影响 [J]. 国际贸易, 2015(2).

[45] 倪萍, 朱明鹏. 竞争中立对我国国有企业的影响及法制应对 [J]. 天水行政学院学报, 2015(1).

[46] 应品广. 竞争中立条款与国企改革 [J].WTO 经济导刊, 2015(3).

[47] 冯雷, 汤婧. 大力发展混合所有制应对"竞争中立"规则 [J]. 全球化, 2015(3).

[48] 张琳, 东艳. 主要发达经济体推进"竞争中立"原则的实践与比较 [J]. 上海对外经贸大学学报, 2015(4).

[49] 张吉鹏, 李凝. 竞争中立政策对中国国有企业"走出去"战略的影响与应对之策 [J]. 对外经贸实务, 2015(8).

[50] 沈铭辉. "竞争中立"视角下的 TPP 国有企业条款分析 [J]. 国际经济合作, 2015(7).

[51] 汤婧. "竞争中立"规则：国有企业的新挑战 [J]. 国际经济合作, 2014(3).

[52] 张琳, 东艳. 国际贸易投资规则的新变化：竞争中立原则的应用与实践 [J]. 国际贸易, 2014(6).

[53] 余菁, 等. 国家安全审查制度与"竞争中立"原则：兼论中国国有企业如何适应国际社会的制度规范 [J]. 中国社会科学院研究生院学报, 2014(3).

[54] 陈志恒, 马学礼. 美国"竞争中立"政策：平台、特点与战略意图 [J]. 吉林师范大学学报（人文社会科学版）, 2014(5).

[55] 赵晓雷, 杨晔, 严剑峰. 中国（上海）自贸试验区实施竞争中立操作方案设计 [J]. 科学发展, 2014(11).

[56] 王婷. 竞争中立：国际贸易与投资规则的新焦点 [J]. 国际经济合作, 2012(9).

[57] 唐宜红, 姚曦. 混合所有制与竞争中立政策：TPP 对我国国有企业改革的挑战与启示 [J]. 人民论坛・学术前沿, 2015(23).

[58] 樊富强. 竞争中立视角下国有企业作为政府采购主体问题研究 [J]. 中国政府采购, 2016(3).

[59] 杨斌. 美国为何将中国国企视为"最大威胁" [J]. 国企, 2012(9).

[60] 毛志远. 美国 TTIP 国企条款提案对投资国民待遇的减损 [J]. 国际经贸探索, 2014(1).

[61] 王李乐. 区域自贸协定竞争问题谈判: 现状与发展 [J]. 国际经济合作, 2013(11).

[62] 王新红. 论企业国有资产管理体制的完善: 兼论国资委的定位调整. 政治与法律, 2015(10).

[63] 蒋哲人. 澳大利亚国企竞争中立制度的启示 [J]. 中国经济社会论坛, 2015(5).

[64] 石佑启. 论立法与改革决策关系的演进与定位 [J]. 法学评论, 2016(1).

[65] 应松年. 加快法治建设促进国家治理体系和治理能力现代化 [J]. 中国法学, 2014(6).

[66] 马长山. 法治中国建设的"共建共享"路径与策略 [J]. 中国法学, 2016(6).

[67] 张文显. 法治与国家治理现代化 [J]. 中国法学, 2014(4).

[68] 蒋大兴. 废除国资委?: 一种理想主义者的"空想" [J]. 清华法学, 2016(6).

[69] 刘瑛. 《跨太平洋伙伴关系协定》国有企业章节的中国应对 [J]. 东方法学, 2016(5).

[70] 吴越. 国企"混改"中的问题与法治追问 [J]. 政法论坛, 2015(5).

[71] 蒋大兴. 国企为何需要行政化的治理: 一种被忽略的效率性解释 [J]. 现代法学, 2014(5).

[72] 蒋大兴. 合宪视角下混合所有制的法律途径 [J]. 法学, 2015(5).

[73] 赵海乐. 论国有企业"政府权力"认定的同源异流: 国家责任、国家豁免与反补贴实践比较研究 [J]. 人大法律评论, 2015(2).

[74] 徐晓松. 论垄断国有企业监管法律制度框架的重构 [J]. 政治与法律, 2012(1).

[75] 张守文. 政府与市场关系的法律调整 [J]. 中国法学, 2014(5).

[76] 陈乃新, 高强, 陈阵香. 保障"市场决"的经济法新思维 [J]. 经济法论丛, 2012(28).

[77] 李国海. 论中国经济法学的价值 [J]. 经济法论丛, 2013(25).

[78] 杨紫煊. 论经济法主体的概念和体系 [J]. 经济法研究, 2012(14).

[79] 邱本. 论国家干预及其法治化 [J]. 财经法学, 2016(4).

[80] 陈婉玲. 经济法权力干预思维的反思: 以政府角色定位为视角 [J]. 法学, 2013(3).

[81] 焦海涛. 经济法主体制度重构: 一个常识主义视角 [J]. 现代法学, 2016(5).

[82] 杨紫煊. 经济法学发展中的理论问题研究 [J]. 财经法学, 2016(4).

[83] 张守文. 经济法学的发展理论初探 [J]. 财经法学, 2016(4).

[84] 薛克鹏. 经济法理论研究系列笔谈: 对经济法主体理论的反思 [J]. 经济法研究, 2014(14).

[85] 卢代富. 经济法对社会整体利益的维护 [J]. 现代法学, 2013(4).

[86] 冯果. 经济法的价值理念论纲 [J]. 经济法研究, 2013(14).

[87] 程金华. 分权、政府间竞争与经济发展：概念、逻辑及其批评 [J]. 法学论坛, 2012(4).

[88] 陈云良. 从授权到控权：经济法的中国化路径 [J]. 政法论坛, 2015(3).

[89] 刘大洪, 段宏磊. 从"国家干预"到"谦抑干预"：谦抑性理念下中国经济法学逻辑起点之重构 [J]. 经济法研究, 2015(1).

[90] 刘云亮. 国家治理能力现代化的经济法路径 [J]. 经济法论丛, 2014(2).

[91] 公丕祥. 经济新常态下供给侧改革的法治逻辑 [J]. 法学, 2016(7).

[92] 程信和. 中国现代经济法的历史担当 [J]. 经济法研究, 2015(1).

[93] 席月民. 中国市场经济法治创新的着力点与挑战 [J]. 经济法研究, 2014(13).

[94] 应飞虎. 中国经济法实施若干问题 [J]. 现代法学, 2013(5).

[95] 李友根. 论时政话语的经济法学研究 [J]. 现代法学, 2013(1).

[96] 金碚. 中国经济发展新常态研究 [J]. 中国工业经济, 2015(1).

[97] 胡鞍钢, 周绍杰, 任皓. 供给侧结构性改革：适应和引领中国经济新常态 [J]. 清华大学学报（哲学社会科学版）, 2016(2).

[98] 白金亚, 施延亮. 消费者知情权在公益性服务合同中的保护 [J]. 天津法学, 2016(4).

[99] 白金亚. 全面深化改革背景下国有公共企业法律规制研究 [J]. 经济界, 2016(6).

[100] 白金亚. 我国国有资产监管体制的历史演进与发展研究 [J]. 行政与法, 2016(7).

[101] 白金亚. 西方国家国有资产监管模式比较研究 [J]. 知与行, 2016(4).

[102] 白金亚. 全面推进依法治国进程中的社会主义市场经济 [J]. 广西政法管理干部学院学报, 2016(1).

[103] 白金亚. 全面深化改革背景下的国有资本分层管理：基于国资分层定位的思考 [J]. 中国商贸, 2014(14).

[104] 秦茂宪, 李锐. 国资背景企业担任 GP 问题分析 [J]. 德恒 NEWSLETTER, 2012(9).

（三）其他文献

[1] 顾功耘. 国有企业创新发展的制度基础 [N]. 民主与法制时报, 2016-03-31.

[2] 顾功耘. 确保深化国企改革于法有据 [N]. 上海证券报, 2015-09-15.

[3] 顾功耘. 国企类型化改革路径 [N]. 上海证券报, 2013-12-19.

[4] 顾功耘. 国企类型化改革亟待法理应对 [N]. 中国社会科学报, 2013-04-24.

[5] 顾功耘. 产业政策法律制度完善的五点思考 [N]. 第一财经日报, 2010-07-19.

[6] 蒋大兴.超越国企的观念谬误[EB\OL].(2016-05-22)[2016-09-18].http://www.ruikr.com/n/4675955.

[7] 国金证券股份有限公司研究报告.地方国改先锋之上海篇[R].扬帆再起——国企改革系列报告（十二），2015.

[8] 陈希.地方国资国企改革政策比较研究[R].上海证券交易所资本市场研究所研究报告，2014.

[9] 张思平.国资管理体制："两层次"与"三层次"的比较[N].21世纪经济报道,2016-05-06.

[10] 天则经济研究所.国有企业的性质、表现与改革[EB\OL].(2015-09-16)[2016-09-10].http://www.china-review.com/xiazai/20150916.

[11] 上海市财政局.关于上海市2015年预算执行情况和2016年预算草案的报告[EB\OL].(2016-01-29)[2016-09-10].Http://wwww.czj.sh.gov.cn/zys_8908/czsj_9054/zfyjs/yjsbg_9056/201601/t20160129_172461.shtml.

[12] 邵未来.去年上海国企创造GDP超过全市20%[EB\OL].(2016-01-19)[2016-09-23].http://www.yuncaijing.com/news/view/3645373.

[13] 孙不熟.国际专利占全国半壁江山[EB\OL].(2016-06-24)[2016-09-28].http://wallstreetcn.com/node/251312.

[14] 金中夏.中国面对TPP的战略选择[EB\OL].(2016-01-19)[2016-10-12].http://www.govinfo.so/news_info.php?id=21293.

[15] 常大鹏.国有企业法律界定及校产管理[EB\OL].(2012-04-05)[2016-09-10].http://article.chinalawinfo.com:81/article_print.asp?articleid=69082.

[16] 刘秀芳.谈审计实践中"国有公司、企业"概念的把握[EB\OL].(2013-07-02)[2016-09-10].http://www.audit.gov.cn/n1992130/n1992150/n1992576/3304726.html.

[17] 国资委启动"四项改革"试点工作[EB\OL].(2014-07-08)[2016-10-12].http://news.xinhuanet.com/2014-07/08/c_1111518300htm.

[18] 民营银行试点名单揭晓 首批10名额[EB\OL].(2013-10-16)[2016-10-12].http://hank.cngold.org/huati/myyhsd2451308.htm1.

[19] 吉雪娇.民营银行首发阵容出炉 四川4家民企力争破冰[EB\OL].(2014-07-30)[2016-10-12].http://cd.qq.com/a/20140730/013239.htm.

[20] 温源.2017年，国企改革要啃哪些"硬骨头"[N].光明日报,2017-01-13.

[21] 季晓南. 深化国企改革要打持久战和攻坚战 [N]. 人民日报, 2017-01-09.

二、英文文献

[1] FREDERICK G H. National competition policy[R].Canberra,Australian Government Publishing Service,1993.

[2] The Council of Australian Governments. Competition principles agreement[R].Canberra,The Council of Australian Governments,1995.

[3] Commonwealth of Australia.Commonwealth competitive neutrality policy statement[R]. Canberra,Commonwealth of Australia,1996.

[4] National Competition Council.Commonwealth 1997 progress report:commonwealth competitive neutrality annual report[R].Canberra,National Competition Council,1997.

[5] Commonwealth Competitive Neutrality Complaints Office.Australian institute of sport swim school[R]. Canberra,CCNCO,1999.

[6] Commonwealth of Australia.Commonwealth of Australia government competitive neutrality-guidelines for managers[R].Canberra,Commonwealth of Australia,2004.

[7] Australia Government Productivity Commission.Review of national competition policy reforms[R]. Canberra,Productivity Commission Inquiry Reports,2005.

[8] Victorian Conpetition and Efficiency Commission.Competitive neutrality inter-jurisdictional comparison[R].Melbourne,VCEC,2013.

[9] Commonwealth of Australia.Commonwealth competitive neutrality policy statement[R]. Canberra,Commonwealth of Australia,2015.

[10] Commonwealth of Australia.Review of the commonwealth government's competitive neutrality policy[R].Canberra,Commonwealth of Australia,2017.

[11] SIMS R.Driving prosperity through effective competition[R].Mexico City,The Mexico Forum,2013.

[12] HEALEY D.Competitive neutrality and its application in selected developing countries[R]. Geneva,UNCTAD Research Partnership Platform Publication Series,2014.

[13] Organization for Economic Co-operation and Development.Report on non-commercial service obligations and liberalisation[R].Paris,OECD,2003.

[14] Organization for Economic Co-operation and Development.Guidelines on corporate governance of state-owned enterprises[R].Paris,OECD,2005.

[15] STATES C.Discussion on corporate governance and the principle of competitive neutrality for state-owned enterprises[R].Paris,OECD Working Party No.3 on Co-operation and Enforcement,2009.

[16] Organization for Economic Co-operation and Development.State owned enterprises and the principle of competitive neutrality[R].Paris,OECD,2009.

[17] Organization for Economic Co-operation and Development.Competition assessment guidance[R].Paris,OECD,2010.

[18] Organization for Economic Co-operation and Development.Competition,state aids and subsidies[R].Paris,OECD,2010.

[19] Organization for Economic Co-operation and Development.State owned enterprises and the principle of competitive[R].Paris,OECD,2010.

[20] Organization for Economic Co-operation and Development.Competitive neutrality and state-owned enterprises:challenges and policy options[R].Paris,OECD,2011.

[21] Organization for Economic Co-operation and Development.Competitive neutrality:a compendium of OECD recommendations, guidelines and best practices[R].Paris,OECD,2012.

[22] Organization for Economic Co-operation and Development.Neutrality:national practices[R].Paris,OECD,2012.

[23] Organization for Economic Co-operation and Development.Competitive neutrality:maintaining a level playing field between public and private business[R].Paris,OECD,2012.

[24] Organization for Economic Co-operation and Development.Competitive neutrality:national practices in partner and accession countries[R].Paris,OECD,2014.

[25] Organization for Economic Co-operation and Development.Guidelines on corporate governance of state-owned enterprises[R].Paris,OECD,2014.

[26] CAPOBIANCO A,CHRISTIANSEN H.Competitive neutrality and ntate-owned enterprises:challenges and policy options[R].Paris,OECD Corporate Governance Working Papers,2011.

[27]The Secretariat.Competition law and state-owned enterprises[R].Paris,Roundtable on Competition Law and State-owned Enterprises:Enforcement,the 17th OECD Global Forum on Competition,2018.

[28]HEALEY D.Competition law and state-owned enterprises: enforcement[R].Paris,Roundtable on Competition Law and State-owned enterprises:Enforcement,the 17th OECD Global Forum on Competition,2018.

[29]Argentina.Competition law and state-owned enterprises:contribution from Argentina[R].Paris,Roundtable on Competition Law and State-owned Enterprises:Enforcement,the 17th OECD Global Forum on Competition,2018.

[30]Brazil.Competition law and state-owned enterprises:contribution from Brazil[R].Paris,Roundtable on Competition Law and State-owned Enterprises:Enforcement,the 17th OECD Global Forum on Competition,2018.

[31]Costa Rica.Competition Law and state-owned enterprises:contribution from Costa Rica[R].Paris,Roundtable on Competition Law and State-owned Enterprises:Enforcement,the 17th OECD Global Forum on Competition,2018.

[32]Korea.Competition law and state-owned enterprises:contribution from Korea[R].Paris,Roundtable on Competition Law and State-owned Enterprises:Enforcement,the 17th OECD Global Forum on Competition,2018.

[33]Latvia.Competition law and state-owned enterprises:contribution from Latvia[R].Paris,Roundtable on Competition Law and State-owned Enterprises:Enforcement,the 17th OECD Global Forum on Competition,2018.

[34]Mexico.Competition law and state-owned enterprises:Contribution from Mexico[R].Paris,Roundtable on Competition Law and State-owned Enterprises:Enforcement,the 17th OECD Global Forum on Competition,2018.

[35]Mongolia.Competition law and state-owned enterprises:contribution from Mongolia[R].Paris,Roundtable on Competition Law and State-owned Enterprises:Enforcement,the 17th OECD Global Forum on Competition,2018.

[36]Peru.Competition law and state-owned enterprises:contribution from Peru[R].Paris,Roundtable on Competition Law And State-owned Enterprises:Enforcement,the 17th OECD Global Forum on

Competition,2018.

[37]Romania.Competition law and state-owned enterprises:contribution from Romania[R]. Paris,Roundtable on Competition Law and State-owned Enterprises:Enforcement,the 17th OECD Global Forum on Competition,2018.

[38]Russian Federation.Competition law and state-owned enterprises:contribution from Russian Federation[R].Paris,Roundtable on Competition Law and State-owned Enterprises:Enforcement,the 17th OECD Global Forum on Competition,2018.

[39]Singapore.Competition law and state-owned enterprises:contribution from Singapore[R]. Paris,Roundtable on Competition Law and State-owned Enterprises:Enforcement,the 17th OECD Global Forum on Competition,2018.

[40]South africa.Competition law and state-owned enterprises:contribution from South Africa[R]. Paris,Roundtable on Competition Law and State-owned Enterprises:Enforcement,the 17th OECD Global Forum on Competition,2018.

[41]Sweden.Competition law and state-owned enterprises:contribution from Sweden[R]. Paris,Roundtable on Competition Law and State-owned Enterprises:Enforcement,the 17th OECD Global Forum on Competition,2018.

[42]Tunisia.Competition law and state-owned enterprises:contribution from Tunisia[R]. Paris,Roundtable on Competition Law and State-owned Enterprises:Enforcement,the 17th OECD Global Forum on Competition,2018.

[43]Ukraine.Competition law and state-owned enterprises:contribution from Ukraine[R]. Paris,Roundtable on Competition Law and State-owned Enterprises:Enforcement,the 17th OECD Global Forum on Competition,2018.

[44]United States.Competition law and state-owned enterprises:contribution from United States[R]. Paris,Roundtable on Competition Law and State-owned Enterprises:Enforcement,the 17th OECD Global Forum on Competition,2018.

[45]The British Institute of Agricultural Consultants.Law and state-owned enterprises:contribution from BIAC[R].Paris,Roundtable on Competition Law and State-Owned Enterprises:Enforcement,the 17th OECD Global Forum on Competition,2018.

[46]Consumer Unity & Trust Society.Competition law and state-owned enterprises:Contribution from CUTS International[R].Paris,Roundtable on Competition Law and State-owned Enterprises:Enforcement,the 17th OECD Global Forum on Competition,2018.

[47]The Secretariat.Blockchain technology and competition policy[R].Paris,Roundtable on Blockchain Technology and Competition Policy,the 129th Meeting of the OECD Competition Committee ,2018.

[48]The Secretariat.Competition policy & competitive neutrality[R].Paris,Roundtable on Competitive Neutrality in Competition Enforcement,the 123rd Meeting of the OECD Competition Committee,2015.

[49]The Secretariat.Investment of competitive neutrality distortions and measures[R].Paris, Roundtable on Competitive Neutrality in Competition Enforcement,the 123rd Meeting of the OECD Competition Committee,2015.

[50]Pierre André Buigues.Challenges arising from state interventions in the market:effectiveness and distortions of competition[R].Paris,Roundtable on Competitive Neutrality in Competition Enforcement,the 123rd Meeting of the OECD Competition Committee,2015.

[51]CHENG T K.Competitive neutrality from an asian perspective[R].Paris,Roundtable on Competitive Neutrality in Competition Enforcement,the 123rd Meeting of the OECD Competition Committee,2015.

[52]PETIT N.Implications of competitive neutrality for competition agencies:a process perspective[R].Paris,Roundtable on Competitive Neutrality in Competition Enforcement,the 123rd Meeting of the OECD Competition Committee,2015.

[53]Australia.Competitive neutrality in competition policy:contribution from Australia[R]. Paris,Roundtable on Competitive Neutrality in Competition Enforcement,the 123rd Meeting of the OECD Competition Committee,2015.

[54]Belgium.Competitive neutrality in competition policy:contribution from Belgium[R]. Paris,Roundtable on Competitive Neutrality in Competition Enforcement,the 123rd Meeting of the OECD Competition Committee,2015.

[55]Brazil.Competitive neutrality in competition policy:contribution from Brazil[R].Paris, Roundtable on Competitive Neutrality in Competition Enforcement,the 123rd Meeting of the

OECD Competition Committee,2015.

[56]Bulgaria.Competitive neutrality in competition policy:contribution from Bulgaria[R]. Paris,Roundtable on Competitive Neutrality in Competition Enforcement,the 123rd Meeting of the OECD Competition Committee,2015.

[57]Chile.Competitive neutrality in competition policy:contribution from Chile[R].Paris,Roundtable on Competitive Neutrality in Competition Enforcement,the 123rd Meeting of the OECD Competition Committee,2015.

[58]Chinese Taipei.Competitive neutrality in competition policy:contribution from Chinese Taipei[R]. Paris,Roundtable on Competitive Neutrality in Competition Enforcement,the 123rd Meeting of the OECD Competition Committee,2015.

[59]Costa Rica.Competitive neutrality in competition policy:contribution from Costa Rica[R]. Paris,Roundtable on Competitive Neutrality in Competition Enforcement,the 123rd Meeting of the OECD Competition Committee,2015.

[60]Finland.Competitive neutrality in competition policy:contribution from Finland[R].Paris, Roundtable on Competitive Neutrality in Competition Enforcement,the 123rd Meeting of the OECD Competition Committee,2015.

[61]European Union.Competitive neutrality in competition policy:contribution from Japan[R]. Paris,Roundtable on Competitive Neutrality in Competition Enforcement,the 123rd Meeting of the OECD Competition Committee,2015.

[62]Germany.Competitive neutrality in competition policy:contribution from Germany[R]. Paris,Roundtable on Competitive Neutrality in Competition Enforcement,the 123rd Meeting of the OECD Competition Committee,2015.

[63]Indonesia.Competitive neutrality in competition policy:contribution from Indonesia[R]. Paris,Roundtable on Competitive Neutrality in Competition Enforcement,the 123rd Meeting of the OECD Competition Committee,2015.

[64]Italy.Competitive neutrality in competition policy:contribution from Italy[R].Paris,Roundtable on Competitive Neutrality in Competition Enforcement,the 123rd Meeting of the OECD Competition Committee,2015.

[65]Japan.Competitive neutrality in competition policy:contribution from Japan[R].Paris, Roundtable on Competitive Neutrality in Competition Enforcement,the 123rd Meeting of the OECD Competition Committee,2015.

[66]Latvia.Competitive neutrality in competition policy:contribution from Latvia[R].Paris, Roundtable on Competitive Neutrality in Competition Enforcement,the 123rd Meeting of the OECD Competition Committee,2015.

[67]Lithuania.Competitive neutrality in competition policy:contribution from Lithuania[R]. Paris,Roundtable on Competitive Neutrality in Competition Enforcement,the 123rd Meeting of the OECD Competition Committee,2015.

[68]Nteherlands.Competitive neutrality in competition policy:contribution from Netherlands[R]. Paris,Roundtable on Competitive Neutrality in Competition Enforcement,the 123rd Meeting of the OECD Competition Committee,2015.

[69]Norway.Competitive neutrality in competition policy:contribution from Norway[R]. Paris,Roundtable on Competitive Neutrality in Competition Enforcement,the 123rd Meeting of the OECD Competition Committee,2015.

[70]Peru.Competitive neutrality in competition policy:contribution from Peru[R].Paris,Roundtable on Competitive Neutrality in Competition Enforcement,the 123rd Meeting of the OECD Competition Committee,2015.

[71]Russian Fedeation.Competitive neutrality in competition policy:contribution from Russian Federation[R].Paris,Roundtable on Competitive Neutrality in Competition Enforcement,the 123rd Meeting of the OECD Competition Committee,2015.

[72]Spain. Competitive neutrality in competition policy:contribution from Spain[R].Paris,Roundtable on Competitive Neutrality in Competition Enforcement,the 123rd Meeting of the OECD Competition Committee,2015.

[73]Sweden.Competitive neutrality in competition policy:contribution from Sweden[R]. Paris,Roundtable on Competitive Neutrality in Competition Enforcement,the 123rd Meeting of the OECD Competition Committee,2015.

[74]Ukraine.Competitive neutrality in competition policy:contribution from Ukraine[R]. Paris,Roundtable on Competitive Neutrality in Competition Enforcement,the 123rd Meeting of

the OECD Competition Committee,2015.

[75]United States.Competitive neutrality in competition policy:contribution from United States[R]. Paris,Roundtable on Competitive Neutrality in Competition Enforcement,the 123rd Meeting of the OECD Competition Committee,2015.

[76]European Union.Consolidated versions of the treaty on european union and the treaty establishing the european community[M].Brussels:Office for Official Publications of the European Communities,1997.

[77]European Commission.Council regulation(EC)No659/1999 of 22 march 1999 laying down detailed rule for the a application of article 93 of the EC treaty[R].Brussels,European Commission,1999.

[78]European Commission.Questions and answers: proposal on increasing gender equality in the boardrooms of listed companies[R].Brussels,European Commission,2012.

[79]World Bank.Bureaucrats in business:the economics and politics of government ownership[R]. Washington D.C.,World Bank,1995.

[80]KYOUNGSUN H.Effects of corporate governance on the performance of state-owned enterprises[R].Policy Research Working Papers,The World Bank, 2018.

[81]International Competition Netwwork.Advocacy and competition policy[R].Washington D.C.,ICN,2002.

[82]KRIST W.Negotiations for a trans-pacific partnership agreement[R].Washington D.C.,Wilson Center Program on America and the Global Economy,2012.

[83]BENINK H A,LLEWELLYN D T. Systemic stability and competitive neutrality issues in the international regulation of banking and securities[J].Journal of financial services research,1995,9(3-4).

[84]TOTH A.Competitive neutrality and health information services.[J].Health information management:journal of the health information management association of Australia,1998,28(1).

[85]GANS J S,KING S P.Competitive neutrality in access pricing[J].Australian economic review,2005,38(2).

[86]MARTTI V,VALKAMA P.Competitive neutrality and distortion of competition:a conceptual view[J].World competition,2009,32(3).

[87]TANIA B.The trade practices act,competitive neutrality and research costing: issues for Australian universities[J].Australian universities review,2009,51(1).

[88]COOPER J C,KOVACIC W E.Panel III: antitrust and the obama administration U.S. convergence with international competition norms: antitrust law and public restraints on competition[J].Boston university law review,2010,90(4).

[89]GAUTIER A,WAUTHY X.Competitively neutral universal service obligations[J].Information economics and policy,2012,24.

[90]CRANE D A.Judicial review of anticompetitive state action:two models in comparative perspective[J].Journal of antitrust enforcement,2013,1(2).

[91]KANKAANPÄÄ J,OULASVIRTA L,WACKER J.Steering and monitoring model of state-owned enterprises[J].International journal of public administration,2014,37(7).

[92]JIN B.Competitive neutrality in the trans-pacific partnership (TPP) negotiations on international investment[J].Transnational dispute management,2015,12(1).

[93]KING S P.Competition policy and the competition policy review[J].Australian economic review,2015,48 (4).

[94]FELS A.Current issues in competition policy[J].Australian economic review,2015,48(4).

[95]NABIN M H,SGRO P M,NGUYEN X,et al.State-owned enterprises, competition and product quality[J].International review of economics and finance,2016,43.

[96]BRET N B.The european commission's idea of small business tax neutrality[J].EC tax review,2016,25(4).

[97]KIFMANN M.Competition policy for health care provision in Germany[J].Health policy,2017,121(2).

[98]NGHIA T V,NGUYEN T A,LE T T,et al.Competitive neutrality:challenges on the application for Vietnam[J].Social science electronic publishing,2016,19.

[99]ZWALF S.Competitive neutrality in public-private partnership evaluations:a non-neutral interpretation in comparative perspective[J].Asia pacific journal of public administration,2017,39(4).

[100]LEE H.Applying competition policy to optimize international trade rules[J].Social science electronic publishing,2017,17(1).

[101]JULIEN B.The State's invisible hand:Chinese SOEs facing EU antitrust law[J].Journal of world trade,2018,52(5).

[102]LEE H.Competitive neutrality of state-owned enterprises[J].Law review,institute of law studies pusan national university,2018,59(2).

后 记

笔者在 2012 年就开始有计划地针对国有经济法治的相关主题展开研究，经过多年的积累和老师的指导最终确定了硕士学位论文的主题，也就是本书的主题——"国有企业竞争中立制度研究"，本书是在笔者硕士学位论文的基础上修改完成的。首先要感谢我的硕士导师施延亮老师，没有施老师的督促、鼓励和悉心指导，本书不可能顺利完成。施老师渊博的专业知识，严谨的治学态度，丰富的法律实践，诲人不倦的高尚师德，让我受益良多，尤其是施老师朴实无华、平易近人的人格魅力对我影响深远。学习上，施老师使我树立了远大的学术目标，不断鼓励我深入学习研究经济法和商法的有关前沿问题；生活中，施老师也给予我家人般的温暖，使我明白了许多做人的道理。在此，谨向施老师表示崇高的敬意和衷心的感谢！

本书的顺利完成，也离不开各位老师、同学和朋友的关心和帮助。在此要特别感谢顾功耘教授对笔者长久以来的言传身教，没有顾老师对我从本科就开始的认真耐心的学术指导、鼓励和督促，我也不可能完成这样一篇内容较为丰富的硕士论文。感谢在华政学习期间，引领我进入法学世界，感知法学魅力的徐士英教授、吴弘教授、唐波教授、沈贵明教授、傅鼎生教授、陈少英教授、金可可教授、何萍教授、杨兴培教授、管建强教授、陈刚教授、王迁教授、魏琼教授、郑云瑞教授和李秦老师、胡改蓉老师、任超老师、钟刚老师、何颖老师、杨勤法老师、季奎明老师、翟巍老师、张敏老师、陈康华老师、吴允锋老师、韩强老师、张泽平老师、许建丽老师、孙维飞老师、姚岳绒老师、王沛老师、冷霞老师、张玉堂老师、施海渊老师……感谢在师大学习期间，给予我诸多帮助的蒋传光教授、马英娟教授、石文龙教授和夏邦老师、艾围利老师、程兰兰老师、韩思阳老师、沈鸿雁老师、王秀萍老师……需要感谢的老师太多，来日方长，学生会努力取得更多的成绩来回报各位老师的言传身教。感谢我的挚友们对我一直以来的关心、支持和帮助，未来会有更多欢声笑语，友谊长存！

最后，要特别感谢我的家人，父亲母亲对我长久的言传身教使我塑造了坚毅的品格，也一直尽最大努力为我提供良好的学习条件。特别是我的父亲，父亲总能以身作则教我做人做事的道理，虽然阴阳两隔，但父亲对我的教诲会永远铭记于心。我也特别想对自己的父亲说：我们会照顾好母亲，承担起您未完成的责任，不让您有太多牵挂，也请您照顾好自己。谨以此书献给我的父亲母亲。乐莫乐于好善，苦莫苦于多愿。新的人生旅程已经开启，我会秉持"以我所学，服务社会"的理念，恪守"笃行致知，明德崇法"的校训，担负起作为一个法律人应有的责任。

白金亚

2018 年 10 月 9 日